JAMES MALLON

DIVINE RENOVATION
WENN GOTT SEIN HAUS SANIERT

JAMES MALLON

Divine Renovation

Wenn Gott sein Haus saniert

Von einer bewahrenden zu einer missionarischen Kirchengemeinde

D&D Medien

Die Bibelstellen sind, soweit nicht anders angegeben, entnommen aus der Einheitsübersetzung der Heiligen Schrift

Alle Papstzitate und die Zitate aus den vatikanischen Dokumenten:

www.vatican.va – mit freundlicher Genehmigung des Verbandes der Diözesen Deutschlands (VDD), Bonn, verwendet

Nihil obstat: Most Rev. Anthony Mancini
Erzdiözese Halifax-Yarmouth, 18.06.2014

Titel der englischsprachigen Originalausgabe:
Divine Renovation – From a Maintenance to a Missional Parish

4475 Frontenac Street, Montréal, Québec,
Canada, H2H 2S2 – www.novalis.ca

Deutsche Ausgabe:

Gewerbestr. 5, D-88287 Grünkraut
www.ddmedien.com

Übersetzung: Margrit Trauttmansdorff
und Dr. Annette Klein (Kap. 6 und Fazit)
Lektorat: Johannes Seidel und Margarete Dennenmoser
Titelfoto, Foto S. 366, Layout und Satz: D & D Medien
Druck: Druckerei Steinmeier, Deiningen
Printed in Germany

ISBN 978-3-86400-017-1

Inhalt

VORWORT

Wem gehört die Kirche? Und wer erneuert sie?

Von Bischof Dr. Stefan Oster SDB (Passau)
und Pfarrer Anton Spreitzer (Ortenburg)

Unsere Kirche gehört Christus, wir als Gläubige der Kirche gehören Christus!

Seit ich nun seit drei Jahren Bischof der Kirche von Passau bin, beschäftigt mich die Frage: Ist es bei uns wirklich so? Gehören wir dem Herrn? (Röm 14,8) Gehören wir Ihm wirklich so, dass unser Leben als Gläubige und das Leben unserer Kirche nach Ihm und Seinem Wort und Willen ausgerichtet sind? Oder sind wir nicht oft in der Versuchung zu sagen, dass die Kirche uns gehört, dass sogar Jesus uns gehört und dass wir Kirche so organisieren, wie es uns passt? Oder besser noch so, wie wir es immer gemacht haben? Wie es immer war!? Gewachsene große Strukturen haben ja beides: Sie können entlastend sein und dynamische Prozesse in gute Bahnen lenken und halten. Oder sie können belastend sein, Trägheitskraft entwickeln und die Tendenz zum Selbsterhalt, damit einfach alles so bleibt, wie es war. Und im letzten Fall ist es dann eher zweitrangig, ob und wie Christus verkündet wird, Hauptsache bei uns ändert sich nichts!

Die Kirche in unseren Breiten ist über Jahrhunderte gewachsen und hat über Jahrhunderte eine bestimmte Struktur angenommen, verbunden mit viel gutem Engagement von Gläubigen, von Haupt- und Ehrenamtlichen, von Priestern und Laien. Aber in den letzten wenigen Jahrzehnten spüren wir einen gesellschaftlichen Wandel heraufziehen, der so viel Selbstverständliches in Frage stellt. Der Druck der Säkularisierung macht vor unserer Kirche und dem gläubigen Leben der Menschen keineswegs halt. Wir spüren vielmehr allenthalben die Erfahrung des Weniger, des Abbruchs, des Mangels. Und gleichzeitig merken wir vielerorts, dass sich auch sehr viele mühen, dass es weitergehen möge mit dem Glauben und der Kirche. Aber wir sehen auch, dass viele dieser Bemühungen doch immer noch in denselben Bahnen der gewachsenen Strukturen verlaufen. Wir haben uns ja lange darauf verlassen, dass eine Art institutionalisierter und struktureller Gläubigkeit in der Volkskirche – von der katholischen Familie über den Kindergarten, über die Schule, über die Jugendgruppe, über die Kommunion- und Firmvorbereitung usw. – irgendwann den jungen Menschen auch in das Engagement bei der Kirche führt. Wir merken nun, dass es längst nicht mehr so automatisch geht wie früher (wenn es je automatisch gegangen ist). Aber unsere Bemühungen gehen dennoch oftmals in denselben Bahnen organisierter Gläubigkeit. Dann strengen sich diejenigen, die sich mühen, oft doppelt an, und frustrieren dann nicht selten an noch weniger Wirkung.

Daher fragen wir: Gibt es neue Bahnen, gibt es neue Wege? Und braucht es nicht eine Art geistlichen Kulturwandel, eine neue Evangelisierung in einer müde und strukturbelastet gewordenen Kirche? Ist es möglich, dass wir Jesus wirklich neu entdecken, mit dem Herzen entdecken? Und ist es möglich, dass wir eine Kirche werden, die wieder ausdrücklich die Seine wird, in der Er die Mitte ist und all unser kirchliches Wirken nach Ihm ausgerichtet ist – und weniger dem Bemühen um strukturellen Selbsterhalt. Auf der

Suche nach solchen neuen, neu aufbrechenden Erfahrungen von Kirche haben wir uns im Bistum Passau, in Deutschland und in der Weltkirche umgesehen und gefragt: Wo passieren Aufbrüche? Wo ereignet sich Erneuerung? Wo geht es wirklich um Jesus und Sein Gebot der Gottes- und Nächstenliebe, wo gibt es Leidenschaft für ein missionarisches Christsein, das anderen helfen will, wirklich Christus zu begegnen?

Eine der interessantesten Entdeckungen war dabei für mich dieses Buch von Pfarrer Mallon aus Halifax in Kanada, in dem er seinen Weg der Erneuerung mit seiner Gemeinde beschreibt. Und als ich herausgefunden habe, dass er Menschen zu einer Tagung einlädt, um seine Erfahrungen mit anderen zu teilen, habe ich spontan entschieden, drei Gläubige unseres Bistums dort hinzuschicken. Einer von ihnen ist Pfarrer Anton Spreitzer, ein – wie er sich selbst bezeichnet – „niederbayerischer Landpfarrer“. Ich würde hinzufügen: „mit beiden Beinen auf dem Boden, und dem Herzen am rechten Ort.“ Er kam aus Halifax zurück mit der Botschaft: „Ich hätte es nicht geglaubt, wenn ich es nicht selbst gesehen hätte!“ Das hat mich überzeugt, ihn einzuladen, den wichtigeren Teil dieses Vorwortes der deutschen Ausgabe von *Divine Renovation* zu schreiben. Er beginnt mit der Feststellung, dass das Wort „Bekehrung“ in unseren normalen kirchlichen Ohren keinen allzu guten Klang hat, obwohl es doch in der biblischen Überlieferung so zentral ist. Hier ist sein Bericht:

Vom bloßen Bewahren zu einem leidenschaftlichen Weitergeben

Andere zum eigenen Glauben zu bekehren, war in der Geschichte zumindest des Christentums lange eine an sich unhinterfragte Aufgabe, ja geradezu eine gläubige Pflicht. Wenn man auch darüber streiten kann, mit welchen Mitteln das jeweils zu geschehen habe, und wenn heute kein vernünftiger Freund der Kirche mehr behaupten würde, es hätte in der Geschichte des Christentums keine Fehlformen in diesem Sinne gegeben, so war doch die Sache selbst Teil des allgemeinen christlichen Selbstverständnisses. Dem Wort und der Sache, was mit „Bekehrung" gemeint ist, ist es jedoch in der jüngeren Geschichte schlecht ergangen. Es ist heute – zumindest in unseren Breiten – häufig mit einem dermaßen schlechten Beigeschmack verbunden, dass es viele – auch innerhalb der Kirche – lieber überhaupt nicht mehr in den Mund nehmen. Nicht wenige sehen hinter der Rede von „Bekehrung" ein rudimentäres Lauern nostalgischer Wunschträume der Kirche, sich der Menschen wieder zu bemächtigen und anstelle mündiger Glieder brave, folgsame Schafe hinter ihrem Hirtenstab zu versammeln zu suchen.

Das Schweigen über Bekehrung in einem Großteil kirchlicher Verkündigung in unseren Breiten – und damit ist nicht nur die Predigt des Pfarrers gemeint, sondern die lebendige Verkündigung jedes Christen in seinem Eingebundensein in Kirche und Welt – steht in einem eigenartigen Missverhältnis zu der Bedeutung, die der Bekehrung in der Heiligen Schrift beigemessen wird. Es wird mehr als ein literarischer Kunstgriff gewesen sein, der etwa den Markusevangelisten dazu bewogen hat, Jesus als erste Worte, die er in seinem Evangelium spricht, ausrufen zu lassen: „Die Zeit ist erfüllt, das Reich Gottes ist nahe. Kehrt um, und glaubt an das Evangelium!" (Mk 1,15) Das Wort, auf das es hier ankommt, und das mit „umkehren" übersetzt wird, lautet im Griechischen *metanoein*. Es beinhaltet das griechische Wort *nous*, das in aller Regel im Deutschen mit „Geist" wiedergegeben wird. In der biblischen Denkwelt klingen jedoch mehr als die rein rationale Bedeutungsebene mit, auf die sich unser heutiges Verständnis von Geist hauptsächlich beschränkt hat. In diesem Sinn kann es von „seinen Sinn ändern" über „Reue empfinden" bis hin zu „umkehren" vieles meinen. Man könnte darum *nous* angemessener im Sinne von „Geisteshaltung" oder „Grundeinstellung" oder „(Lebens-)Philosophie" verstehen. Der

Theologe Jörg Zink etwa übersetzt: „Denkt um! Verlasst euch auf dieses gute Wort."[1]

Jesus ruft demzufolge nicht nur dazu auf, gewisse Meinungen oder Einstellungen zu ändern, bestimmte Haltungen zu überdenken oder sich – entsprechend unserer guten Vorsätze – wieder auf eine gute Lebensweise zu besinnen. Jesus verlangt mehr, er verlangt alles: die ganze Art zu denken neu auszurichten, das eigene Selbstverständnis und das Verständnis von allem, was ist, zu erneuern und es durchdringen zu lassen von den Worten, die er die Menschen lehrt. Man könnte auch sagen: Jesus ruft dazu auf, die Welt und alles in ihr und über ihr – also auch Gott – mit seinen, mit Jesu Augen zu sehen; er ruft auf, diese neue Perspektive zur Grundlage des ganzen Lebens, aller Gedanken, Worte und Werke zu machen. Und das alles auf der Grundlage, dass wir uns schlicht und einfach auf sein „gutes Wort", sein Evangelium verlassen.

Der Apostel Paulus, der Jesus vor dessen Auferstehung und Himmelfahrt nie persönlich kennengelernt hat und doch wie wenig andere von ihm ergriffen – man könnte auch sagen „bekehrt" – worden ist, hat den Sinn dieser Worte Jesu genau verstanden und tief verinnerlicht. Sie klingen an, wenn er etwa seinen Schwestern und Brüdern in Rom einschärft (noch einmal in der Übersetzung Jörg Zinks): „Hütet euch davor, euch dem anzugleichen, was in der Welt gilt, sondern wandelt euch! Werdet anders! Fangt bei der Erneuerung eurer Gedanken an so, dass ihr beurteilen könnt, was Gott will: nämlich das Gute und Wohlgefällige und das, was eurem Ziel entspricht." (Röm 12,2)[1]

Ohne Bekehrung – kein Christentum! Ohne radikale Veränderung der Grundeinstellung – keine Nachfolge Jesu! Ohne ein neues Denken – keine Kirche! Im Ursprung des neuen „Weges", wie der christliche Glaube anfangs genannt wurde (Apg 9,2; 18,23), steht eine Kehrtwende, eine Entscheidung, eine Herausforderung. Nach der Begegnung mit Jesus kann man nicht

1 Das neue Testament, übertragen von Jörg Zink, Kreuz Verlag, 5. Auflage 2004

mehr so einfach auf dem alten Weg weiter dahintrotten – außer man ist zu abgestumpft, zu träge oder zu feig geworden auf dem „alten Weg“; – außer man gibt sich zufrieden mit der schalen Speise des alten Sauerteigs; – außer man kommt sich schön genug vor in den alten, abgetragenen Kleidern. Wer nach der Begegnung mit Jesus bei dem bleiben will, was vorher war, ohne Jesus, hat dazu freilich jedes Recht. Jesus zwingt niemanden. Er lädt alle ein, aber das mit allem Nachdruck, mit der ganzen Kraft der unglaublichen Wirkung, die von seiner Erscheinung ausgegangen ist. Denn Jesus weiß, was für den Menschen auf dem Spiel steht. Jetzt, im Angesicht Jesu, ist die Zeit und Stunde für meine Entscheidung – für oder gegen Jesus. „Eure Rede sei: Ja ja, nein nein; was darüber hinausgeht, stammt vom Bösen.“ (Mt 5,37; EÜ 2017)[2]

Zu einem solchen beherzten, gläubigen, hoffenden und liebenden Ja zu Jesus und seinem „Weg“ möchte Pfarrer James Mallon mit seinem Buch *Divine Renovation* einladen. Sein Aufruf zur „Bekehrung“ in diesem Sinn ist ungewohnt, weil weithin ungehört in unserer Kirche. Es ist ein Plädoyer für eine Art des Christseins, das sich nicht mit dem „Bleiben beim Alten“ begnügt und abfindet – und damit schnurstracks auf eine immer zerstörerische Resignation zuläuft –, sondern das leidenschaftlich wirbt für Bekehrung! „From a Maintenance to a Missional Parish“ lautet der Untertitel der Originalausgabe, von einer bewahrenden zu einer missionarischen Pfarrei.

Die grundlegende Einsicht, die hinter *Divine Renovation* steckt, ist die, dass Mission bzw. Bekehrung nicht nur die anderen meint, sondern zuerst mich, zuerst uns. Es braucht zuallererst die Bekehrung unserer Herzen, die wir „in der Kirche sitzen“, denen die Kirche am Herzen liegt, weil sie der besondere Raum der Gegenwart des Herrn ist. Das alles hat aber ganz wesentlich mit dem Heiligen Geist zu tun und dem Wirklichkeitsgrad, den wir ihm und seinem Wirken zutrauen. Wenn Jesus der Kirche

2 Einheitsübersetzung der Heiligen Schrift, vollständig durchgesehene und überarbeitete Ausgabe, © 2016 Katholische Bibelanstalt, Stuttgart

den Heiligen Geist als bleibende Gabe am Kreuz übergeben (Joh 19,30) oder am Ostersonntag eingehaucht (Joh 20,22) hat, dann ist es dieser Geist, aus dem die Kirche redet und denkt, handelt und lebt. Wenn der Heilige Geist tatsächlich in jedem Einzelnen von uns wohnt (1 Kor 3,16), dann ist *er* die entscheidende Kraft und Motivation zu einer inneren, „geistlichen" Erneuerung, zu *Divine Renovation*.

Das klingt alles recht plausibel. Und man könnte meinen, hier hat wieder einmal ein engagierter Pfarrer seine Herzensergießungen zu Papier gebracht. Das hätte ich vielleicht auch gedacht, wenn ich *Divine Renovation* einfach nur als Buch gelesen hätte. Ich hatte aber die Gelegenheit, im Auftrag meines Bischofs Stefan Oster in einer kleinen Gruppe aus meinem Bistum im Juni 2016 an der großen *Divine Renovation Conference* in der Pfarrgemeinde von Pfarrer Mallon in Halifax (Kanada) teilzunehmen, wo ich mich mit eigenen Augen davon überzeugen konnte, was alles möglich ist. Was alles „geht", wenn das Leben in der Pfarrei zu einem Leben als Pfarrei wird.

Die Pfarreimitglieder von St. Benedict, so der Name von Pfarrer Mallons Gemeinde, fühlen sich in hohem Maß zugehörig zur Gemeinde, empfinden sie als ihre Heimat. Sie sehen sich als Teil des Leibes Christi und wissen auch um ihre je ganz eigene Aufgabe – sind damit nicht nur Konsumenten von wöchentlichen Gottesdiensten, sondern meist sehr engagiert in unterschiedlichen Bereichen, die ihren Begabungen entsprechen. Hier wird über den Glauben gesprochen, in verschiedensten Gruppen wird er gelebt, immer tiefer entdeckt, geteilt, weitergegeben. Die Pfarreimitglieder haben verstanden, dass die Glaubensweitergabe nicht nur Sache des Pfarrers ist, sondern Aufgabe von allen. Daraus ist eine Dynamik entstanden, die dieser Gemeinde eine Ausstrahlung verleiht, die nicht übersehen werden kann und die wir uns hier alle ersehnen würden für unsere Pfarreien.

Mich als Pfarrer zweier ländlicher Pfarreien im Bistum Passau hat das alles schlicht beeindruckt. In Halifax habe ich erlebt, dass es auch anders geht und dass es keiner Zauberei bedarf, um die Dinge, wie sie heute sind, zu ändern. Die Menschen, die sich in dem dargestellten Sinn neu „bekehrt“ haben, „neuevangelisiert“ worden sind, sind keine anderen Menschen als wir; sie haben dieselbe Lebenswirklichkeit, dieselben Schwierigkeiten, dieselben Konsumgewohnheiten, dieselben Denkweisen, wenn auch manchmal deutlich nordamerikanisch geprägt. Eine andere Kirche ist möglich, eine andere Art und Weise, Pfarrei zu sein. Es ist möglich, als Christ bewusst mitten in der heutigen Welt mit ihrer Schwierigkeit, Gott seinen Platz zu geben, zu leben und vom eigenen Glauben zu reden. Wie ich selbst erlebt habe, ist es dort gelungen, einen Prozess zu starten, der viel Geduld und Zeit braucht, der eher in Jahrzehnten als in Jahren denkt, aber der von einer visionären Hoffnung durchdrungen und getragen ist, der eine zukunftsfähige Kirche möglich macht. Aber das alles geht natürlich nicht ohne Veränderung, ohne „Renovation“. Aber keine Erneuerung von uns aus, als ob wir eine neue Kirche machen könnten, sondern „von oben“, eine *Divine Renovation*, in der der Geist mit uns etwas schafft, uns über uns selbst hinauswachsen lässt, uns das ganze Potenzial erkennen und nutzen lässt, das jetzt schon, noch bevor wir es auch nur erahnt haben, in überreicher Fülle da ist und vor unseren Füßen liegt, in jedem einzelnen Gläubigen, den der Geist Gottes bewohnt, erfüllt und befähigt. *Divine Renovation* ist für mich ein starker Anstoß, diesen eingesperrten oder vielmehr ausgesperrten Geist in den Gläubigen in unseren Pfarreien zu befreien, ihn machen zu lassen. Denn es geht schließlich um unsere Kirche und um ihren Auftrag, die Welt mit Jesus Christus bekannt zu machen, auf dass alle Menschen zu seinen Jüngern werden.

VORWORT

Bereitet dem Herrn den Weg, ebnet ihm die Bahn!

Von Dr. Georg Plank (Graz),
Gründer von „Pastoralinnovation" und der
LIVT Programme zur Vitalisierung von Gemeinden

„Wir wollen ja, aber mit unserem Pfarrer geht es nicht!", beziehungsweise: „Ich will ja, aber mit meinen Leuten geht es nicht!", ist eine viel gehörte Klage. Wer diesen Erfahrungsbericht von Father James Mallon liest, wer die Pfarrgemeinde St. Benedict in Halifax besucht oder andere blühende Gemeinden untersucht, wird feststellen: Bei aller Vielfalt an Ausdrucksformen, Initiativen und Ausrichtungen gibt es einige allgemeingültige Prinzipien, die neues Wachstum bewirken. Die Vorstellung, dass nur dort, wo außergewöhnliche Persönlichkeiten oder besondere Umstände herrschen, Erneuerung möglich sei, wird sowohl durch die biblischen Erzählungen als auch durch moderne Innovationsforschungen widerlegt. Jede Gemeinde soll und kann dem Herrn den Weg ebnen und so wieder zu leuchten beginnen. Denn inmitten der Defizite, Unzulänglichkeiten und Sünden menschlicher Biografien und Systeme wirkt Gott sein Heil.

Das soll die Verdienste engagierter Menschen nicht schmälern, sondern alle ermutigen, sich selber als Werkzeug des Heiligen Geistes zu begreifen und fruchtbar zu werden. Wenn aus Mitgliedern und Kirchenbesuchern Jünger werden, leuchtet bereits eines der erwähnten gemeinsamen Wachstumsprinzipien auf. Eine weitere Gemeinsamkeit ist die Verbindung von Evangelisierung mit dem diakonischen Dienst an den Armen, wie sie Papst Franziskus vorgibt und vorlebt. Dass „bevollmächtigende Leitung" und „gabenorientierte Mitarbeiterschaft" auch unerlässliche Prinzipien sind, wird in diesem Buch durch das Lebenszeugnis dieses lernoffenen Pfarrers besonders deutlich. Auch die Notwendigkeit, sich helfen zu lassen.

Der Prozess zu einer nachhaltigen Kulturveränderung ist langwierig, er braucht Geduld, Gebet, Ausdauer und Begleitung, wie Pfarrer James Mallon deutlich macht. Es lohnt sich, ihn zu beschreiten. Warten Sie nicht, bis Sie den richtigen Pfarrer oder die richtigen Leute haben. Fangen Sie mit der am besten geeigneten Person an, die Ihnen für diese Aufgabe zur Verfügung steht: Mit sich selbst!

Hinweis für die Leserinnen und Leser dieses Buches

Wir haben, um die Lesbarkeit zu verbessern, im Folgenden darauf verzichtet, neben der männlichen jeweils auch die weibliche Form anzuführen, wenn sie gedanklich mitgemeint ist. Wir bitten dafür um Ihr Verständnis.

„Die Mission im Herzen des Volkes ist nicht ein Teil meines Lebens oder ein Schmuck, den ich auch wegnehmen kann; sie ist kein Anhang oder ein zusätzlicher Belang des Lebens. Sie ist etwas, das ich nicht aus meinem Sein ausreißen kann, außer ich will mich zerstören. Ich bin eine Mission auf dieser Erde, und ihretwegen bin ich auf dieser Welt.“

Papst Franziskus, Evangelii Gaudium, 273.

EINFÜHRUNG

Ein Kartenhaus

„Wir brauchen doch nichts über Jesus zu wissen. Was wir brauchen, sind Karten!“ Zu diesen Worten schlug sie mit der Faust auf den Tisch und augenblicklich verstummte der ganze Saal. Münder standen weit offen und Hände, die schon die nächste Karte ergreifen wollten, blieben bewegungslos, wie erfroren in der Luft hängen. Zu dem Schock in ihren Gesichtern mischte sich ein Ausdruck von Zustimmung. Ja, diese Frau hatte genau das ausgesprochen, was sie alle auch hätten sagen wollen.

Eine Woche zuvor, als bekannt geworden war, dass ich tatsächlich vorhatte, den Pfarrsaal montagabends für ein 10-wöchiges Evangelisierungsprojekt namens Alpha-Kurs zu benutzen, war der Aufschrei derart groß gewesen, dass eine außerordentliche Pfarrgemeinderatssitzung hatte einberufen werden müssen. Obwohl mir dort geraten wurde, das Projekt aufzugeben, drängte ich als damals 31-jähriger Priester auf meiner allerersten Stelle als Pfarrer stur voran. Ich sah keine andere Möglichkeit. Damals wusste ich noch nicht, dass dies nur die erste von vielen Runden war, die ich in den nächsten zehn Jahren meiner Zeit als Priester gegen die Kartenspieler auszufechten hatte.

Gott schenkte unserer kleinen Pfarrgemeinde überreichen Segen bei jenen ersten Versuchen, Alpha-Kurse abzuhalten und so auf die der Kirche Fernstehenden in unserem Ort zuzugehen. Bereits im ersten Jahr empfing unsere kleine Pfarrgemeinde an

Montagabenden als Gastgeberin über hundert Menschen im Pfarrsaal, die die Botschaft des Evangeliums hören und sich anschließend darüber austauschen wollten. Das Leben vieler Menschen wurde verändert. So manche laue Christen fingen Feuer und Menschen, die bisher der Kirche ferngestanden waren, erlebten auf machtvolle Weisen eine Begegnung mit Jesus. Sie machten Erfahrungen mit dem Heiligen Geist und kehrten in die Gemeinschaft der Glaubenden zurück. Die große Konfrontation mit den Kartenspielern hatte sich gelohnt.

Obwohl wir der Runde der Kartenspieler alle anderen Termine außer dem Montagabend angeboten hatten, beschlossen sie, sich von da an an einem anderen Ort zu treffen. Es waren nicht wenige, die darüber sehr verwundert waren, denn diese Clubs hatte es schon immer gegeben und es schien so, als seien einige Teilnehmer auch schon seit Hunderten von Jahren dabei gewesen. Den geheimnisvollen Grund, warum sie sich nicht an einem anderen Abend treffen konnten, erfuhren wir erst ein Jahr später.

Während meines zweiten Sommers in dieser Pfarrgemeinde wurde mir eine zweite, kleine Pfarrgemeinde in einer etwa elf Kilometer entfernten Ortschaft anvertraut. Sie war am Schrumpfen. Der Gottesdienstbesuch war stark am Abnehmen. Es gab keinerlei Aktivitäten, keine Angebote außer den Gottesdiensten, und nur wenige, großherzige Gemeindemitglieder kümmerten sich um die Gebäude. Sie schafften es kaum, Wohltätigkeitsessen im Pfarrsaal zu veranstalten, um dadurch finanziell einigermaßen über die Runden zu kommen. Als Erstes ging es mir um die Jugendkatechesen. Bis dahin hatte das bedeutet, dass sich ca. dreißig 5-16-Jährige gemeinsam in einen überfüllten Unterrichtsraum drängten. Einen Katecheten (oder eher einen Babysitter) für sie zu finden war von Woche zu Woche eine Herausforderung. Wir wollten nun die Älteren in einer eigenen Gruppe zusammenfassen und ihnen die Möglichkeit geben, sich eher als Jugendgruppe statt als Schüler zu fühlen. Der einzig mögliche Abend dafür war Dienstag. Doch am Dienstagabend war ein Kartenabend – mit derselben Gruppe, die ich in meiner anderen Pfarrgemeinde am Montagabend vertrieben hatte. Das Geheimnis war gelüftet: Sie konnten deshalb auf keinen anderen Abend ausweichen, weil sie an jedem Tag der Woche irgendwo Karten spielten.

Von 2004 bis 2010 wirkte ich als Pfarrer in einer relativ wohlhabenden Pfarrei im Reichenviertel der Stadt. Sie galt als Vorzeigegemeinde der Diözese, und in ihr hatten immer der Generalvikar der Erzdiözese und ein Trupp Hilfsgeistlicher gewohnt.

Von Priestern, die unmittelbar vor ihrem Ruhestand waren, wurde sie bis vor Kurzem noch als ideale letzte Pfarrstelle gesehen, bevor sie dann ihren Hut an den Nagel hängen wollten. Das Ergebnis war, dass sich dort in den letzten 30 Jahren nichts Neues mehr getan hatte.

Aufgrund unterlassener Reparaturen waren die Gebäude am Zerfallen und die lebendigen Steine der Kirche, die Gläubigen, befanden sich in ähnlicher Verfassung. Glaubensangebote für Erwachsene, Dienste für bestimme Zielgruppen oder gar Leiterschulungen für Ehrenamtliche gab es nicht. Man lebte vom Ruhm der Vergangenheit. Allerdings gab es auch echte Gnade: Keine Kartenrunden! Dafür gab es Biber, Wölflinge und andere Pfadfindergruppen, die unsere Räumlichkeiten an vier Abenden pro Woche nutzten und dies schon seit 30 Jahren.

Wieder begannen Diskussionen mit den Gruppen, die unsere Räumlichkeiten kostenlos benutzten, damit wir wenigstens an einem Abend mit einem Alpha-Kurs im Pfarrsaal starten konnten. Im Laufe meiner sechsjährigen Zeit als Pfarrer konnten wir unsere Räume zurückgewinnen und so über ein Dutzend mehrwöchige Glaubensprogramme für jeweils siebzig oder achtzig Leute anbieten. Das trug dazu bei, dass diese verschlafene Pfarrgemeinde mit der Zeit erwachte und wunderbare Dinge geschahen.

Im Jahr 2005, ein Jahr nachdem ich in die neue Pfarrgemeinde gezogen war, bekam ich auch hier eine zweite Pfarrgemeinde in der Nähe dazu. Sie war der ersten sehr ähnlich, mit dem Unterschied, dass 90% ihrer Räumlichkeiten an eine Schule vermietet waren und sie außerdem noch den Basketball-Verein beherbergte, dessen einzige Verbindung zur Pfarrgemeinde eine Mannschaft war, die unter dem Namen der Pfarrei spielte. Was sonst noch an Räumen übrig blieb, wurde – leicht zu erraten – von zwei nachmittäglichen Kartenrunden beansprucht.

Schließlich zog ich, drei Monate nachdem dort Kirche und Pfarrzentrum nach modernsten Gesichtspunkten neu errichtet worden waren, in meine jetzige Pfarrgemeinde St. Benedict in Halifax. Sie entstand aus der Zusammenlegung der drei bisherigen Pfarrgemeinden. Die Menschen – einige willig, andere keinesfalls – waren soeben unter ein einziges Dach gezogen und erst seit wenigen Monaten zusammen. Ich sollte schon dort sein, bevor im Herbst das erste Pfarrgemeindejahr losging. „Großartig", dachte ich, „ein unbeschriebenes Blatt. Keine Gemeindegruppen, die unsere Räumlichkeiten verwenden. Viel Platz, um mit Evangelisierungsprogrammen und religiösen Bildungsprogrammen für Erwachsene zu beginnen, so dass wir eine Kirche aus lebendigen Steinen bauen können, die zu diesen schönen Gebäuden passen."

Zu meinem Entsetzen stellte ich in der ersten Woche fest, dass bereits mündliche Zusagen an Gruppen gegeben worden waren, die unsere Räume nutzen wollten. Ich musste rasch handeln. Wir versuchten es mit Kompromissen, wir versuchten, irgendwie beiden Seiten gerecht zu werden, aber wir schafften es nicht. Obwohl wir, um uns gut vorzubereiten, nicht vorhatten, in den ersten vier Monaten mit Projekten zu beginnen, wollten die Pfadfinder uns in eine längerfristige Lösung drängen. Doch sie entschieden sich schließlich, woanders unterzukommen. Die zweite Gruppe war … eine große Kartenrunde. Unser Kompromissvorschlag war, uns den Raum bis Dezember zu teilen, aber im Januar, wenn wir den Alpha-Kurs in St. Benedict starten würden, sollten sie entweder auf eine andere Zeit oder an einen anderen Ort wechseln. Beim ersten Mal, an dem wir uns den Raum teilen wollten, warteten auf uns schon einige Überraschungen. Der erste Schock war, dass sich 160 Leute zu Alpha-Kursleitern ausbilden lassen wollten. Der zweite: Als ich den Saal betrat, trafen mich die verärgerten Blicke von etwa 60 bis 80 Kartenspielern im Alter von 60 bis 80 Jahren – und viele darunter waren diejenigen, die ich schon zehn Jahre zuvor aus meiner kleinen Landpfarre „vertrieben" hatte.

In den nächsten Kapiteln möchte ich zeigen, dass ein Großteil der Verwirrung in unserer Kirche heute, einschließlich der Verwirrung in Bezug auf die Nutzung unserer Gebäude, in einer Identitätskrise begründet ist. Die Kirche ist vom Wesen her missionarisch. Ich werde eine theologische Begründung dieser Identität darlegen und ein Modell für ein erneuertes Pfarrleben vorschlagen. Ich bete dafür, dass diejenigen, die in unserer Kirche Leitungsaufgaben wahrnehmen und alle, denen die Zukunft der Kirche am Herzen liegt, hier ein Konzept für den Prozess einer Neugestaltung unserer geliebten Kirche finden, einer Umgestaltung von Gott her.

1

Ein Haus des Gebets

Unsere Identität und Bestimmung

Der Schlüssel für die Rückeroberung der Gebäude einer jeden Pfarrgemeinde, die ich geleitet habe, lag darin, den Grund dafür anzusprechen, warum sie überhaupt anderen örtlichen Gruppen überlassen worden sind. Es geht immer um Identität.

In unserer Kirche ist heute viel von Krise die Rede. Es wird behauptet, wir hätten eine Berufungskrise, eine Familienkrise, eine Ehekrise, eine finanzielle Krise, eine Glaubenskrise, eine Missbrauchskrise, eine Führungskrise und eine __________krise (hier können Sie Ihre jeweils eigene Krisendefinition einfügen). Es gibt zwar teils wertvolle Diskussionen über all diese Fragen, aber ich behaupte, dass unsere tiefste Krise eine Identitätskrise ist und dass alle anderen Krisen Symptome für die größte Krise von allen ist: Wir haben vergessen, wer wir sind und was unsere Bestimmung als Kirche ist. Wenn das der Fall ist, dann vergessen wir nicht nur, wofür wir unsere Gebäude haben, sondern wir vergessen, warum wir überhaupt als Kirche existieren.

Der Tempel

Unsere gegenwärtige Zeit ist nicht die erste, in der das Volk Gottes sich seine wahre Identität wieder ins Gedächtnis rufen muss. In den letzten Jahren durfte ich Pilgergruppen ins Heilige Land begleiten. Ich tue das sehr gerne und es ist jedes Mal eine unvergessliche Erfahrung. An unserem ersten Tag in Jerusalem gehen wir zu Fuß den Ölberg hinunter, von dem aus man einen wunderbaren Blick auf den Tempelberg und den Felsendom hat. Ehe wir zum Garten Gethsemane hinaufsteigen, halten wir inne bei der Kirche *Dominus flevit*, dem Ort, wo Jesus über die Stadt Jerusalem geweint haben soll (Lk 19,41-44). Es ist nicht unüblich, dass Fremdenführer die Geschichte erzählen, wie Jesus die Geldwechsler aus dem Tempel jagte, weil er zornig war, dass im heiligen Bezirk Geldgeschäfte gemacht wurden. Das ist eine durchaus verbreitete Interpretation dieser Vorgehensweise Jesu, aber hier liegt ein Missverständnis vor. Es hat mehr mit Kartenrunden und Pfadfindertreffen zu tun, als wir vielleicht denken.

Fr. Robert Barron spricht in seiner Lehrserie *Catholicism* (in Bezug auf die Forschung des anglikanischen Exegeten Nicholas T. Wright) von der eigentlichen Absicht Jesu, als er sich beim Einzug in Jerusalem als jüdischer Messias präsentierte. Vom Ölberg herab auf dem Rücken eines Fohlens die Stadt vom Osten her durch das Goldene Tor zu betreten, meint Barron, entspreche der Einfahrt nach Washington in einer schwarzen Prachtslimousine mit U.S.-Flaggen vorne am Wagen und begleitet von einer Polizeieskorte. Der Punkt ist, dass alles nach einem Plan und in voller Absicht geschah. Einer der Aufträge, die der Messias erfüllen sollte, war, den Tempel wieder aufzubauen. Bei Markus lesen wir, dass Jesus, gleich nachdem er die Stadt unter messianischen Jubelrufen betreten hatte, in den Tempel ging. Dann geschieht etwas Seltsames. Markus berichtet, dass sich Jesus zunächst umsah, nach dem Stand der Sonne schaute und dabei bemerkte, dass es spät war, und sich mit den Zwölfen auf den Weg nach Betanien machte, um dort zu übernachten.

Erst am nächsten Morgen betritt Jesus den Tempel und beginnt, alle hinauszutreiben, die dort kaufen und verkaufen. Er stößt die Tische der Geldwechsler um und „ließ nicht zu, dass jemand irgendetwas durch den Tempelbezirk trug“ (Mk 11,15-16). Das war kein spontaner, leidenschaftlicher Zornausbruch Jesu. Es war auch kein Moment gerechtfertigter Empörung, weil er im Haus seines Vaters einen Marktplatz vorfand. Wir sehen hier einen gelassenen Jesus, der wohlüberlegt und in voller Absicht einen symbolischen Akt vollzieht. Er ist nicht schockiert über das, was er im Tempel sieht. Der Tempel war ihm seit seiner Kindheit vertraut, und Tiere zu kaufen und zu verkaufen ist ein notwendiger Bestandteil der Verehrung Gottes, denn im Tempel wurden Opfergaben dargebracht. Es ist nicht einmal der Ärger über die Geldwechsler, die eine Gebühr verlangten beim Wechseln der verschiedenen Währungen in die spezielle Tempelwährung, mit der allein die Opfertiere gekauft werden konnten. Beachten wir: Die Handlungsweise Jesu unterbricht ja nicht nur die, die Geld verdienen, sondern sogar jene, die gerade kauften, und sogar jene, die die Innenhöfe des Tempels betreten wollten. Jesus schließt den gesamten Tempelbereich für eine gewisse Zeit und lässt die Propheten zu Wort kommen. Das erste Zitat, das Jesus der erstaunten Menge zuspricht, ist aus dem Propheten Jesaja (Jes 56,7), als Nächstes bezieht er sich auf Jeremias Prophezeiung gegen den ersten Tempel (Jer 7,11): „Heißt es nicht in der Schrift: Mein Haus soll ein Haus des Gebetes für alle Völker sein? Ihr aber habt daraus eine Räuberhöhle gemacht“ (Mk 11,17).

Die Bezugnahme auf Jeremia könnte, in ihrem ursprünglichen Zusammenhang gesehen, die Räuber mit jenen gleichsetzen, die Unsummen von den Menschen verlangen, die keine andere Wahl hatten, so wie die Imbissverkäufer in unseren Stadien heute. Der Schlüssel zum Verständnis für Jesu Handlungsweise ist jedoch das erste Zitat aus Jesaja, als Gott das jüdische Volk daran erinnert, dass der Tempel dazu da war, ein Haus des Gebetes für alle Völker zu sein; dass Gottes ausschließliche Erwählung des Volkes Israel zum Ziel hatte, in großzügiger Weise alle Nationen in seinen Bund einzuschließen:

„Die Fremden, die sich dem Herrn
angeschlossen haben, [...]
sie bringe ich zu meinem heiligen Berg
und erfülle sie in meinem Bethaus mit Freude.
Ihre Brandopfer und Schlachtopfer finden
Gefallen auf meinem Altar,
denn mein Haus wird ein Haus des Gebets
für alle Völker genannt.“ (Jes 56,6f)

Die meisten Wissenschaftler sind sich darüber einig, dass dieser Teil des Buches Jesaja (Kapitel 56-66) im 6. Jahrhundert vor Christus geschrieben wurde und dass diese Prophezeiung aus der Zeit des Exils und noch vor dem Wiederaufbau des Tempels im Jahr 520 v. Chr. stammt, nachdem der ursprüngliche Tempel Salomos von den Babyloniern vollkommen zerstört worden war. Es ist eindeutig die Absicht Gottes, nicht nur für den Tempel, sondern für das Volk Israel selbst, dass dieser der Errettung aller Völker diene. Spuren dieser großen, weltweiten Berufung finden wir in der ganzen Bibel, aber vor allem bei den Propheten und da besonders im Buch Jesaja. Das sogenannte zweite Gottesknechtslied in Jesaja 49,6 wurde während des Exils geschrieben und handelt von der Wiederherstellung des Volkes Israel, aber es geht darüber hinaus und erweitert Israels Berufung:

„Es ist zu wenig, dass du mein Knecht bist,
nur um die Stämme Jakobs wieder aufzurichten
und die Verschonten Israels heimzuführen.
Ich mache dich zum Licht für die Völker;
damit mein Heil bis an das Ende der Erde reicht.“

Im Bewusstsein dieses Rufes sah er, Jesus, der aus dem Mund Simeons in genau diesem Gotteshaus als Verkörperung und Erfüllung dieser Prophezeiung verkündet worden war (Lk 2,29-32), einen Tempel, der die radikale Einschließung aller Völker gerade durch die Erwählung Israels nicht mehr widerspiegelte.

Stattdessen sah er ein Volk, das seine Berufung vergessen hatte, das die Heidenvölker ihrer Einbeziehung in Gottes Bund beraubt hatte. Sie hatten beschlossen, dass es genügte, alles für sich zu behalten. Sie waren zufrieden mit dem Status quo, sie waren zufrieden mit ihrem Gottesdienst und ihrer Liturgie und sie hatten ihre Bestimmung vergessen – ihre Identität, welche die Propheten Israels ihnen verkündet hatten, oft unter hohen Kosten.

Selbst der Bauplan des Tempels verdeutlichte diese Theologie des Ausschlusses. Heiden durften zwar auf den heiligen Tempelberg kommen und sich dort im sogenannten „Vorhof der Heiden" aufhalten; es war ihnen jedoch verboten, den Tempel selbst zu betreten. Der Zugang zum Allerheiligsten, dem inneren Heiligtum, war durch unterschiedliche Verbote beschränkt. Nach dem Vorhof der Heiden gab es den Hof der Frauen und dann den Hof der Israeliten, zu dem nur jüdische Männer zugelassen waren. Dann gab es den Hof der Priester und schließlich das Allerheiligste, in das nur der Hohepriester einmal im Jahr Zutritt hatte. Im Allerheiligsten bewahrte man in Salomos Tempel ursprünglich – abgetrennt durch einen Vorhang – die Bundeslade auf. Genau dieser Vorhang zerriss in zwei Teile, als Jesus am Kreuz starb. Durch seinen Tod und seine Auferstehung lässt Jesus zu, dass der Tempel seines Leibes zerstört und wieder aufgebaut wird, so dass er in seiner Person den neuen Tempel Gottes darstellt, in dem sich Himmel und Erde verbinden. In diesem Tempel gibt es keine trennenden Mauern mehr (Eph 2,14). Es gibt weder Juden noch Griechen, weder Mann noch Frau (Gal 3,28). Alle sind Priester und haben Zugang zum Allerheiligsten. Jesus erfüllt in seiner Person die Bestimmung Israels. Alle alten Prophezeiungen über die völlige Einbeziehung (der „Heiden") sind erfüllt allein durch diesen einzigen Sohn Gottes, den Sohn Davids, Jesus, den Messias. Der Auftrag der Einbeziehung und Eingliederung wurde dem neuen Israel übertragen, denen, die Jesus „herausrief" – seine *ekklesia* –, hinauszugehen und alle Völker zu Jüngern zu machen.

Aber leider haben auch wir das mit der Zeit vergessen und uns damit begnügt, alles für uns zu behalten.

Das Déjà-vu

Die Identitätskrise in unserer Kirche heute ist jener zur Zeit Jesu nicht ganz unähnlich. Man sollte es besser so ausdrücken, dass nicht die Kirche Christi eine Mission, also einen Auftrag habe, sondern eher so, dass die Mission Jesu Christi eine Kirche hat. Wir jedoch haben unsere grundlegende missionarische Berufung so sehr vergessen und sind damit zufrieden, unseren Betrieb in Ordnung zu halten und uns selber zu dienen. Päpste und Theologen haben während der letzten 50 Jahre immer wieder erklärt, dass der Daseinszweck der Kirche die Mission ist, aber die meisten Katholiken nehmen Mission als etwas wahr, was einige wenige Erwählte in fernen Ländern betreiben. Und die meisten Pfarrgemeinden, gelähmt durch eine Kultur des Den-Betrieb-aufrecht-Erhaltens, beschränken sich bestenfalls auf die Bedürfnisse ihrer Mitglieder. Wie das Volk Israel zur Zeit Jesu sind wir zu „Räubern" geworden, die den Völkern das Heil vorenthalten, das zu verkünden Gott uns beauftragt hat, damit sein „Heil bis an das Ende der Erde" reiche (Jes 49,6).

Am 14. April 2012 war der hundertste Jahrestag des Untergangs der *Titanic*. Meine Heimatstadt Halifax war von den Erinnerungsfeierlichkeiten besonders betroffen, weil sie eine Schlüsselrolle bei den Rettungsmaßnahmen gespielt hatte. Während ich das hier schreibe, wird mir bewusst, dass der Friedhof, auf dem die sterblichen Überreste der ertrunkenen Opfer ruhen, ganz in der Nähe liegt. Am Abend des Gedenktages sah ich mir den alten Schwarzweißfilm *A night to remember* (deutscher Filmtitel: *Die letzte Nacht der Titanic*) an. Er rief mir ins Gedächtnis, dass viele der Rettungsboote, die in jener Nacht von dem sinkenden Schiff ausgesetzt wurden, nur knapp halbvoll waren. Tatsächlich gab es in diesen achtzehn Rettungsbooten insgesamt 472 leere Plätze. Nachdem das Schiff völlig unter Wasser verschwunden war, trieben etwa 1.500 Menschen im eiskalten Wasser, während die in den Rettungsbooten sich in sicherer Distanz befanden und zusahen. Lediglich zwei der achtzehn Rettungsboote versuchten, Überlebende zu retten. Sie ließen Passagiere umsteigen, um mehr freie Plätze zu bekommen, und es gibt Berichte, dass einige der Erste-Klasse-Passagiere sich über die schreckliche Unbequemlichkeit beschwerten. Als man sich in diesen Rettungsbooten endlich auf ihren eigentlichen Zweck besonnen hatte und zu den Opfern gefahren war, fand man nur noch neun Menschen am Leben, von denen drei dann an Unterkühlung starben.

Während ich mir den Film anschaute, kam mir plötzlich der Gedanke, dass dies eine Metapher für die Kirche ist. Wir existieren, weil wir einen Auftrag, eine Mission, haben. Wie Jesus selbst sind wir gesandt, jene „zu suchen und zu retten", die am Untergehen sind, und es gibt viele freie Plätze in den Rettungsbooten. Als Kirche sitzen wir jedoch oft in sicherer Entfernung und beschäftigen uns mehr mit unseren eigenen Bedürfnissen und unserem eigenen Wohlbefinden. Wenn vielleicht ein paar Leute zu uns herüberschwimmen würden, dann würden wir ihnen helfen, aber zu ihnen hinausfahren? Nicht nur, dass wir aus unserer Komfortzone herausgefordert wären – nein, es kommt uns nicht einmal in den Sinn, weil wir so vollkommen unsere Identität vergessen haben. Rettungsboote sind dazu da, um Menschen zu retten. Genau das Gleiche gilt auch für die Kirche. Wir kümmern uns um die Erhaltung unserer Rettungsboote, wir streichen sie mit frischer Farbe an, wir dienen den Menschen, die sich darin befinden, wir sorgen dafür, dass es ihnen gut geht und sind offen für Kartenspieler, aber wir nutzen unsere Boote nicht zu dem Zweck, für den sie gebaut wurden. Jedes Crew-Mitglied, das es wagt, das Leben in unserem Rettungsboot zu stören, würde sofort eine ganze Leier von Beschwerden seitens jener Passagiere zu hören bekommen, die sich in irgendeiner Form aus ihrer Bequemlichkeit herausgerissen fühlen würden. Wir jammern über die Tragik des Glaubensverlustes, die Schließung von Kirchen und so weiter, aber es kommt uns nicht in den Sinn, die Ruder in die Hand zu nehmen und loszurudern.

Unsere Mission

Wenn es uns also gibt, weil wir einen Auftrag, eine Mission, haben, was ist dann die Mission der Kirchen? Um diese Frage zu beantworten, schauen wir uns die letzten Verse des Matthäusevangeliums an, die als „der Missionsauftrag" bekannt sind (Mt 28,19-20). Hier wird den zweifelnden Jüngern befohlen: „Darum geht zu allen Völkern und macht alle Menschen zu meinen Jüngern; tauft sie auf den Namen des Vaters und des Sohnes und des Heiligen Geistes, und lehrt sie, alles zu befolgen, was ich euch geboten habe." Die Übersetzungen dieser Stelle weichen leicht voneinander ab, aber was ganz klar ist, ist die Tatsache, dass Jesus seiner gerade entstehenden jungen Kirche vier Aufgaben gegeben hat: Geht, macht, tauft und lehrt! Unter diesen vier Imperativen ist einer, der im ursprünglich griechischen Text als finite Verbform steht, und drei sind Partizipien. Eine finite Verbform ist immer die grammatikalische Achse eines Satzes und Partizipien sind verbale Hauptwörter, die, obwohl sie einen Satz bestimmen, ihren Sinn erhalten in Bezug auf das finite Verb. So ist es auch mit dem Missionsauftrag bei Matthäus. Eines der Verben ist das grammatikalische Zentrum des Satzes und somit auch sein theologischer Mittelpunkt. Im Laufe der Jahre habe ich bei Vorträgen meine Zuhörer immer wieder gefragt, welches der vier Verben die Achse des Auftrags des Auferstandenen ist und daher auch das Herz unserer Bestimmung, jener Auftrag, der uns unsere Identität gibt. Ich habe Laien gefragt, Priester und sogar Bischöfe. Ich habe große und kleine Gruppen befragt und immer war das Ergebnis gleich. Die wenigsten, nicht nur die Minderheit, sondern wirklich lächerlich wenige, fanden die richtige Antwort. Einmal haben von 600 Zuhörern nur zwei die richtige Antwort gewählt. Einmal waren es unter 3.000 lediglich 20 Leute. Dieses unausgewogene Resultat zeigt, unter welch tiefer Identitätskrise die Kirche leidet; und verrät ein tief sitzendes, unbewusstes Vorurteil gegen die Hauptaufgabe, die der Herr ins Zentrum seines Auftrags gestellt hat.

Für welches Verb entscheiden Sie sich: gehen, machen, taufen oder lehren?

Hier ist die Antwort: Das finite Verb ist „machen" – wörtlich heißt es: „macht zu Jüngern" (*matheteusate*). Dies ist die Herzmitte im Sendungsauftrag Jesu und es ist das Jünger-Machen, um das sich all die anderen missionarischen Aspekte der Kirche drehen: das Gehen, das Taufen und das Lehren. Denken Sie mal darüber nach: In den vergangenen Jahrhunderten zeichnete sich die katholische Kirche dadurch aus, dass sie eine große missionarische Kirche war. Wir sind gegangen. Wir haben eine reiche didaktische Tradition und sind berühmt für unsere Schulen, Universitäten und Lehrpläne. Wir lehren. Wir wissen natürlich genau, wie wir taufen und all die anderen Sakramente spenden sollen, aber unsere eine große pastorale Schwäche, jene Aufgabe, mit der wir uns am schwersten tun, ist jene, die im Mittelpunkt des Auftrags Christi an seine Kirche steht: Jünger zu machen.

Jünger machen

Was versteht man unter *Jünger machen*? In der Kultur der Kirche benutzen wir häufig Begriffe wie *Jünger* oder *Apostel*, ohne die Bedeutung jener Worte zu verstehen, aber *Jünger* ist ein derartiger Schlüsselbegriff für den Auftrag Jesu an uns, dass wir seine Bedeutung kennen sollten. Das griechische Wort für *Jünger* ist *mathetes* und das kommt von dem Verb *manthanein,* das bedeutet *lernen* (wie z. B. „Mathematik"). Jünger zu sein bedeutet also, Lernender zu sein. Ein Jünger Jesu Christi zu sein bedeutet demnach, sich in einem lebenslangen Prozess des Lernens von und über Jesus, den Meister und Lehrer, zu befinden. Das englische Wort *disciple* (Schüler) kommt von dem lateinischen Wort *discipulus* und lässt uns assoziieren, dass dieser Lernprozess nicht willkürlich ist, sondern ein Ziel hat und der Disziplin bedarf. Ein Jünger zu werden heißt, sich zu einem solchen Wachstumsprozess zu verpflichten.

Aber wie viele unserer Gläubigen beschreibt dieser Begriff wirklich? Wir alle haben Menschen in unseren Pfarrgemeinden, die von ihrem Glauben begeistert sind, engagiert und die sich nach Vertiefung und Lernen sehnen, aber diese sind leider eine kleine Minderheit, die von „normalen Katholiken" oftmals als etwas seltsam belächelt werden. Wenn ich darüber mit Pfarrern spreche, dann geben sie häufig zu, dass diese Beschreibung auf sechs bis zehn Prozent der regelmäßigen Gottesdienstbesucher zutrifft, bestenfalls auf zwanzig Prozent, wenn eine Pfarrgemeinde besonders lebendig ist. Wir haben hier ein wirkliches Problem. Unsere Gläubigen sind aufgerufen, Jünger zu machen, aber die meisten von ihnen sind selbst noch gar nicht Jünger geworden. Ein weiteres Hindernis für diesen unseren Auftrag ist die Tatsache, dass es als völlig unverbindlich und unwichtig angesehen wird, als Erwachsener noch ein Lernender im Glauben zu sein. Für Kinder und Jugendliche wird das als sinnvoll erachtet, aber irgendwie meinen wir, dass Erwachsene weder lernen noch wachsen noch reifen müssen. Katechese, das heißt Unterricht im Glauben, bedeutet für Katholiken normalerweise das, was wir mit Kindern tun. Obwohl die Gläubigen heute gebildeter und professioneller sind als je zuvor in der Geschichte, hinkt die entsprechende Bildung in Glaubensdingen, Theologie, Schrift und Spiritualität weit hinterher.

In den letzten fünfzig Jahren hat unsere Gesellschaft den schnellsten gesellschaftlichen Wandel der Menschheitsgeschichte durchgemacht. Während wir mehrere Paradigmenwechsel in der letzten Generation durchlaufen haben, ist in der westlichen Welt die pastorale Praxis der katholischen Kirche meist gleich geblieben wie vor diesem Wandel. Die Kultur hatte damals Glauben und Kirchenbesuch gestützt. Die Demographie war die Stütze unserer pastoralen Entwicklung durch hohe Geburtenraten und Zuzugsbewegungen. Wir mussten lediglich Kirchen bauen und die Leute sind gekommen. Ich glaube nicht, dass wir vor fünfzig Jahren besonders gut darin waren Jünger zu machen, aber das hat uns offensichtlich nicht geschadet. Solange wir unsere Kirchen einfach nur öffneten, gab es immer neu Zugezogene und neue Babys. Solange wir tauften und in unseren Schulen lehrten, produzierten wir „gut praktizierende Katholiken". In gewisser Weise mussten wir uns nicht sonderlich bemühen, Jünger zu machen, denn die Kultur erledigte das von selbst. In und nach den Sechzigerjahren mit ihrer sexuellen Revolution, den Massenmedien, den neuen Medien, dem Post-Modernismus, Materialismus, Relativismus, Individualismus, Hedonismus und allen anderen „Ismen" traten plötzlich und für alle klar ersichtlich die Mängel zutage.

Hunderttausende treue und gläubige Katholiken leiden unter der Tatsache, dass ihre Kinder und Enkel nichts mehr vom Glauben wissen wollen. Zusätzlich leiden sie auch noch darunter, dass sie sich selbst die Schuld an dieser Situation geben und nicht ganz sicher sind, was sie falsch gemacht haben; denn immerhin haben sie für ihre Kinder das getan, was ihre Eltern für sie getan hatten. Mit dem Finger auf andere zu zeigen, bringt wohl nichts. Tatsache ist, dass die Regeln gänzlich andere sind. Wir haben nicht mehr die kulturellen Stützen von früher. Der Mainstream ist heute gegen uns. Die einzig derzeit mögliche Lösung liegt darin, zu dem zurückzukehren, was Jesus vor 2.000 Jahren von uns verlangt hat – nicht nur Gläubige zu machen oder „praktizierende Katholiken“, sondern Jünger. *Jünger* machen, das ist der Punkt! Das ist der Kern und das Kriterium, mit dem wir alle anderen Aktivitäten der Kirche bewerten sollten – alle Pastoralprogramme, alle Ausgaben und die Weise, wie wir unsere Gebäude nutzen.

Evangelisierung

Wie macht man Jünger? Wenn ein Jünger jemand ist, der lernt, der sich bemüht zu wachsen, der sich nach Wissen sehnt, wie kommen wir dahin? Allein die Tatsache, dass jemand an Jesus glaubt oder in die Kirche geht, muss nicht heißen, dass man diesen Hunger hat. Etwas muss geschehen, um diesen Hunger zu wecken. Dieses Etwas ist Evangelisierung. Bekanntlich bedeutet „evangelisieren“ wörtlich, eine frohe Botschaft zu verkünden, aber was ist diese Frohe Botschaft? Ich habe den Verdacht, dass viele von uns Seiten über Seiten füllen könnten mit der Beschreibung der Frohen Botschaft Jesu und seiner Person. Das ist vielschichtig und komplex. Ein Teil von uns versucht, die Dinge nicht zu stark zu vereinfachen und lässt sich schließlich dazu verleiten, sie unnötig zu verkomplizieren. Man kann von der Botschaft des „Gott mit uns“, vom Königreich oder der Herrschaft Gottes, von Gottes Barmherzigkeit, seiner unbedingten Liebe, der Vergebung der Sünden, dem Sichtbarwerden der Gottesliebe am Kreuz und von der Überwindung des Todes durch die Auferstehung Jesu sprechen. Man kann über die Wahrheit sprechen, dass wir niemals allein sind, dass Gott in uns wohnen, uns ganz durchdringen möchte und dass er möchte, dass auch wir ganz eins mit ihm sein wollen, aber am Ende kann man die Botschaft in einem Wort zusammenfassen: Jesus. In Jesus haben wir die vollkommene Verkörperung von Gottes rettender Gegenwart, Liebe, Barmherzigkeit und Leben. In den Evangelien erfährt man, dass jener, welcher der Verkünder der Frohen Botschaft vom Gottesreich war, selbst zur Frohen Botschaft und die Verkörperung des Reiches Gottes wird. Um diese Frohbotschaft zu empfangen, das heißt um evangelisiert zu werden, muss man nicht nur diese wunderbaren Wahrheiten hören, über sie Bescheid wissen, sondern man muss ihn selbst kennenlernen, nicht nur, um an ihn zu glauben, sondern um ihn zu lieben und in ihn verliebt zu sein. Nur dann werden unsere Herzen singen und unser Lied wird gehört. Nur wenn wir ihm als dem Lebendigen und Wahren begegnen, ihm, der der Weg, die Wahrheit und das Leben ist, nur dann wollen wir ihm nachfolgen, uns nach seiner Wahrheit sehnen und versuchen, wie er zu leben.

Die schwierige Wahrheit für uns Priester, Leiter und Menschen, denen die Kirche am Herzen liegt, ist, dass so viele unserer Gläubigen ihm nie persönlich begegnet sind und sich deshalb auch nicht nach ihm sehnen. Über uns hängen noch immer die Schatten von Pflicht und Furcht als religiöse Motivation. Die Schrift sagt uns jedoch, dass da, wo dies der Fall ist, die vollkommene Liebe noch nicht entdeckt wurde (1 Joh 4,18).

Meist ist es nicht so, dass wir willentlich unseren Glauben auf ein Wissen über Jesus reduzieren, sondern es ist uns einfach nicht bewusst, dass wir ihn tatsächlich kennen können und von ihm persönlich gekannt und geliebt werden. Oft sind wir wie Menschen, die in einer schwarz-weißen Welt leben und deshalb nicht ahnen, dass es Farbe gibt. Die Tatsache, dass so viele Katholiken vollkommen davon überzeugt sind, dass ihnen nichts fehlt, zeigt, dass die wöchentliche Glaubens- und Religionserfahrung wie eine Impfdosis wirkt im Verhältnis zu der vollen Kraft des christlichen Glaubens. Viele, die sich nicht mehr in der Umklammerung von Pflichterfüllung, Schuld oder Furcht befinden, verlassen uns, weil sie diesen hohlen Abklatsch der eigentlichen Wirklichkeit ablehnen. Und so haben wir alle als Verantwortliche viel zu oft kapituliert und pastorale Methoden entwickelt, um jene satt zu machen, die keinen Hunger haben. Wir geben nach, wenn unaufmerksame und gelangweilte Gläubige uns drängen, immer noch kürzer zu predigen in dem Bewusstsein, dass viele sogar ziemlich erfreut wären, wenn wir die ganze Geschichte überhaupt lassen und nur mehr einfach die Kommunion austeilen würden, damit sie endlich nach Hause gehen könnten.

Was ist dagegen zu tun? Genau das, was uns unsere Päpste beginnend mit Paul VI. bis zu Franziskus schon die ganze Zeit sagen. Es bedarf einer Neu-Evangelisierung (dazu mehr im nächsten Kapitel). Jesus Christus muss wieder von Neuem verkündet werden! Wir müssen durch die unsichtbaren eisernen Rüstungen, die so viele in unseren Kirchenbänken tragen, durchdringen. Wir müssen alles unternehmen, um Räume zu schaffen, wo die Menschen Jesus als dem lebendigen Herrn begegnen können. Wir müssen in ihnen diese Sehnsucht wecken und sie dann zurüsten, sie zu Jüngern machen. Wir müssen unsere Identität wiederentdecken und den Mittelpunkt des Auftrags unseres Herrn an seine Kirche ins Zentrum von allem, was wir tun, stellen, so dass es im Herzen jeder Pfarrgemeinde eine Gemeinde von wachsenden, reifenden Gläubigen gibt, die einen lebenslangen Weg regelmäßigen Lernens gehen wollen und die dabei ihre ihnen von Gott gegebenen Talente entdecken. Menschen, die bereit sind, zu dienen und schließlich zu Aposteln zu werden. Wir müssen uns so anstrengen, damit eines Tages eine Kirche von Jüngern der Normalfall ist.

Von Jüngern zu Aposteln

Eine Kirche von Jüngern zu sein, ist jedoch nur ein Teil unserer Berufung. Diese Kirche muss zu allen Völkern und Nationen gehen und sie zu Jüngern machen. Wir sind vom Herrn beauftragt, diese Frohe Botschaft nicht nur lauwarmen oder abgefallenen Katholiken zu verkünden, sondern allen, die Christus und seine Kirche nicht kennen. Wir sind gerufen, an die Ränder der Gesellschaft zu gehen, zu den Armen, den Reichen, den Verletzlichen und jenen, die sich in ihren streng abgeschotteten

Gemeinschaften verstecken. Wir sind gerufen, zu gehen! Jesus hat gesagt: „Wie mich der Vater gesandt hat, so sende ich euch" (Joh 20,21). Das griechische Wort für *senden* heißt *apostellein*. Ein Apostel ist der, der gesandt ist. Den Auftrag Jesu annehmen, heißt gesandt zu sein, Apostel zu sein. Das genau ist das Wesen der Kirche, das meinen wir, wenn wir von der apostolischen Kirche sprechen. Später dann wurde es mit dem Amt der Zwölf und ihrer Nachfolger assoziiert und mit ihrer Rolle für die Bewahrung der Glaubensinhalte dieser Kirche. Doch aus dem Munde Jesu hören wir die ursprüngliche Bedeutung. Wir sind eine Kirche, die gesandt ist. Das lateinische Äquivalent für *apostellein* ist das Verb *mittere*, das im Wort *missio* und in unserem Wort *Mission* enthalten ist. Somit ist ein Apostel ein Missionar. Dass die Kirche apostolisch ist, heißt, sie ist von Natur aus missionarisch – und genau das ist es, was wir sind. Dies ist unsere tiefste Identität. „Wie soll aber jemand verkündigen, wenn er nicht gesandt ist?", sagt der heilige Paulus (Röm 10,15). Jünger müssen also irgendwann zu Aposteln werden.

Vor einigen Jahren, als ich am Flughafen von Montreal mit ein paar Freunden in einem Café saß und über die Erneuerung der Pfarrgemeinden und Evangelisierung sprach, kam mir ein Bild für die Kirche in den Sinn. Die Kirche ist wie ein Fotokopierer. Er ist dazu da, um Papier zu fotokopieren, um Kopien zu machen. Er tut das, indem er das Papier in sich hineinzieht. Das ist Evangelisierung. Dann druckt er, kopiert, stapelt und locht. Das ist Jüngerschaft (getauft, gelehrt, zugerüstet). Dann spuckt er das Papier mit dem aufgedruckten Wort aus, das dann losmarschieren und die Welt verändern kann. Immerhin hat die Geschichte bewiesen, dass die Feder mächtiger ist als das Schwert. Das ist missionieren. Die Kirche ist dann in ihrer Höchstform, wenn sie diesen Zyklus durchlebt. Sie evangelisiert, macht Jünger und sendet sie aus als Missionare, die losgehen und evangelisieren, um mehr Jünger zu machen, die getauft und gelehrt und schließlich wiederum ausgesandt werden können. Wenn die Kirche gesund ist, macht sie genau das. Wenn die Kirche nicht gesund ist, wenn sie sich in sich selbst zurückgezogen hat, dann hat sie ihre große Berufung vergessen, *lumen gentium*, Licht für die Welt zu sein, so wie Israel dies zur Zeit Jesu vergessen hatte. In diesem Zustand des Vergessenhabens wird die Kirche wie ein überhitzter und verstopfter Fotokopierer, der in einer Ecke herumsteht, einstaubt und schließlich vergessen wird.

Etwas muss geschehen. Drastische Maßnahmen sind gefordert. In meiner derzeitigen Pfarrgemeinde St. Benedict haben wir in den letzten vier Jahren, nachdem wir – bildlich gesprochen – einige Kartentische umgeworfen hatten, die Kontrolle über unsere Einrichtungen und Gebäude zurückgewonnen. Seither haben wir ca. 2.000 Teilnehmer an Alpha-Kursen gehabt, von denen 20-30% keine Kirchgänger waren. Wir haben Hunderte verschiedene Veranstaltungen oder Kurse zur Glaubensvermittlung durchgeführt und haben gesehen, wie das Leben von Hunderten sich verändert und verwandelt hat, indem Menschen der Person Jesus Christus begegnet sind in der Kraft des Heiligen Geistes. Durch diese Erfahrungen haben sie Gott als ihren Vater kennengelernt und die Familie Gottes, nämlich seine Kirche. All dies geschah durch die Gnade Gottes, der uns befähigt hat, unsere neue Identität zu entdecken durch den Aufruf Papst Johannes Pauls II. zur Neu-Evangelisierung, die ihre Wurzeln im Zweiten Vatikanischen Konzil hat.

2

Bau mein Haus wieder auf

Vom Zweiten Vatikanischen Konzil zu Papst Franziskus

Wissen Sie noch, wo Sie am 13. März 2013 waren? Es war der Tag, an dem Jorge Bergoglio der Welt als Franziskus vorgestellt wurde. Obwohl es Gerüchte gab, dass er beim vorherigen Konklave, das Papst Benedikt gewählt hatte, knapp Zweiter geworden war, galt Kardinal Bergoglio als relativ unbekannt und stand auf keiner Expertenliste für die Wahl. Ich erinnere mich, wo ich war, als ich die Nachricht hörte, und ich erinnere mich an meine erste Reaktion: „Wer?" und „Francesco!" Obwohl er dann seine Namenswahl damit erklärte, dass er die Armen liebe, war mein erster Gedanke, dass dieser Mann sich selbst zum Reformer erklärte nach dem Heiligen, der Gott zu sich sagen gehört hatte: „Franziskus, baue mein Haus wieder auf, das, wie du siehst, in Trümmern liegt." Ich nehme stark an, dass er diesen Namen aus beiden Gründen gewählt hat und seine Handlungen bisher sprechen für diese Hoffnung.

Seit jenem denkwürdigen Tag ist Papst Franziskus förmlich über die Welt hereingebrochen. Er spricht zu allen Christen mit Klarheit und Dringlichkeit und er fordert uns heraus, uns auf unsere Identität zu besinnen und eine Kirche zu sein, die hinausgeht, eine Kirche, die „missionarische Jünger" macht. Auf diese Weise setzt er den Aufruf seines Vorgängers fort, der oft von der Neuevangelisierung gesprochen hatte und zur Re-Evangelisierung des Westens aufforderte.

Das Zweite Vatikanische Konzil

Über die Priorität der Evangelisierung in der kirchlichen Lehre seit etlichen Jahren besteht keinerlei Zweifel. Um den Aufruf zur Neuevangelisierung wirklich zu verstehen, müssen wir 50 Jahre zurückschauen auf das Zweite Vatikanische Konzil (1962-1965). Dieses Konzil hat sechzehn Dokumente hervorgebracht, von denen jedes eine einzigartige Zusammenschau der traditionellen kirchlichen Doktrin und neuer theologischer Erkenntnis darstellt. Ohne allzu akademisch begründen zu wollen, möchte ich doch behaupten, dass die zentralen theologischen Erkenntnisse aller sechzehn Konzilsdokumente mit folgenden Begriffen zusammengefasst werden können: Der weltweite Ruf zur Heiligkeit und der weltweite Ruf zur Mission. Heiligkeit und Mission sind nicht neu in der Lehre der Kirche, aber die Betonung auf deren Universalität war relativ neu. Der Gedanke, dass der Ruf zu Heiligkeit und Mission nicht in der Priesterweihe oder der Ordensprofess grundgelegt ist, sondern in der Taufe, war derart vergessen worden, dass er revolutionär war. Wir sind zur Heiligkeit berufen, weil wir getauft sind. Wir sind zur Mission berufen, zur Evangelisierung, zur Verbreitung der Frohen Botschaft, weil wir getauft sind.

Papst Paul VI.

Auf den Tag genau zehn Jahre nach dem Ende des Konzils veröffentlichte Papst Paul VI. ein bahnbrechendes Dokument namens *Evangelii Nuntiandi*, was übersetzt bedeutet: *Über die*

Frohe Botschaft, die zu verkünden ist. Sein deutscher Titel lautet: *Über die Evangelisierung in der Welt von heute.* Dieses Schreiben verkündete eine Theologie, die Mission und Evangelisierung zur Verantwortung eines jeden Christen erklärte. Seit dem Ende des Konzils bleibt dies der eindringlichste Aufruf an die Kirche, ihre Identität wieder zu entdecken. Beginnen wir damit, wie Papst Paul VI. Evangelisierung definiert:

„Man hat so die Evangelisierung als Verkündigung Christi an diejenigen, die ihn noch nicht kennen, als Predigt, als Katechese, als Spendung der Taufe und anderer Sakramente zu definieren vermocht.“ (EN 17)

Hier sehen wir, dass der Papst eine sehr breite Definition von Evangelisierung gewählt hat. Sie beinhaltet alle Aufgaben, die im Sendungsauftrag des Auferstandenen enthalten sind, aber sie enthält auch die meisten Aktivitäten, die von der Kirche wahrgenommen werden: Predigen, Katechese, Lehre, Sakramente und Verkündigung oder Kerygma.

Papst Paul VI. erinnert uns auch daran, dass wir der Versuchung widerstehen müssen, zu meinen, dass es mit dem Zeugnis unseres Lebens allein getan ist, um zu evangelisieren. Er sagt:

„Doch ist dieses Zeugnis niemals ausreichend, denn auch das schönste Zeugnis erweist sich auf die Dauer als unwirksam, wenn es nicht erklärt, begründet [...] und durch eine klare und eindeutige Verkündigung des Herrn Jesus Christus entfaltet wird.“ (EN 22)

Das ist für uns heute ein sehr wichtiges Prinzip, denn es betont die Verkündigung oder kerygmatische Dimension der Definition des Papstes. Es herrscht heutzutage große Verwirrung über die Notwendigkeit der Verwendung von Worten, um das Ziel der Evangelisierung zu erreichen. Wir alle haben schon die Aussage gehört, die Franz von Assisi zugeschrieben wird: „Verkünde das Evangelium zu aller Zeit und, wenn notwendig, auch mit Worten." Obwohl dieser Satz so bekannt ist, scheint er ein kirchlicher Mythos zu sein. In den Quellen über Franz von Assisi findet sich dieser Ausspruch nicht. Dieser Heilige hat das also offenbar nie gesagt und im Übrigen ist der Satz falsch. Der heilige Paulus sagt, dass der Glaube in der Botschaft gründet und die Botschaft im Wort Christi (Röm 10,17). Natürlich ist jedoch das Zeugnis des Lebens am wichtigsten. Wir erschaudern unwillkürlich, wenn jemand nicht entsprechend lebt, aber ständig davon spricht. Aber es geht hier auch nicht um ein Entweder-oder. Beides muss zusammenspielen und dieses Zusammenspiel ist ein urkatholisches Prinzip. Das Zeugnis des Lebens muss zuerst kommen, aber es muss auch dazu führen, dass das Wort vom Leben verkündet wird. Ohne Taten werden unsere Worte von unseren zynischen post-modernistischen, post-christlichen Mitmenschen nicht geglaubt, aber ohne Worte wird unsere Handlungsweise auch nicht verstanden. Petrus sagt: „Seid stets bereit, jedem Rede und Antwort zu stehen, der nach der Hoffnung fragt, die euch erfüllt" (1 Petr 3,15); und ebenso hält es Papst Paul VI., wenn er darauf besteht, dass Evangelisierung deutlich gemacht werden muss „durch eine klare und eindeutige Verkündigung des Herrn Jesus Christus" (EN 22).

„Es gibt keine wirkliche Evangelisierung, ohne dass der Name, die Lehre, das Leben, die Verheißungen, das Reich, das Geheimnis von Jesus von Nazaret, des Sohnes Gottes, verkündet werden." (EN 22)

Obwohl er eine breite Definition der Evangelisierung im ganzen Schreiben vorlegt, macht er doch Folgendes deutlich:

„Die Evangelisierung wird auch immer – als Grundlage, Zentrum und zugleich Höhepunkt ihrer Dynamik – klar verkünden müssen, dass in Jesus Christus, dem menschgewordenen, gestorbenen und auferstandenen Sohne Gottes, das Heil einem jeden Menschen angeboten ist als ein Geschenk der Gnade und des Erbarmens Gottes selbst." (EN 27)

Mit dieser schönen Definition der Frohbotschaft ebnet Papst Paul den Weg für eine Entwicklung, die später in den Schreiben von Papst Johannes Paul II., Papst Benedikt XVI. und Papst Franziskus aufscheint sowie in den Lehrschreiben zum Thema Neuevangelisierung. Die Methodologie der kirchlichen Pastoral muss breit angelegt sein, aber Evangelisierung als solche ist immer kerygmatisch und führt damit zu einer Begegnung mit der Person Jesu Christi. Sie gibt nicht nur Information über ihn oder seine Lehre, sondern besteht in dieser Begegnung, die einen zum Jünger macht.

Papst Johannes Paul II.

Drei Jahre nach diesem immer noch grundlegenden Dokument und nach dem 33-tägigen Pontifikat Johannes Pauls I. im Jahr 1978 wurde Kardinal Karol Wojtyla von Krakau zum Träger des Fischerrings. Er schritt weiter auf dem Weg des weltweiten Aufrufs zur Heiligkeit und Mission, den er während des Zweiten Vatikanischen Konzils eingeschlagen hatte. *Evangelii Nuntiandi* ist das Apostolische Schreiben, das nach der Bischofssynode von 1974 erschienen ist, bei der die Bischöfe die Bedeutung, Definition und Relevanz der Evangelisierung erörterten. Karol Wojtyla hatte als Generalsekretär der Synode wesentlich an diesem Schreiben mitgewirkt. 1978, nur acht Monate nach seiner Wahl zum Papst, prägte Johannes Paul II., der wesentlich zur Formulierung der Schlüsseldokumente des Konzils und des Apostolischen Schreibens *Evangelii Nuntiandi* beigetragen hatte, anlässlich seiner ersten Pontifikalreise nach Polen am 9. Juni 1979 den Begriff *Neuevangelisierung*. Damals verwendete er diesen Begriff, aber er definierte ihn erst vier Jahre später bei einer Rede an die Lateinamerikanische Bischofskonferenz (CELAM), als er sagte, dass die Neuevangelisierung „neu sei in ihrem Feuer, ihren Methoden und ihrem Ausdruck“.

In seiner Verkündigung und seinen Schreiben war das Thema der Evangelisierung ein bleibendes Element. In seiner Enzyklika *Redemptoris Missio* (Deutsch: *Die Sendung des Erlösers*, 1990), sagt er:

„Ich halte die Zeit für gekommen, da alle kirchlichen Kräfte für die neue Evangelisierung und für die Mission *ad gentes* einzusetzen sind. Keiner, der an Christus glaubt, keine Institution der Kirche kann sich dieser obersten Pflicht entziehen: Christus muss allen Völkern verkündet werden." (RM 3)

Der heilige Johannes Paul stellt unmissverständlich fest, dass die Verkündigung Christi nicht nur der Höhepunkt aller Evangelisierungsaktivitäten ist, sondern oberste Pflicht der Kirche und jedes einzelnen Gläubigen. Keiner kann sich dem entziehen. Er kommt auf dieses Thema nochmals in seinem Apostolischen Schreiben *Novo Millenio Ineunte* (Deutsch: *Zu Beginn des neuen Jahrtausends*) zurück, das er zum Ende des Heiligen Jahres im Januar 2001 veröffentlichte:

„Diese Leidenschaft wird es nicht versäumen, ein neues missionarisches Engagement in der Kirche zu wecken, das nicht einer kleinen Schar von ‚Spezialisten' übertragen werden kann, sondern letztendlich die Verantwortung aller Glieder des Gottesvolkes einbeziehen muss. Wer Christus wirklich begegnet ist, kann ihn nicht für sich behalten, er muss ihn verkündigen." (NMI 40)

Evangelisierung ist nun eine moralische Verpflichtung. Es ist fast egoistisch, nicht zu evangelisieren. Wenn wir etwas Wunderbares entdeckt haben und es für uns behalten wollen, dann wäre das eine moralische Schuld.

Bob Bedard, Gründer der 1984 gegründeten Priestergemeinschaft *Companions of the Cross*, sprach öfter davon, dass Evangelisierung bedeutet, dass „ein Bettler einem anderen Bettler sagt, wo es Brot gibt". Jesus ist das Brot des Lebens und das lebendige Wasser, und wir leben in einer Welt voller hungriger und durstiger Menschen. Aus vermeintlichem Respekt gegenüber den Hungernden und Dürstenden geben wir ihnen zwar oft wirkliches Brot und Wasser, aber wir verstecken geradezu die Tatsache, dass wir dies in Jesu Namen tun. In den seltensten Fällen bieten wir ihnen Jesus selbst an. Diesen großen Zwiespalt in den Missionsaktivitäten der Kirche zwischen Gerechtigkeit und Nächstenliebe auf der einen Seite und Evangelisierung auf der anderen hat Papst Benedikt XVI. aufgegriffen.

Papst Benedikt XVI.

Joseph Ratzinger nahm als theologischer Berater von Kardinal Frings am II. Vatikanum und somit an allen Sitzungen des Konzils teil und hatte eine Schlüsselrolle, indem er die deutschen Bischöfe bei der Neuformulierung der von der römischen Kurie vorbereiteten Dokumente und Tagesordnung unterstützte. Vieles in den Entwürfen und Neufassungen der Konzilsdokumente stammte aus seiner Feder. Als rechte Hand des Papstes wurde Josef Ratzinger während des ganzen Pontifikates von Johannes Paul II. Zeuge der Entwicklung des Rufs zur Neuevangelisierung. Als Papst Benedikt XVI. verfolgte er diese Linie weiter und machte sie schließlich durch zwei Initiativen offiziell: Im Juni 2010 errichtete er den Päpstlichen Rat für die Neuevangelisierung und im Oktober 2012 berief er die 13. Vollversammlung der Weltbischofssynode ein zum Thema „Neuevangelisierung für die Weitergabe des christlichen Glaubens“.

Obwohl diese beiden Entwicklungen konkrete Antworten des Lehramtes auf die Fragen der Neuevangelisierung darstellen, sprechen seine Schriften und jene der Kurie aus der Zeit seines Pontifikates die Sprache einer Evangelisierung, die vollkommen neu ist in ihrem Eifer, in ihren Methoden und in ihren Ausdrucksformen. Sie sind eine Weiterentwicklung und

Verfeinerung jener ersten Schritte, die Paul VI. begonnen und Papst Johannes Paul II. fortgeführt hat. Die Unterscheidung zwischen Evangelisierung und Katechese vertieft sich weiter und die Evangelisierung wird mehr und mehr als Verkündigung bezeichnet, die zu einer Begegnung führt. Unter Benedikt XVI. taucht immer häufiger ein Begriff auf, der bisher in offiziellen katholischen Dokumenten eher ungewöhnlich war. Papst Benedikt spricht jetzt von der Notwendigkeit einer *persönlichen* Begegnung und einer *persönlichen* Beziehung zu Jesus.

In einer Rede an die Bischöfe der Philippinen im Jahr 2011 erinnerte er sie daran, dass es ihre großartige Aufgabe bei der Evangelisierung sei, „zu einer persönlichen Beziehung zu Christus als Schlüssel zur vollkommenen Erfüllung einzuladen." Der Ausdruck persönlich erscheint auch immer wieder in den *Lineamenta*, dem Vorbereitungsdokument zur Synode, das zwei Wochen vor der Rede an die philippinischen Bischöfe veröffentlicht wurde. Dieses Dokument wurde verbreitet, um weltweit eine Diskussion anzuregen und Rückmeldungen von Bischöfen und Ortskirchen zu erhalten. Diese waren eine Hilfe bei der Erstellung des eigentlichen Arbeitspapiers der Synode. Die *Lineamenta* definieren das Ziel der Evangelisierung als „Verwirklichung dieser persönlichen Begegnung mit Jesus Christus, im Geist, um dazu zu gelangen, die Erfahrung seines und unseres Vaters zu machen." (Nr. 11 [35]) Evangelisierung ist immer trinitarisch, jedoch nicht in abstrakter und theoretischer Weise. Es geht um die Erfahrung einer Person oder mehrerer Personen: Das Ziel der Evangelisierung ist es, die Menschen zu Jesus Christus zu bringen, so dass sie vom Heiligen Geist erfüllt werden und Gott den Vater kennenlernen können. Der Heilige Geist, der uns erfüllt, ist der Geist der Annahme an Kindes statt, jener Geist, in dem wir rufen: „Abba, Vater!" (Röm 8,15). Es ist vollkommen trinitarisch. Dies ist das Ziel der Evangelisierung.

Vielen eher traditionellen Christen erscheinen Begriffe wie *Evangelisierung* und *persönliche Beziehung mit Jesus* fremd. Während meiner ersten Monate in meiner gegenwärtigen Pfarrgemeinde sagten mir manche Gläubige, wenn ich so sprach: „Herr Pfarrer, das klingt aber nicht wirklich katholisch." Genau diese zwiespältige Haltung des durchschnittlichen Katholiken zur Evangelisierung drücken die *Lineamenta* aus, wenn es heißt: „Ungeachtet seiner Verbreitung und Bekanntheit in der Kirche gelingt es dem Begriff [*neue Evangelisierung*] jedoch nicht, voll und ganz in den Diskurs integriert zu werden, sei es innerhalb der Kirche oder innerhalb der Kultur" (Nr. 5 [17]). Und das, obwohl inzwischen dreißig Jahre vergangen sind, seit Johannes Paul II. erstmals darüber gesprochen hatte. Wie können wir noch deutlicher machen, dass diese Ausdrucksweise zutiefst katholisch ist?

„Christsein und Kirche sind missionarisch oder sie sind nicht. Wer seinen eigenen Glauben liebt, ist auch darum besorgt, ihn zu bezeugen, ihn zu anderen zu bringen und diesen eine Teilhabe zu ermöglichen." (Nr. 10 [32])

Nachdem wir uns also gerade erst mit dem Begriff *Evangelisieren* angefreundet haben, erscheint ein noch stärker evangelikal-protestantisch klingender Ausdruck in vatikanischen Dokumenten und beim Papst selbst: *persönliche Beziehung* und *persönliche Begegnung*. Dazu noch einmal aus den *Lineamenta*: „Es kann nur derjenige evangelisieren, der sich selber evangelisieren ließ und lässt, der in der Lage ist, sich von der Begegnung und der gelebten Gemeinschaft mit Jesus Christus spirituell erneuern zu lassen." (Nr. 22 [84])

Vielleicht kommt unser Widerwille, uns einer solchen Ausdrucksweise zu bedienen, daher, dass uns in der heutigen Kultur jeder Individualismus verdächtig scheint. Möglicherweise ist unserer geistlichen Tradition dieser *Begriff* fremd, die Tatsache jedoch, dass ein Mensch eine Begegnung mit dem lebendigen Gott hat, ist uns keineswegs fremd. Sie ist im Herzen unserer mystischen katholischen Tradition. Ist Mystik und mystische Vereinigung dasselbe wie eine persönliche Beziehung zu Christus? Gewiss trifft dies zu: Wenn jemand eine mystische Erfahrung mit Gott hat, muss diese doch persönlicher Art sein. Darüber zumindest sprechen die Mystiker unserer Tradition, wenn sie eine zutiefst innige und persönliche Begegnung mit Gott beschreiben. Es ist zwar tatsächlich so, dass der Begriff *persönlicher Herr und Erlöser* in der Heiligen Schrift nicht vorkommt, aber Jesus, den Heiland, der zu jedem menschlichen Herzen spricht, den gibt es. Wir dürfen nicht vergessen, dass der Begriff des Individuums, wie wir ihn jetzt kennen, in unserer Kultur noch relativ neu ist. Er ist kaum hundert Jahre alt und hält nicht jeder Kritik stand. Ungezügelter Individualismus hat in unserer Kultur verheerenden Schaden angerichtet und die zunehmende Bedeutung der Rechte des Einzelnen gegenüber jenen der Gemeinschaft hat nicht notwendigerweise zu einer gesünderen Kirche oder Gesellschaft geführt. Doch wir müssen uns mit dieser Kultur befassen und diejenigen, die evangelisieren, müssen zu dieser Kultur sprechen.

Und dann kam Franziskus.

Papst Franziskus

Der vierte Punkt seiner handgeschriebenen Notizen für die Rede zum Vorkonklave am 9. März 2013, vier Tage vor seiner Wahl zum Papst, lautet folgendermaßen:

„Was den nächsten Papst angeht: (Es soll ein Mann sein) der aus der Betrachtung Jesu Christi und aus der Anbetung Jesu Christi der Kirche hilft, an die existenziellen Enden der Erde zu gehen, der ihr hilft, die fruchtbare Mutter zu sein, die aus der ‚süßen und tröstenden Freude der Verkündigung' lebt."

Kardinal Bergoglio begann seine Rede mit einem Zitat Pauls VI., und alle vier Punkte seiner Ansprache handelten von der

Evangelisierung und der Notwendigkeit für die Kirche, ihre lähmende Tendenz zur Selbstbezogenheit zu überwinden. Diese allzu präsente Neigung führe zu Krankheit und zu Bösem innerhalb der Kirche, erklärte er. Seit seiner Wahl verkörpert er diesen Aufruf an die Kirche, hinauszugehen, ihre grundlegende missionarische Identität durch die eigene Handlungsweise, aber auch durch Worte wiederzuentdecken. Er tut das und ist somit der erste Papst in der Geschichte, der zum Umsturz aufruft:

„Ich möchte euch sagen, welche Wirkung ich vom Weltjugendtag erhoffe: Ich hoffe, dass es einen Wirbel gibt. Hier wird es einen Wirbel geben, ja, den wird es geben. [...] Aber ich will, dass ihr auch in den Diözesen Wirbel macht, ich will, dass man hinausgeht, ich will, dass die Kirche auf die Straßen hinausgeht, ich will, dass wir standhalten gegen alle Weltlichkeit, Unbeweglichkeit, Bequemlichkeit, gegen den Klerikalismus und alles In-sich-verschlossen-Sein. Die Pfarreien, die Schulen, die verschiedenen Einrichtungen sind da, um hinauszugehen ..., wenn sie es nicht tun, werden sie eine NGO, und die Kirche darf nie eine NGO[3] sein." (Ansprache an die argentinischen Jugendlichen beim Weltjugendtag in Rio de Janeiro, 25. Juli 2013)

Drei Tage später wiederholte er diese Botschaft in etwas ausgefeilterer Form vor dem Koordinations-Komitee der lateinamerikanischen und karibischen Bischofskonferenz CELAM. In dieser Rede, auf die wir später nochmals zurückkommen werden, benennt er provokativ die „Versuchungen", die die Kirche hindern und behindern, das zu tun, was sie tun sollte – missionarische Jünger zu formen. Den Begriff *missionarische Jünger* Papst Franziskus zuzuschreiben ist nur teilweise richtig, denn das Wort kommt durchgängig im Dokument von Aparecida vor, das 2008 – ein Jahr nach der Vollversammlung der lateinamerikanischen und karibischen Bischofskonferenz im brasilianischen Wallfahrtsort

3 Non-Governmental Organization: Sammelbegriff für international tätige private Organisationen und Interessenverbände (meist sozial engagiert oder für die Umwelt)

Aparecida – veröffentlicht wurde. Das Thema hieß „Jünger und Missionare Jesu Christi; damit unsere Völker in ihm das Leben haben". Das ausführliche Schlussdokument dieser Konferenz, das eine neue kontinentale Mission in der gesamten Region inspirierte, trug stark die Handschrift von Kardinal Jorge Bergoglio aus Buenos Aires. Obwohl Papst Franziskus im ersten Jahr seines Pontifikats das Apostolische Schreiben *Evangelii Gaudium* veröffentlichte, kann man meiner Meinung nach weder ihn noch dieses Schreiben ohne Kenntnis des Aparecida-Dokuments verstehen.

Aparecida

Zum ersten Mal begegnete mir der Begriff Aparecida im Jahre 2009 auf einer Reise nach Chihuahua im Norden Mexikos, wo ich für Pfarrgemeinden Workshops zu Evangelisierung und Alpha für Pfarrgemeinden gab. Während dieser Konferenz hielt der stellvertretende Pfarrer der Gemeinde, der auch an der örtlichen Universität Kirchengeschichte lehrte, eine erstaunliche Rede über die *kontinentale Mission*, zu der Aparecida aufrief. Das waren für mich neue Begriffe. Ich erfuhr bald, dass Aparecida das nationale Heiligtum Brasiliens ist und ein beliebter Wallfahrtsort. Ebenso, dass Papst Benedikt 2007 dort mit den Bischöfen Lateinamerikas und der Karibik zusammengetroffen war, um die Kirche dieses Kontinents aufzurufen, sich an ihre Identität zu erinnern. Das Ergebnis war eine Verpflichtung zur kontinentalen Mission, die alle Bereiche der lateinamerikanischen Kirche betraf und Erneuerung bringen sollte. Seither war ich mehrmals in Mexiko und habe auch an einer Evangelisierungskonferenz in Aparecida selbst mitgewirkt.

Bei den Leitungsverantwortlichen der lateinamerikanischen Kirche, Geweihten und Laien, habe ich wiederholt eine starke Verpflichtung zu echter Erneuerung und eine große Klarheit über das, was auf dem Spiel steht, wahrgenommen. Auf der ersten

Reise nach Chihuahua bin ich Klerikern und Laien begegnet, die nicht nur Fragen stellten, die von Priestern in Kanada nicht gestellt wurden, sondern auch Männern und Frauen, die Vorschläge gemacht haben. Ich hatte eine entmutigte Kirche erwartet, die versuchte, eine gewisse Dominanz mancher Formen der Befreiungstheologie vergangener Jahrzehnte zu überwinden, aber stattdessen traf ich auf junge Menschen, die mutige Fragen stellten und mutige Lösungen vorschlugen.

Das Aparecida-Dokument ist ein Dokument des Lehramtes der Kirche. Obwohl es ein Aufruf an die Kirche in Südamerika ist, wäre es wirklich falsch, seine Bedeutung für die Weltkirche zu verkennen, und nicht nur, weil jener Mann, dessen Handschrift darin deutlich erkennbar ist, Papst Franziskus wurde. Ich glaube, dass die Einsichten dieses Dokuments der Kirche Lateinamerikas sechs Jahre Vorsprung gegeben haben gegenüber dem Erneuerungsprozess, der der Weltkirche als Aufruf zum Handeln im Anschluss an die von Papst Benedikt geleitete Bischofssynode mit *Evangelii Gaudium* (Die Freude des Evangeliums) vorgeschlagen wurde.

Das Abschlussdokument von Aparecida ist umfangreich. Es geht auf jeden Aspekt kirchlicher Mission ein und führt konkrete Ziele für verschiedene katholische Institutionen bei der Umsetzung der kontinentalen Mission an. Es spricht von der Notwendigkeit für die kirchliche Mission, einer „vorrangigen Option für die Armen", gegen Armut, Ungerechtigkeit, Umweltschädigung und jegliche Art von Ausbeutung zu kämpfen. Trotz des Umfangs dieses Dokuments, ist das zentrale Thema jedoch: die Gläubigen dieses Kontinents daran zu erinnern, dass „sie kraft ihrer Taufe berufen sind, Jünger und Missionare Jesu Christi zu sein" (Nr. 10). Diese Worte stammen aus der Eröffnungsansprache Papst Benedikts an die Bischöfe zu Beginn ihrer Konferenz im Jahr davor. Der Kreis hat sich geschlossen. Beide Päpste betonen ein Thema, das auf den Kern des II. Vatikanischen Konzils zurückgeht. Sie machen deutlich, dass trotz der großen Fülle der kirchlichen Aufgaben keine wichtiger ist als jener Aufruf des Herrn, Jünger zu machen und diese anzuleiten, Apostel oder Missionare zu werden. Die Nebeneinanderstellung der Begriffe „Jünger" und „Missionare" oder der Ausdruck „missionarische Jünger" kommt im Aparecida-Dokument 121 mal vor.

In den Lehrschreiben von Paul VI. bis Papst Benedikt wird bei der Definition von Evangelisierung immer wieder die Verkündigung, Bekehrung und persönliche Begegnung betont. Zur vollen Entfaltung kommt diese Entwicklung dann im Dokument von Aparecida. Unter den vielen Stellen möchte ich hier zwei Abschnitte näher betrachten. Der Abschnitt 5.4 trägt den Titel „Menschen, die die Kirche verlassen und sich anderen religiösen Gruppen angeschlossen haben" und gibt die Forschungsergebnisse von Dr. Jose Luis Perez Guadalupe, eines Wissenschaftlers und Professors an der Universität von Peru, wieder, die er zuvor gesammelt hatte. Diese Untersuchung basiert auf Hunderten von Interviews mit Austretenden oder Ausgetretenen, die nur einen Bruchteil jener lateinamerikanischen Katholiken darstellen, die die katholische Kirche verlassen und sich evangelikalen Protestanten angeschlossen haben. Die Interviewer stellten vier Hauptgründe fest, weshalb die Mehrheit der Katholiken die Kirche verlassen hat:

1. Die Gläubigen hatten nie „eine persönliche Begegnung mit Jesus Christus …", die „tief und intensiv" gewesen wäre innerhalb der katholischen Kirche, aber sehr wohl in anderen Kirchen. Diese Begegnung wurde ermöglicht durch eine „kerygmatische Verkündigung" und das „persönliche Zeugnis derer, die das Evangelium verkünden", so dass „eine persönliche Umkehr und eine umfassende Lebensänderung möglich werden" (Nr. 226a). Diese Erfahrung hatten sie in der katholischen Kirche nie gemacht.

2. Ein herzliches, echt christliches Gemeindeleben, wo Menschen sich „geschwisterlich angenommen“, wo sie sich „geschätzt und wahrgenommen wissen und in das kirchliche Leben einbezogen fühlen“ (Nr. 226b). In ihrem katholischen Umfeld hatten sie diese Erfahrung nicht gemacht, sehr wohl aber in anderen Kirchen.
3. Biblische und lehramtliche Bildung nicht als „theoretisch und kalt“ empfundenes Wissen, sondern als etwas, was zu geistlichem, persönlichem und gemeinschaftlichem Wachstum führt (Nr. 226c).
4. Eine missionarische Verpflichtung, durch welche die Kirchenmitglieder aus ihren Kirchenbänken hinaus gesandt und in Bewegung gesetzt werden, um jenen zu begegnen, die sich am Rand befinden, und sie in die Familie Gottes heimzuholen.

Zutiefst erschütternd bei diesen Zeugnissen ist die Tatsache, dass es in unserer katholischen Theologie oder Tradition ja eigentlich nichts gibt, was irgendeines dieser wesentlichen Elemente behindern würde, die zu dieser massiven Austrittswelle aus der katholischen Kirche Lateinamerikas geführt haben. Im Dokument wird das so ausgedrückt:

„In unserer pastoralen Praxis machen wir die Erfahrung, dass aufrichtige Menschen unsere Kirche oftmals nicht deshalb verlassen, weil die „nicht katholischen“ Gruppen etwas anderes glauben, sondern in der Hauptsache, weil sie anders leben. Sie tun es also nicht wegen der Lehre, sondern wegen der anderen Lebensformen. Sie tun es nicht aus strikt dogmatischen, sondern aus pastoralen Motiven heraus; nicht wegen theologischer Probleme, sondern wegen des methodischen Vorgehens unserer Kirche.“ (Nr. 225)

Die harte Wahrheit ist, dass diese methodologischen Defizite aus nicht weniger bestehen als aus den wesentlichen Aufgaben der Evangelisierung, der Jüngerschaft, der Nachfolge und der

Mission. Wir können eine wunderbare Theologie für all diese Schlüsselaspekte des kirchlichen Lebens haben, aber wenn sie nicht ins kirchliche Leben integriert und dort spürbar werden, dann bleiben sie abstrakt. Daher der kraftvolle Aufruf in diesem Dokument zu einer totalen „pastoralen Umkehr".

Ich glaube, das sechste Kapitel ist der wichtigste Teil des Aparecida-Dokuments, weil es nicht nur eine Theologie für die Bildung missionarischer Jünger darlegt, sondern auch eine detaillierte Anleitung für den notwendigen Ausbildungsprozess gibt. In diesem zweiten Teil des Dokuments wird mit Autorität die Definition von Evangelisierung herauskristallisiert, die in *Evangelii Nuntiandi* schon grundgelegt wurde. Es werden „fünf Hauptmerkmale im Bildungsprozess der missionarischen Jünger" genannt (6.2.1). Der Abschnitt beginnt mit der „Begegnung mit Jesus Christus" und verbindet dies unmittelbar und ausdrücklich mit dem *Kerygma*, der Verkündigung des Evangeliums. Es ist absolut notwendig, dass das Kerygma explizit gehört werden muss und dass „ohne das Kerygma [...] die übrigen Aspekte des Prozesses zur Unfruchtbarkeit verurteilt" sind, „weil die Herzen nicht wirklich zum Herrn bekehrt sind."

Der zweite Aspekt dieses Prozesses ist eine Bekehrung, die unser Leben verändert und zu der Entscheidung führt, Jesus, dem Herrn, zu folgen. Diese Entscheidung führt zum Sakrament der Taufe oder der Versöhnung. Der dritte Abschnitt der Ausbildung ist die Jüngerschaft. Hier sprechen die Bischöfe davon, wie jeder Gläubige zu immer größerer Reife gelangt „durch das Kennenlernen Jesu, die Liebe zu ihm und durch die Nachfolge des Meisters" und so „immer tiefer in das Geheimnis des Menschen Jesus" eindringt (6.2.1.c). Katechese und Sakramente sind, so heißt es, „von fundamentaler Bedeutung" in dieser Phase. Schließlich bleiben noch die Punkte vier und fünf, *communio* (Gemeinschaft) und *missio* (Sendung). Nicht überraschend ist, dass *communio* als lebensnotwendige, sinnstiftende Gemeinschaft bezeichnet wird, in der eine Begegnung mit anderen Jüngern stattfinden kann. Hier wird ermutigt, unterstützt und zu geistlicher Reife geführt. All diese Aspekte führen, wenn sie echt sind, von selbst zur Mission – nämlich anderen voller Freude Jesus zu verkünden, die Armen zu lieben und ihnen zu dienen und das Reich Gottes aufzubauen.

Das nachfolgende Schema stellt den Ablauf des Weges dar, wie ihn das Aparecida-Dokument zur Heranbildung missionarischer Jünger beschreibt. Jede Phase dieses Prozesses findet innerhalb einer lebendigen und fürsorgenden Gemeinschaft von Glaubenden statt.

Wie man missionarische Jünger ausbildet

Vor-Evangelisierung	**Evangelisierung**	**Jüngerschaft**	**Apostolat**
Öffnen	Bekehrung	Reifen	Dienen
Beziehung	Verkündigung	Katechese	Hinausgehen:
Dazugehören	Begegnung	Sakramente	Evangelisierung
Einladen	Persönliche	Zurüsten	und soziale
Gebet	Beziehung	Erneuern	Gerechtigkeit
Lebenszeugnis			

Entscheidung

Ich wünschte, ich könnte Ihnen noch weitere Schätze aus Aparecida zugänglich machen. Später in diesem Buch werden wir weitere Abschnitte dieses Dokuments betrachten. Doch nun werfen wir einen kurzen Blick auf jenes Dokument, das wohl das bodenständigste päpstliche Schreiben aller Zeiten ist. Ich spreche natürlich von *Evangelii Gaudium*. In diesem Kapitel gehe ich nur kurz darauf ein, denn eigentlich ist es ja das Thema des ganzen Buches. Für jeden, der das Aparecida-Dokument kennt, ist die einzige Überraschung von *Evangelii Gaudium* sein informeller

Stil. Alle wichtigen Themen des CELAM-Dokuments finden ihren Niederschlag in *Evangelii Gaudium*, wenn betont wird, dass „alle Mitglieder des Volkes Gottes kraft ihrer Taufe ‚missionarische Jünger' geworden sind" und dieser bedeutungsvolle Begriff im ganzen Text wieder und wieder auftaucht. Das Aparecida-Dokument und damit in Zusammenhang stehende Texte – wie zum Beispiel Papst Benedikts Eröffnungsrede bei dieser Konferenz – werden in dem Schreiben achtzehnmal erwähnt, und der grundsätzliche Aufruf zu pastoraler Umkehr innerhalb der lateinamerikanischen Kirche wird ausdrücklich auf die Weltkirche übertragen: „Wir müssen von einer rein bewahrenden Pastoral zu einer entschieden missionarischen Pastoral übergehen." (EG 15)

Es ist offensichtlich, dass wir in den 50 Jahren seit dem Zweiten Vatikanischen Konzil die wirkliche Innovation dieses Konzils langsam ausgepackt und entfaltet haben. Es ging nicht um liturgische Sprache oder Gesten. Es ging nicht um Kirchenleitung, Dezentralisierung der Kirche oder die Bevollmächtigung der Laien, liturgische Ämter auszuüben. Es ging darum, sich die ureigenste Identität der Kirche wieder ins Gedächtnis zu rufen. Alle Konzilsväter und die drei Päpste, die an diesem historischen Ereignis beteiligt waren – Paul VI., Johannes Paul II. und Benedikt XVI. –, bis zu unserem Papst Franziskus, der uns aufruft, Sein Haus wieder aufzubauen, haben alle eine wesentliche Rolle dabei gespielt, indem sie uns auf das hinwiesen, was vor uns liegt. In den Tagen nach der Wahl von Papst Franziskus habe ich im Internet ein Bild gefunden, das den heiligen Johannes Paul, Benedikt und Franziskus gezeigt hat. Unter Johannes Paul stand: „Daran glauben wir." Unter Benedikt, dem so genauen und systematischen deutschen Theologen, standen die Worte: „Deshalb glauben wir." Unter Franziskus, dem, der uns auffordert, wieder aufzubauen, stand der Zuruf: „Jetzt geht und tut es."

3

Haus des Schmerzes

Eine Kirche, die sich um sich selbst dreht

Wie schon gesagt hat Kardinal Jorge Bergoglio während des Konklaves, das ihn schließlich zum Papst wählte, in vier Punkten seine Gedanken darüber niedergeschrieben, was für eine Art Papst die Kirche brauche. Er beschrieb einen Papst, der der Kirche helfen würde, sich auf ihre wahre Identität zu besinnen: eine Kirche zu sein, die gerufen ist, „aus sich selbst herauszugehen und an die Ränder zu gehen. [...] Wenn die Kirche nicht aus sich selbst herausgeht, um das Evangelium zu verkünden, kreist sie um sich selbst. Dann wird sie krank." Diese „Selbstbezogenheit", ermahnte er, ist ein schweres Übel, weil die Kirche so nicht mehr Christus verherrliche, sondern sich selbst zu verherrlichen suche. Die Kirche fällt dem „schlimmsten Übel" zum Opfer und wird eine „mondäne Kirche, die in sich, von sich und für sich lebt." Die Kirche ist deshalb ein Haus des Schmerzes geworden, weil sie krank ist. Die Ursache für diese Krankheit ist das tiefe Vergessen unserer tiefsten Identität: dass wir nämlich missionarisch sind, eine Kirche, „die aufgerufen ist, aus sich selbst herauszugehen."

Wenn ein Mensch unter starker Amnesie leidet, führt das immer zu Konsequenzen für seine Identität. Das Bewusstsein dieses Identitätsverlustes verursacht Schmerz. Dies gilt auch für die Kirche, das Haus Gottes, die auf dem Eckstein Jesus Christus gebaut ist und deren Fundament die Apostel und Propheten sind (Eph 2,20). Sie ist ein geistliches Gebäude, das aus lebendigen Steinen besteht: den gläubigen Gliedern unserer Kirche (1 Petr 2,5). Wenn wir unsere innerste Identität nicht kennen, verursacht das Schmerzen: Schmerzen in der Kirche selbst und Schmerzen bei den einzelnen Gläubigen. Wenn die Kirche wieder aufgebaut werden soll, muss sie zuerst geheilt werden. Und der erste Schritt dieser Heilung heißt, die Schmerzen wahrzunehmen.

Immer, wenn wir zum Arzt gehen, dann tun wir das doch, weil ein Schmerz oder ein Unwohlsein uns zeigen, dass irgendetwas nicht stimmt. Der Arzt bittet uns dann, den Schmerz zu beschreiben. Wie fühlt er sich an? Wo tut es weh? Schmerzen und Wunden zuzugeben ist nicht bloß eine sinnlose Übung oder gar – noch schlimmer – ein Zeichen mangelnder Disziplin oder fehlenden geistlichen Rückgrats. Vielmehr hat dies eine tiefe biblische Verwurzelung in der Tradition des Klagens. In vielen Psalmen, im Buch Jeremia (20,7-18) und natürlich in den Klageliedern finden wir Klagen sowohl von Gruppen als auch von Einzelnen. Diese biblischen Schriften sind unverhohlene und schonungslos ehrliche Eingeständnisse davon, wie und wo es schmerzt. Als Kirche tun wir gut daran, daraus zu lernen und das nachzuahmen.

„Darüber muss ich weinen, von Tränen fließt mein Auge.“ (Klgl 1,16)

In den siebzehn Jahren, in denen ich Priester auf diesem winzigen Fleckchen Erde im Osten Kanadas bin, habe ich wahrlich keinen Mangel an Schmerzen bei denen gesehen, die lebendige Steine von Gottes Haus sind. Zunächst ist da der leider allzu verbreitete Schmerz, mitansehen zu müssen, dass so viele Familienmitglieder und andere sich von der Kirche entfernen, vom Glauben an Christus und sogar vom Glauben an Gott. Dieser Schmerz ist besonders akut bei jenen Gemeindemitgliedern, die den totalen Glaubensabfall ihrer gesamten Familie erleben mussten. Solche treuen Leute fragen sich verwirrt: „Was haben wir falsch gemacht?“ Sie können es nur schwer verkraften, ihre Kinder und Enkel der Kirche und dem Glauben gegenüber gleichgültig oder gar feindselig zu sehen. So viele Tränen wurden vergossen. Die heilige Monika hatte noch nie so viele geistliche Kinder, die sie um Fürsprache für ihre auf Abwege geratenen Söhne und Töchter angerufen haben.

„Hört doch, alle ihr Völker und seht meinen Schmerz: Meine Mädchen, meine jungen Männer zogen in die Gefangenschaft.“ (Klgl 1,18b)

Unzählige Male habe ich Begräbnisse von gläubigen Pfarrmitgliedern gehalten, die eine tiefe Beziehung zu Christus hatten und die wahre Jünger und Diener waren und deren Kinder alle den Glauben aufgegeben hatten. Die innigen Rituale unserer Begräbnisfeiern, die so wunderbar den Glauben und die Frömmigkeit der Verstorbenen wiedergeben, werden leider allzu oft von Familienmitgliedern höflich toleriert, die bei der Seelenmesse verloren und unbeteiligt scheinen und verständlicherweise darauf warten, dass sie ihre eigenen, für sie sinnvolleren Rituale durchführen können, wenn das Kirchengetue vorbei ist. Diese Erfahrungen erinnern uns schmerzlich daran, dass die biologische Familie und die Glaubensfamilie nicht mehr im Einklang stehen. Bei diesen Gelegenheiten fühle ich tiefe Traurigkeit und tiefen Schmerz.

Unsere Gläubigen haben jedes Recht, uns Hirten zu fragen, was sie falsch gemacht haben, denn sie wissen es wirklich nicht. Sie haben für ihre Kinder das getan, was ihre Eltern für sie getan hatten. Es gibt nichts Natürlicheres als dies. Das Problem ist, dass ihnen niemand gesagt hat, dass nun die Regeln ganz andere sind. Wie bei einem Rugbyspiel, das ohne Vorwarnung nach der Halbzeit plötzlich ein Fußballspiel ist, so fühlen sich viele bestraft, ohne zu wissen warum. Alles, was sie für ihre Kinder getan haben, wäre ausreichend gewesen, wenn wir noch immer im Jahr 1956 wären, aber dieses Zeitalter könnte auch tausend Jahre zurückliegen. Unsere Leute müssen über diesen Schmerz sprechen dürfen und sie müssen den Frieden Gottes finden.

Zu den vielen Aufgaben eines Hirten gehört es, über seine Herde zu wachen und sie zu warnen, wenn Gefahren drohen. Wir Hirten müssen zugeben, dass wir die Zeichen der Zeit nicht erkannt und die Alarmglocken nicht geläutet haben, auch auf die Gefahr hin, damit den Frieden zu stören. Wir Hirten hätten wachsamer sein sollen, wir hätten vor dem Feind warnen müssen und unsere Herde mit Dringlichkeit auffordern, sich vorzubereiten; aber wir haben versagt und auch das schmerzt.

„In den Boden sanken ihre Tore, ihre Riegel hat er zerstört und zerbrochen." (Klgl 2,9)

Der Schmerz innerhalb unserer Kirche ist deutlich spürbar, verursacht auch durch den Verlust so vieler unserer Einrichtungen, die unsere Identität ausmachten und eine Quelle des Stolzes innerhalb der überwiegend aus Einwanderern bestehenden katholischen Gemeinden Nordamerikas waren. Unsere Krankenhäuser, Schulen und Universitäten sind katholisch höchstens dem Namen nach oder sie sind des letzten Restes katholischer Identität völlig beraubt. Sie zieren unsere Städte wie Ruinen einer längst vergangenen Zivilisation. Wenn wir an ihnen vorbeikommen, sind sie ständige Erinnerung an jene Kirche, die Garant für soziale Werke war, wenn sie die Hungrigen gespeist, die Verlassenen in Waisenhäusern aufgenommen und versorgt, die Ungebildeten in Schulen und Universitäten unterrichtet und die Kranken und Alten in Krankenhäusern und Heimen gepflegt hat. Diese leiblichen und geistlichen Werke der Barmherzigkeit wurden durch und durch getragen von einem Geist des Glaubens, der damals unbesiegbar schien. Jetzt sind die Klöster, die die vielen gläubigen Schwestern so vieler Kongregationen beherbergt haben, ebenso leer wie die Institutionen, die sie einst mit Leben erfüllten.

Der Niedergang dieser Institutionen ist nicht die größte Herausforderung, mit der wir als Kirche konfrontiert sind. Man könnte zu Recht darauf hinweisen, dass in der Geschichte die Kirche dann am stärksten war, wenn sie verarmt und sogar gesellschaftlich marginalisiert war. Viele dieser Institutionen waren die Antwort auf die Bedürfnisse der Vergangenheit; ihr Untergang war oftmals das Erreichen dessen, wozu sie gegründet worden waren. Weltweite Schulbildung, Gesundheitsfürsorge und soziale Wohlfahrt sind Dinge, die uns heute selbstverständlich erscheinen. Ihr Fehlen in der Vergangenheit war der Grund dafür, dass unsere Einrichtungen so großherzig gebaut und personell ausgestattet wurden. Dennoch bleibt der Schmerz.

Dieser Schmerz setzt sich in der westlichen Welt fort durch den Zusammenbruch zahlreicher Pfarrstrukturen in vielen Diözesen. Schließungen, Zusammenlegungen von Pfarreien und Umstrukturierungen zu Pfarrverbänden sind den Katholiken im gesamten Westen bekannt. Elf meiner insgesamt vierzehn Jahre als Pfarrer habe ich damit verbracht, Pfarrgemeinden zusammenzulegen, manchmal verbunden mit dem buchstäblichen Zusammenbruch unserer Infrastruktur. Wir können diese Veränderungen rational begründen. Sie sind finanziell und administrativ richtig und gut. Sie helfen uns, den Priestermangel zu verkraften oder, wenn es gut geht, die Infrastruktur einer Pfarrgemeinde ihrer Mission unterzuordnen. Trotz der Vernünftigkeit all dieser Aktionen, trotz ihres Wertes oder der Art und Weise, wie wir sie durchführen: es schmerzt.

In der Kirche geht es um Menschen, nicht um Gebäude. Es geht um lebendige Steine, nicht um Ziegel und Mörtel, aber es schmerzt, weil es uns daran erinnert, dass uns insgesamt ein Niedergang bevorsteht. Wir wissen, es gibt legitime Gründe für die Veränderungen und dass sie unter den gegebenen Umständen notwendig und richtig sind. Kein einziger Grund jedoch wird je die tiefe Überzeugung verdrängen, dass es immer tragisch ist, ein Kirchengebäude zu schließen, und dass diese Schließung eine Folge davon ist, dass die Kirche nicht gesund ist und nicht wächst. Auch das ist schmerzlich. Ich glaube, das ist der größte Schmerz, wenn eine Pfarrgemeinde feststellt, dass sie ihre Identität innerhalb eines Pfarrverbands verloren hat oder ihre Pfarrgemeinde auflösen muss. Dieser Schmerz sitzt tiefer als der unmittelbare Schmerz über den Verlust einer Einrichtung, die ihr Leben geformt und bestimmt hat, über den Verlust von Stabilität und Geborgenheit und der damit verbundene Schmerz, dass etwas Neues, Fremdes und Unbekanntes, sogar Noch-nie-Gehörtes auf sie zukommt.

„Meine Augen ermatten vor Tränen, mein Inneres glüht. Ausgeschüttet auf die Erde ist mein Herz über den Zusammenbruch der Tochter, meines Volkes.“ (Klgl 2,11)

Welche Fülle an Schmerz brennt in den Herzen aller Gläubigen, Priester, Laien und Ordensleuten über die erschütternden Fälle von Kindesmissbrauch durch Priester? Und als ob es damit nicht genug wäre: Wieviel Schmerz haben wir empfunden über die bisherige komplizenhafte Tolerierung dieses Verhaltens bei vielen Verantwortlichen, oftmals, um die Institution selbst zu schützen? Ist das nicht ein klassisches Beispiel für das, was Bergoglio meint, wenn er davon spricht, dass die verweltlichte Kirche in sich selbst, von sich selbst und für sich selbst lebt? Auch wenn wir wissen, dass Missbrauch nur von einer kleinen Minderheit verübt wurde, und obwohl die Gründe für so viele Beispiele mangelnder bischöflicher Aufsicht komplex sind, so empfinden wir den

Schmerz doch als ganzer Leib der Kirche, denn wenn ein Glied leidet, dann leiden alle mit.

Die Opfer und deren Familien, die noch immer die Spuren dieses schrecklichen Vertrauensbruchs in sich tragen, gehören immer noch zur Familie Gottes. Sie tragen immer noch einen tiefen Schmerz in sich und werden sich dessen jedes Mal aufs Neue bewusst, wenn wieder ein neues Verbrechen aus der Vergangenheit ans Licht kommt, jedes Mal, wenn ein Versagen der Verantwortlichen aufgedeckt wird. Schmerz wird auch empfunden von jenen treuen Gläubigen [in Kanada und den USA], die die Demontage ihrer Kirchen und kirchlichen Gebäude erleben müssen, damit die Entschädigungszahlungen für die Opfer aufgebracht werden können. Ungeachtet dessen, wie überzeugt wir von der Rechtmäßigkeit dieser Maßnahmen sind, wenn Kirchen verkauft werden, machen wir die Erfahrung, dass dabei viele Unschuldige weiterhin leiden. Die Menschen, die den Verlust dieser von ihren Ahnen oder mit ihren eigenen Mitteln erbauten Gebäude erleiden, sind unschuldig. Unschuldige Missbrauchsopfer, die von einem solchen Kirchenverkauf „profitieren“, werden manchmal wiederum ausgegrenzt, vor allem in kleinen Gemeinden. Pfarrer, die solche Maßnahmen durchführen müssen, und Bischöfe, die solche Entscheidungen zu treffen haben, leiden ebenfalls unter den Folgen von Handlungen und Entscheidungen, die oft Jahrzehnte zurückliegen.

Und schließlich wird der Vertrauensverlust in die Kirche selbst und die Scham, die auf jedem Priester wegen der Missetaten einiger weniger lastet, zu einem dumpfen, chronischen Schmerz. Obwohl rein weltliche Studien gezeigt haben, dass der Missbrauch Minderjähriger durch Priester innerhalb der katholischen Kirche etwas weniger häufig vorkommt, als jener durch die männliche Bevölkerung generell (kein Grund, uns deswegen zu brüsten), und dass die Vertuschung durch die Institutionen oder die Unfähigkeit, sexuellen Missbrauch als Krankheit oder Verbrechen zu benennen, auch in anderen Kirchen vorkommt, in sportlichen Einrichtungen und in Schulen, so assoziieren heute doch viele Menschen die Priester unwillkürlich mit Pädophilen. Dafür gibt es viele Gründe und die wenigsten davon entsprechen der Wahrheit, aber es gibt diese Assoziation – und sie ist sehr schmerzlich. Ich erinnere mich an einen jungen Vater in einer meiner Pfarrgemeinden, der angesichts eines neuerlichen Skandals zu mir sagte: „Herr Pfarrer, wenn Sie in eine andere Pfarrgemeinde versetzt werden, dann traue ich nicht nur dem neuen Priester nicht, sondern ich werde ihm misstrauen. Er wird mir beweisen müssen, dass er mein Vertrauen wirklich verdient." Es ist tatsächlich so, dass viele unserer Gläubigen zugeben, Gedanken wie diese zu haben, auch dann, wenn sie genau wissen, dass sie unbegründet, unverdient und ungewollt sind.

Diesen Schmerz kenne ich persönlich. Er hat mich fast während meines ganzen Erwachsenendaseins begleitet. Als ich etwas über 20 Jahre alt war und Seminarist, begann die Missbrauchskrise in Kanada mit dem Skandal im Mount Cashel Waisenhaus in St. John's in Neufundland. Das uns inzwischen allzu bekannte Verhaltensmuster trat erstmals vor über 25 Jahren auf, als Fälle von Missbrauch und des falschen Umgangs damit in ganz Kanada aufzutauchen begannen. Ich erinnere mich daran, dass ein Busfahrer in jenem Sommer während einer Busfahrt einen Witz über einen Priester erzählte, der Missbrauch verübt hatte.

Als die Bostoner Zeitung Globe die Nachricht über weit verbreiteten sexuellen Kindesmissbrauch durch Priester und den darauf folgenden falschen Umgang mit diesen Vorwürfen herausbrachte, hat das eine zweite Welle ausgelöst, die sich auf die ganzen USA und schließlich bis nach Europa ergoss. Viele von uns in Kanada fragten sich, warum wir das jetzt alles noch einmal erleben müssen. Hatte denn niemand darauf geachtet, was in Neufundland geschehen war? Hatte denn niemand aus diesen schrecklichen Fehlern gelernt? In Halifax, in der kanadischen Provinz Neuschottland zu leben, verstärkte diese Erfahrung und diesen Schmerz nur noch. Wenn man von St. John‘s in Neufundland eine Linie bis nach Boston zieht, dann liegt Halifax genau in der Mitte. Wir haben diese ganze Geschichte nochmals durchlebt, als die Bostoner Fernsehstationen alles in unsere Wohnzimmer übertrugen. Dann kam der schlimmste Tag meines Lebens – der 30. September 2009. Es war einer jener Tage, von denen man später noch genau weiß, wo man sich gerade befand … Bischof Raymond Lahey aus unserer Nachbardiözese Antigonish war wenige Wochen zuvor dafür als Held gefeiert worden, dass er in einem beispiellosen Prozess den Opfern von sexuellem Kindesmissbrauch in seiner Diözese – teilweise lagen die Fälle schon 50 Jahre zurück – Entschädigung gezahlt hatte. Jetzt wurde in genau jener Diözese genau eben dieser Mann verhaftet und schließlich dafür verurteilt, dass er Kinderpornographie erworben hatte. Ich hatte so noch niemals davor die Erfahrung gemacht, dass sich persönlicher Schmerz mit dem Schmerz einer ganzen Institution vermischt, wie an jenem Tag.

„Über dich klatschen in die Hände alle, die des Weges ziehen. Sie zischeln und schütteln den Kopf.“ (Klgl 2,15)

Ich weiß noch, welche Scham ich in den darauffolgenden Wochen für meine Identität als Priester empfand. Keine Vernunftgründe konnten diesen Schmerz lindern. Bei vielen Gelegenheiten schämte ich mich, den Priesterkragen auf der Straße zu tragen. Ich und viele meiner Brüder im Priesterdienst mussten hämisches Grinsen und Kommentare ertragen, die man sich hinter unserem Rücken zuflüsterte. Priester waren die Zielscheibe von Witzen bei Spätsendungen im Fernsehen, und man hatte den Eindruck, als sei jeder Priester, der in einem Film oder in einer Fernsehshow vorkam, irgendein Missbrauchstäter oder bestenfalls ein gefühlloser, egoistischer Mensch.

Ich erinnere mich noch an einen bestimmten Augenblick in den Tagen, die auf die Festnahme von Bischof Lahey folgten. An jenem Wochenende traute ich ein junges Paar, das persönlich vom Missbrauch durch einen Priester betroffen war. Jahrzehnte zuvor war der Vater der Braut sexuell durch einen Priester in der Nachbardiözese missbraucht worden. Als gegen diesen Priester Anklage erhoben wurde, war der Schmerz über die Erinnerungen so groß, dass der Vater der Braut sich das Leben genommen hatte. Sie war also infolge des Missbrauchs ohne Vater aufgewachsen. Dieses Opfer gehörte also zu jenen, die in dem Musterprozess von Bischof Lahey entschädigt worden waren.

Die Nachricht von der Festnahme Bischof Laheys kam am Mittwoch, und am Freitagnachmittag bereitete ich mich auf die letzte Besprechung vor der Hochzeit mit diesem Paar vor. Die ganze Familie und all ihre Freunde waren schon da und auch die Brautmutter, die Witwe des Opfers. Ich war entsetzt. Ich war wie gelähmt vor Angst, Besorgnis und Scham. Eigentlich hätte ich am liebsten umgedreht und wäre weggerannt. Ich werde nie vergessen, was dann geschah. Ich kam aus der Sakristei, begrüßte das junge Paar und ging zur Brautmutter, die am Rand einer der vorderen Bänke saß. Ich kniete mich neben sie hin und sagte: „Es tut mir so leid. Das muss eine sehr schmerzliche Zeit für Sie und Ihre Familie sein.“ Sie lächelte traurig und legte ihre Hand auf meinen Kopf. Tränen standen in meinen Augen und ich zitterte. Sie sagte: „Ich vergebe dem Priester, der meinen Mann missbraucht hat, und ich bin gerade dabei in die Kirche zurückzufinden. Sie müssen nicht die Sünden und Verfehlungen anderer auf sich nehmen.“ Es war so, als ob diese Frau, die so sehr gelitten hatte und jedes Recht gehabt hätte, auf das, was ich repräsentierte, wütend zu sein, mir die Absolution für eine Kollektivschuld erteilte, die ich als Priester irgendwie trug, – und als würden durch ihre freundlichen Worte der Schmerz erträglich und die Wunde verheilen.

Die Erinnerung an jene Tage ist heute verblasst und nicht mehr so bedrängend. Gott sei Dank gibt es derzeit kaum noch neue Anschuldigungen von Priestern aus der Vergangenheit und jene, von denen wir noch immer hören, sind schon seit vielen Jahren bekannt. Dennoch ist der Schmerz noch da wie ein dumpfer, dröhnender Kopfschmerz, und der andauernde Schaden, der an so vielen Fronten durch diese Tragödie verursacht wurde, bleibt eine fortwährend präsente Quelle von Schmerz.

„An meine Not und Unrast denken ist Wermut und Gift. Immer denkt meine Seele daran und ist betrübt in mir.“ (Klgl 3,19-20)

Und dann ist da noch das Leid von Priestern, die an der Front sind und verzweifelt versuchen, an ihrer anfänglichen Begeisterung festzuhalten, die sie einst dazu geführt hatte, „alles zu verlasssen“ und Priester zu werden. In den letzten vier Jahren hatte ich die Gnade, durch ganz Nordamerika, Europa und Lateinamerika zu reisen, um mit Priestern und kirchlichen Verantwortungsträgern über Erneuerung der Kirche zu sprechen. Die Männer und Frauen, die ich bei solchen Konferenzen treffe, gehören zu jenen, die die Flamme des Glaubens in ihren Herzen am Leben erhalten, die alles für die Erneuerung tun, aber diese Anstrengung teuer bezahlen. Wenn ich an meine Seminarkollegen aus meiner Anfangszeit zurückdenke, dann gibt es zwei Dinge, die uns und viele Priester der sogenannten Johannes-Paul-II.-Generation ausmachten. Das Erste, was die meisten von uns benennen konnten, war ein starker „Bekehrungs-Moment“, der unser Leben verändert hatte, eine lebensverändernde Begegnung mit Jesus. Nur wenige von uns hatten seit der Kindheit davon geträumt, Priester zu werden. Die meisten von uns hatten irgendwann bei null angefangen, einige mit großer Entschlossenheit. Unsere eigene Erfahrung von Umkehr und Verwandlung hatte unsere priesterliche Berufung beeinflusst. Wir würden keine Systemerhaltungspriester werden. Wir hatten in unserem Leben eine persönliche Erneuerung erfahren und glaubten, dass wir innerhalb der Kirche Werkzeuge für diese Erneuerung sein würden. Zweitens hatten wir alle eine klare Vorstellung davon, was zu einer solchen Erneuerung führen würde. Als stolze Priester Johannes Pauls II. glaubten wir, dass der Weg zur Erneuerung in der Kirche aus persönlicher Heiligkeit und Rechtgläubigkeit bestehen würde. Wenn wir heiligmäßige Priester sein könnten, die wahre Lehre verkünden würden und wenn wir die richtigen Unterrichtsmaterialien für Katechese in unseren Pfarrgemeinden haben würden, dann wäre alles gut und es würde bestimmt eine Erweckung geben.

Gewappnet mit dieser Überzeugung wurden wir mit hundert Stundenkilometern in die Backsteinmauer des Gemeindelebens katapultiert. Es war nicht sehr nett. Die meisten von uns mussten lernen, sich in einer Kirchenkultur zu bewegen, die nicht an Bekehrung und Verwandlung interessiert war. Jene, die sich nicht an die neue Wirklichkeit gewöhnen konnten, waren nicht lange Priester oder wurden niemals Pfarrer einer Gemeinde. Persönliche Heiligkeit wurde vom Priester erwartet, aber in keiner Weise hatte diese Berufung irgendetwas mit dem durchschnittlichen katholischen Kirchenbesucher zu tun. Ich werde nie die Antwort eines Mannes in meiner ersten Pfarrgemeinde vergessen, der mir nach meinen Versuchen, ihn zu einem Alpha-Kurs zu bewegen, sagte: „Schauen Sie, Herr Pfarrer, ich bin einfach nicht so religiös." Es war, als würde er zu mir sagen: „Kapieren Sie nicht? Ich gehe einmal pro Woche in die Kirche. Ich tue meine Pflicht. Jetzt tun Sie einfach das, was Sie tun müssen, und lassen mich in Ruhe."

Was den zweiten Weg zur Erneuerung angeht, die Rechtgläubigkeit, so hatte dieser begrenzten Erfolg, aber es war sicher nicht die Erneuerung, von der wir geträumt hatten: dass nämlich die Massen vom *splendor veritatis* (dem Glanz der Wahrheit) des katholischen Glaubens ergriffen werden würden und dass die Kirche erneuert würde. Einige waren so veranlagt und sie sprachen darauf an. Die Qualität der Katechesen in meinen Pfarrgemeinden verbesserte sich, aber was wir nicht wahrnahmen, war die Tatsache, dass wir zu einer postmodernen Kultur sprachen, für die die Frage „Ist das wahr?“ nicht die wichtigste ist. Das führte dazu, dass wir zwar unendlich viel Energie in die Verbesserung der Katechesen steckten, aber dass wir sozusagen gegen die Wand sprachen. Die meisten Sonntagschristen blieben unberührt und unsere Gemeinden kränkelten weiter und blieben im Niedergang.

Kürzlich war ich bei den Feiern anlässlich des 100-jährigen Bestehens jenes Priesterseminars, in dem ich ausgebildet wurde. Beim Festessen sprach ich mit einigen ehemaligen Jahrgangskollegen über diese Zustände. Einer der Priester, ein guter, heiligmäßiger Mann, sagte: „James, ich fühle mich wie der Vorsitzende eines Mittelklasse-Klubs. Dafür bin ich nicht Priester geworden.“ Für den Verantwortungsträger wirkt es so, als gäbe es eine Art Schwerkraft hin zu einer Pfarrgemeinde der Systemerhaltung, einer selbstbezogenen und in sich geschlossenen Pfarrei. Einer Gemeinde, deren einzige Berechtigung, wie bei einem Klub, darin besteht, die Bedürfnisse ihrer Mitglieder zu erfüllen. Das war es sicher nicht, was uns dazu inspiriert hatte, Priester zu werden.

Das Spiel hat sich nach der Halbzeit möglicherweise gedreht, aber wir versuchen immer noch allzu oft, nach den Regeln der Vergangenheit weiterzuspielen. In den letzten 50 Jahren haben wir den schnellsten gesellschaftlichen Wandel der Menschheitsgeschichte erlebt, aber in der Welt unserer Pfarrgemeinden beharren wir auf Methoden, die immer noch längst vergangene ideale Bedingungen voraussetzen. Das Ergebnis davon ist das Gefühl, in einer Falle zu sitzen. Wir sind eingezwängt zwischen der Berufung zu und dem Wunsch nach Erneuerung einerseits und andererseits dem starken Druck, dass innerhalb der Kirche alles so bleiben soll, wie es war, – und diese Erfahrung tut weh. Die Verantwortlichen innerhalb unserer Pfarrgemeinden wissen genau, dass unsere Methoden nicht mehr wirken, aber sie fühlen sich vielen Erwartungen verpflichtet, die verlangen, dass das Alte Bestand hat, gleichzeitig müssen sie aber mit den neuen Gegebenheiten jonglieren.

Diese Spannung zwischen Erwartung und Wirklichkeit innerhalb der Kirche ist ganz konkret erfahrbar, wenn es um die Orte und Zeiten für Messen geht. Für viele Christen ist genau das der springende Punkt, denn die Kirche ist der Ort, wohin man zur Messe kommt. Ich denke hier an den Priester, der subtil von seinen Gläubigen bedroht wird, ja nicht zu wagen, irgendetwas an der sonntäglichen Gottesdienstordnung zu ändern, damit „meine Lieblings-Mess-Zeit nicht geändert wird“. Ich erinnere mich noch, dass in einer Pfarrgemeinde, die ich mit einer anderen hatte zusammenlegen müssen, die Samstagvorabendmessen in den beiden jeweiligen Kirchen sehr schlecht besucht waren (wenn alle zusammen in die kleinere Kirche gekommen wären, wäre sie immer noch halbleer gewesen). Als ich also bei der Verschmelzung beider Gemeinden eine dieser Messen strich, entdeckte ich zu meiner Überraschung, dass die Gläubigen damit gar nicht einverstanden waren, denn sie fanden, dass ich selbstverständlich beide Messen zu feiern hätte, das sei ja schließlich mein Job. Ein verärgertes Gemeindemitglied sagte mir sogar, dass er seine Zahlungen an die Pfarrgemeinde so lange eingestellt hätte und andere auch davon überzeugen würde, es ihm gleich zu tun, bis ich diese andere Vorabendmesse am Samstag wieder anbieten würde. Was er damit sagen wollte, war: „Mir ist die Pfarrgemeinde egal. Mir ist der Auftrag der Kirche egal. Sie sind mir auch egal. Ich möchte die Messe dann haben, wann ich es will, und wenn Sie mir das nicht geben, dann werde ich Ihnen wehtun.“ Das ist eine Erfahrung, die viele Priester machen, die ein ehrliches pastorales Interesse haben, das Volk Gottes bei der Eucharistiefeier zu versammeln, die aber dazu gezwungen werden, eben dieses Volk auf verschiedene

Messzeiten und -orte aufzuspalten aus Bequemlichkeit, weil „das passend ist". Das führt dazu, dass unsere Kräfte verschwendet, unsere Zusammenkünfte in Wahrheit nicht gemeindebildend und immer dünner besetzt werden, nur weil wir versuchen, an einer veralteten Gottesdienstordnung festzuhalten.

Ähnliche Erfahrungen machen wir, wenn Bischöfe aus ähnlichen Gründen nicht die Freiheit haben, die Infrastruktur ihrer Diözesen zu reformieren. Die Stadtflucht vieler Gläubigen, die aus den Ballungszentren in die Stadtrandbezirke ziehen, die sinkenden Zahlen jener, die ihren Glauben ausüben, und der Priestermangel sind alles dringende Gründe, um eine Diözese umzustrukturieren. Allzu oft ordnen wir den Auftrag der Kirche ihrer Infrastruktur unter, anstatt dass wir umstrukturieren, so dass die Infrastruktur dem Auftrag dient. Trotz dieser neuen Realität versuchen wir, alles in Gang und alles offen zu halten. Wir geben Priestern eine zweite, eine dritte und manchmal sogar eine vierte Pfarrgemeinde. Wir holen ältere Priester zum zweiten oder dritten Mal aus dem Ruhestand und wir importieren Priester aus anderen Ländern, die keinerlei Erfahrung mit unserer Kultur haben und die Schwierigkeiten haben, mit den Menschen zu kommunizieren, denen sie dienen sollen. Wir schauen alle dabei zu und wissen, dass das alles irgendwann zusammenbrechen wird.

Es gibt eine alte militärische Wahrheit, die besagt: „Wer alles verteidigt, verteidigt nichts." In dem Versuch, alles weiterlaufen zu lassen, werden wertvolle Ressourcen – finanzielle und menschliche – verbraucht. Der Priester steht vollkommen dazwischen: zwischen einem verzweifelten Bischof, der einfach versucht, noch ein Kaninchen aus dem Hut zu zaubern, und seinem eigenen Pflichtbewusstsein und anspruchsvollen Gläubigen, die ihm unmissverständlich klar machen, dass er nichts ändern darf, obwohl sie nun die Pfarrgemeinde Nummer zwei sind, die auf seinen Schultern lastet. Vor sechs Jahren nahm ich an einer

Priesterweihe in der Kathedrale unseres Erzbistums teil. Nach der Handauflegung flüsterte mir ein hinter mir stehender Priester zu: „Frisches Fleisch!“ Es klang damals irgendwie witzig, aber es war eigentlich ein Ausdruck von Schmerz, den Priester empfinden, dass sie nämlich wie ein Stück Fleisch in eine immer hungrige Maschine eingespeist werden. Wir haben uns bereit erklärt, unser Leben hinzugeben und aufzuopfern, aber nicht einer hungrigen, selbstbezogenen Maschine, die in sich selbst, aus sich selbst und für sich selbst lebt.

Es ist schmerzhaft zu wissen, dass das Schiff Kurs auf die Felsen genommen hat und dass die Kraft fehlt, diesen Kurs zu ändern. Es ist der Schmerz, Palliativpflege und Begräbnisse nicht nur unseren Pfarrangehörigen anzubieten, sondern unseren Pfarrgemeinden als Ganzes, die allzu oft langsam oder schnell sterben. Es ist der Schmerz über die Frage, wofür man sein Leben gegeben hat und dass man gezwungen ist, eine persönliche Theologie zu entwickeln, die das Ausbleiben der Früchte, das Fehlen einer gesunden Entwicklung und den Prozess des Niedergangs rationalisiert. Wenn all diese Träume von Erneuerung weggefallen sind, dann besteht der pastorale Dienst nur mehr darin, sich für Christus zum Narren zu machen und unter dem Kreuz zu stehen, um seinem Leiden einen Sinn abgewinnen zu können. All dies lässt sich subsumieren in dem Schmerz angesichts einer Kirche im Niedergang, einer kranken Kirche und einer Kirche, die in den Wahnsinn hineingleitet, einfach immer und immer wieder das Gleiche zu tun und dabei neue Ergebnisse zu erwarten. Dieser Schmerz wird noch intensiviert bei jenen, die die Kirche wirklich lieben und glauben, dass es keineswegs so sein müsste – dass es Gottes Wille ist, dass die Kirche gesund ist und wächst.

„Die Huld des Herrn ist nicht erschöpft, sein Erbarmen ist nicht zu Ende. Neu ist es an jedem Morgen; groß ist deine Treue. Mein Anteil ist der Herr, sagt meine Seele, darum harre ich auf ihn.“ (Klgl 3,22-24)

Was kann der Verantwortliche in dieser Situation tun? Die erste Möglichkeit ist, innerlich zu kündigen und doch zu bleiben. Dieser Mensch beschließt, auf jeden Rest von Leidenschaft, Eifer oder Idealismus zu verzichten. Er hat jede Hoffnung aufgegeben und bleibt von Angst gefesselt dennoch auf seinem Posten. Das beschreibt ziemlich genau die Situation, in der sich traurigerweise einige unserer Priester und Laien im pastoralen Dienst befinden. Sie sitzen ihre Zeit bis zur Pensionierung ab, weil sie keine andere Wahl haben. In Tolkiens großem Werk *Der Herr der Ringe* sehen wir genau dies in der Person Denethors. Er ist der Statthalter des alten Königreiches Gondor. Der Statthalter, nicht der König. Die Königslinie war schon Jahrhunderte zuvor erloschen und das Reich unterstand jetzt einem Statthalter, doch Gondor war beseelt von einer fast übernatürlichen Hoffnung, dass der König zurückkehren und seinen Thron wieder beanspruchen würde, eine Hoffnung, die Denethor verloren hatte. Leider sind unter den Leitern unserer Kirche zu viele, die der Versuchung Denethors erlegen sind. Sie haben die Hoffnung verloren, dass Erneuerung je noch einmal möglich ist, und haben den unvermeidlichen Niedergang und Tod der Kirche hingenommen, bleiben aber dennoch auf ihren Posten und verursachen jenen Gemeindemitgliedern Schmerzen, die noch eine Vision für und den Wunsch nach Erneuerung haben. Papst Franziskus nennt diese Tatsache in *Evangelii Gaudium* eine Form von Weltlichkeit. Er schreibt: „In diesem Kontext wird die Ruhmsucht derer gefördert, die sich damit zufrieden geben, eine gewisse Macht zu besitzen, und lieber Generäle von geschlagenen Heeren sein wollen, als einfache Soldaten einer Schwadron, die weiterkämpft." (EG 96)

Eine bessere Option ist zu bleiben und zu kämpfen und an der Vision, dem Eifer und der Leidenschaft festzuhalten, die uns von Anfang an ergriffen hat. Hier geht es wirklich um Kampf, so wie man kämpft, wenn man nach Atem ringt, während man versucht, den Kopf über Wasser zu halten. Was für ein Kampf! Und zutiefst ist es ein Kampf um Hoffnung. Denethor hat Fehler gemacht, die dazu geführt haben, dass er schließlich jede Hoffnung verloren hat. Zuallererst hat er vergessen, dass er nur ein Statthalter war, kein König und nicht *der* König. In Wahrheit hatte er den König, der versprochen hatte zurückzukehren, vollkommen vergessen. Wir in der Kirche sind auch nur Statthalter, die die Wiederkunft des Königs erwarten. Wir in der Kirche sind Verwalter, deren Rolle sich aus der Tatsache ergibt, dass der König wiederkommt und sein Eigentum beansprucht. Das sollte uns nicht in eine gewisse Passivität einlullen, so dass wir keinerlei Verantwortung übernehmen wollen, sondern es muss große Klarheit darüber herrschen, dass es Seine Kirche ist und dass Er der souveräne Herr und Lebensspender ist. Ich denke hier an die Worte des heiligen Augustinus, der sagte: „Arbeite so, als hinge alles von dir ab, und bete so, als hinge alles von Gott ab."

Der zweite Fehler war, dass Denethor eine verfälschte Sicht auf die Wirklichkeit hatte. Jene, die diese Geschichte kennen, wissen, dass Denethor einen der verlorenen Palanthir-Steine in Gebrauch hatte. Das waren Zaubersteine, die es ihm ermöglichten, alles sehen zu können, was sich in dem Gebiet, das Tolkien die Mittelerde nannte, ereignete. Das Problem war, dass der böse Sauron das, was Denethor sah, kontrollieren konnte. Durch diese manipulierte Sichtweise der Wirklichkeit wurde Denethor in den Verlust seiner Hoffnung getrieben. Auch wir können leicht dazu verführt werden zu glauben, dass die Realität, die uns immer nur verkürzt erscheint, das gesamte Bild ist. Wenn wir die Gnade im Leben eines Einzelnen oder der Kirche betrachten, so stehen wir vor einem großen Geheimnis. Jesus verglich das Wachsen des Reiches Gottes mit dem Samen, der auf dem Feld ausgestreut wird und auf geheimnisvolle Weise wächst (Mk 4,26-29). Der Sämann war beteiligt, aber er hat keine Kontrolle über das Wachstum, das sogar stattfindet, während er schläft. Das Geheimnis der Gnade Gottes ist immer am Werk, im Leben eines jeden Christen wie im Leben der Kirche, und dazu gehört immer auch das Leiden, ebenso wie auch das Sterben und die Auferstehung dazugehören. Es ist die großartige Geschichte der Niederlage am Karfreitag, die in das leere Grab hineinfließt und am Ostersonntagmorgen aufbricht. Das ist auch die Geschichte der Kirche. Der heilige Paulus sagt: „Wohin wir auch kommen, immer tragen wir das Todesleiden Jesu an unserem Leib, damit auch das Leben Jesu an unserem Leib sichtbar wird" (2 Kor 4,10). Wagen wir es zu hoffen, dass so viel Schmerz und Tod uns dorthin bringen, wo wir Ostersonntag erfahren können?

Die biblische Tradition des Klagens lehrt uns, dass das Leugnen unserer Schmerzen und unserer Trauer kein Ausweg ist. Dieses Kapitel zu schreiben war schwierig und zweifellos war es auch schwer zu lesen, aber die Wahrheit unseres Schmerzes muss ausgesprochen werden. Wenn wir das in Verbindung mit unserem Glauben bringen, dann kann unser Schmerz zum Leiden werden. Schmerz kann für sich allein nicht ins Leben führen, sondern er nimmt das Leben. Schmerz, der angenommen wird, mit dem gerungen wird, ist Leiden. Nur die bewusste Annahme des Schmerzes kann ihn in den Bereich des Leidens versetzen, und Leiden kann erlöst werden. Das war die Erfahrung der Israeliten, die die Zerstörung ihres Volkes, ihrer großen Stadt Jerusalem und sogar ihres Tempels erlebten. Der Schmerz, den sie beklagten, führte sie zur Hoffnung auf Erlösung und Erneuerung. Sie wussten, dass sie nicht alles erkennen konnten. Sie waren brutal ehrlich, aber jede biblische Klage, angefangen bei den Psalmen über die Schriften der Propheten bis zu den Klageliedern selbst, endet stets mit Hoffnung: Hoffnung auf Wiedergeburt, Hoffnung, dass sich die Liebe Gottes nicht erschöpft hat.

„Kehre uns, Herr, dir zu, dann können wir uns zu dir bekehren. Erneuere unsere Tage, damit sie werden wie früher." (Klgl 5,21)

Jorge Bergoglio beendete, nachdem er die große Berufung der Kirche und das große Böse innerhalb der Kirche benannt hatte, den dritten Punkt seiner Rede vor dem Konklave, und erklärte: „Dies muss ein Licht auf die möglichen Veränderungen und Reformen werfen, die notwendig sind für die Rettung der Seelen.“ Erlösung von unseren Schmerzen führt uns nicht nur zur Erleuchtung, sondern auch zur Aktion, um Veränderungen und Reformen herbeizuführen. Das Buch der Klagelieder, diese ganze Rede, endet auf ähnliche Weise. Es ist eine Bitte, nicht nur um Erleuchtung oder damit der Herr etwas tut, sondern eine Bitte an den Herrn, uns zu helfen, so handeln zu können, dass wir unsere wahre Identität als Kirche Gottes wieder erkennen und dass wir aus unserem Exil und aus uns selbst herauskommen.

4

Entrümpeln

Was wir loslassen müssen, wenn wir wiederaufbauen wollen

Wenn ein Haus wieder aufgebaut wird, muss immer einiges abgerissen und weggeschafft werden. Strukturen, die nicht mehr zum Leben beitragen oder dem Zweck des Gebäudes nicht mehr dienen, müssen entsorgt werden. Genauso ist es mit der Kirche. Im Haus Gottes muss all das, was an Strukturen nicht mehr dem Auftrag dient oder sogar verhindert, dass der Auftrag erfüllt werden kann, weggeräumt werden. Das können auch Verhaltensweisen, Ideen oder theologische Perspektiven sein, die unsere Fähigkeit behindern, den uns von Jesus übergebenen Sendungsauftrag zu erfüllen.

Im zweiten Kapitel habe ich kurz erwähnt, dass Papst Franziskus während des Weltjugendtages 2013 zu den Leitern der CELAM, der Bischofskonferenz für Lateinamerika und die Karibik, gesprochen hat. Es war ein überaus symbolträchtiger Besuch, weil er dabei den Schwerpunkt auf das Thema der fünften Generalversammlung legte, die im Jahr 2007 in Aparecida stattfand. Dort waren die Bischöfe zusammengetroffen, um die große Aufgabe der Umkehr in der Pastoral anzugehen mit dem Ziel, als Kirche ein Heer von missionarischen Jüngern aufzustellen, die es nach den Worten der Bischöfe möglich machen sollten, dass „unser Volk in Ihm das Leben habe“. Franziskus kehrte mit dieser bedeutenden Rede bildlich gesprochen nach Aparecida zurück. In ihr bewertete er die Schlüsselpunkte jenes Treffens und nahm eine Überprüfung ihrer Verpflichtung zur Umkehr in der Pastoral, die sogenannte kontinentale Mission, vor. Dabei kritisierte er die Bischofskonferenz nicht allzu schonungsvoll, dass sie der Umsetzung dieser Erneuerung „etwas hinterherhinke“.

Versuchungen

Im vierten Teil seiner Rede sprach Papst Franziskus über die Versuchungen gegen die missionarische Jüngerschaft und benannte drei Kategorien von Versuchungen, die er als „Werk des bösen Geistes“ bezeichnete. Sie zeigten sich in „gewissen augenblicklichen Vorschlägen“, die sich als Dynamik des Auftrags als Jünger und Missionar tarnen und den Prozess der Umkehr in der Pastoral aufhalten können, bis sie ihn zum Scheitern bringen.“

Er benannte als erste Versuchung, aus der Botschaft des Evangeliums eine Ideologie zu machen. Für Papst Franziskus wird sie dann zur Ideologie, wenn versucht wird, dieses Evangelium „außerhalb seiner Botschaft“ zu interpretieren „und außerhalb der Kirche“. Er benannte vier Ausdrucksformen dieser Versuchung:

1. „Soziologische Reduktion“: Diese zeigt sich dann, wenn das Evangelium und die Kirche nach rein soziologischen Gesichtspunkten definiert werden, die Kirche zu einem Instrument des „Marktliberalismus“ oder der marxistischen Ideologie gemacht wird, wie wir es häufig in der Befreiungstheologie finden.
2. „Psychologisierung“: Papst Franziskus beschrieb damit den Trend in vielen Ausbildungsstätten und Exerzitienhäusern in den Jahrzehnten, die auf das zweite Vatikanische Konzil folgten, die Begegnung mit Jesus Christus als Grundlage unseres christlichen Lebens durch eine „selbstbezogene“ Psychologie zu ersetzen.

3. „Die gnostische Lösung“: Gnostisches Denken in seinen verschiedenen Formen im Altertum oder in der heutigen Zeit lehrt, dass wir durch die Erlangung geheimen Wissens (*gnosis*) gerettet werden. Diese Lehre ist ihrem Wesen nach elitär und bringt „erleuchtete Katholiken“ hervor, die sich selbst dadurch hervortun, dass sie einer gewissen „höheren Spiritualität“ anhängen oder auf besondere umstrittene pastorale Themen fixiert sind. Papst Franziskus führt das nicht näher aus, aber man kann sich gut vorstellen, dass er damit auch bestimmte Ausdrucksformen von liturgischem Traditionalismus meint.
4. „Die pelagianische Lösung“: Für Papst Franziskus handelt es sich hier um eine Form von „Restauration“, die eng verbunden ist mit moralischem und disziplinärem Rigorismus, der versucht, die verlorene Vergangenheit wieder heraufzubeschwören.

Er spricht in *Evangelii Gaudium* auch vom „selbstvergessenen prometheischen Neu-Pelagianismus“, der von jenen praktiziert wird, die „sich letztlich einzig auf die eigenen Kräfte verlassen und sich den anderen überlegen fühlen, weil sie bestimmte Normen einhalten oder weil sie einem gewissen katholischen Stil der Vergangenheit unerschütterlich treu sind“ (EG 94). Deutlich benennt er in diesem Abschnitt, auf welche Weise diese Versuchung das Werk des Evangeliums blockiert:

„Es ist eine vermeintliche doktrinelle oder disziplinarische Sicherheit, die Anlass gibt zu einem narzisstischen und autoritären Elitebewusstsein, wo man, anstatt die anderen zu evangelisieren, sie analysiert und bewertet und, anstatt den Zugang zur Gnade zu erleichtern, die Energien im Kontrollieren verbraucht. In beiden Fällen existiert weder für Jesus Christus noch für die Menschen ein wirkliches Interesse.“ (EG 94)

In seiner Rede vor der CELAM erwähnte Papst Franziskus auch die beiden letzten Versuchungen gegen die Heranbildung von missionarischen Jüngern: Funktionalismus und Klerikalismus.

Beim Funktionalismus wird die Kirche auf ein reines Geschäft reduziert, eine Art Verein, in dem das Mysterium keinen Platz hat. Was Papst Franziskus als Klerikalismus beschreibt, ist es wert zitiert zu werden:

„Seltsamerweise handelt es sich in der Mehrheit der Fälle um eine sündige Komplizenschaft: Der Pfarrer klerikalisiert, und der Laie bittet ihn höflich, ihn zu klerikalisieren, weil es sich im Grunde für ihn als bequemer erweist. Das Phänomen des Klerikalismus erklärt weithin den Mangel an Reife und christlicher Freiheit in einem Teil des lateinamerikanischen Laientums."

Er fährt fort, dass er zwar noch mehr Versuchungen der Kirche gegen die Heranbildung missionarischer Jünger aufzählen könne, dass aber die eben genannten im Leben der Kirche die einflussreichsten seien.

In diesem Kapitel möchte ich meinen Blick nun auf zwei dieser Versuchungen werfen, die laut Papst Franziskus ein Großteil des Gerümpels sind, das weggeräumt werden muss, damit eine echte Erneuerung in der Kirche stattfinden kann. Sie sind mir in jahrelanger Erfahrung, verbunden mit einer theologischen Reflexion darüber, bewusst geworden: die Versuchung des Pelagianismus und des Klerikalismus, die in unserer Kirche als unterschwellige Theologie herumschwirren und die unsere Auffassung beeinträchtigen: von dem, was normal ist, wie wir uns selbst wahrnehmen und wie wir das, was wir wahrnehmen, leben.

Pelagianismus

Der Pelagianismus war eine frühkirchliche Häresie und erhielt ihren Namen von dem keltischen Mönch Pelagius, der zunächst im christlichen Rom und später zwischen 390-418 n. Chr. in Karthago in Nordafrika lebte. Pelagius lehrte, dass die Gnade Gottes nicht heilsnotwendig sei, weil die menschliche Natur nicht wirklich durch die Erbsünde verdorben sei. Unsere menschliche

Schwäche käme eher vom schlechten Vorbild unserer Umwelt. Das Erlösungswerk Jesu sei uns als Beispiel der reinen Liebe gegeben worden, die wir nachahmen können. Laut Pelagius kann man das Wohlwollen Gottes ausschließlich durch moralischen Rigorismus oder Askese erlangen, ohne die erlösende Gnade Gottes.

Der stärkste Gegner von Pelagius war der heilige Augustinus, der in seinen Predigten die Lehre vertrat, dass die Gnade Gottes über dem freien Willen stehe. Pelagius machte genau diese Lehre für die moralische Schwäche verantwortlich, die er in jener Stadt beobachtete. Er lehrte, dass es ausreichend sei, sich am Riemen zu reißen und sich mit Entschlossenheit anzustrengen, um das von Gott gebotene Gute vollbringen zu können. Dieses Thema entfachte zahlreiche Debatten und Diskussionen unter Päpsten, Bischöfen und Theologen, die schließlich dazu führten, dass die Lehre des Pelagius verworfen und Pelagius aus der Kirche ausgeschlossen wurde.

Gnade und freier Wille

Die Theologie des heiligen Augustinus setzte sich durch und ist noch immer die Grundlage für das katholische Verständnis des geheimnisvollen Zusammenhangs zwischen der Gnade Gottes und dem freien Willen des Menschen. Wir glauben, dass die Menschen, wenn sie auch nicht durch die Auflehnung Adams und Evas verdorben wurden, dennoch tiefen Schaden genommen haben. Die beschädigte Natur des Menschen, die seit unseren Ureltern an alle weitergegeben worden ist, macht es für uns unmöglich, das Gute ohne Gottes Hilfe zu erreichen. Diesen Zustand nennen wir Erbsünde. Dieser Begriff ist den meisten Katholiken bekannt, aber was die meisten Katholiken nicht wissen, ist, dass die Erbsünde nicht *per se* eine Sünde ist, sondern sich auf die gefallene Beschaffenheit des Menschen bezieht und uns anfällig macht für die Sünde. Er sagt uns, dass wir in und durch uns selbst von Gott getrennt sind. Wie der heilige Paulus schreibt: „Alle haben gesündigt und die Herrlichkeit Gottes verloren“ (Röm 3,23). Es ist dieser Zustand, der uns zur Sünde verführt und uns unfähig macht, das Gute zu tun, das wir eigentlich tun wollen.

Diese Lehre besagt, dass wir gebrochen sind, dass wir außerhalb einer rettenden Beziehung zu Gott stehen und dass wir selbst diesen Zustand nicht ändern können. Auch wenn wir mit Hilfe einer fast übermenschlichen Disziplin und Kraft uns selbst verleugnen und das tun können, was gut ist, so ist es doch niemals gut genug. Das höchste menschliche Niveau steht immer noch weit unter dem göttlichen Niveau. Das ist das Problem, die schlechte Nachricht. Die gute Nachricht ist, dass Gott uns nicht uns selbst überlassen hat, sondern dass er seinen Sohn als unseren Retter geschickt hat. Wir erinnern uns an die bekannte Stelle im Johannes-Evangelium: „Denn Gott hat die Welt so sehr geliebt, dass er seinen einzigen Sohn hingab, damit jeder, der an ihn glaubt, nicht zugrunde geht, sondern das ewige Leben hat“ (Joh 3,16). Das ist das Herzstück der Frohen Botschaft, das, was Papst Franziskus in seinem Interview mit der Jesuitenzeitschrift *America* die „Erste Verkündigung“ nannte: „Jesus Christus hat dich gerettet.“

Die Auseinandersetzung mit Pelagius und dem Pelagianismus wäre eine akademische Übung geblieben, wenn sie nicht im Laufe der Kirchengeschichte immer von neuem aufgeflammt wäre. Sogar in den Jahrhunderten nach seiner Verurteilung kam es zu einer neuen Ausprägung seiner Lehre, dem sogenannten Semi-Pelagianismus, der die Auffassung vertritt, dass Gott uns auf halber Strecke entgegenkomme. Wir gingen einen Schritt auf Gott zu und Gott gehe einen Schritt auf uns zu. Es stehe sozusagen 50:50. Auch diese Lehre wurde von der Kirche verworfen, weil sie nicht mit dem von den Aposteln überlieferten Glauben übereinstimme. Der heilige Paulus sagt: „Denn Gott ist es, der in euch das Wollen und das Vollbringen bewirkt, noch über euren guten Willen hinaus“ (Phil 2,13). Der griechische Urtext sagt wörtlich, dass Gott uns das „Wollen“ und das „Vollbringen“ schenkt. Das bedeutet für uns, dass schon allein die Sehnsucht, Gott nahe sein zu wollen, das Resultat dessen ist, dass Gott in unserem Leben wirkt. Wir können aus uns selbst heraus nichts dazu tun, um Gott nahe zu kommen, was nicht schon die Folge seiner in uns wirkenden Gnade ist. Wir stehen hier vor einem Mysterium, dem Mysterium des Gottes, der uns zuerst geliebt hat, eines Gottes, der uns beschenkt mit seiner Gnade auf eine Weise, die unsere Freiheit nie verletzt. Es steht also nicht 50:50 sondern eher 100:100. Das ist eine klassische Sowohl-als-auch-Aussage, wie sie für den katholischen Glauben typisch ist. Jesus ist ganz Mensch und ganz Gott. Genauso ist es mit der Kirche, und so ist es auch mit dem Zusammenspiel von Gnade und freiem Willen. Es gibt nichts, was wir tun könnten, um die Gnade Gottes zu verdienen, aber mit Gottes Gnade, die in unserem Leben am Werk ist und sich im „Glauben [...], der in der Liebe wirksam ist“ (Gal 5,6), ausdrückt, erhalten wir das Geschenk, im Frieden mit Gott zu sein, das Geschenk der Erlösung. All das fließt aus dem Kreuz Jesu Christi. Die Gute Nachricht wird immer besser.

Liturgie

Wenn wir als Priester und Lehrer über dieses Thema sprechen, dann sollten wir eine klare Vorstellung davon haben, was der Begriff *Verdienst* in der katholischen Überlieferung bedeutet. Dieses Wort hat im katholischen Vokabular eine neue herausragende Stellung erhalten seit der Veröffentlichung der neuen englischen Übersetzung des Römischen Messbuches und stellt eine neue pastorale Herausforderung oder – positiver ausgedrückt – eine gute Gelegenheit zu lehren dar. Diese eher wörtliche Übersetzung der Texte verwendet den Begriff Verdienst häufiger als die alte Übersetzung, vor allem in den Tages- und Schlussgebeten und im Gabengebet. Im II. Hochgebet finden wir das Gebet: „that ... we may merit to be coheirs to eternal life" („damit wir verdienen, Miterben des ewigen Lebens zu sein"). Das ist eine wörtliche Übersetzung des lateinischen *aeternae vitae mereamur esse consortes*, aber sie vermittelt einen anderen Sinn als die bisherige Übersetzung, „mache uns würdig, am ewigen Leben Anteil zu haben." Sie führt uns also das Prinzip des Verdienstes unverrückbar vor Augen und erinnert an die katholisch-lutherischen Debatten im 16. Jahrhundert über die Beziehung von Glaube und Werken. Als Antwort auf Luthers These, dass wir aus Gnade allein durch den Glauben gerettet werden, hat das Konzil von Trient die katholische Sichtweise festgelegt, dass wir aus Gnade durch Glaube *und* Werke gerettet werden; aber die einzigen Werke, die heilswirksam sind, sind jene, die Gottes Gnade hervorbringt. Ansonsten befinden wir uns wieder im Pelagianismus, wo wir die Erlösung durch unser eigenes Tun verdienen.

Das Konzil von Trient schenkt uns eine großartige Theologie über das Wirken Gottes in unserem Leben. Es ist die Gnade, die im Glauben und in der Liebe im Leben des Gläubigen sichtbar wird, die uns rettet. Wir können Luthers *sola fide* (allein aus Glauben) nicht zustimmen, aber wir können eifrig bekennen, dass wir allein durch die Gnade gerettet werden. Ich erinnere mich an einen Vortrag zum Thema *Die Gnade Gottes*, den ich für eine ökumenische Gruppe, die hauptsächlich aus evangelikalen Pastoren bestand, gehalten habe. Am Ende des Vortrags stand ein vom Glauben erfüllter Mann auf, ein baptistischer Theologe, der mir sagte, dass das der beste Vortrag über die Gnade gewesen sei, den er je gehört habe. Ich lächelte und antwortete, dass ich das direkt vom Konzil von Trient übernommen habe. Er hat die Ironie sofort verstanden, aber die meisten Menschen wissen nichts über die großen theologischen Auseinandersetzungen des 16. Jahrhunderts. Sie sind sehr anfällig für die pelagianische Denkweise. Immer wieder hören sie das Wort *Verdienst* und fühlen sich herausgefordert. Die Liturgie bietet, wenn wir sie uns genau anschauen, ein Gegenmittel dazu an. Im Gabengebet der achten Woche im Jahreskreis bitten wir Gott um sein Erbarmen, dass „das, was du uns als Quelle des Lohnes schenkst, uns helfen möge, den ewigen Lohn zu erhalten." Vielleicht sollten wir die Weisungen des Römischen Messbuchs beachten und von Zeit zu Zeit über den Inhalt der liturgischen Gebete predigen und lehren.

Jansenismus

Die Menschen haben die Großzügigkeit der Gnade Gottes immer schon als skandalös und ungerecht empfunden. Ich denke an das Gleichnis der Arbeiter im Weinberg, die den ganzen Tag arbeiten und sich über diejenigen ärgern, die nach nur einer Stunde Arbeit den gleichen Lohn erhalten (Mt 20,1-16). Es ist sehr menschlich, in unserem Innersten zu glauben, dass wir unseren Lohn einzig und allein aufgrund dessen bekommen, was wir leisten. Das ist das Maß der menschlichen Gerechtigkeit. Gottes Wege sind jedoch nicht unsere Wege.

Der Widerstand gegen die radikale Frohbotschaft von Gottes Erbarmen und Gnade zeigte sich in der Kirchengeschichte des 17. Jahrhunderts im Jansenismus, einer neuen Form von moralischem Rigorismus. Der Jansenismus, benannt nach einem holländischen Priester und Theologen, Cornelius Jansen, gestorben 1638, begann als eine Bewegung, die das Gegenteil des Pelagianismus betont. Jansen hatte die Schriften des heiligen Augustinus studiert, vor allem jene, in denen er den Lehren des Pelagianismus widersprach. Während der Pelagianismus vor allem den menschlichen freien Willen hervorhob – bis zu dem Extrem, dass die Gnade Gottes nicht notwendig sei – betonten die Jansenisten die Gnade Gottes in einer Weise, dass sie ihr den freien Willen gänzlich opferten. Obwohl das der Ausgangspunkt dieser Denkschule war, hatten die Jansenisten ab Mitte des 17. Jahrhunderts derartig den moralischen Rigorismus betont, dass sie glaubten, nur dieser sei die notwendige Voraussetzung für die Gnade und das Wohlwollen Gottes. In dieser Theologie spielte der menschliche freie Wille eine derartig untergeordnete Rolle, dass sie schließlich elitär wurde und dieselbe absolute Strenge vertrat, wie der Pelagianismus, den sie verdammte.

Die Schwestern des Klosters von Port Royal in Paris, einer jansenistischen Hochburg des 17. Jahrhunderts, wurden von einem Zeitgenossen als „keusch wie Engel und stolz wie Teufel" beschrieben. Der Jansenismus vertrat zum Beispiel die Ansicht, dass es für den Kommunionempfang nicht ausreiche, keine Todsünde begangen zu haben. Der wahre Christ sei derartig von Gottes Gnade durchflutet, dass dieser Mensch schon allein deshalb vollkommen ohne Sünde sei. So müsse also ein Kommunionempfänger vollkommen sündenfrei sein, um der Eucharistie „würdig" zu sein. Der Jansenismus breitete sich auf die Kirche Westeuropas aus und das Fernbleiben von der Eucharistie wurde allgemeine Praxis. Der häufige Empfang der Kommunion wurde erst wieder unter Papst Pius X. eingeführt, also 200 Jahre später. Der Jansenismus wurde mit der Zeit, nachdem er die Rolle von Gottes Gnade derart betont hatte, zu einer Bewegung der moralischen Perfektion und Strenge. Seine negative Einstellung gegenüber der menschlichen Natur wurde so extrem, dass er schließlich dem Pelagianismus, den er ursprünglich bekämpfen wollte, fast vollständig gleich wurde.

Obwohl die katholische Kirche offiziell den Jansenismus verurteilte, breitete er sich im 19. Jahrhundert auf die Seminare in Irland aus und bildete und verbildete Generationen von Priestern, die diese Ausformung des Katholizismus in einer großen Welle der von Irland ausgehenden Mission im 19. und 20. Jahrhundert auf die ganze Welt ausbreiteten. Die Welt der katholischen Theologie und Spiritualität ist vielfältig, aber wer von uns in der westlichen katholischen Kirche ist unberührt geblieben von dem Bild eines fernen, kalten und unnahbaren Gottes und dem Anspruch, dass christliches Leben eine erbarmungslos moralische Perfektion erfordere?

Frohbotschaft?

Papst Franziskus hat die Kirche wiederholt als Krankenhaus für Sünder und nicht als eine Art Klub der Perfekten beschrieben. Es ist klar, dass die Frohe Botschaft der Erlösung nur dann als solche auf- und angenommen werden kann, wenn wir wirklich die schlechte Botschaft unseres Gefallenseins verstanden haben. Die Nachricht, dass ich krebsfrei bin, bedeutet mir nichts, wenn ich nicht begriffen habe, dass ich vorher krebsbefallen war. Diese guten Nachrichten werden mir nur dann etwas bedeuten, wenn ich die schlechte Nachricht über meine Krankheit verinnerlicht und angenommen habe. Deshalb lähmt der Pelagianismus die Fähigkeit des Gläubigen, die Frohe Botschaft als wirklich froh machende Botschaft anzunehmen: denn Jesus selbst inspiriert mich ja mit seiner schönen Morallehre und durch sein beispielhaftes Leben. Und am Ende kann ich mich ja selbst erlösen. Moralischer Rigorismus und Askese ersetzen Gnade und Barmherzigkeit.

Genau diese Sichtweise vermittelt der Pelagianismus und genau das ist auch die Frucht des Jansenismus. Die ständige menschliche Versuchung sich zu rechtfertigen und selbstgerecht zu sein, hatte die Oberhand gewonnen. Es ist nicht Gott, der uns gerecht macht, nein, wir selbst tun das. Eine pelagianische oder jansenistische Kirche ist eine, die die radikale, unerhörte Barmherzigkeit Gottes nie erfahren hat. Entweder muss uns nicht vergeben werden oder Vergebung ist keine Option. Wie auch immer: Wir haben die Erfahrung von Vergebung vergessen und Entschuldigungen genügen. Weil wir die totale, vollkommene Barmherzigkeit Gottes nie gekostet haben, sind wir nicht von seiner Barmherzigkeit erfüllt und sind deshalb auch nicht barmherzig. Nachdem wir uns selbst vor Gott gerecht gemacht haben, werden wir selbstgerecht und kapseln uns in unserer eigenen moralischen Überheblichkeit ab. Das Schlimmste bei alledem ist jedoch, dass wir nie die Freude des Evangeliums – *evangelii gaudium* – erfahren, wenn wir die Frohe Botschaft nicht wirklich verstehen. So sind wir zu einem elenden, freudlosen, unbarmherzigen Moralismus verdammt, der dazu bestimmt ist, uns desillusioniert und mit dem bitteren Geschmack unseres eigenen unvermeidlichen Scheiterns und Zusammenbruchs zurückzulassen. Klingt das nicht bekannt?

Ich bin der Überzeugung, dass die meisten praktizierenden Katholiken so tief vom Pelagianismus beeinflusst wurden, dass sie überhaupt nicht die grundlegende Botschaft des Evangeliums Jesu Christi verstehen können. Wie oft habe ich Katholiken sagen hören: „Wenn irgendjemand es verdient in den Himmel zu kommen, dann ist es sie …" Wie oft habe ich die Verwirrung über die Barmherzigkeit Gottes gespürt und Spuren von Verzweiflung in Witzen darüber, dass wir uns unseren Weg in den Himmel durch gute Taten erkaufen können. Ich erinnere mich an das Begräbnis eines Mannes aus meiner Gemeinde vor acht Jahren. Ein Mitbruder predigte über das Wort Jesu in Joh 14,6: „Ich bin der Weg, die Wahrheit und das Leben." Dieser Priester sagte den Gläubigen, dass Jesus nicht der Weg zu Gott im ausschließlichen Sinne sei, sondern in dem Sinn, dass er durch sein liebendes Beispiel gezeigt habe, wie man wirklich leben solle. Wie oft sind Begräbnisse nicht eine Verkündigung der Frohen Botschaft unserer Erlösung durch Jesus Christus, sondern eine Verkündigung der Rechtschaffenheit oder der Gutherzigkeit des Verstorbenen geworden, belegt mit speziell ausgewählten Schrifttexten, um den Verstorbenen zu loben, anstatt die Gnade von Gottes barmherziger Liebe zu verkünden.

Papst Johannes Paul II. sagte in einer Ansprache zu den amerikanischen Bischöfen: „Manchmal haben sogar Katholiken entweder nie die Gelegenheit gehabt oder sie nicht ergriffen,

Christus persönlich zu erfahren; nicht Christus als bloßes Beispiel oder Wert, sondern als den lebendigen Herrn: den Weg, die Wahrheit und das Leben." Das weist auf die sehr menschliche Tendenz hin, den christlichen Glauben auf eine Art moralischen Rigorismus oder reine Ethik zu reduzieren. Bei früheren Generationen hat sich vielleicht unsere moralische Strenge auf Fragen der Sexualmoral fokussiert. In jüngerer Zeit wurde die Botschaft des Evangeliums oft reduziert auf das oberflächliche, allgegenwärtige Thema sozialer Gerechtigkeit. Letztlich müssen all diese moralischen Fragen, so nobel sie auch sind, in Zusammenhang gebracht werden mit der Annahme der Frohen Botschaft unserer Erlösung. Sie sind und werden immer zweitrangig bleiben und können niemals die Erstverkündigung oder das Kerygma ersetzen, damit die Kirche nicht, wie Papst Franziskus gesagt hat, einstürzt wie „ein Kartenhaus".

Die Frohe Botschaft

Der katholische Philosoph Peter Kreeft fragte eines Tages eine Gruppe von Studenten, was sie sagen würden, wenn sie noch in der gleichen Nacht sterben, vor Gott erscheinen und gefragt würden: „Warum sollte ich dich in den Himmel hineinlassen?" Er sammelte ihre Antworten und sie hatten eines gemeinsam: Alle waren falsch. Alle handelten davon, was wir für Gott tun, und erwähnten überhaupt nicht, was Gott für uns durch seinen Sohn Jesus Christus getan hat. Leider habe auch ich diese Auffassung oder dieses Unwissen sehr oft während meiner Jahre als Priester erlebt. Es ist eine Form von Neo-Pelagianismus, an dessen Ursprung das Fehlen einer Überzeugung steht, dass wir uns nicht selbst erlösen können. Anstatt unseren Erlöser im Glauben anzunehmen und diesen Glauben mit Leben zu füllen in der Liebe, die sich in guten Werken zeigt, und in dem Wissen, dass all dies auf dem vollkommen unverdienten Geschenk der Gnade Gottes beruht, versuchen wir einfach nett und brav zu sein.

In ihrem Innersten glauben viele, dass wir, wenn wir nicht gerade moralische Schurken wie Hitler sind, die Erlösung eigentlich verdienen, weil wir ja wirklich nette Leute sind. Erlösung ist etwas, was man uns schuldet, nicht wegen der Taten Gottes oder nicht einmal wegen dem, was ich getan habe, sondern wegen dem, was ich nicht getan habe (wirklich ganz schlimme Dinge). So zeigt sich dieser Neo-Pelagianismus also auf zweierlei Weisen. Erstens beim Traditionschristen, für den das christliche Leben eine Art „Strichliste" mit ihrer eigenen Heilsökonomie ist: Ich tue gewisse Dinge für Gott (Messbesuch, nett und brav sein, gelegentlich beten), dann lässt mich Gott in den Himmel. Zweitens beim postmodernen Katholiken, dessen Gnaden- und Erlösungsverständnis weder auf der Heiligen Schrift noch auf der Lehre der Kirche basiert, sondern auf seiner Überzeugung absoluter Autonomie und grundlegender Bravheit: Gott ist mein Kumpel, der nichts von mir verlangt, außer, dass ich mir selbst treu bin, und der mich natürlich im Himmel weiterfeiern lässt.

Drei Konsequenzen

Drei Dinge sind die Folge dieses Neo-Pelagianismus unserer Zeit. Wenn die Erlösung bedeutet, meine Strichliste Punkt für Punkt abzuarbeiten, damit ich die Grundbedingungen für die Erlösung erfülle, wird das zu einer Kultur des Minimalismus führen. Das ist kein Glaube auf Basis des Bundes mit Gott. Das ist kein Leben, das in Beziehung zu dem Gott gelebt wird, der sagt: „Ich bin dein Gott und du bist mein Volk." Das ist in Wahrheit Heidentum unter einem dünnen christlichen Anstrich. Im Altertum wurden die Götter für Gefälligkeiten mit äußerlichen Taten manipuliert, die nichts mit der Einstellung im Herzen zu tun hatten. Erlösung, ewiges Leben und Gebetserhörungen sind nur allzu oft Gefälligkeiten, die man mittels Erfüllung äußerlicher Verpflichtungen zu erlangen versucht. Wenn die Mindestanforderung erfüllt ist, hört man sofort damit auf. Ein Glaube auf der Basis des Treuebundes, der verwurzelt ist in einer persönlichen Bundesbeziehung mit Gott inmitten einer Bundesgemeinschaft, kann niemals genug tun oder genug bekommen. Es ist eine Religion der Verschwendung, die in einem Gott wurzelt, der seinen unstillbaren Durst nach uns verkündet – nach uns, wo doch unser Durst nur in ihm selbst gestillt werden kann. Einzig und allein ein solcher Glaube kann nach echter Heiligkeit verlangen. Nur ein solcher Glaube kann versuchen, alles zu geben und alles zu tun.

Zweitens werden Menschen, die, wie schon gesagt, glauben, dass sie wegen ihrer eigenen Taten oder Bravheit gerechtfertigt sind, nie die unglaubliche Verwegenheit von Gottes Barmherzigkeit kennenlernen. *Amazing grace* (Das Lied: Erstaunliche Gnade) wird einfach nur eine Melodie sein, die sehr gut klingt, wenn sie aus Dudelsäcken ertönt. Die Frohe Botschaft der Erlösung wird nie ganz ergriffen werden und entsprechend wird auch die Freude, die das Erkennungszeichen echter Christen ist, nie selbst erfahren beziehungsweise anderen erfahrbar gemacht werden. Das freudige Loblied zu Gott für sein Geschenk der Erlösung kommt dem, der ein solches Geschenk nicht nötig hat, niemals über die Lippen. Ich glaube wirklich, dass dies der Grund ist, warum in unseren Kirchen am Sonntagmorgen so viele Lippen verschlossen bleiben. Zu viele Menschen haben tatsächlich nichts, worüber sie jubeln könnten.

Drittens: Wenn wir über das Minimum der religiösen Pflichterfüllung nicht hinauskommen, die wir als Mittel ansehen, unsere eigene Erlösung zu bewirken, und wenn die echte Frohbotschaft unentdeckt bleibt, warum wundern wir uns dann, dass viele in der Kirche wenig Enthusiasmus für den Ruf nach Neu-Evangelisierung zeigen? Es ist klar, dass nur evangelisieren kann, wer selbst evangelisiert wurde. Nur die Menschen, die die Frohbotschaft als frohe Botschaft empfangen haben, können sie anderen verkünden. Anderen die Frohe Botschaft mitzuteilen, ist niemals eine Last, sondern es ist eigentlich das Natürlichste auf der Welt. Es wird nur dann zur Last, wenn wir es nicht teilen können. Und schließlich ist es vollkommen verständlich, wenn der Neo-Pelagianismus unter den Gläubigen, ja sogar im Klerus, so präsent ist, dass wir an einer tiefen Identitätskrise unseres missionarischen Wesens leiden.

Wie können wir das Gerümpel des Neo-Pelagianismus entsorgen? Denken wir an die Worte der lateinamerikanischen Bischöfe im Aparecida-Dokument aus dem Jahr 2007, wo es heißt, dass „ohne das Kerygma […] die übrigen Aspekte des Prozesses zur Unfruchtbarkeit verurteilt“ sind, „weil die Herzen nicht wirklich zum Herrn bekehrt sind.“ Es ist das Kerygma, das Herzen öffnet, es ist das Kerygma der Frohbotschaft des Heils, die klar verkündet werden muss, damit die Menschen sie hören und verstehen. Wir schaffen das Gerümpel weg, indem wir uns klar der Erstverkündigung verpflichten, die beides ist: klar unterschieden von dem, was wir als Katechese kennen, und gleichzeitig ein Bestandteil davon. *Evangelii Gaudium* sagt:

„Wenn diese Verkündigung die ‚erste‘ genannt wird, dann nicht, weil sie am Anfang steht und dann vergessen oder durch andere Inhalte, die sie übertreffen, ersetzt wird. Sie ist die ‚erste‘ im qualitativen Sinn, denn sie ist die hauptsächliche Verkündigung, die man immer wieder auf verschiedene Weisen neu hören muss und die man in der einen oder anderen Form im Lauf der Katechese auf allen ihren Etappen und in allen ihren Momenten immer wieder verkünden muss.“ (EG 164)

Diese Verkündigung sollte in jeder Predigt, jeder Schulstunde und in jedem Vortrag stattfinden. So wurde uns in einer Anweisung für Priester im Jahr 2010 gesagt, die von der Klerus-Kongregation unter Papst Benedikt als Anweisung für die Priester herausgegeben wurde, dass dem „Kerygma eine besondere Stellung zukommen solle“. Unter Bezugnahme auf die Enzyklika *Redemptoris Missio*

(Die Sendung des Erlösers) von Johannes Paul II. erinnerte die Kongregation die Priester, dass „eine erneuerte kerygmatische Verkündigung des gekreuzigten und auferstandenen Christus eine Macht und eine besondere Salbung" habe, die vom Heiligen Geist kommt und die bei jeder missionarischen Bemühung weder kleingeredet noch übersehen" werden dürfe.

„Ich bin ein Sünder, den der Herr angeschaut hat." Das war die Antwort von Papst Franziskus auf die Frage „Wer ist Jorge Mario Bergoglio?" in dem berühmten Interview in der Zeitschrift *America*. Er sagte, das sei nicht nur eine Redensart oder eine literarische Stilform, sondern die klarste und authentischste Beschreibung, die er machen könne. Dies ist seine und unsere innerste Identität.

Klerikalismus

An was denken Sie, wenn Sie das Wort Klerikalismus hören? Vielleicht denken Sie an Priester in klerikalem Gewand, vielleicht sogar einer Soutane. Oder denken Sie an eine Art pharisäische Kleriker, die besessen sind von jeder Kleinigkeit in der religiösen Praxis? Vielleicht denken Sie auch an eine Art Studentenverbindung, die durchdrungen ist von Überheblichkeit und dem Beharren auf Sonderrechten. Wenn das so ist, dann waren Sie bestimmt schon schockiert von der Art und Weise, wie Papst Franziskus Klerikalismus in seiner Rede vor den Leitern der CELAM während des Weltjugendtages 2013 definierte. Als er den Klerikalismus definierte als eine der Versuchungen gegen die Kirche, die missionarische Jünger heranbilden solle, sagte er: „Seltsamerweise handelt es sich in der Mehrheit der Fälle um eine sündige Komplizenschaft: Der Pfarrer klerikalisiert, und der Laie bittet ihn höflich, ihn zu klerikalisieren ..." Mit diesen Worten gibt er die beste Definition für Klerikalismus, die ich je gehört habe.

Während meiner ersten Jahre als Seelsorger haben wir begonnen, für die Katholiken meiner Pfarrgemeinde Alpha-Kurse anzubieten als eine Möglichkeit, das Kerygma zu hören, Jesus persönlich zu erfahren und die christliche Gemeinschaft lebendig und neu zu erfahren. Mit der Zeit begann sich im Leben vieler Teilnehmer etwas zu verändern. Diese luden ihre den Glauben nicht mehr praktizierenden Freunde und Familienmitglieder und sogar Nicht-Gläubige ein, ebenfalls teilzunehmen. Auch ich habe viele meiner Pfarrangehörigen persönlich eingeladen. Da ich ziemlich stur und entschlossen sein kann, gaben einige schließlich nach und gingen in den Alpha-Kurs, um mich endlich loszuwerden. Das hatte schon der Witwe genutzt, die dem ungerechten Richter lästig war, und so fand ich, dass meine Herangehensweise wenigstens biblisch war. Eines Tages jedoch stoppte mich der alte Mann, den ich schon im dritten Kapitel erwähnt habe und der meinen „Einladungen" bisher Widerstand geleistet hatte. Er hatte jetzt genug und sagte: „Schauen Sie, Herr Pfarrer, ich bin einfach nicht so religiös." Mit diesen Worten brachte er mich zum Schweigen. Ich war vor den Kopf gestoßen. Seither waren diese einfachen Worte für mich der Ausgangspunkt für viele theologische Gedanken. Was hat er in Wirklichkeit ausgedrückt?

Vereinnahmung

Es fiel mir auf, dass er sich mit einer gewissen Verärgerung zurückzog, weil ich eine Art stille Vereinbarung über sein Engagement in der Kirche verletzt hatte. Er wollte sein Minimum an religiösen Pflichten erfüllen. Dafür sollte ich ihn in Ruhe lassen und darüber hinaus nichts mehr von ihm erwarten. Er war damit zufrieden, denn meistens sind gewöhnliche Katholiken einfach nicht so religiös. Leute, die so religiös sind, sind solche, die Priester oder Ordensschwester werden wollen. Seit diesem Gespräch ist mir diese Haltung immer und immer wieder begegnet. Das Zweite Vatikanische Konzil mag von dem weltweiten

Ruf zu Heiligkeit und Mission gesprochen haben, aber für den Durchschnittskatholiken ist Heiligkeit und Mission einfach kein Thema. Es ist der Priester oder die Ordensschwester, die heilig sein oder evangelisieren können. Gewöhnliche Katholiken tun das einfach nicht. Sie sind grundsätzlich nicht fähig, solche Dinge zu tun. Ich habe einige Jahre gebraucht, bis ich diesen Zwiespalt zwischen offizieller katholischer Theologie und Volkstheologie benennen konnte: den Klerikalismus.

Wenn man Klerikalismus mit dem Tragen bestimmter Kleidung oder mit Machtmissbrauch in Verbindung bringt, ist das eher oberflächlich. Klerikalismus ist nichts anderes als die Vereinnahmung dessen, was eigentlich jedem Getauften zukommt, durch die Kaste der Kleriker. Zu dieser Kaste zähle ich auch alle, die beruflich mit Religion zu tun haben, Priester wie Ordensleute. In den letzten Jahrzehnten ist zu dieser professionellen Klerikerschicht auch noch die professionelle Laienschicht hinzugekommen, die innerhalb der Kirche einen offiziellen Auftrag ausübt. Wenn alle Katholiken kraft ihrer Taufe zur Heiligkeit und Mission gerufen sind – zur Aufgabe, Christus zu bezeugen, zu evangelisieren, zu reifen, kurzum dazu, missionarische Jünger zu sein – dann ist Klerikalismus letztlich eine Unterdrückung der Identität der Getauften. Priester und Ordensschwestern werden zu Super-Christen, die außergewöhnliche Kräfte haben, das zu tun, was gewöhnliche Christen nicht tun können. Diese Überhöhung hat zwei Folgen: Isolierung der Priester und Ordensleute und mangelnde Reife der Getauften. Augustinus sagte: „Mit euch bin ich Christ, für euch bin ich Bischof." Ob mit oder ohne Kirchenamt, jeder Christ muss zuerst ein Christ unter anderen sein und erst dann für andere.

Die Isolation der Priester und Ordensleute, die man alleine lässt beim Heiligsein und dem, was alle Glieder der Kirche tun sollen, war und ist todbringend und nicht tragfähig. Die Kleriker steckten in der Falle übermenschlicher Erwartungen, die hochgehalten wurden durch solch eine Kluft von Doppelstandards, dass niemand von hüben nach drüben kam. Vor einigen Jahren wurde mir klar, dass die Rückschläge und die Widerstände seitens der Gläubigen, wenn ich sie zu Heiligkeit und Mission aufrief, nichts anderes waren als Verärgerung darüber, dass ich das ungeschriebene Gesetz gebrochen hatte, sie in ihrer Mittelmäßigkeit in Ruhe zu lassen. Heiligkeit und Evangelisierung waren mein Job. Wie konnte ich es wagen, das von *ihnen* zu verlangen? Ich sollte doch der geistliche Ersatz sein, um für sie zu tun, wozu sie nicht fähig oder nicht willens waren, es selbst zu tun.

Symbiose

Das System schafft eine Abhängigkeit voneinander, wie Papst Franziskus in seiner Beschreibung des Klerikalismus andeutete. Wenn das zutrifft, muss der Laie, der in seiner Unreife nicht herausgefordert werden möchte, ständig den Priester oder die Ordensleute anders aufwerten, als etwas, was er oder sie nie sein könnte. In einem solchen System können wir die Priester und Schwestern und ihre großartige Arbeit hochhalten und sie aus einer gewissen Entfernung beklatschen. Das gibt Sicherheit und muss auch so sein, solange der durchschnittliche Laie seine eigene Unreife für normal und akzeptabel hält. In dieser Isolation darf der Priester niemals irgendeine menschliche Schwäche zeigen, sonst ist das Spiel aus. Oft haben Priester und Ordensleute diesen Status, dermaßen herausgerufen zu sein aus der Masse, aus positiven oder negativen Motiven akzeptiert, so dass sie diese Scheinrolle nicht verraten konnten und deshalb isoliert bleiben mussten.

Diese Kultur hat zur Krise des sexuellen Missbrauchs beigetragen und so viel Schaden in unserer Kirche angerichtet. Die Haltung des Bestreitens dessen, was vorgefallen war, die es den Tätern ermöglichte, immer wieder schuldig zu werden, war verständlich, weil die ganze Art und Weise, Kirche zu sein, auf dem

Spiel stand. Solch schreckliche Dinge konnten einfach nicht sein. Es war unmöglich, das zu glauben. Die Laien waren nicht einfach blind dafür. Sie wurden von einer religiösen Kultur, die menschliche Schwächen ihrer Führer nicht akzeptieren konnte, geblendet und blind gemacht. Und die Kleriker waren ebenfalls gelähmt von dem starken Bedürfnis, den Ruf der Kirche zu schützen, koste es, was es wolle, denn zuzulassen, dass all der Unrat ans Tageslicht kommt, hätte bedeutet, das ganze System in Frage zu stellen.

Ähnliche Dynamiken spielen auch heute noch eine Rolle, wenn wir die Doppelmoral in vielen Diözesen betrachten beim Umgang mit der Verantwortlichkeit von Priestern im Gegensatz zu den in der Kirche arbeitenden Laien. Laienmitarbeiter werden regelmäßig evaluiert und sind zu akzeptablen beruflichen Standards verpflichtet. Eine Rechenschaftspflicht für Priester kommt nur dann zum Tragen, wenn eine kritische Menge an schriftlichen Beschwerden auf dem bischöflichen Schreibtisch zusammenkommt. Das bedeutet, dass es normalerweise erst dann Unterstützung und Hilfe für einen Priester gibt, wenn etwas vorgefallen ist, nach irgendeiner Verfehlung, die hätte verhindert werden können, wenn es ein Evaluierungssystem und eine Art Rechenschaftsbericht geben würde. Mir kommt dazu in den Sinn, auch wenn es jetzt eher seltener vorkommt, wie Alkoholismus bei Priestern sowohl von anderen Klerikern und von Laien toleriert wurde und wie viele Priester nie die Hilfe bekommen haben, die sie so dringend gebraucht hätten. Es gibt nur einen Weg, wie man als Priester ein gesundes, aufopferndes Leben führen kann, und das ist der, zuallererst ein Christ unter anderen Christen zu sein, bevor man ein Priester für das Volk ist.

Klärung in all der Verwirrung

Unsere Sprache verrät uns! In der Vergangenheit sagte man von jemandem, der zum Priester geweiht wurde oder sich für einen Orden entschied, dass er oder sie „eintreten“, ihrer Berufung folgten. Das ist eine Vereinnahmung durch die professionellen Christen von etwas, was eigentlich auf alle Getauften zutrifft. Als ich in unserer Erzdiözese für Berufungen zuständig war, gehörte es zu meinen Aufgaben, mit potenziellen Priesteramtskandidaten oder Kandidaten für den Ordensstand ein Gespräch zu führen. Wenn mir dabei jemand zum Beispiel sagte, dass er sich zum Priester berufen fühle, fragte ich ihn, wie er diesen Ruf erfahren habe. Es war durchaus nicht unüblich, dass mir ein Kandidat von seiner Sehnsucht nach einem tieferen Gebetsleben erzählt hat, nach mehr theologischem Wissen oder seinem Wunsch, anderen zu dienen und anderen zu helfen, Jesus kennenzulernen. Ich erinnere mich noch an das erste Mal, als mir plötzlich aufging, dass das, was der Kandidat beschrieben hatte, keine Berufung zum Priestertum war, sondern der Ruf, seine Berufung als Getaufter zu leben. Alles, was er als Hinweis auf eine Priesterberufung beschrieb, war vollkommen im Rahmen dessen, was christliches Leben ausmacht: im Gebet und im geistlichen Leben zu wachsen, in der Erkenntnis zu wachsen, zu evangelisieren und anderen zu dienen. Damit beendete ich natürlich nicht das Gespräch, sondern ich wies den Kandidaten darauf hin, dass das, was er beschrieb, der Wunsch eines jeden Christen sein sollte.

Was wollte ich also hören als Indiz für eine Berufung zum Priester? Seit dem Zweiten Vatikanischen Konzil wird das Priestertum klar definiert als die Annahme des dreifachen Dienstes Jesu, des prophetischen, des priesterlichen und des königlichen. Konkret bedeutet dies, dass die erste Aufgabe des Priesters darin besteht, das Wort Gottes zu predigen, die zweite Aufgabe ist die Feier und die Verwaltung der Sakramente und seine dritte Aufgabe ist es, das Volk Gottes zu führen. Nur wenige Kandidaten verstanden ihre Berufung als brennenden Wunsch, Gottes Wort zu predigen, oder ein Sehnen danach, Eucharistie zu feiern oder den Gläubigen im Sakrament der Versöhnung zu dienen, und schon gar nicht, eine Glaubensgemeinschaft zu führen und zu leiten. Das hat einen einfachen Grund. Früher gab es in unseren Reihen keinen Platz für Christen, die ihren Ruf als Getaufte voll ausleben wollten. Wir wussten nicht, was wir mit ihnen tun sollten. Wenn jemand so religiös war, dann ab ins Seminar oder ins Kloster, denn normale Katholiken tun so etwas einfach nicht.

Außergewöhnlich?

Was tun normale Katholiken denn dann? Sie beten, zahlen und gehorchen. Sie sollten sich bei der Erfüllung des Auftrags der Kirche bei allem, was über das Zeitliche hinausging, rein passiv verhalten. Katholiken bauten und restaurierten Gebäude, sie organisierten und führten Wohltätigkeitsveranstaltungen durch, sie machten belegte Brote, gaben etwas in die Kollekte und praktizierten ihren Glauben, indem sie die Sonntagsmesse hörten. Geistliche Reife, Jüngerschaft, Wissen und Umgang mit der Heiligen Schrift waren den meisten Katholiken fremd. Auch heute noch ist es so, dass, wenn Sie einen durchschnittlichen Katholiken auffordern, eine Besprechung mit einem Gebet zu eröffnen, er zu zittern beginnt. Trotz des inständigen Bittens moderner Päpste wie Pius XII. mit seiner 1943 veröffentlichten Enzyklika *Divino Afflante Spiritu*, in der er die Katholiken geradezu anflehte, die Heilige Schrift kennenzulernen und zu lieben, ist die Bibel auch 50 Jahre nach dem Zweiten Vatikanischen Konzil für die meisten Katholiken unentdecktes Terrain. Obwohl wir seit 500 Jahren den Buchdruck haben und seit 100 Jahren eine fast weltweite Alphabetisierung, stecken wir immer noch in der Denkweise vergangener Zeiten, als es für normale Leute nicht üblich war, eine Bibel in die Hand zu nehmen und darin zu lesen. Der Klerikalismus der Vergangenheit hat die meisten Katholiken spirituell in den Kinderschuhen zurückgelassen und hat noch nicht einmal damit begonnen, sie für ihren Dienst zuzurüsten.

Aber hat sich das alles nicht geändert? Natürlich hat es in den Jahren nach dem Zweiten Vatikanischen Konzil den Versuch gegeben, sich vom Klerikalismus der Vergangenheit zu trennen. Ironischerweise haben uns jedoch diese Versuche, die Kirche zu entklerikalisieren, noch tiefer in die Falle gelockt, der sie entgehen wollte. Ich sage das, weil in den Jahren, die auf das Konzil folgten, die Bevollmächtigung von Laien sich auf die einzige Art von Diensten richtete, die man in der Kirche bisher kannte: die der Kleriker. Ganz unabsichtlich lehrten wir die Menschen, dass die Erfüllung ihrer Identität als Getaufte darin bestand, Dienste auszuüben, die eigentlich grundsätzlich den Klerikern zukamen. Ein Lektor während der Messe zu sein oder die Kommunion zu spenden wurden als Gipfel des christlichen Dienstes empfunden. In manchen Fällen ging man in den Jahren nach dem Konzil sogar so weit in dem Versuch, mit klerikalen Mustern zu brechen, dass man Laien einen Teil des Hochgebetes sprechen oder sie Wortgottesdienste leiten ließ, während der Priester im Volk saß, – oder sie die Kommunion austeilen ließ, während Priester sich hinsetzten und darüber meditierten, wie sie ihre Gläubigen doch bevollmächtigten. Trotz angeblich guter Absichten mussten wir mitansehen, wie dieses Mal die Laien etwas vereinnahmten, was eigentlich den Geweihten zustand, oder diese den Laien etwas auferlegten, was ihr eigener Dienst war. Tragischerweise wurde die eigentliche Berufung des Laien immer noch ignoriert und klerikale Formen des Dienstes wurden zum Modell für alle erklärt.

So starb der neuerliche Aufruf des II. Vatikanums, die Berufung aller zur Mission neu zu entdecken, einen raschen Tod. Innerhalb von 15 Jahren nach Beendigung des Konzils ist das Laienapostolat, von dem in den Konzilsdokumenten immer wieder die Rede ist, aus dem Leben einer durchschnittlichen Pfarrgemeinde praktisch verschwunden. Laiendienst hat schwerwiegende Folgen. Wenn die größte Krise unserer Kirche eine Identitätskrise ist, weil wir unsere grundlegende Identität als missionarische Kirche vergessen haben, dann hat die Einführung klerikaler Kategorien – als vorgeblicher Erfüllung des Rufes nach Erneuerung in den Konzilsdokumenten

– die Identitätskrise noch verschärft und hat die Kirche dazu gebracht, sich sogar noch mehr auf sich selbst zurückzuziehen. Worte sind von äußerster Wichtigkeit. Das Wort Apostolat heißt hinausgehen, gesandt sein (griechisch: *apostolein*). Dieser von den Konzilsvätern verwendete Ausdruck macht es uns aufs Neue bewusst, dass es die grundsätzliche Orientierung der Getauften ist, hinauszugehen, missionarisch zu sein. Das Verschwinden dieses Begriffs und sein Ersetzen durch das Wort Dienst bedeutet, dass dieser mit der Taufe ergangene Ruf sich *ad intra* anstatt *ad extra* gerichtet hat.

Keiner muss mehr hinausgehen, wir können alle einfach drin bleiben. Die meisten Katholiken können auch weiterhin passive Zuschauer bleiben, doch die wirklich Engagierten können die Lesungen vortragen und sogar die Kommunion austeilen. Das ist die Definition einer Kirche, die sich um sich selbst dreht, die damit zufrieden ist, sich selbst zu dienen und blind ist für den Widerspruch, in dem sie lebt. *Evangelii Gaudium* weist darauf hin, dass diese Denkweise die Berufung der Laien bloß auf „innerkirchliche Aufgaben ohne ein wirkliches Engagement für die Anwendung des Evangeliums zur Wandlung der Gesellschaft" beschränkt (EG 102).

Der Ruf nach professionellem Laiendienst hat allzu oft eine neue Kategorie in der Klerikerkaste geschaffen. Wenn Gemeindemitglieder im Glauben heranwuchsen und sich immer mehr engagierten, konnten sie schließlich auch den Status eines professionellen Laien erreichen. Nach dieser Denkweise könnte das wandernde Volk Gottes schließlich seine endzeitliche Erfüllung finden, wenn wir alle professionelle Laien würden und uns ganz der Aufgabe des gegenseitigen Dienstes innerhalb der Kirche widmeten.

Heutzutage sind die meisten Katholiken in unseren Pfarrgemeinden trotz jahrelanger Ausbildung von Laien-Seelsorgern immer noch unerweckte, passive Konsumenten einer „Religion light“. Meist haben wir nur eine zusätzliche Gruppe innerhalb der Kleriker-Kaste herangebildet, die das tut, was der durchschnittliche Katholik nicht tun kann. Die meisten Katholiken sind, was die Grundlagen ihres Glaubens betrifft, auch weiterhin ahnungslos, finden sich in der Bibel nicht zurecht und ihre Gebetserfahrung hat sich oft seit der Kindheit nicht verändert. Aber noch deprimierender ist die Tatsache, dass dies kaum jemanden irgendwie zu stören scheint oder jedenfalls nicht genug, um daran etwas zu ändern.

Papst Franziskus sagte in seiner Definition von Klerikalismus, dieser sei „eine sündige Komplizenschaft: Der Pfarrer klerikalisiert, und der Laie bittet ihn höflich, ihn zu klerikalisieren, weil es sich im Grunde für ihn als bequemer erweist. Das Phänomen des Klerikalismus erklärt weithin den Mangel an Reife und christlicher Freiheit in einem Teil des lateinamerikanischen Laientums.“ Wir, die wir nicht zur lateinamerikanischen Kirche gehören, erkennen uns in dieser Beschreibung wieder. In den Jahren nach dem Konzil haben wir auch sogenannte liberale Priester gesehen, die Laien klerikalisiert haben. Die Laien waren damit völlig einverstanden, weil das einfacher ist. Denn ist es nicht so, dass es leichter ist, Kommunionspender für Gleichgesinnte innerhalb eines in sich geschlossenen Umfelds zu sein, als „zu allen Völkern zu gehen und die Frohe Botschaft zu verkünden“? Der Preis für diese Abschottung ist die fortschreitende Isolierung des „Klerikers“, der nun noch ein paar zusätzliche klerikale Laien um sich schart, während die meisten Menschen, bequem und in ihrer Unreife unangefochten, auf Abstand bleiben.

Dies alles schreibe ich als Pfarrer einer Gemeinde, die sechzehn bezahlte Laien angestellt hat, von denen sechs direkt in die Aufsicht über den geistlichen Dienst meiner Pfarrgemeinde eingebunden sind. Jede größere Gemeinde ist wesentlich auf

Laien-Mitarbeiter – nicht nur im administrativen Bereich, sondern auch in der Pastoral – angewiesen, wenn die Gemeinde gesund sein soll. Diese Mitarbeiter befähigen hunderte Pfarrangehörige, sich in zahlreichen Dienstbereichen zu engagieren, damit unsere Pfarrgemeinde funktionieren und über ihre vier Wände hinaus wirken kann. Ich werde noch darauf zurückkommen und möchte hier nur sagen, dass diese Mitarbeiter laut Vatikanischem Konzil Teil haben am eigentlichen Hirtendienst. Sie erfüllen nicht bloß die Aufgaben, die normalerweise der Berufung der Laien entsprechen, das heißt in die Welt gesandt zu sein und nicht in die Kirche. Sie erfüllen ihren Auftrag nicht in erster Linie, indem sie all das tun, was ihrem Dienst entspricht, während die anderen zuschauen, sondern indem sie andere befähigen, das zu tun, was ihrer Berufung entspricht, nämlich missionarische Jünger draußen in der Welt zu sein und nicht einfach nur im „Pfarrsaal" der eigenen Gemeinde.

Wenn der Dienst bezahlter Laienmitarbeiter die Passivität unter den normalen Pfarrangehörigen fördert und ihre Meinung bestätigt, niemals solche Dinge selbst tun zu können, dann haben wir das klerikale Modell des geistlichen Dienstes noch verstärkt. Es ist mir bewusst, dass ich nun etwas provokant bin, aber in meinen Jahren als Priester habe ich lieber Laien angestellt, die keinen Abschluss in Theologie haben. Gewöhnliche Menschen mit gewöhnlichem Glauben können meiner Meinung nach normale Katholiken viel leichter dazu inspirieren, sich ernsthaft die Frage zu stellen, was Gott sich eigentlich wünscht, was er in ihnen und durch sie bewirken will.

Pastoraler Dienst – neu definiert

Der heilige Paulus beschrieb seinen Dienst folgendermaßen: „Wir ermahnen jeden Menschen und belehren jeden mit aller Weisheit, um dadurch alle in der Gemeinschaft mit Christus vollkommen zu machen" (Kol 1,28). Das griechische Wort *telos* kann übersetzt werden mit „vollkommen“, „vollendet“ oder „reif“. Der heilige Paulus spricht nicht so sehr über sein Bemühen um moralische Vollkommenheit in jenen, denen er dient, sondern davon, sie auf dem Weg ständigen Wachsens und Reifens voranzubringen. An vielen Stellen bezeichnet er sich als Vater und sagt, dass er deshalb unter vielen Mühen kämpfe (Kol 1,29). Darin unterscheidet er sich nicht von Eltern, die ihre Kinder nicht nur trösten und für sie sorgen wollen, sondern sie nähren, sie wachsen und schließlich reifen sehen wollen. Es wäre gar nicht „süß“, wenn Eltern nach Hause kämen und ihr 25-jähriger Sohn würde dort auf dem Sofa sitzen und am Daumen lutschen. Warum haben wir also eine solche Toleranz für Gläubige, die geistlich gesehen ihr Leben lang in diesem Zustand sind? Ich trete hier keinesfalls dafür ein, diejenigen, die keine Reife erreicht haben, fallen zu lassen, sondern was wir fallen lassen sollten, ist die Akzeptanz totaler Unreife als etwas völlig Normales, so dass wir sie gar nicht mehr wahrnehmen.

Eine Kirche, die missionarische Jünger hervorbringt, hat in ihrem tiefsten Inneren den Wunsch und die Fähigkeit, die Menschen von der Unreife zur Reife zu führen. Eine Pfarrgemeinde, die das gut macht, wird und muss immer eine beträchtliche Anzahl von Gläubigen haben, die geistlich gesehen Kinder sind. Wenn das nicht der Fall ist, dann gibt es dort keine geistlichen Babys, das heißt eine solche Gemeinde ist unfruchtbar. Eine Pfarrgemeinde jedoch, in der die Mehrzahl ihrer Mitglieder geistliche Kleinkinder sind, hat ihre wichtigste Aufgabe pastoraler Sorge aufgegeben: Sie arbeitet und müht sich nicht mehr, dass alle zur Reife in der Gemeinschaft mit Christus geführt werden.

Wenn das so ist, dann ist ein Teil der Lösung des Problems des Klerikalismus eine Neudefinition dessen, was wir unter „pastoralem Dienst“ verstehen. In den meisten Kirchenkreisen versteht man darunter normalerweise die Fürsorge für Kranke, Sterbende und Trauernde. Das ist und bleibt eine wichtige pastorale Tätigkeit der Kirche. Jedoch erschöpft sich normalerweise in den meisten Gemeinden der Begriff „pastoraler Dienst“ damit. Das Wort Pastor ist der lateinische Begriff für Hirte. Das Bild des Hirten, der für das Gottesvolk sorgt, findet sich in den ältesten Teilen der Bibel – in den Schriften der Propheten – und wurde sehr oft von Jesus verwendet, der von den verlorenen Schafen sprach und sich selbst den „Guten Hirten“ nannte.

In der Bibel war die wichtigste Aufgabe des Hirten nicht, für die Schwachen, die Kranken und die Sterbenden zu sorgen oder Schutz zu gewähren: „Der Herr ist mein Hirte, nichts wird mir fehlen. Er lässt mich lagern auf grünen Auen und er führt mich zum Ruheplatz am Wasser“ (Ps 23,1f). Diese Worte wurden uns nicht nur gegeben, um idyllische Sehnsüchte zu wecken. Sie erinnern uns daran, dass es die erste Aufgabe des Hirten ist, seine Schafe zu Nahrung und Wasser zu führen. Sie zu nähren, damit sie wachsen und reifen können. Im Buch Ezechiel spricht der Prophet harte Worte gegen falsche Hirten des Volkes Israel wegen ihrer vielen Verfehlungen, vor allem, dass sie ihre Schafe nicht auf die Weide führen (Ez 34,3). Hirtensorge bedeutet bei Ezechiel und ebenso bei Jesus, nach den Verlorenen zu suchen, auch wenn dafür 99 in der Wildnis zurückgelassen werden. Doch die erste Aufgabe ist es, sich dafür abzumühen, die Schafe zu füttern, damit sie stark und erwachsen werden können.

Die Heiligen ausrüsten

Im Brief des heiligen Paulus an die Epheser lesen wir: „Er gab den einen das Apostelamt, andere setzte er als Propheten ein, andere als Evangelisten, andere als Hirten und Lehrer, um die Heiligen für die Erfüllung ihres Dienstes zu rüsten, für den Aufbau des Leibes Christi. So sollen wir alle zur Einheit im Glauben und in der Erkenntnis des Sohnes Gottes gelangen, damit wir zum vollkommenen Menschen werden und Christus in seiner vollendeten Gestalt darstellen.“ (Eph 4,11-13)

Diese Verse wiederholen noch einmal die Wahrheit, die wir schon betrachtet haben: Das Ziel der pastoralen Fürsorge ist die Vervollkommnung der Menschen. Sie sprechen von den unterschiedlichen Gaben und Charismen, die Gott seiner Kirche als Ganzes gibt, und von den Gründen dafür. Ich möchte zuerst die Gründe für diese Gaben beleuchten, vor allem im Hinblick auf die Ausübung des Hirtenamts. Der heilige Paulus erklärt uns ausdrücklich, dass diese Charismen da sind, um „die Heiligen für die Erfüllung ihres Dienstes zu rüsten". Das heißt, dass es nicht die erste Aufgabe des Hirten ist, all die Arbeit des Dienstes selbst zu machen, sondern die Heiligen zuzurüsten, damit sie diesen Dienst tun können. Eine klerikale Kultur, die den Priester in die Rolle des Super-Christen zwingt, wird verlangen, dass nur der Priester diesen Dienst leistet, und viele Priester sind damit zufrieden, diese Definition so zu akzeptieren. Das sehen wir in Pfarrgemeinden, in denen fast nichts los ist. Die wenigen Aktivitäten, die es gibt, müssen unter der direkten Aufsicht des Priesters stehen. Niemand sonst ist dafür ausgerüstet, andere zur Vollkommenheit zu führen, geschweige denn dazu, an die Ränder zu gehen.

In meiner Pfarrgemeinde, die für meine Gegend sehr groß ist, kommen im Allgemeinen ca. 2.000 Menschen am Wochenende zur Kirche. Bei uns gibt es 90 Dienste, für die ich bei sehr wenigen selbst verantwortlich bin. Als Pfarrer versuche ich, mich auf die drei fundamentalen Aufgaben eines Priesters zu konzentrieren – das Wort Gottes zu predigen, die Sakramente zu feiern und zu spenden und die Gemeinde zu leiten. Alle anderen Dienste können nicht nur an andere abgegeben werden, sondern sollten es sogar. In dem Maße, in dem die Pfarrangehörigen in ihrem christlichen Leben reifen, sollten sie entsprechend ihren Talenten in den Dienst genommen und dafür ausgerüstet werden. So werden sie zu missionarischen Jüngern, die ausgerüstet und in den Dienst genommen werden – einen Dienst, den sie nicht nur als Gefälligkeit für den Priester ausüben, sondern der ganz ihr eigener geworden ist in enger Gemeinschaft mit dem Priester. Wenn sich alle Dienste in der Pfarrgemeinde auf den einen Priester konzentrieren würden, dann würden zwei Dinge geschehen: Ich und mein Kaplan wären sehr schnell ausgebrannt, aber, noch wichtiger: Im Verhältnis zur Größe der Pfarrgemeinde würde nur sehr wenig pastorale Fürsorge stattfinden.

Ich warne meine Mitarbeiter, Geweihte und Laien, ständig davor, in die klerikale Falle zu gehen. Das Ziel ihres Dienstes ist es, andere zu ermutigen und zuzurüsten, damit sie den Dienst so ausüben können, dass dadurch die Kirche aufgebaut wird. Wenn sie alles selbst machen, dann sind auch sie in die klerikale Falle gegangen. Wenn wir es richtig machen, ist die Frucht dieses Ansatzes eine Vervielfältigung der Dienste. Wie ein Topf, der überkocht, können die im Innenbereich einer Gemeinde so notwendigen Dinge getan werden, damit neue Dienste entstehen können, die von ihrem Wesen her missionarisch sind und auf die Gemeinde am Ort ausstrahlen. In diesem Modell, in dem die Mitglieder der Pfarrgemeinde in Christus reifen und missionarische Jünger werden, sehnen sie sich danach, anderen zu dienen. Schließlich erreicht dieser Dienst innerhalb der Pfarrei (*ad intra*) eine kritische Masse, sodass der Wunsch zu dienen sich auf den Wohnort ausweitet und zu einem wirklichen Apostolat wird. Damit dieses Modell nachhaltig wirken kann, sind Strukturen der Verantwortlichkeit nötig und auch eine leichte Kontrolle und Leitung. Grundsätzlich geht es dabei um eine Kirche, in der Laiendienste ohne klerikale Kontrolle ausgeübt werden dürfen – den Armen dienen, die Hungrigen sättigen, evangelisieren und kleine „Hauskirchen" gründen, wo für die Menschen gesorgt wird, wo sie geliebt werden und wo ihnen geholfen wird zu wachsen und zu reifen. Nur eine Kirche mit einem ganzen Heer von missionarischen Jüngern kann die Welt verändern.

Der erste Teil der oben zitierten Verse aus dem Epheserbrief erinnert uns auch an die Unterscheidung von Amt und Charisma.

Die Geweihten haben das Amt des Apostels, des Propheten, des Evangelisten, des Hirten und Lehrers. Sie sind letztverantwortlich dafür, dass diese Dienste innerhalb der Kirche gedeihen, doch diese Verantwortungsbereiche decken sich nicht immer mit dem Charisma. Charismen werden allen Mitgliedern des Gottesvolkes geschenkt. Damit die Kirche stark sein kann, sind alle aufgerufen, ihre Charismen herauszufinden und mit ihnen zu dienen. Zur Führung einer Pfarrgemeinde gehört es für den Priester heute wesentlich dazu, dass er sich in seiner Berufung, Gottes Wort zu predigen, die Sakramente zu feiern und das Volk Gottes zu führen, sicher ist und dass er gleichzeitig die Charismen, die es im Gottesvolk gibt, herausfinden und fördern kann, damit sie ausgeübt werden können. Eine der Konsequenzen des nachkonziliaren Klerikalismus war die Nebeneinanderstellung des Klerus und der Getauften, als würde die Einzigartigkeit der priesterlichen Berufung die Laienberufung geringer erachten und als würde die Heranbildung der Laien eine Bedrohung für die Rolle des Priesters darstellen. Der heilige Paulus sagt ganz deutlich, dass alle Teile des Leibes notwendig sind. Rollen und Verantwortlichkeiten sind unterschiedlich, aber alle sind notwendig.

Eine riskante Angelegenheit

Die Ursprünge des Klerikalismus haben tiefe Wurzeln in unserer Tradition. In der frühen Kirche war es höchst riskant, ein Christ zu sein. Jesus warnte uns vor dem Preis, den es kostet, wenn man ihm nachfolgt. Und er hat deutlich gesagt, dass dies auch Verfolgung – sogar bis hin zu Gefängnis und Tod – bedeuten würde. Das Zeugnis vieler Märtyrer, seien es Kleriker oder Laien, ist dafür der Beweis. Nach dem Friedensdekret des Konstantin im Jahr 315 wurden die Christen nicht mehr vom Staat verfolgt. Die Tolerierung der Kirche verwandelte sich langsam in deren Akzeptanz, nachdem selbst der Kaiser Christ geworden war. Plötzlich war dies die meistgewählte Religion für jene, die nach oben strebten. Damit begann unvermeidlich, wie es in der Kirche immer geschieht, dass die soziale Akzeptanz zu einem geistlichen Niedergang führte. Christ zu sein war nun nicht mehr so aufregend wie zuvor. Es wurde relativ leicht, ein Nachfolger Jesu zu sein, und die Forderungen des Evangeliums wurden allmählich so heruntergeschraubt, dass auch die herrschenden Klassen den Glauben annehmen konnten, der dann bald zur Staatsreligion wurde.

Zu dieser Zeit tauchen Persönlichkeiten wie der Wüstenvater Antonius auf und mit ihm der Anfang der Anachoreten – der Mönchsbewegung: Männer und Frauen, die die Entbehrungen eines aus der Welt zurückgezogenen Lebens gerne auf sich nahmen. Sie wollten den christlichen Glauben auf radikale und mutige Weise leben. Diese Wüstenväter (und einige -mütter) beeinflussten die Anfänge des christlichen Mönchtums. Ungefähr 150 Jahre nach dem Tod des heiligen Antonius ließ ein junger heiliger Benedikt, entsetzt über die heidnische Lebensart so vieler vermeintlicher Christen, sein Studentenleben in Rom hinter sich. Er verbrachte den Rest seines Lebens damit, eine neue „Schule für den Dienst des Herrn“ zu entwerfen in Form einer monastischen Bewegung, die sich auf fast die gesamte damals bekannte Welt ausbreitete. Innerhalb von 400 Jahren wurden seine Bewegung und die Klöster, die gegründet wurden, zum Fundament des modernen Europa. Von diesem Zeitpunkt an entstand eine Spaltung im Herzen der Kirche: Auf der einen Seite jene, die versuchten, echte Jünger zu sein und sich durch den Eintritt in eine Klostergemeinschaft oder als geweihte Priester der Kirche zur Verfügung stellten, und auf der anderen Seite die normalen Katholiken, die einfach nicht so religiös waren und eben zur Kirche gingen.

Etwa 1650 Jahre später (vom Toleranzedikt des Konstantin im Jahre 313 bis zu den Kulturrevolutionen der 60er-Jahre) ist diese christliche Kultur nun zu Ende gegangen. Wir befinden uns jetzt wieder in der Situation der ersten Christen. Es ist wieder unpopulär, Christ zu sein. Es ist riskant, teuer, schwierig, erfüllend und spannend. Es ist eine Zeit der Wiederentdeckung der wirklichen Identität aller Getauften, nämlich missionarische Jünger zu sein, dazu berufen, Jesus kennenzulernen und bekannt zu machen. Jetzt gilt es für alle, die Jesus nachfolgen, den Ruf zum Reifwerden und zum Ausgerüstetwerden für den Dienst innerhalb der Gemeinschaft der Kirche endlich wieder zu beherzigen. Dieser Dienst führt sie weit weg vom Altar, von wo aus sie jeden Sonntag ausgesandt werden.

Die tiefste Identität der Kirche ist die missionarische, berufen dazu, getaufte Gläubige zu missionarischen Jüngern auszubilden, die ausziehen, um mit Hilfe von Gottes Gnade Gottes Reich aufzubauen. Wir haben zwei Haupthindernisse betrachtet, an denen das Heranbilden missionarischer Jünger scheitert: Pelagianismus und Klerikalismus. Papst Franziskus sagt, dass noch viele andere Versuchungen genannt werden könnten. Wir müssen jedoch weitergehen. Jetzt, nachdem wir aufrichtig die akute Notwendigkeit der Erneuerung in unserer Kirche gesehen, alles beiseite geschafft haben, was unsere Fähigkeit, wirklich das Evangelium zu empfangen und zu leben, hindert, jetzt können wir damit beginnen, ein Fundament zu legen und ein offenes und warmes Zuhause zu schaffen. Jetzt können wir aus uns herausgehen und andere einladen zurückzukehren oder zum ersten Mal einzutreten.

5

Das Fundament legen

Wie die Kultur der Pfarrgemeinden verwandelt werden kann

Als ich meine erste Pilgerreise ins Heilige Land geleitet habe, bat ich unseren Reiseveranstalter, dass unser Aufenthalt in Galiläa die Besichtigung der drei Kilometer nordwestlich von Nazaret gelegenen Stadt Tsipori enthalten solle. Sie ist nicht unbedingt ein klassisches Ziel für katholische Pilgergruppen und auch unser Reiseführer war darüber erstaunt. Auch wenn es keinen schlüssigen Beweis im Evangelium dafür gibt, so dürfen wir doch davon ausgehen, dass Jesus viel Zeit in dieser Stadt verbracht hat. Sepphoris war die Hauptstadt von Galiläa zur Zeit Herodes des Großen und war von den Römern nach einer Revolution seiner Bewohner ein Jahr vor Jesu Geburt zerstört worden.

Die Evangelien erzählen, dass die Bewohner von Nazaret Jesus als den „Zimmermann" kannten (Mk 6,3). Das griechische Wort für Zimmermann, *tekton*, hat eine viel umfassendere Bedeutung. Allgemein bedeutet es „Bauunternehmer" oder sogar „Architekt". Jedes Mal, wenn ich in Tsipori bin und auf diesen Steinen herumgehe und die Ruinen dieser alten Stadt betrachte, stelle ich mir Jesus als Teenager vor, der mit dem heiligen Josef arbeitet;

nicht nur mit Holz, sondern wie sie Fundamente legen und neue Häuser aufbauen in der zerstörten Stadt, die zu Jesu Zeiten wieder aufblühte. Diese Fundamente kann man heute noch sehen.

Jesus hat am Schluss seiner Bergpredigt sehr deutlich gelehrt, was jeder mit Erfahrung im Bauwesen – vom Altertum bis heute – theoretisch und aus Erfahrung weiß. Ein Gebäude ist, gleich wie groß und schön es ist, nur so gut wie sein Fundament. Ein Haus, das auf Sand gebaut ist, wird angesichts der Stürme des Lebens einstürzen, und ein Haus auf dem Felsen wird allem, was auf es einstürmt, widerstehen (Mt 7,24-27). Das Fundament, das Jesus vorschlägt, besteht darin, dass wir auf sein Wort hören und entsprechend handeln. Das Fundament besteht nicht nur aus Glauben oder Vertrauen, es bedeutet auch zu handeln.

Kultur

Wenn wir die Frage nach der Erneuerung der Kirche und dem Wiederaufbau der Kirche Gottes behandeln, dann beginnen wir dieses Unterfangen mit einer klaren Zielsetzung davon, was wir errichten und warum. In den vorherigen Kapiteln haben wir untersucht, wie notwendig es ist, sich auf die verlorengegangene zutiefst missionarische Identität der Kirche zu besinnen und sie wiederzuerlangen. Wir haben von dem Schmerz gesprochen, den wir wahrnehmen müssen, ehe wir mit dem Wiederaufbau fortfahren können, und von dem Gerümpel, das aus dem theologischen Unterbewusstsein entfernt werden muss. Jetzt müssen wir ein Fundament legen. Das Fundament jeder menschlichen Organisation ist ihre Kultur. Die Kirche ist da keine Ausnahme.

Obwohl die Kirche die makellose Braut Christi ist und der Leib Christi und deshalb von göttlichem Wesen, so ist sie doch auch ganz menschlich. Wir stehen auf festem Grund. Deshalb wird all das, was für eine menschliche Organisation gesund ist, auch zur Gesundheit der Kirche beitragen. Der heilige Thomas von Aquin geht noch weiter und sagt, dass die Gnade auf der Natur aufbaut. So ist es nicht nur eine Frage der Achtsamkeit sowohl für das Menschliche als auch für das Göttliche. Das Fundament für das Wirken der Gnade (das Göttliche) ist der Mensch, und somit wird die menschliche Dimension der Kirche zur Priorität beim Wiederaufbau. Wenn das menschliche Fundament der Kirche nicht gesund ist, dann wird dieses Fundament ungeachtet dessen, wie intensiv oder aufrichtig unsere geistliche Hingabe ist, eine zerbrechliche Mischung aus Ton und Eisen sein.

Werte

Das menschliche Fundament der Kirche, sei es der universalen oder der am Ort, ist die menschliche Kultur dieser Kirche. Wenn wir von der Kultur einer Diözese oder Pfarrgemeinde sprechen, dann sprechen wir nicht über ihre Volkszugehörigkeit, sondern von den Werten, die dieser menschlichen Gemeinschaft wichtig sind. Die Kultur jeder Organisation zeigt sich in dem, was wirklich hochgeschätzt wird. Diese Werte werden nicht zuerst durch das sichtbar, was gesagt, sondern was getan oder nicht getan wird. Werte werden durch das vermittelt, was gefeiert wird, was toleriert wird und was Gültigkeit hat. Diese unausgesprochenen Werte, die die Kultur einer Pfarrgemeinde ausmachen, entsprechen den 80% eines Eisbergs unter der Wasseroberfläche. Pfarrgemeinden haben vielleicht Leitgedanken formuliert und möglicherweise sogar ein Leitbild mit Grundwerten veröffentlicht, aber dieses macht nur ca. 20% von den wirklichen Grundprinzipien einer Pfarrgemeinde oder Organisation aus. Jesus hat gesagt, dass wir nur dann auf Fels bauen, wenn wir auf seine Worte hören und sie befolgen. Es genügt nicht zuzuhören. Es reicht nicht, über das zu sprechen, was wir schätzen. Durch das, was wir tun, zeigen wir unsere wirklichen Werte.

Wenn wir die Werte einer bestimmten Pfarrgemeinde herausfinden wollen, dann müssen wir schauen, wie sie mit ihrer Zeit und mit ihrem Geld umgeht. Schauen Sie sich den Finanzhaushalt an. Schauen Sie sich an, wie viele Mitarbeiter wofür eingesetzt werden. Schauen Sie dorthin, wo die Prioritäten gesetzt werden, und nicht auf das, was gesagt wird. Dann werden Sie herausfinden, aus welchen Werten diese Pfarrgemeinde lebt. Wenn eine Pfarrgemeinde sagt, Evangelisierung sei eine Priorität, wie hoch ist dann ihr Budget dafür? In der Gegend, aus der ich komme, gab es eher ein Budget für das Schneeräumen als für die Evangelisierung. Wenn eine Pfarrgemeinde sagt, dass die Ausbildung erwachsener Gläubiger ein hoher Wert sei, warum gibt es dann dafür kein Budget und keinen Mitarbeiter, der sich darum kümmert?

Gemeindeleiter, die wirklich herausfinden wollen, welche Werte die Pfarrgemeinde hat, sollten sich deren Veranstaltungskalender anschauen. Wie werden die Gebäude genutzt? Für welche Aktivitäten? Bewerten Sie die Art und Weise und den Umfang ihrer Gebäudenutzung. Schauen Sie sich ihre Hauptamtlichen an. So bekommen Sie Klarheit. Gibt es mehr Personal für Administration und Hausmeistertätigkeiten als pastorale Mitarbeiter? Daran kann man erkennen, dass Ihre Gemeinde nur dem Erhalt dient. Wer sind ihre pastoralen Mitarbeiter? Wieviel ihrer Zeit und Energie geht in den pastoralen Dienst und welcher Art ist er? Viele Pfarrgemeinden haben einen zuständigen Leiter für religiöse Bildung, der viele verschiedene Aufgaben hat, einschließlich der Arbeit mit Kindern und Erwachsenen. Wieviel Zeit wendet diese Person für welche Arbeit auf? Ich war einmal Referent auf einer Pfarrmission in den Vereinigten Staaten. Sie hielten sich für eine große Pfarrgemeinde mit einer Schule. Nachdem ich mir ihre Aktivitäten angesehen hatte, die Mitarbeiterstruktur und die Nutzung ihrer Ressourcen, wurde mir deutlich, dass diese Gemeinde in Wirklichkeit eine große Schule war, an der auch noch nebenbei eine Pfarrgemeinde hing. Die ehrliche Bewertung eines Pfarrbudgets wird jeden Zweifel über die wahren Werte einer Pfarrgemeinde beseitigen, egal, welche Leitsätze gerahmt an der Wand hängen. Die Summe dessen, was eine Pfarrgemeinde wertschätzt, macht ihre Kultur aus.

Allgemeine Werte

Jede Pfarrgemeinde hat eine Kultur, aber diese bleibt oft im Verborgenen, unsichtbar und unbenannt. Seit Jahren fasziniert mich immer wieder, was manche Pfarrgemeinden stark und gesund macht, und im Gegensatz dazu, warum manche so schwach und ungesund sind. Ich habe mich sowohl mit katholischen als auch mit nicht-katholischen Gemeinden befasst und es war offensichtlich, dass es eine Reihe von gemeinsamen Werten bei denen gibt, die gesund und wachsend sind. Diese Werte unterscheiden sich deutlich von denen jener Gemeinden, die sich im Niedergang befinden, schrumpfen und sterben.

Im August 2010 wurde ich zum Pfarrer einer relativ neuen und großen Pfarrgemeinde unserer Stadt ernannt. Diese Pfarrgemeinde war vier Jahre vor meiner Ernennung durch die Zusammenlegung von drei benachbarten Pfarrgemeinden entstanden. Der damalige Pfarrer führte die drei Gemeinden in einem Verschmelzungsprozess zusammen. Dazu gehörte auch der Verkauf aller drei Kirchengebäude und die Errichtung einer völlig neuen, schönen, großen, hochmodernen Kirche, die die neue Pfarrgemeinde St. Benedict in Halifax in Neuschottland (Nova Scotia) beheimaten sollte. Drei Monate nachdem das neue Gebäude eröffnet und eingeweiht und die Gemeinde umgezogen war, kam ich als Pfarrer dort an. Wenn sich unsere Werte eher darin zeigen, was wir tun, als darin, was wir sagen, dann war klar, dass die Leitung dieser Gemeinde nicht ohne Schwierigkeiten mutig erklärt hatte, dass die Mission der Kirche wichtiger war als der Erhalt unserer Gebäude – dass es wichtiger war, wohin wir gingen, als wo wir waren. Nach vielen Jahren, in denen der eigentliche Auftrag der Kirche der Infrastruktur untergeordnet wurde, hatte man einen mutigen Schritt gewagt und die Infrastruktur so neu aufgebaut, dass sie der Mission diente. Die zentralen Werte dieser Gemeinde begannen sich zu ändern.

Für uns Katholiken sind unsere Gebäude von tiefer Bedeutung. Sie sind nicht nur rein funktionale Gebäude, in denen das Volk Gottes eine Unterkunft findet. Unsere Kirchengebäude wurden einem heiligen Zweck geweiht und sind selbst sakramental. Sie erinnern uns an die Gegenwart Gottes in unserer Mitte und beherbergen Jesus selbst in der Eucharistie. So wahr das als Realität auch ist, so sind unsere Gebäude doch am Ende immer nur von relativem Wert. Jesus selbst sagte, als er den großen Tempel des Königs Herodes betrat, dass kein Stein auf dem anderen bleiben würde, dass alles niedergerissen werden würde (Lk 21,6). Wir dürfen nicht vergessen, dass dies das Schicksal aller Gebäude sein wird, die wir errichten. Die Kirche Gottes, die in Ewigkeit Bestand haben wird, ist die Kirche aus lebendigen Steinen, die auf dem Eckstein Jesus Christus gebaut ist und die immerfort aufgebaut werden muss (1 Petr 2,5). Trotz der großen Anhänglichkeit und der Gefühle, die die Menschen der Pfarrgemeinde St. Benedict für ihre früheren Kirchengebäude hatten, nahmen sie Teil an dem schmerzhaften Prozess des Loslassens und zogen am 16. Mai 2010 in eine neue, unbekannte Kirche ein. Bei meiner Ankunft drei Monate später atmete man spürbar auf. Mit der Ankunft des neuen Priesters waren doch nun endlich alle Änderungen abgeschlossen. Oder?

Neuer Wein für neue Schläuche

Ich bin überzeugt, dass die wichtigste Herausforderung der Neuevangelisierung nichts weniger ist als die Umwandlung unserer Pfarrkulturen, was eine Umkehr unserer Werte bedeutet. Die Erneuerung einer Pfarrgemeinde wird niemals dadurch vollzogen, dass wir die Adresse ändern und mit dem Mobiliar umziehen. An meinem allerersten Wochenende in St. Benedict sagte ich den Gläubigen, dass mich eine brennendc Frage umtreibe: Was wird die kulturellen Kräfte stoppen, die eine Zusammenlegung und die Schließung der drei bisherigen Pfarrgemeinden notwendig gemacht hatten und die weiterhin ständig an unseren Fundamenten nagen, damit wir nicht in 20 Jahren den ganzen Prozess wiederholen müssen? Die Antwort auf diese Frage lautet natürlich: Nichts. Nichts wird das Fortschreiten dieses Niedergangs stoppen, der uns hierher gebracht hatte – es sei denn, wir streben einen tiefergehenden Wandel an. Unsere Aufgabe in St. Benedict sei es, dem Herrn zu erlauben, uns in neuen Wein zu verwandeln für den wunderschönen neuen Weinschlauch, den er uns geschenkt hatte.

Diese notwendige Veränderung ist natürlich ein Wandel der Kultur. Im Aparecida-Dokument aus dem Jahr 2007 (siehe Kap. 4), kamen die lateinamerikanischen Bischöfe, unter ihnen der künftige Papst Franziskus, zu dem Schluss, dass jene, die die katholische Kirche verließen, um sich einer nicht-katholischen Kirche anzuschließen, dies nicht aus theologischen, sondern aus Gründen der Lebendigkeit taten. Es geht nicht um eine Veränderung unserer Theologie, sondern darum, wie wir eine bereits reiche Theologie des christlichen Lebens umsetzen können. Diese kulturelle Veränderung bedeutet, dass wir uns grundlegend verändern müssen. Es bedeutet, dass wir das verändern, was wir für die Regel eines christlichen Lebens halten. Es bedeutet eine radikale Veränderung unserer gelebten Werte, nicht nur der festgeschriebenen. Im Vergleich dazu sind alle anderen Veränderungen, einschließlich der Schließung von Kirchen, rein kosmetischer Natur.

In vielen Ländern der westlichen Welt bemühen sich die Bischöfe, ihre lokalen Diözesen zu restrukturieren, so dass deren Gläubige von einer schrumpfenden Zahl von Priestern betreut werden können. Manchmal werden Kirchen geschlossen, manchmal verfallen die Kirchengebäude und es gibt nicht die Mittel, um ihre Tore weiter offen zu halten. Das braucht Mut, aber Kirchen zu schließen, ohne sonst irgendetwas anderes zu tun, heißt einfach nur, sie aus ihrem Elend herauszunehmen. Oft werden Pfarrgemeinden zusammengelegt (das bedeutet, dass der Priester am Ort eines Morgens aufwacht und feststellt, dass er nun nicht mehr eine oder zwei Kirchen hat, sondern drei). Man erwartet durch die Zusammenlegung von Pfarreien, dass alles wie bisher weitergeht, außer dass der Pfarrer nun zwei- oder dreimal so viel von allem hat. Die vernünftigste Option ist bei Weitem eine Pfarrfusionierung. Das bedeutet, dass selbst dann, wenn zwei oder drei Pfarrgemeinden zusammengelegt werden, diese als eine einzige Pfarrgemeinde betrieben werden mit einem Mitarbeiterstab, einem Pfarrgemeinderat, einem Büro und einem Bankkonto. Gemeinden können als fusionierte Pfarrgemeinden bestehen und feiern, ohne dass irgendwelche Gebäude geschlossen werden müssen. Aber wenigstens die Ressourcen sollten konzentriert werden.

Im Idealfall geschieht das, was mir im Sommer 2010 mit St. Benedict geschenkt wurde: eine fusionierte Pfarrgemeinde, ein Pfarrverband, der gerade in eine einzige neue Räumlichkeit gezogen war. Es waren die besten Umstände, aber das war immer noch nicht genug. Es ist nicht genug, verfallende Strukturen einstürzen zu lassen. Es ist nicht genug, mehr Pfarrgemeinden auf die Schultern von bereits entmutigten, überarbeiteten und frustrierten Priestern zu laden, und es ist nicht genug, Gemeinden zu fusionieren und sogar eine neue, wunderschöne Kirche zu bauen. Keine dieser Aktionen wird ausreichen, es sei denn, wir wenden uns der zugrunde liegenden Frage nach der Kultur unserer Gemeinden zu, die verhindert, dass sie gesund werden. Eine Kirche, die gesund ist, wächst und eine Kirche, die nicht gesund ist, stirbt. Auch wenn in St. Benedict alles großartig aussah, so waren wir immer noch am Sterben.

Die Provinz Nova Scotia liegt am Atlantik, deshalb benutzen wir gerne mit dem Meer zusammenhängende Metaphern. Im Fall der drei Gemeinden, aus denen St. Benedict hervorging, denke ich an drei Schiffe, die auf gefährliche Felsen zutrieben. Zwei kleine und ein mittelgroßes Schiff waren in eine starke Strömung geraten und wurden langsam aber stetig in Richtung Felsen getrieben – und es sah so aus, als könnte dies durch nichts verhindert werden. Die gefährliche Strömung sind die kulturellen Kräfte, die die letzten drei Generationen geformt haben. Unsere Schiffe waren für diese Art von Strömung nicht gebaut und keines der drei Schiffe hatte einen Motor, der stark genug war, um aus dem Sog herauszukommen. Die Verschmelzung der drei Pfarrgemeinden gab uns ein wunderschönes neues Schiff mit dem Potential, einen starken Motor zu bauen, – und wir bauten ihn. Im Laufe meines ersten Jahres begannen wir mit der Restrukturierung des pastoralen Mitarbeiterstabs. Wir schufen neue Stellen und wir sprachen von der Vision für unsere Pfarrgemeinde (davon mehr in Kapitel 7, wo die Frage der Leitung behandelt wird). Mit einem neuen Motor hatten wir nun die Kapazität, gegen diese unerbittliche Strömung anzukämpfen. Was wir jetzt noch tun mussten, war, den Kurs zu ändern. Eine Kursänderung bedeutet nicht weniger, als die Kultur der Pfarrgemeinde zu verändern, was letztlich bedeutet, einen wirklichen Wertewandel zu vollziehen.

In Zeiten, in denen der Begriff Neuevangelisierung eine Art abgedroschene Phrase ist, suchen wir oft nach einer schnellen Lösung. Wir durchsuchen die kirchlichen Gefilde nach den besten Programmen und schnappen uns jemanden aus unserer Pfarrgemeinde, der sie betreut. Am Ende werden all diese Programme, egal wie gut sie sind, zu flackern beginnen und schließlich erlöschen. Sie werden keine widerstandsfähige Flamme einer echten Erneuerung in der Kirche hervorrufen. Jeder Kurs, der in einer Pfarrgemeinde angeboten wird, wird nur so gut sein wie die Kultur dieser Pfarrgemeinde. Sogar ein recht erfolgreiches Werkzeug für Evangelisierung wie Alpha wird nur sehr begrenzte Auswirkungen haben, wenn die Werte einer Pfarrgemeinde sich sehr von den Werten innerhalb irgendeines Kursprogramms unterscheiden. Alpha legt großen Wert auf Gastfreundschaft, gute Musik, faszinierende und wichtige Referate und die verändernde Erfahrung von Gemeinschaft in kleinen Gruppen. Auch die, die nicht zur Kirche gehen, können zu einem solchen Kurs kommen und eine Bekehrung erfahren. Dann kommen sie zur Messe. Sie kosten und sehen das Eine während des Kursprogramms und dann etwas völlig anderes am Sonntagmorgen. Evangelisierende Erneuerungsprogramme zu starten ohne die notwendige kulturelle Umwandlung unserer Pfarrgemeinden, werden nur dazu führen, dass man uns unredlicher Werbung bezichtigt.

Während wir unser erstes volles Amtsjahr im Herbst 2010 vorbereiteten und ich damit begann, neue Herangehensweisen vorzuschlagen, konnte keine einzige Gruppe mir die Worte sagen, die mich seit meiner ersten Pfarrstelle bedrängt hatten: „So haben wir das hier nie gemacht." Was für eine Erleichterung! Nachdem sich jedes Mitglied in dieser neuen Umgebung neu fühlte, eröffnete sich uns eine riesige Chance, den Wandel einzuleiten. Es war fast so, als könnten wir eine Pfarrgemeinde von Grund auf ganz neu bauen. Seither haben wir eine sehr zielgerichtete und nachhaltige Kampagne begonnen, um die Kultur unserer Pfarrgemeinde zu verändern. Ich habe den Mitarbeitern und Leitern nicht verhehlt, dass dies und nur dies unser Ziel ist. Ich habe ihnen deutlich gesagt, dass das sehr viel Arbeit ist und dass es Zeit braucht. Papst Franziskus spricht in *Evangelii Gaudium* über den kulturellen Wandel einer Pfarrgemeinde: „Die Pfarrei ist keine hinfällige Struktur; gerade weil sie eine große Formbarkeit besitzt, kann sie ganz verschiedene Formen annehmen, die die innere Beweglichkeit und die missionarische Kreativität des Pfarrers und der Gemeinde erfordern." (EG 28)

Werte lassen sich übertragen. Das heißt, was auch immer das Umfeld einer Pfarrgemeinde ist, ob klein oder groß, städtisch oder ländlich, werden diese Werte – wenn sie wirklich die Grundlage für alles werden, was Sie sagen oder tun – zur Gesundung und zum Wachstum der Pfarrgemeinde führen. Der Schlüssel ist, dass jeder dieser Werte in unterschiedlichen Gemeinden jeweils eine andere Umsetzung haben kann. Wie eine Pfarrei einen bestimmten Wert umsetzt, wird wohl nicht genau so aussehen, wie wir in St. Benedict es anstreben, aber es sind die Werte, die Gesundung herbeiführen, und nicht die bloße Nachahmung der erfolgreichsten Praxis einer anderen Pfarrgemeinde.

Im restlichen Teil dieses Kapitels möchte ich zehn allgemeine Werte aufzeigen, die gesunde, wachsende Pfarrgemeinden gemeinsam haben. Dazu werde ich Beispiele von Erfahrungen aus meiner Pfarrei St. Benedict bringen und zeigen, wie wir versucht haben und immer noch versuchen, einen Umkehrprozess in allen diesen Bereichen in Gang zu bringen.

1. Der Vorrang des Wochenendes

„Dies ist der Tag, den der Herr gemacht hat; wir wollen jubeln und uns an ihm freuen." (Ps 118,24)

Im Laufe der Jahre wurde mir immer wieder vorgeworfen, dass ich die Messfeier zu einer Inszenierung gemacht habe. Wie es so oft ist, fiel mir erst viel später eine Antwort dazu ein, die vielleicht lustig, aber nicht unbedingt liebevoll gewesen wäre. Auf den Vorwurf, alles sei eine Inszenierung, bin ich versucht zu sagen: „Danke, ich bin froh, dass Ihnen das aufgefallen ist."

Was denn sonst?

Vor elf Jahren, ich war seit sechs Jahren Priester und seit drei Jahren Pfarrer, wurde mir endlich klar, was offensichtlich war. Der einzige Zeitpunkt, an dem wir 80% unserer Leute sehen, ist am Wochenende, aber nur 20% meiner Zeit investiere ich pro Woche in die Planung, Vorbereitung und Ausführung der Wochenendmessen. Das ist die klassische 80:20 Regel. Im pastoralen Dienst verwendet man leicht die anderen 80% seiner Zeit und Ressourcen auf eine kleine Gruppe von Leuten. Ich habe mir schon manchmal gedacht, dass die Kirche, wenn sie eine Firma wäre, mit dieser Strategie wahrscheinlich schon längst in Konkurs gegangen wäre. Die Kirche ist natürlich keine Firma, sie ist ein Mysterium, aber die Gnade baut immer noch auf der Natur auf und hier haben wir es mit einer grundlegenden Wahrheit zu tun. Die Priorität jeder Pfarrgemeinde und jedes Priesters sollte es sein, die Sonntagsmesse so vorzubereiten und so zu feiern, dass sie eine bestmögliche Erfahrung für eine größtmögliche Anzahl Menschen ist. Nur allzu oft waren in meinem Dienst als Pfarrer (und in vielen anderen Pfarrgemeinden) das Wochenende und alles, was damit zusammenhängt, nur ein Anhängsel, eine kleine Unterbrechung meiner richtigen Arbeit von Montag bis Freitag.

Die Sonntagsmesse sollte eine „Inszenierung" im besten Sinne des Wortes sein. Sie ist es wert. Natürlich setze ich hier eine positive Assoziation des Wortes „Inszenierung" voraus. Wir sprechen hier nicht davon, dass sich jemand produziert, oder von irgendetwas Seichtem oder Unehrlichem. Wir sprechen davon, dass wir allen Aspekten der sonntäglichen Feier gerecht werden wollen, unser Bestes für den Herrn geben, damit die Leute, die in unsere Kirche kommen, mit einem Gefühl von „Wow!" nach Hause gehen. Warum nicht? Wenn ich zu einer Sportveranstaltung oder einem Konzert gehen und „wow" sagen kann, warum sollte dieser Ausdruck des Staunens nicht über die Lippen jener kommen, die von der Kirche ausgesandt wurden, „den Herrn mit ihrem Leben zu preisen"? Die Zeiten der 50-Minuten-Messe im Schnelldurchgang müssen vorbei sein. Jesus hat uns gesagt, dass das Reich Gottes wie ein Hochzeitsmahl ist (Mt 22,1-14). Die Eucharistie sollte ein

Vorgeschmack auf dieses Hochzeitsmahl sein, und deshalb sollte sie ein „Wow!“ hervorrufen. Sie sollte eine Inszenierung sein.

Viele Grundwerte und Beispiele in den nächsten Abschnitten dieses Kapitels beziehen sich auf die Erfahrung des Sonntagmorgens, deshalb werde ich jetzt nicht ins Detail gehen. Eines möchte ich jedoch noch sagen: Wenn die Sonntagsmesse Vorrang haben soll, dann brauchen wir genügend Zeit, um zusammenzukommen, zu feiern und um nachher noch eine Weile zusammen zu sein. Das kann für uns Priester wegen unserer knappen Zeit einen ziemlichen Druck bedeuten und die Qualität des Sonntagmorgens beeinträchtigen. Der Parkplatz muss rechtzeitig geräumt sein, so dass jene, die zur nächsten Messe kommen, dort parken können, oder der Priester muss schnell in sein Auto springen und etwas großzügig mit der Geschwindigkeitsbegrenzung umgehen, damit er rechtzeitig zur Messe am anderen Ort ist. Deshalb müssen wir einen kritischen Blick auf unsere Messzeiten werfen und uns fragen, was für uns wirklich wertvoll ist. Sind uns bedeutungsvolle und die Menschen verändernde Eucharistiefeiern wichtig oder ist eine den Leuten passende und für immer gleichbleibende Gottesdienstordnung unsere oberste Priorität? Sind wir willens, unsere Messzeiten so zu verändern, dass wir mehr Luft und Zeit während und nach jeder Sonntagsmesse haben? In manchen Pfarrgemeinden mag das wegen der Größe der Kirche nicht möglich sein, aber dann müssen wir uns fragen: Sind uns Kirchengebäude wichtiger als eine bedeutungsvolle und uns verändernde sonntägliche Eucharistiefeier?

Der heilige Paulus sagt in seinem Brief an die Epheser: „Ein Herr, ein Glaube, eine Taufe“ (Eph 4,5). Manchmal denke ich, dass die typische katholische Version dieser Bibelstelle lautet: „Ein Herr, ein Glaube, eine Stunde.“ In all den Jahren meines Studiums der Heiligen Schrift, der Theologie, der Kirchengeschichte und des Kirchenrechts habe ich noch nie etwas in Bezug auf die Sonntagsmesse gefunden, dass sie nur eine Stunde dauern dürfe, sonst ...! Außerdem habe ich in all den Jahren, in denen ich die Ein-Stunden-Grenze überschritten habe (der Herr verzeihe mir!), bisher noch nie jemanden gesehen, der sich aus Langeweile in einen Kürbis verwandelt hätte. Noch nie! Woher kommt diese „Regel“? Sportliche Veranstaltungen dauern nie unter einer Stunde. Wenn wir in einem Konzert wären, das nur eine Stunde dauert, würden wir unser Geld zurückverlangen. Filme und Theaterstücke dauern meistens zwei Stunden, aber unser Gebot lautet: „Du sollst nie mehr als eine Stunde für die Messe brauchen!“

Woher kam das?

Während meines ersten Jahres als Priester wurde ich zum Kaplan an der Kathedrale ernannt. An jedem zweiten Wochenende wurde ich innerhalb der Diözese zur Aushilfe eingesetzt. Das machte mir sehr viel Freude, denn dadurch hatte ich die Gelegenheit, die Gläubigen auf dem Land kennenzulernen. Nie werde ich meinen ersten Palmsonntag als Priester vergessen. Ich wurde an einem Samstagnachmittag als Vertretung in eine nahe städtische Gemeinde gesandt. Ich war so aufgeregt vor meiner ersten Palmsonntagsfeier: Palmprozession, Gesang, die Passionsberichte und die Gelegenheit, die Leute in den Reichtum der Feierlichkeiten des heiligen Triduums in den folgenden Tagen einzuladen. Ich kam dort an und traf auf einen sehr grantigen Sakristan, der mir unmissverständlich klar machte, dass es keine Prozession und keine Predigt geben würde. Als ich ihn nach den Gründen dafür fragte, sagte er mir, dass die Leute „Medikamente einnehmen müssten“. Am Ende der Messe brauchte ich Medikamente! Ich war der Einzige in der ganzen Kirche – abgesehen vom Kantor –, der die Hosanna-Rufe während des Einzugs sang, und trotz der giftigen Blicke des Sakristans und seines Kollegen wagte ich es zu predigen, wenn auch nur für fünf Minuten. Soviel zu meiner ersten Palmsonntagsmesse, die ich übrigens innerhalb einer Stunde schaffte.

Meine Freunde aus Afrika berichten mir, dass in ihren Ländern die Leute ihr Mittagessen mit zur Messe bringen und dass ihre Messfeiern manchmal weit über drei Stunden dauern. Ich war bei Messen im Vatikan, die normalerweise über zwei Stunden lang sind. Wenn ostkirchliche Christen, Katholiken und Orthodoxe die Göttliche Liturgie feiern, wäre es ein Ding der Unmöglichkeit, auch nur zu versuchen, diese unter 90 Minuten zu beenden. Evangelikale und Pfingstler singen eine Stunde lang und jeder weiß, dass der Pfarrer nicht unter einer halben Stunde predigen wird. Warum also sind wir als Katholiken in Amerika und Europa so anders? Die Antwort ist einfach: Aus Gewohnheit.

Wir haben uns Messen im Schnellgang angewöhnt, wegen der pastoralen Praxis zu einer Zeit, als die Kirchen voll waren und es gesellschaftlich anerkannt war, wenn man zur Kirche ging. Im Nordamerika der 50er-Jahre war es durchaus üblich, dass städtische Pfarrgemeinden an einem Sonntagmorgen acht oder neun Messen feierten. Diese Messen fanden ab 6 Uhr früh bis Mittag im Stundentakt statt, oft zwei Messen, die parallel gefeiert wurden, eine in der Kirche, die andere ein Stockwerk tiefer. Für diese Ordnung gab es zwei Gründe: Erstens die Anzahl der Gläubigen, die zu den Messen kamen, und zweitens die Einhaltung des Nüchternheitsgebots zu dieser Zeit. Vor dem Zweiten Vatikanum durften Katholiken, die die heilige Kommunion empfangen wollten, ab Mitternacht des Vortages bis zum Sakramentenempfang weder essen noch trinken. Das erklärt den Vorrang der frühmorgendlichen Messe, nach der die Gläubigen ihr Fasten beim Frühstück brechen durften. Das erklärt auch, warum normalerweise Messen nicht nach Mittag gefeiert wurden. Ältere Priester, die diese Zeiten noch erlebt haben, erzählten mir, dass ohnmächtige und kollabierende Gläubige durchaus üblich waren. Heute haben wir Samstagvorabendmessen und Sonntagabendmessen. Das eucharistische Fasten gilt nur noch eine Stunde vor Empfang der Heiligen Kommunion und wir haben auch nicht mehr wie in der Vergangenheit diese Unmengen von Gläubigen, die zu den Sonntagsgottesdiensten kommen. Die Umstände, die dazu geführt haben, dass Katholiken in der westlichen Welt süchtig nach 45-Minuten-Messen sind, gibt es nicht mehr, aber diese Praxis hat weiterhin Bestand.

Schließlich ist es nicht wirklich eine Frage, wie lang die Messe sein sollte oder könnte, sondern ob dieser Wert zur Gesundung führt. Ich bin der Meinung, dem ist nicht so. Das trägt zu einer Mentalität des Lass-uns-das-hinter-uns-Bringen bei, die unsere Eucharistiefeiern eher zu etwas werden lassen, was man ertragen muss, als dass es uns trägt. Der Grund, dass wir trotz der veränderten Umstände noch immer die einstündige Messe schätzen, mag der sein, dass wir dem unausgesprochenen Wert der Bequemlichkeit frönen. Ich erinnere mich, dass ich als junger Teenager in der Stadt einmal mit einem Freund in die Samstagvorabendmesse in einem Altersheim ging. Weil die Heimbewohner vermutlich etwas zu essen und ihre Medikamente brauchten, hat es der Priester irgendwie geschafft, in 20 Minuten die gesamte Sonntagsliturgie samt einer kurzen Predigt zu feiern. (Nach nunmehr 17 Jahren als Priester weiß ich immer noch nicht, wie er das gemacht hat.) Der Punkt hier ist nicht das Kunststück, so schnell gewesen zu sein, sondern die Tatsache, dass mindestens 100 Leute jeden Alters, die von außerhalb des Altenheims kamen, sich in dem kleinen Raum und draußen auf den Gängen drängten, um die schnellste Messe des Westens zu nutzen. Eigentlich dürfte ich mich nicht darüber ärgern, denn mein Freund und ich waren genau aus demselben Grund dort.

Eine Kultur des Minimalismus

Der fast suchtartige Wunsch nach schnellen Messen herrscht immer noch in fast allen Pfarrgemeinden der westlichen Welt. Im ersten Monat in St. Benedict musste ich das meiner Meinung nach große Problem unserer Samstagvorabendmesse ansprechen. Zu dieser Messe kamen ungefähr 600 Leute und mindestens 25% der Messbesucher verließen die Kirche nach dem Empfang der Heiligen Kommunion. Das ist schon schlimm genug, aber die Eingangsseite unserer Kirche ist ganz aus Glas und man kann die gesamte Vorhalle von vorne aus überblicken. Ich werde nie vergessen, wie ich das zum ersten Mal sah: Ich traute meinen Augen nicht. Hunderte von Menschen verließen die Kirche, während ich noch die Kommunion austeilte. In den darauf folgenden Wochen sprach ich dieses Thema in einem Pfarrbrief und während der Messe an. Ich war mutig genug zu sagen, dass, obwohl es dafür durchaus außergewöhnliche Gründe geben könnte, jeder, der jede Woche gleich nach dem Kommunionempfang die Kirche verlasse, allen Ernstes darüber nachdenken solle, was er da tat. Ich schlug vor, dass sie entweder aufhören sollten die Kirche so früh zu verlassen oder überhaupt die Kommunion zu empfangen. Das brachte mir eine Flut von anonymen Briefen ein, auch einen Brief an den Bischof und sogar an den Papst (ein erster!).

In einigen dieser Briefe stand, dass die Leute sich nicht gezwungen sehen würden, die Kirche so früh zu verlassen, wenn die Messe kürzer wäre. Zwei Wochen später feierte der Kaplan der Pfarrgemeinde die Samstagsmesse. Ich hatte vor, am Ende der Messe ein paar Dinge anzukündigen, und fuhr um 16.45 Uhr auf den Parkplatz (45 Minuten nach Beginn der Messe) und musste mitansehen, wie der übliche Menschenstrom auf die Autos zusteuerte. Deshalb bin ich überzeugt, dass dieses Phänomen wenig zu tun hat mit der Länge der Messe, sondern mehr mit dem Wunsch, sie einfach hinter sich zu bringen.

Die traurige Wahrheit ist, dass wir als Pfarrer oft auf diese minimalistische Kultur eingegangen sind, aber welche Alternative hätten wir in einem Modell der Pastoral gehabt, das von uns verlangte, Menschen zu füttern, die keinen Appetit haben? Vergessen Sie nicht, wir kommen aus einer Tradition, die folgende

Frage diskutiert hat: Wieviel von einer Messe darf ich versäumen, wenn sie dennoch gültig sein soll? Wenn wir der Messe am Wochenende den Vorrang geben wollen, dann müssen wir auch deutlich machen, dass Schluss ist mit dieser frustrierenden Kapitulation. Minimalismus und falsche Gewohnheiten können nicht die obersten Werte einer gesunden Pfarrgemeinde sein. Minimalismus und falsche Gewohnheiten haben keinen Platz im Leben von Jüngern, die gerufen sind, ihr Leben zu retten, indem sie es hingeben. Jemand hat einmal gesagt: „Jesus verlangt nicht viel – er verlangt alles." Wenn unsere Liturgiefeiern sinnvolle und verändernde Inszenierungen sein sollen, dann brauchen sie Zeit und dürfen nicht durch eine strikte Ein-Stunden-Regel eingeschränkt werden. Auch muss genug Zeit zwischen den einzelnen Messfeiern bleiben, so dass jene, die Sehnsucht und Hunger nach Gott haben, noch hinterher miteinander sprechen können, um sich gegenseitig zu ermutigen und zu unterstützen. Wir als Hirten sollten dies ermöglichen, selbst wenn das bedeutet, dass wir – wie furchtbar! – die Gottesdienstordnung verändern, schlecht besuchte Messen streichen oder sogar zugeben müssen, dass wir durch Gebäude eingeschränkt werden, die diesen neuen pastoralen Situationen nicht mehr dienlich sind.

2. Gastfreundschaft

„Ich war fremd [...] und ihr habt mich aufgenommen." (Mt 25,35)

Jemand hat einmal gesagt, dass die Kirche die einzige Organisation ist, die hauptsächlich für jene existiert, die nicht zu ihr gehören. Das ist der Unterschied zwischen einer Kirche und einem Klub. Klubs existieren für ihre Mitglieder. Ich erinnere mich an ein Gespräch mit einem Pfarreimitglied, das behauptete, dass ich als Pfarrer den Bedürfnissen der Pfarreimitglieder nachzukommen hätte. Vielleicht kam es mir zu schnell über die Lippen, dass dies ein Teil „unserer" Arbeit sei (der gesamten Gemeinde, nicht nur des Priesters), aber dass meine Rolle grundsätzlich die sei, ein Heer von Missionaren anzuführen, um die zu erreichen, die noch nicht zu unserer Pfarrgemeinde gehören. Diese missionarische Ausrichtung ist die Identität, die uns in Fleisch und Blut übergehen sollte und nicht nur theoretisch. Das ist wieder der Unterschied zwischen dem, was wir angeblich für wertvoll halten, und dem, was uns im Tiefsten wichtig ist. Gastfreundschaft heißt demnach nicht, dass wir freundlich zu unseren Freunden sind und zu all den Menschen, die wie wir aussehen, denken und sprechen, sondern, dass wir auf Fremde zugehen.

Die Augen des Fremden

Wenn wir diesen Wert betrachten, dann müssen wir uns fragen, wie jene, die noch nicht dazugehören, den Sonntagmorgen erleben. Vor einigen Jahren leitete ich eine Pfarrmission in einer benachbarten Diözese. Nachdem ich mehrere Stunden durch einen Schneesturm gefahren war, kam ich eine Viertelstunde vor Beginn der Vorabendmesse an. Der örtliche Pfarrer und ich hatten für das Wochenende die Kanzeln getauscht, er war also nicht da. Als ich die verhältnismäßig kleine Kirche betrat, begrüßte mich niemand, obwohl ich offensichtlich ein Besucher war. Als ich den Mesner nach der Toilette fragte, erntete ich nur ein unfreundliches Gemurmel und eine vage Armbewegung in Richtung auf das, was sich schließlich als Toilette herausstellte. Ich hatte einen Schal an, der meinen Priesterkragen verdeckte, so dass niemand erkannte, wer ich war. Die Art und Weise, wie man auf mich reagierte, nachdem ich meinen Schal abgenommen hatte und damit meine Identität offenbarte, hätte nicht konträrer sein können.

Als Fremder war ich Jesus und niemand hieß mich willkommen. Als Priester war ich ein Priester, und es hieß nur noch „Ja, Herr Pfarrer, nein, Herr Pfarrer." Ich will nicht auf dieser speziellen

Pfarrgemeinde herumhacken, weil es sich leider wenig von dem unterscheidet, was ich in jeder anderen Pfarrgemeinde erlebt hätte. Diese Tatsache deckt einen Fehler in unserer Kultur und daher in unseren Grundwerten als Katholiken auf. Meine Erfahrung in dieser kleinen Pfarrgemeinde kam nicht allein daher, dass ich nicht als Fremder erkannt wurde (das ist ein Aspekt im kirchlichen Leben, wo kleinere Pfarrgemeinden gegenüber größeren einen Vorteil haben). Der Grund für meine Erfahrung dort ist, dass die Eucharistiefeier als eine private und anonyme Erfahrung bewertet und somit der Auftrag der Gastfreundschaft gegenüber Fremden als irrelevant eingestuft wird.

Wer ist im Team?

Der erste Schritt dazu, dass der Wert der Gastfreundschaft eingeführt wird, ist die Bildung eines Willkommensteams. Es sollte ein paar Leute geben, die besonders darauf achten, dass bei jeder Messe Fremde willkommen geheißen werden. Wir sollten, auch wenn das selbstverständlich erscheint, darauf achten, dass in diesem Team Leute mitmachen, denen es Freude macht, andere willkommen zu heißen. Dieser Dienst muss beginnen, bevor die Leute die Kirche betreten. An Sonntagen, an denen es nicht zu kalt ist, stehe ich oft draußen und begrüße unsere Gläubigen. Wenn es richtig kalt ist, kann man oft unseren Leiter für Evangelisierung warm eingepackt in Mantel und Schal draußen sehen, wie er die Leute begrüßt. Wenn die Ankömmlinge erst einmal im Vorraum sind, dann sind zwei bis vier Leute zum Begrüßen dort, während andere die Türen aufhalten und hinten in der Kirche verfügbar sind für die, die Hilfe brauchen. In unserem Begrüßungsteam arbeiten auch einige mit, die während jeder Messe eingreifen können, wenn Erste Hilfe benötigt wird. Es ist erstaunlich, wie oft das vorkommt, wenn wie bei uns ca. 2.000 Menschen jedes Wochenende in die Gottesdienste kommen. Eine weitere wichtige Tätigkeit bei unserer gemeinsamen Bemühung, gastfreundlich zu sein, hat mit der Sauberkeit unserer Gebäude zu tun, speziell der Toiletten. Im Laufe der Jahre habe ich Kirchentoiletten gesehen, die mich an jene meiner Zeit im Gymnasium erinnerten: keine Seife, keine Papierhandtücher, kein Toilettenpapier, kein WC-Sitz, keine Schlösser zum Absperren und einmal sogar keine Tür!

So großartig diese Bemühungen sind, so kann ein Begrüßungsteam auch ein zweischneidiges Schwert sein, weil der Eindruck entstehen kann, dass Gastfreundschaft ausschließlich die Sache jener ist, die ein offizielles Namensschild der Pfarrgemeinde tragen, und nicht die Verantwortung der ganzen Gemeinde. Vor einigen Jahren war ich in Urlaub und entschloss mich, mit ein paar Freunden die Messe an diesem Ort zu besuchen. Ich war zivil gekleidet und nicht als Priester erkennbar. Es war eine gut besuchte Messe und ich wurde etwa zur Mitte geleitet, wo es noch ein paar freie Plätze gab. Die ältere Dame, die den ersten Sitz in der Bankreihe besetzte, machte nicht nur keine Anstalten, in die Mitte aufzurücken, sondern wollte auch nicht aufstehen, um uns durchzulassen. Sie starrte uns an, wie wir behutsam versuchten, über sie hinwegzusteigen. Mein Lächeln in Richtung der anderen Kirchenbesucher wurde nicht erwidert – und so fühlte ich mich beschämt und unwillkommen. Es war gut für mich, daran erinnert zu werden, wie es sich anfühlt, wenn man in einer Kirche fremd ist.

Entgegenkommendes Verhalten in der Kirchenbank ist eines der ersten Dinge, die wir den Pfarrangehörigen beibringen sollten, wenn wir über ihre Verantwortung als Gastgeber sprechen. Jedoch ist die einfachste und wirksamste Art, das Niveau der Willkommenskultur in einer Gemeinde zu heben, daran zu erinnern, was ein Lächeln bewirken kann. Vor einigen Jahren gab es von Colgate in den sozialen Netzwerken eine brillante Werbung für Zahnseide. Bei der Reklame wurden Bilder von drei verschiedenen lächelnden Paaren gezeigt. Der Mann in jedem Bild hatte jeweils noch Reste seines Snacks zwischen den Zähnen.

Das Geniale an der Reklame war, dass das Auge des Betrachters rasch dem Snack folgte, der dann zwischen den Vorderzähnen verschwand, aber nicht wahrnahm, dass auf einem Foto die Frau sechs Finger an der Hand, auf einem anderen der Mann nur ein Ohr und auf dem dritten die Frau drei Arme hatte. Die Botschaft sollte heißen, dass ein Lächeln viele Sünden zudeckt. Einander in der Kirche zuzulächeln ist nicht nur eine großartige soziale Geste. Es hat auch eine solide theologische Begründung, denn die Bibel lehrt uns: „Freut euch im Herrn zu jeder Zeit!“ (Phil 4,4) Papst Franziskus sagt uns in *Evangelii Gaudium*, dass „ein Verkünder nicht ständig ein Gesicht wie bei einer Beerdigung haben“ dürfe (EG 10). Es sollte also so sein, wie jemand einmal sagte: „Wenn Jesus in deinem Herzen ist, dann informiere dein Gesicht darüber.“

Den Fremden willkommen heißen

Am 13. November 2013 predigte Papst Franziskus bei einer Wochentagsmesse über das Gleichnis vom königlichen Hochzeitsmahl, wie es der Evangelist Matthäus erzählt (Mt 22,1-14). Dabei betonte der Papst zwei wesentliche Dinge. Wenn wir erstens zu einer Eucharistiefeier zusammenkommen oder wann immer wir als Kirche zusammenkommen, dann reagieren wir auf eine Einladung zu einem Fest – und ein Fest ist immer eine fröhliche Angelegenheit. Und zweitens sagte er, dass die Diener in dem Gleichnis den Auftrag hatten, hinaus auf die Straßen zu gehen, um Gute und Böse und jene, die am Rand stehen, einzuladen:

„Ich gehe zu dem Fest, aber ich gehe nicht über den Vorraum hinaus, denn ich möchte nur mit den drei oder vier Leuten, die ich kenne, zusammen sein.“ So kannst du dich in der Kirche nicht verhalten! Entweder nimmst du ganz teil oder du bleibst draußen. Du kannst nicht auswählen: Die Kirche ist für alle da, angefangen bei denen, die ich schon erwähnt habe, bei denen, die am äußersten Rand stehen. Es ist die Kirche von allen!

Mich verfolgt die Frage, wie sich diejenigen fühlen, die an den Rändern der Gesellschaft leben, wenn sie in unsere Kirche kommen. Wie willkommen fühlt sich jemand, der nicht aussieht wie wir, nicht so klingt wie wir, sich nicht so kleidet wie wir und nicht so riecht wie wir? Wie fühlt sich jemand, der mit einer Geisteskrankheit kämpft, wenn er unsere Kirche betritt? Wie fühlt sich jemand, der anders lebt oder mit Sünde und Gebrochensein kämpft? Ein priesterlicher Freund sagte mir einmal, er fühle sich oft wie der Präsident eines Gesellschaftsklubs der gehobenen Mittelklasse. Es geht nicht nur darum, diese Leute genauso zu behandeln wie alle anderen. Sie sind die Ehrengäste. Schon oft habe ich in verschiedenen Pfarrgemeinden beobachtet, wie jemand, der nicht in das typische Gemeinde-Profil passte, herablassend oder von den Gläubigen als verdächtig behandelt wurde. Die ersten überlieferten Worte für diejenigen in der Gemeinde, die für Gastfreundschaft zuständig sind, finden sich im Jakobusbrief, wo Jakobus Christen zurechtweist, weil sie denen, die in feinen Kleidern erscheinen, den Vorrang geben:

„Wenn in eure Versammlung ein Mann mit goldenen Ringen und prächtiger Kleidung kommt, und zugleich kommt ein Armer in schmutziger Kleidung, und ihr blickt auf den Mann in der prächtigen Kleidung und sagt: Setz dich hier auf den guten Platz!, und zu dem Armen sagt ihr: Du kannst dort stehen!, oder: Setz dich zu meinen Füßen! – macht ihr dann nicht untereinander Unterschiede und fällt Urteile aufgrund verwerflicher Überlegungen?“ (Jak 2,2-4)

Eine einfache Art festzustellen, wie gastfreundlich unsere Pfarrgemeinden wirklich gegenüber Außenseitern sind, ist herauszufinden, ob sich die Gläubigen sonntags in der Kirche sicher fühlen. Bei einer Konferenz sagte einmal ein Pfarrer, dass ihm klar geworden sei, dass seine Pfarrgemeinde ein sicherer Klub von Gleichgesinnten geworden sei, wenn sich die Leute trauen, ihre Geldbörsen und Handtaschen beim Verlassen in der Bank liegen zu lassen. Er schloss daraus, dass wir uns nur dann gastfreundlich gegenüber Außenseitern zeigen, wenn wir das Risiko eingingen, dass unsere Handtasche aus der Bank gestohlen wird. Er fügte hinzu, wenn es nicht auch Leute gäbe, die gelegentlich ordinäre Ausdrücke verwendeten, wären wir nicht offen für die Menschen von den Rändern der Gesellschaft, sondern nur für eine Gruppe von Gleichgesinnten. Eine Woche später kam nach der Messe eine von jenen einfachen Seelen unserer Pfarrgemeinde etwas frustriert zu mir, weil sie die Behälter zum Abgeben der Sachspenden für die Armen unserer Gegend nicht finden konnte. „Herr Pfarrer", fragte sie laut und deutlich. „Wo verdammt noch mal kann ich das lassen?" Mich traf fast der Schlag. Freundlich erinnerte ich sie daran, wo sie gerade war, doch dann musste ich innerlich lachen und erinnerte mich an die Worte des Pfarrers eine Woche zuvor. Denken wir daran, was Papst Franziskus sagt: Die Kirche existiert für die, die am weitesten draußen stehen. Wir sind zu Menschenfischern berufen (Lk 5,10). Jeder, der einmal selbst beim Fischen war, weiß, dass der Unterschied zwischen dem heftig zappelnden, stinkenden, schleimigen Wesen, das er soeben gefangen hat, und dem Fisch, der dann mit einem Stück Zitrone auf den Teller kommt, riesig ist.

Die Liturgie

Es gibt eine unvermeidbare Schwierigkeit, mit der wir als Katholiken kämpfen müssen, wenn wir jene, die normalerweise nicht in die Kirche gehen oder die nicht katholisch sind, wirklich willkommen heißen wollen. Das ist die Liturgie. So schön sie auch ist, sie ist von ihrem Wesen her für Außenseiter nicht einladend. Das ist so, weil sie der Gottesdienst der Eingeweihten ist. Sie setzt grundlegendes theologisches Wissen, eine Kenntnis der Gesten, Körperhaltungen, Gebete und des Ritus voraus, die dem Nicht-Katholiken und dem Nicht-Kirchgeher oft fremd sind. Um die Sache noch schlimmer zu machen, zeigt unser Verhalten, dass wir allzu oft davon ausgehen, dass jeder, der in der Kirche ist, ein Katholik ist und weiß, was er zu tun und zu sagen hat.

Kürzlich wurde ich bei einer Begräbnismesse daran erinnert. Vor einigen Jahren habe ich einen Trick gelernt, um ein Gespür für die Teilnehmer eines Requiems zu bekommen. Ich schaue, wenn wir zu Beginn der Messe das Kreuzzeichen machen, alle an. Die Anzahl derer, die das Zeichen machen, gibt wenigstens sofort Auskunft darüber, wer die eingefleischten Katholiken sind, vielleicht sind darunter auch ein paar Anglikaner. Wenn man weiß, dass ehemalige Katholiken in Nordamerika die Mehrheit bilden, dann kann man getrost davon ausgehen, dass weniger als 50% jener, die das Kreuzzeichen machen, praktizierende Katholiken sind. Bei dieser Seelenmesse hat nur ein Drittel der Anwesenden das Kreuzzeichen gemacht. Mir fiel das Missverhältnis sofort auf. Bei dieser Messe hatte ich die Unterstützung eines Diakons, und als wir das Vaterunser beendet hatten, wollte ich einige Erklärungen darüber abgeben, was als nächstes geschehen würde. Dazu blieb mir jedoch keine Zeit mehr. Der Diakon lud die versammelte Gemeinde schon eifrig dazu ein, „einander ein Zeichen des Friedens zu geben", was eine ziemliche Verwirrung unter den Anwesenden hervorrief. Dieses „Lasst uns alle so tun, als wären wir alle praktizierende Katholiken" ist ein großes Hindernis für eine echte Willkommenskultur in unseren Pfarrgemeinden.

Für dieses Problem gibt es keine wirkliche Lösung, solange die Nichtpraktizierenden mit uns am Wochenende oder bei anderen Gelegenheiten die Liturgie feiern. Der erste Schritt wäre, dieses Problem als große Chance zu begreifen. Das erste, was wir in Situationen tun können, in denen offensichtlich Menschen mit unterschiedlichem Vorwissen anwesend sind, wie bei Hochzeiten oder Begräbnissen, ist, diese wahrzunehmen, sie willkommen zu heißen und sie einzuladen, an unserem Gottesdienst teilzunehmen, wie sie es können. So zu tun, als wären diese Gäste gar nicht da, ist extrem ungastlich. Ich bin immer mehr zu dem Schluss gekommen, dass es besser ist, gar nichts vorauszusetzen. Deshalb gebe ich, wenn es passend ist, oft eine kurze Erklärung über das ab, was als nächstes geschieht: dass wir den Texten der Heiligen Schrift zuhören oder dass wir das Hochgebet sprechen, „ein langes und sehr altes Gebet, bei dem wir Gott bitten, dass er Brot und Wein in das Sakrament seines Leibes und Blutes verwandle“. Ich gebe Hinweise, die den Menschen helfen, die Messe mitzubeten, und bin oft überrascht über die Anzahl von Katholiken, die nachher zu mir kommen und mir danken, weil ich ihnen behilflich war, in die Messfeier hineinzufinden. Kurze Erklärungen bei der Predigt oder während der Messe können uns helfen, uns auf das Kerygma oder die Erstverkündigung zu konzentrieren, und verhindern, dass wir zu theologisches oder spezifisches Vokabular verwenden. Die Messgebete auf einen Bildschirm zu projizieren oder unsere Gäste auf in den Bänken ausliegende Broschüren mit den liturgischen Antworten hinzuweisen, kann dazu beitragen, gastfreundlicher zu werden.

Den Fisch fangen

Unser oberstes Ziel als Gastgeber ist es, Gäste so gut zu empfangen, dass sie sich in der Folge dazu entschließen, in diese Pfarrgemeinde einzutreten und dann dabei helfen, weitere Gäste willkommen zu heißen. In meinem ersten Jahr in St. Benedict fiel mir auf, dass wir an jedem Wochenende von mindestens 30 bis 40 Gästen getestet wurden, um festzustellen, ob sie irgendwie zu uns dazugehören könnten. So wunderbar das war, so war es doch klar, dass wir nur wenige davon fangen konnten. Ein weiteres Problem war die Prozedur, ein Mitglied der Gemeinde zu werden. Dafür gab es die zwei Möglichkeiten: Blaue Karte und online. Weil unser Foyer nach der Messe von Messbesuchern förmlich überschwemmt wurde, versuchte ich, so viele Menschen wie möglich gleich an der Tür zu begrüßen. (Ich fühle mich oft wie ein Torhüter beim Hockeyspiel, auf den innerhalb von fünf

Minuten 600 Pucks zuprasseln.) Während der Gespräche wurde ich oft gefragt, wie man sich in unserer Pfarrgemeinde registrieren könne. Über die Köpfe der Umstehenden hinweg wies ich den Besucher darauf hin, dass er am anderen Ende des Raumes einen Tisch finden würde, auf dem möglicherweise eine blaue Karte aufliege, die er ausfüllen könne. Auf der Karte wurde nach Name, Adresse und grundlegenden Kontaktmöglichkeiten gefragt und man konnte ankreuzen, wer Umschläge für Spenden benötigte. Das war's. Die Option online war sehr ähnlich, außer dass man Mitglied werden konnte, ohne jemals das Kirchengebäude betreten oder je mit einem Menschen dort gesprochen zu haben.

Es gab zwei Themen, die wir angehen wollten, um gute Gastgeber zu sein: Das erste war, unseren Eingangsbereich so zu gestalten, dass er für Gäste und auch für die Pfarreimitglieder einladender wurde. Wir machten einen ersten, richtigen Schritt, als wir einen beweglichen „Willkommens"-Stand bauten, der bei jeder Messe von Mitgliedern der Pfarrei betreut wurde. Dieser Stand war mit einem Computer und einem großen Bildschirm ausgerüstet, auf dem eine freundlich gestaltete Diashow lief, die über das laufende Programm und besondere Anlässe informierte. Bei diesem Stand gab es auch Hörhilfen und alle Broschüren und Veröffentlichungen unserer Pfarrei: Auskünfte über die Pfarrverwaltung, Informationen zu Trauungen und Taufen, zu Fragen der Mitgliedschaft und so weiter. Dort konnte man Fragen stellen und Informationen einholen. Die Hauptsache war, dass er von überall gesehen werden konnte und dass dort freundliche Leute aus der Pfarrei arbeiteten, die gerne weiterhalfen. Immer wenn ich jetzt auf neue Mitglieder treffe, bringe ich sie gleich zu diesem Stand und stelle ihnen das Willkommensteam für neue Gäste vor (nicht zu verwechseln mit dem Begrüßungsteam).

Unsere zweite Herausforderung war, dass wir entscheiden mussten, was es bedeutet, ein Mitglied unserer Pfarrei zu sein, bevor wir ein Konzept für den Prozess entwickeln konnten, wie man Mitglied bei uns wird. Dazu später mehr. Wir wussten schon, dass eine Mitgliedschaft nicht nur bedeuten konnte, dass man sich in eine Liste einträgt. Das führte schließlich dazu, dass wir von der Registrierkarte in beiden Ausführungen Abstand nahmen. Nun ersuchen wir potenzielle neue Mitglieder, eine Kommunikationskarte auszufüllen und in einen Korb zu legen. Diese Karte findet man an unserem Willkommensstand und in unserem wöchentlichen Rundbrief. Das ist der erste Schritt, um aus dem Prozess einen Beziehungsprozess zu machen. Somit verringern wir die Gefahr, dass man lediglich ein Name auf einer Liste wird. Das Risiko dabei ist natürlich, dass ein solcher Prozess als eine Art Hindernislauf interpretiert werden kann, der es schwierig macht, Mitglied unserer Gemeinde zu werden. Während auf der einen Seite der Kommunikationskarte die üblichen Informationen abgefragt werden, steht auf der Rückseite der Karte, wie der Registrierungsprozess als Pfarreimitglied in St. Benedict abläuft. Diese Beschreibung ist gezielt auf Beziehung ausgerichtet und lautet folgendermaßen:

Wir freuen uns sehr darauf, Ihnen zu begegnen! In einer so großen Pfarrgemeinde wie St. Benedict müssen wir Wert legen auf persönliche Beziehungen. Es ist uns wichtig, dass Sie sich hier zu Hause fühlen. Die Art, wie man bei uns Mitglied wird, hat den Sinn, dass wir einander etwas besser kennenlernen. Es ist ein Vorgang in vier Schritten. Diese sind:

1. *„Diese Pfarrgemeinde gefällt mir!" Bitte füllen Sie die Kommunikationskarte aus.*
2. *„Ich weiß noch zu wenig über euch". Jemand aus unserem Willkommensteam wird Sie kontaktieren und mit Ihnen einen Termin vereinbaren.*
3. *„Tragen Sie mich ein! Ich möchte gerne zum Team dazugehören!" Nehmen Sie an unserem Willkommensabend für neue Pfarrangehörige teil und füllen Sie die Registrierkarte aus.*

4. *„Denkt noch jemand an mich?“ Die Person aus dem Willkommensteam, die für Sie zuständig ist, wird sich in regelmäßigen Abständen bei Ihnen erkundigen, wie es Ihnen geht.*

Sobald wir die Kommunikationskarte erhalten, tritt unser Willkommensteam in Aktion und vereinbart einen Termin bei der neuen Familie zu Hause, um dort ein Willkommenspaket abzugeben, das unter anderem eine DVD enthält, die die Geschichte von St. Benedict erzählt und eine virtuelle Führung durch die Kirche mit Erklärungen zur Architektur, zum Baustil und zu den Kunstwerken gibt. Dieses Willkommenspaket enthält auch Broschüren zu den Diensten, die unsere Pfarrgemeinde anbietet und in die man sich einbringen kann, eine Broschüre mit Zukunftsplänen und den jüngsten Pfarreirundbrief. Mit all dem bringen wir deutlich zum Ausdruck, dass die Mitgliedschaft in einer Gemeinde durchaus etwas Wichtiges ist, und jeder Schritt auf dem Weg dorthin gut informiert und ganz bewusst geschehen sollte.

An dem letzten Punkt haben wir lange gefeilt. Wir nennen es NPE oder Neu-Pfarreimitglieds-Event. Die Bezeichnung „Event“ haben wir erst nach einigen fehlgeschlagenen Versuchen von Empfängen und Mittagessen gewählt. Jetzt haben wir den Eindruck, dass es so funktioniert. Es findet an einem Samstagabend alle zwei Monate oder nach Bedarf statt. Weil wir dabei in persönlichen Kontakt mit jedem Neuankömmling treten wollen, haben wir dieses Event jeweils auf 20 neue Pfarrmitglieder beschränkt. Die Gäste werden um verbindliche Anmeldung gebeten. Wir bieten Wein und Käse an und das Ganze dauert nur etwa eine Stunde – inklusive der Begrüßungsworte eines Mitglieds des Willkommensteams, des Leiters der Gemeinde-Aktivitäten und von mir. Die restliche Zeit verbringt man gemütlich bei zwangloser Unterhaltung und einem Glas Wein, um sich untereinander kennenzulernen. Bevor die Leute nach Hause gehen, können sie eine formelle Registrierungskarte ausfüllen.

Natürlich gibt es immer wieder Leute, die diesen Prozess zu anspruchsvoll und auch aufdringlich finden. Das ist nicht zu ändern. Jeder darf zu unserer Pfarrgemeinde kommen. Man kann jede Woche in unsere Pfarrgemeinde kommen und sich nie registrieren, aber wenn man sich registriert, dann hat das eine Bedeutung. Durch unsere Vorgehensweise wurden es weniger Namen auf der Interessentenliste, aber diese Namen wurden früher ohnedies am Ende des Jahres von der Liste gestrichen. Diese Vorgehensweise ist ein echtes Geschenk, denn sie ermöglicht uns, Beziehungen zu knüpfen – und das ist genau richtig, denn persönliche Beziehungen und das Gefühl der Zugehörigkeit sind das Herzstück der Willkommenskultur.

3. Aufbauende Musik

„Singt dem Herrn ein neues Lied!“ (Ps 96,1)

Bei der Erneuerung einer Pfarrgemeinde, so sagt man, geht es immer um die folgenden drei Elemente: Willkommenskultur, Lieder und Predigten. Niemand bestreitet, dass Musik die Macht hat, uns in der Tiefe der Seele zu berühren. „Wer singt, betet doppelt“, schrieb der heilige Augustinus. Und deshalb sind Musik und Lobpreis für Gott (Eph 5,19) ein integraler Bestandteil der Liturgie. Es ist mehr als 50 Jahre her, seit das Zweite Vatikanische Konzil die Konstitution über die heilige Liturgie *Sacrosanctum Concilium* als erstes von 16 Dokumenten veröffentlicht hat. Das war wie ein Fanfarenstoß für die Erneuerung aller Aspekte der Liturgie, so dass die Gläubigen mit einer „vollen, bewussten und tätigen Teilnahme“ (SC Nr. 14) dabei sein können. Der Hintergrund dieses Aufrufs zur Erneuerung war die liturgische Bewegung, die am Ende des 19. Jahrhunderts begonnen hatte und die die Gelehrten dazu gebracht hatte, mehr über die Art und Weise zu forschen, wie die frühe Kirche Eucharistie gefeiert und wie sich diese Feier über die Jahrhunderte weiterentwickelt hatte.

Was ursprünglich eine gemeinsame Erfahrung des Gottesdienstes für das ganze Volk Gottes, Kleriker und Laien zugleich, gewesen ist, hat sich im Laufe des Mittelalters leider in drei unterschiedliche Formen der Beteiligung entwickelt. Zuerst war da die Person des Priesters, dessen Gebet fast im Alleingang stattfand. Er betete auf Lateinisch, was damals schon nicht mehr die Sprache des Volkes war, und er betete still. Zweitens gab es den Chor, der anspruchsvolle Formen jener Gebete sang, die ursprünglich die Versammlung der Gläubigen gesungen hatte. An dritter Stelle kamen die Laien, die weit weg vom Altar weder mit dem Chor mitsangen noch sich mit dem Gebet des Priesters verbinden konnten. Wer gebildet war, konnte versuchen, der Liturgie mit einem eigenen Messbuch zu folgen, doch bis zum 20. Jahrhundert konnte ja ein Großteil der Katholiken gar nicht lesen. Somit waren die Laien lediglich passive Zuschauer. Der Messbesuch erfolgte oft aus Pflichtgefühl, und diese Verpflichtung, die Messe zu hören, wurde durch persönliche Gebete gefüllt – wie zum Beispiel den Rosenkranz. Die Aufmerksamkeit war dabei nicht auf den Altar gerichtet, sondern eher auf die Gegenwart Jesu im Tabernakel.

In den Jahren nach dem Konzil wurden Versuche gemacht, die Laien in die „volle, bewusste und aktive Teilnahme" zu rufen, und Musik wurde als bestes Mittel angesehen, um diesen Wandel in Gang zu bringen. Bedauerlicherweise hat man sich jedoch in den folgenden Jahrzehnten vom Schönen und Transzendenten total abgewandt und dem rein Funktionalen zugewandt. Beteiligung wurde in verengender Weise definiert als Mitmachen, und die überragende Qualität liturgischer Musik sank drastisch. In dieser Zeit hat sich in der Kirche eine zutiefst falsche Ansicht eingenistet: Das Alte ist schlecht und das Neue ist gut. Als Antwort auf die Ausbreitung dieser sehr unkatholischen Sichtweise kam es zu einer ebenso falschen Bewertung, das Neue sei schlecht und das Alte sei gut.

Das Alte und das Neue

Jesus sagte: „Jeder Schriftgelehrte also, der ein Jünger des Himmelreichs geworden ist, gleicht einem Hausherrn, der aus seinem reichen Vorrat Neues und Altes hervorholt" (Mt 13,52). Als ich Theologie studierte, hat uns ein Professor mit dem weisen Prinzip bekannt gemacht, es gehe bei den großen Geheimnissen des christlichen Glaubens immer um ein Sowohl-als-auch. Dieser Zugang trifft auch in der Pastoral zu, besonders im Fall der Musik. Das Alte muss in unserem Gottesdienst Platz haben, denn die Kirche ist immer die Gemeinschaft der Heiligen durch die ganze Geschichte hindurch. Katholisch zu sein bedeutet, in der allumfassenden Kirche zu sein (griechisch: *kath´holon*), und diese „ganze Kirche" darf nicht geographisch oder chronologisch begrenzt sein. Die Eucharistie zu feiern bedeutet, in etwas viel, viel Größeres einzutreten, als wir es selbst sind, und in etwas viel Weiteres als die bestimmte kulturelle Art und Weise in einer bestimmten Zeit. Das Alte kann nicht ausgeklammert und weggelassen werden.

Katholisch sein bedeutet auch missionarisch sein. Altes soll wertgeschätzt werden, die Kirche darf aber nicht nur der Aufbewahrungsort von Altem sein, wie schön es auch sein mag. Sie muss das Angesicht Gottes widerspiegeln, in den Worten des heiligen Augustinus: „Schönheit so alt und doch so neu." Das Lob Gottes in der Liturgie soll auch eine missionarische Dimension haben und alte und ewige Wirklichkeiten auf eine Weise zum Ausdruck bringen, dass sie von den versammelten Gläubigen verstanden und angenommen werden können. Das Lob Gottes muss ihre Sprache sprechen. Das Neue ist notwendig und selbst die Lieder der Bibel fordern uns auf, dem Herrn ein neues Lied zu singen (Ps 33,3; 40,4; 96,1; 9,1; 144,9; 149,1).

Deshalb glaube ich, dass die Musik, die wir in der Liturgie verwenden, Altes und Neues beinhalten sollte. Auf alle Fälle sollten wir der Versuchung widerstehen, irgendwie den kleinsten gemeinsamen Nenner zu finden. Gleichförmigkeit ist kein katholisches Prinzip und Vielfalt sollte begrüßt werden in unserer Erfahrung der Musik in der Liturgie, ohne fürchten zu müssen, dass dadurch die Einheit gestört würde. Erzwungene Einförmigkeit tut der Einheit Gewalt an. Wir sollten mutig unsere alten musikalischen Schätze hervorholen und ihnen ihren Platz in unserem Gottesdienst einräumen. Wir haben ein grundlegendes Bedürfnis das zu tun, denn es erinnert uns daran, dass Lobpreis und Anbetung in der Kirche viel umfassender sind als momentane Vorlieben oder Ressentiments innerhalb unserer Pfarrgemeinden. Wir haben ein grundlegendes Bedürfnis, den Herrn mit neuen Liedern und mit neuen Instrumenten zu preisen. Wir müssen bereit sein, den Herrn zu loben und zu preisen mit einer Musik, die die Menschen anspricht, einer Musik, die ihnen nicht fremd ist, einer Musik, die ihnen sogar Freude macht.

In unserer Pfarrgemeinde versuchen wir, Altes und Neues zu verbinden und lassen uns bei jeder Sonntagsmesse auf die unterschiedlichen liturgischen Stile und Erfahrungen ein. Wir haben nicht die eine Stilrichtung oder den einen Geschmack, den wir der gesamten Pfarrgemeinde verordnen. So feiern wir die Gottesdienste auf unterschiedliche Weise und bringen deshalb die ganze Breite katholischer Musik zum Ausdruck. Wir überlassen es den Pfarrangehörigen, ihren eigenen Neigungen in Bezug auf den Gottesdienst-Stil zu folgen. So tritt bei unserer Vorabendmesse ein mittelgroßer Chor auf, der die typischen Messgesänge aus dem Gesangbuch mit Orgel- oder Klavierbegleitung vorträgt. Sonntagmorgens um neun Uhr haben wir eine moderne Band mit elektrischer Gitarre, Bassgitarre, akustischer Gitarre, Keyboard und Schlagzeug. Der Sound wird professionell abgemischt, um die bestmögliche Qualität zu gewährleisten. Die Band spielt eine Auswahl alter und neuer geistlicher Lieder, aber auf moderne Weise. Zu dieser

Messe kommen hauptsächlich junge Familien und wir lassen die Kirche wirklich beben! Ich liebe es.

Bei der 11.15 Uhr-Messe haben wir einen 30-köpfigen Chor, der klassische Gemeindelieder und Choräle singt und von der Orgel begleitet wird. Bei dieser Messe werden manchmal gregorianische Choräle und lateinische Messgesänge gesungen. Sie hat die Atmosphäre einer klassischen Messe (wie man bei uns sagt: „Den Weihrauchduft und die Glocken"). Ich liebe auch diese Form. Sonntagabends singt ein zeitgenössischer Chor von 15 Leuten, die eher zeitgenössische Kirchenlieder singen. Wir haben das Glück, vier einzigartige unterschiedliche Stilrichtungen anbieten zu können, zwischen denen man wählen kann. So handelt die ganze Pfarrgemeinde wie ein Hausvater, der Altes und Neues hervorholt.

Schönheit

Ein weiterer, sehr katholischer Wert ist die Schönheit. Musik ist als eine der alten Künste niemals nur um ihrer selbst willen da, sonst wird sie bloß funktional. Wenn sie schön ist, vermittelt sie das Göttliche, denn der Eine, der die Schönheit ist, kann immer im Schönen gefunden werden. Es ist die Schönheit, die stark zum Wow-Faktor beiträgt, den wir bei jeder Eucharistiefeier anstreben sollten. Schönheit ruft oft eine stille Antwort hervor. Das ist der Fall, wenn wir einen atemberaubend schönen Sonnenuntergang oder ein berührendes Kunstwerk betrachten. Das kann auch unsere Antwort auf wunderbare liturgische Musik sein. Ich finde es kleinkariert zu meinen, dass man nicht „voll, bewusst und aktiv beteiligt" sei, wenn man ganz dem Hören von etwas Schönem hingegeben ist.

In der Liturgie gibt es auch Platz für diese Art von Beteiligung, generell aber gilt für liturgische Musik sicherlich, dass wir unseren Mund aufmachen und Gottes Lob singen. „Gerechtigkeit verkünde ich in großer Gemeinde, meine Lippen verschließe ich nicht; Herr, du weißt es“ (Ps 40,10). Nach den beinahe tausend Jahren, in denen wir dem Chor alles Singen überlassen haben, haben wir in unseren Pfarrgemeinden noch viel Arbeit vor uns, um unsere Leute zu der überwältigenden Erfahrung im Gesang zum Lobe Gottes zu bringen.

Zu wem spreche ich?

Die Lieder, die in unseren Gemeinden normalerweise gesungen werden, machen die Lösung dieser Aufgabe nicht leichter. Als ich in meiner jetzigen Pfarrgemeinde ankam, war es normal, die ganze Messe lang die vier üblichen Gottesdienstlieder (zum Eingang, zur Gabenbereitung, zur Kommunion und zum Auszug) zu singen und trotzdem nicht ein einziges Mal etwas für Gott zu singen. Ich habe bereits darüber gesprochen, dass Vielfalt über Einheitlichkeit steht, und so glaube ich auch, dass die Liturgie alle Arten von Liedern zulassen sollte und nicht nur Hymnen und Loblieder. Was meine ich damit? Die erste Frage ist: „Zu wem sprechen wir?“ Und die zweite lautet: „Was sagen wir?“ Wir können zu Gott sprechen (Lobpreis- und Bittlieder), über Gott (Bekenntnis-Lieder), mit Gott (Lieder mit Worten Gottes aus der Bibel) oder zueinander (Ermutigung). Wenn wir die Psalmen, das älteste Liederbuch der jüdisch-christlichen Tradition, zum Vorbild nehmen, dann sehen wir, dass all diese Liedarten zu unserem Gottesdienst gehören. Wir sollten Lieder singen, die in die Welt hinausrufen, wer unser Gott ist. Der älteste christliche Lobpreis, aufgeschrieben von Paulus in seinem Brief an die Philipper (2,6-11), ist so ein Beispiel. Wir sollten die heiligen Worte, die Jesus zu uns gesprochen hat, zu Liedern vertonen. Zu singen „Ich bin das Brot des Lebens“, trägt dazu bei, dass diese lebendigen Worte Jesu unser Herz durchdringen und wir dem Mysterium seiner Hingabe an uns näher kommen. Wenn wir einander ermutigen, Gott zu loben, zu dienen, zu lieben und ihm zu vertrauen, folgt auch das dem Impuls vieler Psalmen.

So richtig und passend die verschiedenen Liedarten auch sind, so bin ich doch der Meinung, dass Loblieder den Ehrenplatz haben sollten. Sie haben die stärkste Verwandlungskraft, denn sie schlagen uns nicht nur vor zu beten, sie rufen uns nicht nur zum Gebet auf oder sagen uns, wie wunderbar es ist zu beten, sondern sie sind selbst Gebet. Gebet heißt mit Gott sprechen. Das ist bei Weitem etwas anderes, als über Gott zu sprechen oder einander zu ermahnen, mit Gott zu sprechen. Nur in den Liedern, in denen wir Gott preisen, beten wir doppelt, denn in allen anderen Liedarten, auch wenn sie ihren Platz im Gottesdienst haben, beten wir nicht ein einziges Mal. Es ist der Lobpreis, der uns mit dem Vater, dem Sohn und dem Heiligen Geist verbindet. Es ist der Lobpreis, der die notwendige, intensive, persönliche Begegnung mit Jesus ermöglicht, zu der uns die Neuevangelisierung ruft. Doch ist der Lobpreis, wenn man unsere üblichen Gesangbücher durchforstet oder gelegentlich zur einen oder anderen Messfeier kommt, leider nicht so verbreitet, wie das wünschenswert wäre.

In den Jahren als Priester sind für mich dann die wunderbarsten Momente, wenn im Gottesdienst Hunderte von Stimmen zum Lobe Gottes vereint sind. Es spielt dann keine Rolle, ob dazu die moderne Band spielt oder ein Chor singt oder die Orgel erklingt. Lieder wie „Großer Gott, wir loben dich" oder „O Jesu, all mein Leben bist du" haben etwas Besonderes, weil wir direkt zu Gott sprechen. Meine Erfahrung ist, dass die Leute viel eher abheben und aus ganzem Herzen und voller Kraft singen, wenn sie Gott loben und nicht bloß einander auffordern, hinauszugehen und im Wald zu tanzen.

Das älteste außerbiblische Loblied unserer Tradition ist das Gloria. Es ist so alt, dass in den ältesten Manuskripten des griechischen Alten Testaments, das von der anfänglich griechisch sprechenden Kirche als Bibel gebraucht wurde, dieses Gloria in einer Sammlung von biblischen Gesängen und Versen enthalten war. Dieser älteste Hymnus ist reiner Lobpreis: „Wir loben dich, wir preisen dich, wir verherrlichen dich.“ Diesem reinen Lobpreis folgt ein schöner, inniger Lobpreis Jesu: „Du allein bist der Heilige, du allein bist der Herr …“ Das ist eine ganz intime Sprache, die Sprache von Liebenden. Denn im Lobpreis kommen wir vom Fixiert-Sein auf eine bestimmte *Idee* von Gott zu einer *Erfahrung* mit Gott. Über Gott zu singen und niemals zu Gott zu singen ist die musikalische Entsprechung dessen, dass man „von Gott weiß und Ihn doch nicht persönlich kennt“. Wenigstens während der Kommunion könnten wir uns doch hie und da singend direkt an Jesus wenden, anstatt über ihn zu singen, über das Hochzeitsmahl oder uns unaufhörlich dazu aufzufordern, das Brot zu essen und aus dem Kelch zu trinken! Die Eucharistie ist keine Idee. Sie ist keine Sache. Sie ist eine Person. Es ist Jesus selbst, nicht *im* Sakrament, sondern *als* das Heilige Sakrament.

Ich möchte ganz klar sagen – ich empfehle hier nicht, dass wir ausschließlich Lobpreislieder oder Bitten singen (manchmal singen wir Fürbitten, was schon besser ist, als lediglich über Gott zu singen), aber ich empfehle, dass wir in der katholischen Kirche wieder dem Lobpreis einen ersten Platz bei der Liedauswahl einräumen. Gerade Lobpreislieder berühren die Herzen am meisten und führen die versammelten Gläubigen zu einer persönlichen Begegnung mit Jesus. Sie sind die wahren Liebeslieder und von allen Liedern, die wir hören, sind es die Liebeslieder, die unsere Herzen am stärksten anrühren.

„Lobpreis und Anbetung"

Es ist weitgehend bekannt, dass Gemeinden, die gesund sind und wachsen, evangelikale protestantische Gemeinden sind, die eine starke Vorliebe für moderne Lobpreislieder haben. Sie haben eine riesige Sammlung moderner Musik geschaffen, die als Lobpreis und Anbetung (*praise and worship*) bekannt ist. In katholischen Kreisen wurde viel darüber debattiert, ob diese Lieder, die mir gegenüber jemand mal beschrieben hat als „einen Haufen Lieder über mich und Jesus, die alle gleich klingen", überhaupt von Katholiken verwendet werden sollten, geschweige denn in der Liturgie.

Wenn wir musikalischen Geschmack einmal beiseite lassen, dann hören wir oft von Kritikern, dass viele dieser Lieder zu individualistisch seien, dass sie das „Ich" über das „Wir" stellen und doch eher sentimental seien. Das mag für einige stimmen, aber trifft meiner Meinung nach nicht auf alle zu. Die Psalmen selbst zeigen, dass es der alten Tradition entspricht, in der Ich-Form zu sprechen, selbst beim gemeinschaftlichen Gottesdienst. In unseren Kirchenliedern sprechen wir zwar fast immer im Plural, aber ich glaube, es gibt keine Grundlage dafür, die Ich-Form beim Lobpreis auszuschließen. Was den Vorwurf der Sentimentalität angeht, so gibt es einige Lieder, die sehr gefühlsbetont sind, aber ich singe viel lieber ein Lied, das etwas Gefühl zum Ausdruck bringt, als einige der sehr kopflastigen Lieder der letzten Jahrzehnte. Lieder bewegen das Herz und nicht nur den Kopf. Liebeslieder sollten doch gefühlvoll sein. Wenn die Liturgie und unsere Musik eine missionarische Wirkung haben sollen, dann muss die Bewertung der Musik immer auch die Frage beinhalten, was die Menschen anspricht, die wir zu erreichen versuchen. Wir leben in einer postmodernen, überindividualistischen Kultur. Postmoderne Menschen wollen nicht über Doktrin oder Theologie singen. Abstraktes zieht sie nicht an, sondern Echtheit. Als Individualisten haben sie viel eher Zugang zu Liedern in Ich-Form. Ein Gefühl von kollektiver Identität kann man nicht voraussetzen. Auch haben junge Menschen, die nicht in die Kirche gehen, normalerweise keine Lieder mit Orgelmusik auf ihren iPhones gespeichert. All das weist darauf hin, dass der heutzutage von vielen Gemeinden verwendete moderne Musikstil von Lobpreis und Anbetung die Menschen in unserer Kultur stark anspricht.

Als Katholiken müssen wir sehr vorsichtig damit umgehen, wie wir diese Musik einsetzen. Ein evangelikaler Pastor hat mir einmal gesagt, dass er das Brenda-Prinzip anwendet, wenn er die in seiner Kirche gesungenen Lieder bewertet. Als ich ihn fragte, was das bedeute, sagte er: „Wenn Sie den Namen Jesu durch den gewöhnlichen Mädchennamen Brenda ersetzen können, dann sollten Sie es nicht in der Kirche singen." Diese Sichtweise ist auch eine Antwort auf den Vorwurf der Sentimentalität!

Moderne nicht-katholische Lieder sollten auch immer auf offensichtliche theologische Probleme hin überprüft werden. Diese kommen eher selten vor und sind für den durchschnittlichen Kirchenbesucher eher unerheblich, aber die Liturgie ist das Gebet der Kirche und Priester müssen als Torhüter wirken. Aber das ist immer weniger ein Problem, denn es gibt inzwischen viele katholische Komponisten wie Matt Maher, die Lobpreis- und Anbetungs-Lieder schreiben, die immer mehr Zuspruch in katholischen und nicht-katholischen Kreisen finden. Außerdem gibt es eine riesige Anzahl von traditionellen katholischen Liedern, die man erfolgreich modernisieren kann. Es gibt kaum Schöneres, als wenn „Oh komm, oh komm, Emmanuel" von unserer Band im 9-Uhr-Gottesdienst gespielt wird. Das ist gleichzeitig alt und immer neu. Wie ich schon gesagt habe: Auch wenn Texte bevorzugt werden sollten, die die versammelte Gemeinde dazu bringen, mit einer Stimme „wir" zu singen, so müssen wir uns dennoch nicht vor einem gelegentlichen „ich" oder „mein" in der Messe fürchten. Das ist biblisch und spricht zu den Menschen unserer Zeit.

Aber ist sie auch gut?

Schließlich darf, wenn wir uns eingehend mit der Welt der modernen Musik auseinandersetzen, die Frage nach der Qualität niemals vergessen werden. Wir haben bereits über die Rolle des Schönen in der Musik gesprochen, und Qualität hängt eng damit zusammen. Das menschliche Gehirn und das Herz werden von Qualität, von Dingen, die gut gemacht sind, angezogen, und sie empfinden diese als schön. Moderne Musik muss gut gespielt sein, um erfolgreich zu sein. Das erfordert ein gewisses Maß an Können und Geschick von den Musikern. Das erfordert aber auch ein gewisses Maß an technischen Hilfsmitteln, damit die Musik richtig klingt. In vielen katholischen Kirchen ist das Maximum an Klangtechnik, dass der On-Off-Schalter gedrückt werden kann. Oft meinen wir, dass Klang sich von alleine einstellt, dass man ihn weder kontrollieren noch mischen muss und dass er überhaupt eigentlich nicht so wichtig ist.

In meiner früheren Pfarrgemeinde mussten wir, noch ehe wir moderne Musik einführen konnten, der Tatsache ins Auge blicken, dass das Klangsystem noch immer dasselbe war wie das, welches beim Bau der Kirche im Jahr 1959 installiert worden war. Man konnte nicht einmal eine einzige elektrische Gitarre an das System anschließen, ohne es zu überladen. Es ist, ehrlich gesagt, schockierend, wie weit unter dem heutigen Standard die Audiosysteme in den meisten katholischen Kirchen sind. Ich denke, dass es eine bessere Investition ist, ein Qualitäts-Klangsystem zu installieren, zu erhalten und zu verwenden, das das gesprochene Wort hervorhebt und die ganze Bandbreite von Musik ermöglicht, als jemanden einzustellen, der sonntags Religionsunterricht erteilt. Lieder, Predigten und Willkommenskultur sind der Schlüssel, um die sonntägliche Erfahrung zu verstärken, und ein richtiges Soundsystem spielt bei allen diesen Punkten eine wichtige Rolle.

Die visuelle Dimension hinzufügen

Bildschirme in Kirchen zu verwenden hat indirekt mit der Musik zu tun und damit, dass sich die Menschen als Teil von etwas fühlen. Als wir in meiner früheren Pfarrgemeinde ein neues Soundsystem installierten (eine Pfarrgemeinde, die aus zwei

Orten bestand), haben wir in beiden Kirchen große Bildschirme eingebaut. Beim Bau der Pfarrkirche St. Benedict entwarf der Architekt das Gebäude so, dass wir während des Gottesdienstes Bildschirme verwenden können. In katholischen Kreisen wird viel über die Benutzung solcher Bildschirme gesprochen. Ich bin überzeugt, dass sie so verwendet werden können, dass sie nicht nur die Würde und das Wesen der Liturgie respektieren, sondern dass sie sogar einen Mehrwert für eine volle, bewusste und aktive Teilnahme, die wir ja erzielen wollen, bedeuten und diese erleichtern.

Bildschirme machen eine musikalische Vielfalt im Gottesdienst möglich (es fallen auch Lizenzgebühren an). Sie sind billiger, als Kirchenbänke mit teuren Liederbüchern zu füllen, und sie verstärken die Teilnahme. Ich habe schon viele Teenager in der Kirche gesehen, die nie ein Liederbuch in die Hand nehmen würden, sich aber zu den Bildschirmen hingezogen fühlen. Auch wenn manche noch nicht mitsingen, so lesen sie immerhin doch den Text mit. Bildschirme machen es auch möglich, die wichtigsten Antworten im Gottesdienst anzuzeigen, und sie helfen uns, auch diejenigen zu integrieren, die mit den Gebeten vielleicht nicht so vertraut sind. Bildschirme geben uns die Flexibilität, auch visuelle Bestandteile in die Predigt einzubauen und Verlautbarungen am Ende der Messe besser zu präsentieren.

Argumente mancher Kritiker, dass dies eine Neuerung sei, die der Liturgie nicht entspreche, haben weder Hand noch Fuß. Ich bin sicher, dass man das Gleiche gesagt hat, als zum ersten Mal elektrisches Licht oder ein Mikrofon oder gar ein Gesangbuch im Gottesdienst benutzt wurde. Was ist ein buntes Glasfenster anderes als ein großer Bildschirm, der den Menschen hilft, in das Mysterium der Eucharistie einzudringen? Jeder, der einmal eine Barock- oder eine Rokoko-Kirche (von einem Professor einmal „wild gewordener Barock" genannt) betreten hat, muss zugeben, dass das gesamte Innere der Kirche ein einziger großer Bildschirm ist. Es war auch nicht unüblich, im Mittelalter in Klöstern einen sehr großen handgeschriebenen Psalter im Chorraum aufzustellen, damit alle Mönche die Gesänge aus einem Buch oder quasi von einem „großen Bildschirm" absingen konnten.

Ehrlicherweise muss ich zugeben, ich habe schon einige scheußliche Beispiele für die Nutzung von Bildschirmen in Pfarrgemeinden gesehen. Lassen Sie mich hier ein paar Grundsätze darlegen: Der erste, nicht verhandelbare Grundsatz muss sein, dass der Bildschirm nicht von der Liturgie ablenken darf. Der Blickpunkt während der Liturgie ist ein dreifacher: der Platz des Zelebranten, der Ambo und der Altar. Alles, was mit der Bildschirmtechnologie zusammenhängt, muss diese Blickrichtung ermöglichen und darf niemals davon ablenken. Das beeinflusst viele Aspekte der Bildschirmnutzung, in erster Linie den Standort. Ich glaube, es gibt keine Rechtfertigung dafür, einen ständigen Bildschirm im Altarraum zu platzieren oder sogar darüber, wie man es oft in nicht-katholischen Kirchen sieht. Das schlimmste Beispiel, das ich in diesem Zusammenhang gesehen habe, war eine Kirche, die zwei Großbildschirme an der Wand hinter dem Altar hatte, zu beiden Seiten des Kruzifixes. Wenn man diese Kirche betrat, fühlte man sich wie in einem billigen Elektromarkt. Ich weiß nicht, wie sie es jedes Jahr dort schaffen, die Passion zu lesen, vor allem die Stelle, an der wir uns daran erinnern, dass Jesus zwischen zwei Räubern gekreuzigt wurde. Bildschirme müssen sichtbar sein, wenn sie nützen sollen, aber sie sollten nicht im Altarraum selbst sein, sondern seitlich. Dieser seitliche Standort macht normalerweise zwei Bildschirme notwendig, vor allem in großen Kirchen. Ideal sind an der Wand befestigte, motorbetriebene Bildschirme, die außerhalb des Gottesdienstes eingezogen und unsichtbar gemacht werden können. Projektoren sollten an der Decke montiert sein, damit sie nicht ablenken, ganz abgesehen vom Sicherheitsaspekt, damit niemand über Kabel und

Drähte stolpert. Der Standort von Bildschirmen ist die eine Sache, aber auch die Verwendung der Bildschirme während der Liturgie kann eine große Ablenkung bewirken.

Zuallererst: Bitte, bitte vermeiden Sie den hässlichen leeren, weißen Bildschirm. Den sollte ab 20 Minuten vor dem Gottesdienst niemand sehen. Wenn eine Kirche sich für die Bildschirmtechnologie entscheidet, dann sollte man sie nicht nur für die Anzeige eines Liedtextes oder eines Gebets nutzen. Bildschirme müssen ästhetisch wirken. In der Pfarrgemeinde St. Benedict entwerfen wir jede Woche ein Standbild, welches das Thema des jeweiligen Sonntags aufgreift. Dieses Standbild erscheint während des Gottesdienstes auf dem Bildschirm, wenn sonst nichts gezeigt wird. Es enthält den Hinweis auf den jeweiligen Sonntag im Jahreskreis und auch einen Vers aus einer der Lesungen. Dieser Vers wird sorgfältig ausgewählt und ist auch das zentrale Thema in der Predigt. Er steht auf dem großen Werbeschild außen an der Kirchenwand und auch an prominenter Stelle im wöchentlichen Pfarrbrief. Das zentrale Motiv dieses Standbilds ist eine Darstellung, die das wöchentliche Thema widerspiegelt. Oft verwenden wir religiöse Bilder, die zum Stil unserer Kirche passen. Diese Themenvisualisierungen sollen ansprechend und herausfordernd sein.

Ihre Hintergrundfarbe wechselt, je nach liturgischer Zeit, zwischen Grün, Violett, Rot oder Gold. Während des Hochgebets macht die Themenfolie einem farblich gedämpften und einfachen eucharistischen Symbol Platz, damit eine mögliche Ablenkung vom Geschehen am Altar vermieden wird. Bewegliche Bilder von fließendem Wasser und ziehenden Wolken, die manchmal in nicht-katholischen Kirchen gezeigt werden, verwenden wir nie. Direktübertragungen von einer Kamera aus sind nur für jene gerechtfertigt, die sonst nicht sehen könnten, was im Altarraum vor sich geht. Sogar auf dem Petersplatz verwendet man Bildschirme auf diese Weise. Wir machen eine Ausnahme von dieser Regel, wenn wir während des Gottesdienstes taufen, so dass jene, die vorne in der Kirche sind, sehen, was hinten passiert (unser Taufbecken befindet sich am Eingang der Kirche). Es ist unter diesen Umständen offensichtlich, dass die Entscheidung, in unseren Kirchen Bildschirmtechnologie zu verwenden, ein wenig vergleichbar ist mit der Situation, wenn man einen jungen Hund bekommt. Junge Hunde sind wunderbar und bereichern uns, aber sie machen eine Menge Arbeit. Wenn man Bildschirme installiert, verpflichtet man sich, jede Woche einen Inhalt dafür zu kreieren und ein Team von Leuten auszubilden, die das alles bedienen. Doch der enorme Vorteil ist, dass diese Arbeit viele Menschen, Jung und Alt, in unseren Pfarrgemeinden anspricht. Viele melden sich freiwillig, um dafür technisch ausgebildet zu werden.

An die Arbeit!

Ich habe in diesem Kapitel schon davon gesprochen, dass wir weiter daran arbeiten müssen, die Gläubigen einzuladen, damit sie die Freude am gesungenen Lobpreis kennenlernen und nicht nur passive Zuschauer bleiben. Wenn wir in dem Bereich wachsen wollen, dann müssen wir – unabhängig vom Stil der Lieder – darüber lehren und zum Mitsingen ermutigen. Mindestens einmal im Jahr halte ich eine ganze Predigt über die Rolle des gesungenen Lobpreises, aber fast jede Woche spreche ich davon oder ermutige dazu, im Lobpreis Gottes zu wachsen. Das Wort Liturgie kommt vom griechischen *leitourgia* und bedeutet Arbeit des Volkes. Wenn man also zur Liturgie kommt, geht man zur Arbeit. Wir müssen unseren Leuten vermitteln, dass, wenn sie stumm herumstehen und nicht einmal mit den Lippen die Worte formen, sie nicht nur ihren Teil nicht beitragen, sondern auch jene entmutigen, die um sie herum stehen.

Als Seminarist habe ich einmal einen befreundeten Priester am Wochenende besucht. Ich war am Samstag in der Vorabendmesse und musste die unangenehme Situation ertragen, außer dem Kantor einer der wenigen zu sein, die gesungen haben. Die Leute haben sich umgedreht, um zu sehen, wer da singt. Das war keine sehr ermutigende Erfahrung. Ich werde nie vergessen, was dann am Ende der Messe geschah. Der Priester verkündete, dass heute der Geburtstag eines Ministranten sei und sofort begann die ganze versammelte Gemeinde spontan *Happy Birthday* zu singen. Ich war fassungslos, habe aber an dem Tag etwas Wichtiges gelernt. Viele singen nicht mit in der Kirche, nicht aus dem Grund, weil sie nicht singen können oder nicht singen wollen, sondern weil sie nicht wissen, wie sie für Gott singen sollen. Dafür gibt es viele Gründe. Wie ich im vorigen Kapitel schon beschrieben habe, kannten möglicherweise viele nicht die „Freude der Erlösten" – also gab es auch kein Lied in ihrem Herzen, das sie hätten singen können. Vielleicht wurde dieses Problem auch durch die Auswahl der Lieder verursacht? In jedem Fall müssen wir das zur Kenntnis nehmen und alles tun, um unsere Leute zu ermutigen, den Lobpreis Gottes zu singen.

Während des Gottesdienstes nehme ich mir oft Zeit, die Gläubigen aufzufordern, in ein bestimmtes Lied hineinzukommen. Zu Beginn der Messe, wenn ich meinen Platz als Vorsteher erreicht habe und wir ein Loblied singen und es so klingt, als würde die Hälfte der Messbesucher an einem Kongress für Bauchredner teilnehmen, fordere ich die Leute auf, noch einmal zu beginnen und den Refrain nochmals zu singen. Dabei ist es wichtig, dass das nicht als Zurechtweisung empfunden wird, die aus einer Frustration kommt, sondern als fröhliche Einladung zu kosten und zu sehen. Es ist ein Wort der Ermutigung und Erinnerung daran, mit einer jahrelangen Gewohnheit zu brechen, und eine Aufforderung, unsere Herzen auf die Anbetung der Eucharistie einzustimmen. Manchmal mache ich das auch bei der Gabenbereitung oder nach der Kommunion, wenn es einfacher ist, andächtig einen Kehrvers zu singen, ohne dabei auf die Bildschirme schauen zu müssen. Diese Aufforderung zum Lobpreis Gottes funktioniert im Allgemeinen natürlich nur dann, wenn wir Lieder zum Lobe Gottes singen.

4. Predigten

„Weh mir, wenn ich das Evangelium nicht verkünde!“ (1 Kor 9,16)

Wir kommen zum dritten der drei sprichwörtlich wichtigen Elemente einer Pfarreierneuerung. In *Evangelii Gaudium* machte Papst Franziskus den möglicherweise ersten offiziellen schriftlichen päpstlichen Witz, als er das Predigen in der katholischen Kirche beschrieb. Er sagte, dass die Laien, „wie die geweihten Amtsträger selbst, oft leiden, die einen beim Zuhören, die anderen beim Predigen“ (EG 135). Leider trifft das oft zu. Der heilige Paulus sagte, dass der Glaube von dem kommt, was man hört, und das, was man hört, kommt durch das Wort Christi (vgl. Röm 10,17). Der Aufruf zum Glauben durch die Verkündigung des Wortes Gottes ist es, was die, die ihn hören und annehmen, zum „Gehorsam des Glaubens“ (Röm 1,5) führt. Das Wort Gehorsam (griechisch *hupakoe*) heißt wörtlich *von unten zuhören*.

Predigen macht einen großen Teil des priesterlichen Dienstes aus. Heute wird das nicht-liturgische Predigen immer mehr ein wesentlicher Teil der vielfältigen Dienste in einer normalen Pfarrgemeinde. Wir müssen lernen, dies gut zu machen und dabei unser Bestes zu geben. Wir dürfen allerdings nicht unseren Hintergrund vergessen. Nach den Religionskriegen des 16. Jahrhunderts reagierten die protestantischen Reformatoren auf das, was sie für eine mangelnde Betonung des Wortes Gottes und des Predigens hielten. Nach der Reformation ging der Streit um Sakramente oder das Wort Gottes weiter, bis dann das Konzil von

Trient die zentrale Bedeutung der Sakramente im Leben der Kirche bestätigte. (Das war natürlich eine falsche Gegenüberstellung. Es hätte nie eine Frage von Entweder-oder werden sollen. Beide, sowohl die Sakramente als auch das Wort Gottes, sind von grundlegender Bedeutung.) Das Ergebnis davon ist, dass solide biblische Predigten nicht zu den starken Charakteristika der modernen katholischen Kirche gehörten, und selbst 50 Jahre nach dem Vatikanischen Konzil kämpfen wir immer noch damit, die klaren Richtlinien unserer Konzilsväter umzusetzen.

Festmahl oder Fast Food?

Wenn wir die Aufgabe des Predigens angehen, dürfen wir nicht vergessen, dass das Wort Gottes ein Festmahl ist und kein Schnellimbiss. „Lang“ und „kurz“ sind relative Begriffe und müssen im Licht unserer eigenen Gemeindekultur und -praxis betrachtet werden. Nach der Veröffentlichung von *Evangelii Gaudium* gab es nicht wenige Witze über mich, als die Bemerkung von Papst Franziskus bekannt wurde, dass Predigten kurz sein sollten. Ich beeilte mich zu entgegnen, dass Papst Franziskus damit sagen wollte, dass die Predigt nicht die Form einer Rede oder einer Vorlesung haben solle und dass nach seiner Definition „lang“ eine ganze Stunde bedeute!

„Der Prediger mag fähig sein, das Interesse der Leute eine Stunde lang wach zu halten, aber auf diese Weise wird sein Wort wichtiger als die Feier des Glaubens.“ (EG 138)

An Sonntagen predige ich 15-20 Minuten und ich entschuldige mich nicht dafür. Der Predigtdienst ist sehr wichtig und wir sollten ihn ernst nehmen. Er ist mit das Wichtigste, was wir tun, und deshalb müssen wir das sehr gut hinbekommen.

Ich glaube nicht, dass die Leute in unseren Bänken, die wirklich nach dem Wort Gottes hungern, genug Nahrung für die vor ihnen liegende Woche bekommen, wenn ihnen nur fünf Minuten dauernde

Predigthäppchen gereicht werden. Eine Verpflichtung zu kraftvollen Predigten, die einen Zweck verfolgen, werden von denen, die hungrig sind, wohlwollend aufgenommen werden, aber von denen, die keine Sehnsucht haben, werden sie abgelehnt werden. In all unseren Gemeinden würde ein Teil der Gläubigen jubeln, wenn wir verkündeten, dass wir nur noch Fünf-Minuten-Predigten halten werden. Und sie würden noch mehr jubeln, wenn wir ihnen sagen würden, dass wir das Predigen ganz abschaffen. Aber es ist die Aufgabe des Hirten, seine Schafe zu füttern, und ich bin nicht der Meinung, dass das Maß für alle bestimmt wird durch das, was die Schafe erhalten, die keinen Hunger haben. In manchen Kreisen der unterschiedlichen Pfarrgemeinden, in denen ich war, schien man die Predigt für einen aufdringlichen Zusatz zu halten, den man über sich ergehen lassen müsse, der kein wesentlicher Bestandteil der liturgischen Feier sei und nur die Zeit bis zum Kommunionempfang und bis zum Nach-Hause-Weg in die Länge ziehe.

Wenn wir dem Stil und dem Inhalt unserer Predigten mehr Aufmerksamkeit schenken würden, dann könnten wir sie vielleicht weniger zu einem Durchhaltetest machen und mehr zu einem frohen Glaubensfest. Papst Franziskus hat uns immer wieder auf die Bedeutung der Erstverkündigung (Kerygma) hingewiesen. Er erinnert die Kirche in *Evangelii Gaudium* daran, dass sie an erster Stelle steht, aber „nicht, weil sie am Anfang steht und dann vergessen oder durch andere Inhalte, die sie übertreffen, ersetzt wird“ (EG 164). Demnach muss Predigen immer christuszentriert und evangeliumsbezogen sein. Paulus sagt: „Wir verkündigen Christus als den Gekreuzigten“ (1 Kor 1,23). Jede Predigt, gleich vor welcher Hörerschaft – ob am Sonntag oder Wochentag, bei Hochzeit oder Begräbnis – sollte Jesus Christus verkündigen, sein Leben, seinen Tod und seine Auferstehung und das neue Leben, das man in ihm durch ein Leben in Glaube, Hoffnung und Liebe finden kann. Jedes Mal, wenn wir predigen, sollten wir das klar verkündigen und dazu einladen, dem zu antworten, der gesagt hat:

„Kommt alle zu mir, die ihr euch plagt und schwere Lasten zu tragen habt. Ich werde euch Ruhe verschaffen“ (Mt 11,28). So können die Zuhörer zu jener notwendigen persönlichen Begegnung mit Jesus geführt werden, die der Ausgangspunkt ist, um sein Jünger zu sein.

Wenn wir predigen, müssen wir bewusst zur ganzen Person sprechen – zu ihrem Verstand, ihrem Herzen, ihrem Gewissen und ihrem Willen. Unser liturgisches und nicht-liturgisches Predigen sollte intelligent und informativ sein, aber nicht wie eine akademische Vorlesung wirken. Prediger sollten immer der Versuchung widerstehen, zu zeigen, wie gescheit sie sind, oder all die großen Worte zu gebrauchen, die sie während ihres Theologiestudiums gelernt haben. Exegese sollte das Fundament unserer Predigt sein und Fundamente sind immer verborgen. Das ist für uns in der heutigen Kirche ein echter Kampf, das Ergebnis schlechter Ausbildung in den Seminaren und theologischen Fakultäten. Diese Ausbildungsstätten sind akademische Einrichtungen, wo ein Predigtkurs, oftmals gehalten von einem Akademiker, der wenig pastorale Erfahrung hat, nur eins von ca. 40 theologischen Fächern ist, die die Priesterausbildung ausmachen. Seminaristen werden vier bis fünf Jahre lang ausgebildet, hören täglich Predigten, die von Professoren in einem überintellektualisierten Umfeld gehalten werden. Da ist es dann kein Wunder, dass Predigten vom durchschnittlichen katholischen Kirchenbesucher als trocken und langweilig empfunden werden. Ich habe schon oft scherzend gesagt, dass man einen Predigtkurs im Seminar mit *Einführung ins langweilige Predigen* betiteln könnte und den Fortgeschrittenen-Kurs könnte man nennen: *Wie man seine Gläubigen in 5 Minuten zum Einschlafen bringt.*

Dem ganzen Menschen predigen

Jemand hat gesagt, die größte Entfernung im Universum seien die 20 bis 30 cm vom Gehirn zum Herzen. Wir sind Kinder der

Aufklärung und fühlen uns oft wohler, wenn es ums Hirn und nicht ums Herz geht, also eher mit dem Begriff von etwas als mit der Wirklichkeit selbst. Als Jesus gefragt wird, welches das oberste Gebot sei, bezieht er sich auf die bekannte Stelle im Buch Deuteronomium, genannt *Sh'ma* (Höre, Israel): „Du sollst den Herrn, deinen Gott, lieben mit ganzem Herzen, mit ganzer Seele und mit ganzer Kraft“ (Dtn 6,5). Es ist interessant, dass in keinem der synoptischen Evangelien (Matthäus, Markus und Lukas) diese Stelle so zitiert wird. Im Markusevangelium hören wir, dass wir Gott mit ganzem Herzen, mit ganzer Seele, mit Gedanken und Kraft lieben sollen. Bei Matthäus sollen wir Gott nur mit Herz, Seele und Gedanken lieben und Lukas gibt uns die Reihenfolge Herz, Seele, Kraft und Gedanken. Wir können daraus schließen, dass, obwohl Jesus die Rolle der Gedanken neu betont, es in erster Linie ums Herz geht, wenn wir von Liebe sprechen. So funktioniert jede Beziehung und so sollte es auch in unserer Beziehung zu Gott sein.

Zu den Herzen sprechen heißt, zu versuchen, die Menschen emotional zu berühren. Wir haben es mit hungrigen, unruhigen Herzen zu tun, welche eine Ruhe suchen, die nur Gott geben kann. Wir verkünden eine „Frohe“ Botschaft, also sollte die Emotion, die wir durch unsere Predigt hervorrufen, die Freude sein! Ich frage mich und andere oft, ob die Menschen das, was ich sage, als Frohe Botschaft erfahren, wie herausfordernd meine Predigt auch immer ist. Ein Zeichen dafür, ob unsere Leute sich über das freuen, was sie hören, ist ein Lächeln oder Lachen. Das ist die menschlichste Reaktion auf eine gute Nachricht. Es ist ein Zeichen für eine gute Predigt, wenn die Leute wenigstens einmal gelacht haben. Die Frohe Botschaft ist freudig, das Leben ist komisch und es gibt viele großartige Witze oder lustige Geschichten, die gelegentlich von einem Prediger verwendet werden können, vorausgesetzt, sie haben etwas mit dem Thema der Predigt zu tun. Wenn Leute lachen, dann passiert biochemisch etwas im Gehirn – sie entspannen sich und werden positiv auf das eingestellt, was Sie zu sagen haben. Ich glaube, dass die Leute in meiner Pfarrgemeinde schon gemerkt haben, dass wahrscheinlich gleich eine schwierige und herausfordernde Botschaft kommt, wenn sie zu Beginn der Predigt viel lachen.

Im zweiten Kapitel der Apostelgeschichte hören wir, dass Petrus eine herausfordernde Predigt gehalten hat, die übrigens mit einem Scherz begann – dass sie nicht betrunken seien, denn es war erst 9 Uhr morgens. Am Ende seiner mutigen und gewagten Verkündigung (Kerygma), bei der er den Menschen sagte, dass sie Jesus „durch die Hand von Gesetzlosen ans Kreuz geschlagen und umgebracht" hätten (Apg 2,23), erzählt uns Lukas, der die Apostelgeschichte geschrieben hat, dass es die Zuhörer des Petrus „mitten ins Herz" traf (Apg 2,37). Diese nachpfingstliche Predigt ist ein wunderbares Beispiel dafür, wie man zum Gewissen spricht. Petrus verkündete eine schwierige Botschaft. Er war deutlich in dem, was er den Menschen vermitteln wollte. Sie wurden überführt und zu der Frage geführt: „Was sollen wir tun?" Wenn wir wirklich zur ganzen Person sprechen wollen, dann können wir nicht bei den Gedanken oder dem Herzen stehenbleiben, sondern wir müssen so ins Herz treffen, dass es zum Handeln führt. Damit spricht der Prediger den Willen an, denn fruchtbares Predigen wird die Menschen dazu bringen, eine Entscheidung zu treffen: zu wählen.

Um das Gewissen und den Willen anzusprechen, müssen die Prediger genau wissen, was sie ihren Zuhörern vermitteln wollen und was diese tun sollen. Wenn der Prediger das nicht weiß, dann werden es auch die Menschen nicht wissen und die Predigt wird eine sinnlose Ansammlung von unzusammenhängenden Ideen sein, die auch durch die lustigste Geschichte nicht besser wird.

Ich habe herausgefunden, dass Twitter mir hilft, meine Predigt auf den Punkt zu bringen. Normalerweise gebe ich den Inhalt meiner Predigten in zwei Tweets weiter: In einem, der die Kernbotschaft meiner Predigt kommuniziert (das, was die Leute wissen sollen), und in einem, der beschreibt, was wir tun sollen. Wenn ich das nicht jeweils mit 140 Zeichen ausdrücken kann, dann habe ich und haben die, die mir zuhören müssen, ein Problem. Wenn die zentrale Botschaft einer Predigt nicht in einem Satz zusammengefasst werden kann, dann sollte sie vielleicht nicht gehalten werden. Mit der Zusammenfassung in einem Satz fange ich an, wenn ich meine Predigten ausarbeite. Dieser Kernsatz ist die Frucht von Reflexion und Gebet während der ganzen Woche und wird zum Mittelpunkt des Schreibprozesses einer Predigt.

Das Was und das Wie

Papst Franziskus hat uns in *Evangelii Gaudium* daran erinnert, dass es nicht genug ist, zu wissen was gesagt werden sollte, sondern der Prediger sollte sich auch bewusst sein, wie es gesagt werden soll (vgl. EG 156). Das trifft vor allem dann zu, wenn etwas Schwieriges in der Predigt vermittelt werden soll. Die erste Faustregel ist, immer in Liebe zu predigen. Im Epheserbrief (4,15) sagt Paulus, dass wir uns „von der Liebe geleitet, an die Wahrheit halten" sollen, damit wir in jeder Hinsicht auf Christus hin wachsen können. Wenn wir diese Stelle wörtlich übersetzen, dann müsste sie heißen: „wahrheiten in Liebe." Unsere Sprache kennt das Verb *wahrheiten* nicht. Aber wir können wahrhaftig sprechen, die Wahrheit leben und die Wahrheit sagen, und all das sollen wir in Liebe tun.

Prediger müssen genau auf ihre eigene Gemütslage achten, wenn sie sich auf die Predigt vorbereiten, damit sie keinesfalls aus einer Frustration oder Wut heraus sprechen. Das wäre tödlich. Über schwierige oder anspruchsvolle Wahrheiten darf nur aus Liebe gesprochen werden – aus einer konkreten Liebe zu den Menschen selbst, nicht aus Liebe zu einer abstrakten Wahrheit. Papst Franziskus spricht in schöner Weise über diese Aufgabe und stellt heraus, dass die Predigt „der Dialog zwischen dem Herrn und seinem Volk“ sei, der „durch die herzliche Nähe des Predigers, die Wärme des Tons seiner Stimme, die Milde des Stils seiner Sätze und die Freude seiner Gesten gefördert und gepflegt werden“ muss (EG 140). Dann äußert er seine Überzeugung, dass das, was den Menschen hilft, Jesu anspruchsvolle Botschaft anzunehmen, die Art und Weise ist, wie Jesus sie ansah, während er sprach. Er schaute sie voller Liebe an, er sah über ihre Schwächen und Fehler hinweg, und verurteilte sie nicht oder war gar wütend auf sie.

Der Schlüssel, auf diese Weise über Jesus zu sprechen, liegt in der Erfahrung, dass Jesus so zu uns gesprochen hat. Papst Franziskus sagt, dass es wesentlich sei für den Prediger, „die Gewissheit zu haben, dass Gott ihn liebt, dass Jesus Christus ihn gerettet hat und dass seine Liebe immer das letzte Wort hat“ (EG 151). Bevor ein Prediger die Bequemen aufrütteln und die Belasteten trösten kann, muss er selbst von diesem Wort aufgerüttelt und getröstet sein. Das ist die volle Bedeutung davon, dass das Wort Gottes ein „zweischneidiges Schwert“ ist (Hebr 4,12): es schneidet auf zwei Arten. Jene, die es wagen, das Schwert so zu handhaben, dass sie damit andere schneiden, müssen erst selbst geschnitten werden.

Wenn der Prediger zuerst selbst geschnitten wird, dann wird er so predigen wie einer, der zuerst hört und glaubt, ehe er anderen hilft zu hören und zu glauben. Die Predigt handelt immer vom Wir und Uns und nie nur vom Du. Diese eigene Verwundung durch die Klinge des Wortes Gottes ist der allerwichtigste Schritt bei der Predigtvorbereitung. Das erfordert Zeit im Gebet, ein Ringen mit dem Wort und der Kernbotschaft, die gepredigt werden soll. Ich habe festgestellt, dass in meinem eigenen Leben dieses Vorbereitungsgebet vor der Predigt immer mein fruchtbarstes war. Es kann sehr anstrengend sein. Wie oft habe ich das Lektionar geöffnet und gedacht „Nein! Ich mag diesen Abschnitt überhaupt nicht.“ Normalerweise sind das dann meine besten Predigten, denn sie führen dazu, dass ich mich wieder einem Teil der Schrift unterwerfe, den ich als besonders anspruchsvoll empfinde. In diesen Augenblicken wird mir zutiefst bewusst, dass die erste Person, zu der ich predige, ich selbst bin. Papst Franziskus sagt:

„Doch wenn er [der Prediger] nicht innehält, um das Wort Gottes mit echter Offenheit zu hören, wenn er nicht zulässt, dass es sein Leben anrührt, ihn in Frage stellt, ihn ermahnt, ihn aufrüttelt, wenn er sich nicht Zeit nimmt, um mit dem Wort Gottes zu beten, dann ist er tatsächlich ein falscher Prophet, ein Betrüger oder ein eitler Scharlatan." (EG 151)

Autsch!

Die Verwundbarkeit durch das zweischneidige Schwert des Wortes Gottes darf nicht nur bei der Vorbereitung eine Rolle spielen, sondern auch beim Predigen sichtbar werden. Papst Paul VI. hat gesagt, dass unsere Zeitgenossen nicht mehr auf Lehrer hören, sondern auf Zeugen. Die Menschen wünschen sich Authentizität. Das ist die erste Frage, die unsere Leute stellen, wenn wir eine Predigt beginnen: „Ist das echt?" Wenn es nur das kleinste Anzeichen dafür gibt, dass wir in unserer Predigt nicht authentisch sind oder dass wir etwas verstecken oder unsere Predigt als eine Art abgesicherte intellektuelle Übung sehen, dann werden unsere Worte nicht eingängig sein. Dann mag unser Predigen informativ sein, aber es wird nicht verwandeln.

Sei authentisch!

Wir müssen das vermitteln, was der Text uns sagt: dass wir von ihm herausgefordert werden, dass wir mit ihm kämpfen und nicht so sprechen, als hätten wir das alles schon umgesetzt. Verletzbar und authentisch mit unseren Gläubigen zu sein, sollte auch gelegentlich eine kleine persönliche Anekdote beinhalten, um den Punkt zu veranschaulichen. Das hilft den Menschen (hoffentlich), dass wir echt und glaubwürdig sind. Dabei sollten wir jedoch vorsichtig sein und es nicht übertreiben. Auf uns selbst Bezug zu nehmen, ist ein notwendiges rhetorisches Mittel in unserem gegenwärtigen Umfeld, ein Mittel, um besser die rettende Botschaft der Liebe Gottes verkünden zu können, die sich in Jesus offenbart. Wir predigen, um die Menschen zu Jesus zu führen, nicht zu uns selbst.

Schon recht früh in meinem Priesterleben habe ich einen weiteren wichtigen Aspekt dessen kennengelernt, was es heißt, authentisch und ehrlich beim Predigen zu sein. Es war an einem Freitagnachmittag während meiner ersten Monate als Priester. Ich kam relativ knapp zu der 17.15 Uhr Messe und war nicht richtig auf die fünfminütige Predigt vorbereitet, die ich halten wollte. Ich habe improvisiert. Eine Woche später bekam ich einen anonymen Brief von einem Teilnehmer an dieser Messe. Dieser Mann war jahrelang der Kirche ferngeblieben und an jenem Freitag zum ersten Mal wieder da. Er bemerkte, auch wenn er das nicht verärgert gesagt hat, dass ich offensichtlich gehetzt, zerstreut und unvorbereitet war. Er sagte, dass diese Messerfahrung ihn überhaupt nicht ermutigt habe, in die Kirche zurückzukehren. Was das Ganze noch tragischer machte, war die Tatsache, dass die Messe an jenem Tag für das Seelenheil seiner kürzlich verstorbenen Mutter gefeiert wurde. Wie Sie sich vorstellen können, hat mich das tief in mein Herz getroffen. Die Antwort auf die Frage: „Was soll ich tun?“ war offensichtlich: Ehrlich sein, echt sein, authentisch sein, verletzbar sein und niemals versuchen, etwas vorzuspielen.

Warum kam ich an dem Tag zu spät? Am Nachmittag war ich im örtlichen Krankenhaus und habe dort Patienten besucht. Ich war so in ein seelsorgerliches Gespräch verwickelt, dass ich die Zeit vergaß. Als ich aus dem unterirdischen Parkhaus des Krankenhauses herausfuhr, schrammte ich mit meinem neuen Auto an einem Betonpfeiler entlang und riss dabei meinen vorderen Kotflügel ab. Mir war fast schlecht. Wie sollte ich jemals Tausende Dollar für die Reparatur bezahlen, wo ich doch noch dabei war, den Kredit für mein Studium und für mein Auto zurückzuzahlen? Davon war mein Kopf voll, als ich zehn Minuten später bei der Kirche ankam, um mit der Messe zu beginnen. Ich weiß, dass meine Zerstreutheit verziehen werden konnte, aber was unverzeihlich war, war die Tatsache, dass ich die Messe zu feiern begann, als wäre nichts geschehen. Ich hatte versucht, etwas vorzuspielen und war gescheitert.

Einige Anregungen

Hier noch ein paar Tipps, die Predigern helfen sollen, ihre Predigt sinnstiftend und fruchtbar zu machen. Auch wenn sie nicht auf alle Leser dieses Buches zutreffen, finden Sie darunter vielleicht etwas Nützliches für Ihren Dienst.

- Informieren Sie sich so gut wie möglich bei Ihrer Predigtvorbereitung

Der Theologe Karl Barth sagte einmal, dass Prediger ihre Predigt mit der Bibel in der einen und der Zeitung in der anderen Hand vorbereiten sollten. Aktuelle Nachrichten sind immer in den Gedanken der Menschen, besonders jene, die existentielle Fragen betreffen, wie Naturkatastrophen, Erdbeben oder Wirbelstürme, schreckliche Dinge wie ein Amoklauf in einer Schule oder der Anschlag vom 11. September, moralische Vergehen oder heroische Taten. Papst Franziskus empfiehlt Predigern in *Evangelii Gaudium*, nicht zu versuchen, Fragen zu beantworten, die die Menschen nicht stellen. Nachrichten werfen Fragen auf und ein Prediger muss sich der Dinge bewusst sein, die seine Zuhörer beschäftigen. Wenn wir es verfehlen, das Offensichtliche anzusprechen, dann bestätigen wir den Verdacht, dass wir abgehoben seien und in einer anderen Welt leben. Eine andere Möglichkeit, ein Gefühl für die Fragen zu bekommen, die gestellt werden, ist, den Pfarrangehörigen zuzuhören. Jede Woche nehmen wir uns beim Mitarbeitertreffen Zeit, über die Texte des kommenden Sonntags nachzudenken. Schon oft wurde eine der dort gemachten Aussagen zum Mittelpunkt meiner Predigt.

- Predigen Sie über das, was verkündet wurde

Predigen Sie über die Heilige Schrift und predigen Sie über den Abschnitt, der in dieser Woche verkündet wird. Predigen Sie nicht über die Texte der Vorwoche oder über die Version bei Lukas, weil Ihnen die besser gefällt, als die von Matthäus. Predigen Sie nicht über Filme, über Romane, über Sport oder über die Nachrichten. Diese können Sie zur Unterstreichung Ihrer Predigtbotschaft erwähnen oder damit die Aufmerksamkeit auf einen bestimmten Punkt richten, aber wir müssen immer die Bibelstelle des Tages zur Geltung bringen.

- Starten Sie mit einem Aufhänger und bringen Sie das Flugzeug dann auf den Boden

Hier geht es um den Anfang und das Ende einer Predigt. Wenn ein Prediger diese gut macht, wird ihm vieles verziehen. Der erste Satz einer Predigt ist die einzige Chance, die wir haben, um einen guten ersten Eindruck zu machen. Machen Sie eine treffende, starke Anfangsaussage, die irgendwie im Zusammenhang mit dem Leben steht. Erzählen Sie eine Anekdote oder stellen Sie eine plötzliche Frage: „Wissen Sie noch, wo Sie waren, als …?“ „Haben Sie schon einmal …?“

Beim Abschluss geht es darum, das Flugzeug wieder auf den Boden zu bringen. Als ich einmal nach Halifax zurückflog, landeten wir an einem wirklich windigen Nachmittag. Das Flugzeug war ungefähr 30 m vom Boden entfernt, als plötzlich die Motoren wieder aufheulten und das Flugzeug wieder in den

Himmel stieg. Wir mussten ca. 40 Minuten lang kreisen, ehe die Windgeschwindigkeit fiel und wir eine Landeerlaubnis bekamen. Das erinnerte mich an Predigten, die ich im Laufe der Jahre gehört habe. Landen Sie das Flugzeug. Vermitteln Sie nicht den Eindruck, dass Sie am Boden aufsetzen wollen und dann starten Sie wieder durch. Ein guter Schluss kann durch den richtigen Einsatz einer *inclusio* verstärkt werden (ein Schluss, der Bezug nimmt auf den Aufhänger, die Geschichte oder das Bild, das am Anfang verwendet wurde), aber ich setze das sparsam ein und versuche, nicht zu vorhersehbar zu werden. Wenn ich eine Predigt vorbereite, dann sind Anfang und Schluss oft die letzten Bausteine.

- Sprechen Sie frei

Als ich einmal darüber sprach, wieviel Zeit ich mir nehme, um eine Predigt vorzubereiten, schaute mich ein Pfarrmitglied ehrlich verwundert an und sagte: „Die bereiten Sie vor? Ich dachte, Sie stehen einfach auf und predigen.“ Ich war nicht ganz sicher, ob ich das als Kompliment auffassen sollte oder als Beleidigung. Jeder, der jemals eine freie Predigt vorbereitet hat, weiß, dass viel dazu gehört, dass es so ausschaut, als hätte man einfach nur improvisiert. Die zusätzliche Arbeit ist es wert, denn so machen unsere Zuhörer die Erfahrung, dass sie wirklich in einen Dialog eintreten und nicht einem Monolog zuhören. Sogar eine nicht ganz ausgefeilte Predigt, die vorgetragen wird, ohne ständig in einen Text zu schauen, bezieht die Leute mehr ein als ein blendender Vortrag, der laut vorgelesen wird. Die meisten meiner Predigten sind frei. Das ist spannender und nervenaufreibender als die Sicherheit einer Textvorlage. Ich habe immer noch Lampenfieber vor der Predigt, denn so viel ich auch vorbereite, jedes Mal, wenn ich die gleiche Predigt halte, kommt sie doch immer ein wenig anders heraus. Manchmal hielt ich mich an einen Text, um ganz sicher zu sein – bei kontroversen Themen oder einem schwierigen

Begräbnis. Es gibt wirklich Fälle, bei denen man sehr präzise formulieren muss. Wenn ich frei predige, habe ich immer eine Reihe einfacher, schriftlicher Punkte, die mir helfen, den Faden nicht zu verlieren.

- Seien Sie demütig

Nähern Sie sich Ihrem Auftrag zu predigen mit Angst und Zittern (das ist wörtlich gemeint), aber glauben Sie fest daran, dass Gott Sie gebrauchen wird. Während ich zum Ambo gehe, um das Evangelium zu verkünden, oder wenn ich zuhöre, wie der Diakon das Evangelium verkündet, bete ich immer wieder dasselbe Gebet. Normalerweise lautet das ungefähr so: „Herr, hilf mir, nicht wie ein völliger Trottel da zu stehen. Gebrauche mich, komm, Heiliger Geist. Mach, dass ich dir nicht im Weg stehe. Lass mich nur deine Ehre suchen und dem Aufbau deines Reiches dienen." Ich glaube und habe dies auch erfahren, dass Gott dieses Gebet immer erhört.

Da gibt es die Geschichte von einem jungen Priester aus meinem Herkunftsland Schottland, der seine Kirche betrat und sehr selbstsicher beim Ambo ankam, vielleicht sogar mit einem Anflug von Arroganz. Er vermasselte dann seine Predigt und zog schließlich beschämt am Ende der Messe aus. Beim Hinausgehen sagte ein alter Mann zu ihm in breitem schottischen Dialekt: „Wenn Sie reingekommen wären, wie Sie hinausgegangen sind, wären Sie hinausgegangen, wie Sie reingekommen sind."

Als ganz bescheidener junger Seminarist kam der inzwischen verstorbene Bischof James Mahoney von Saskatoon zu Besuch und erzählte eine Geschichte, die ich nie vergessen werde. Er erzählte uns, dass er eines Sonntags in der Kathedrale gepredigt habe und den Eindruck hatte, dass die Predigt sehr gut und stark war. Nach der Messe kam ein junger Mann, sichtlich bewegt, zu ihm und sagte, dass diese Predigt für ihn eine lebensverändernde

Erfahrung war. Natürlich fragte der Bischof, welcher Teil der Predigt ihn denn so besonders berührt habe. „Naja, ich weiß nicht mehr wirklich, was Sie gesagt haben, aber an einem bestimmten Punkt haben Sie gesagt: ‚Das ist der Schluss des ersten Teils meiner Predigt, jetzt komme ich zum zweiten Teil.' Als Sie das gesagt haben, da hab ich sofort gewusst, dass mein altes Leben vorbei ist und dass ich neu anfangen muss."

- Glauben Sie nicht ihren Bewunderern

„Eine schöne Predigt, Herr Pfarrer." Das ist ein Kehrvers, den man in fast jeder katholischen Kirche hört, wenn die Gläubigen hinausgehen. Eine alte Dame hat das einmal zu mir gesagt – und dabei hatte ich nicht einmal gepredigt! Das Zweite Vatikanische Konzil hat uns gesagt, dass die Aufgabe, das Wort Gottes zu predigen, die wichtigste Aufgabe des geweihten Priesters sei. Wie in jedem Beruf dürfen wir niemals aufhören mit dem Versuch besser zu werden. Jeder Prediger kann besser werden. Einfache Techniken und Fähigkeiten können auch von den Predigern angewandt werden, die vielleicht das Amt oder die Aufgabe haben zu predigen, aber nicht notwendigerweise das Charisma oder die Gabe des Predigens. Suchen Sie eine Gruppe von Gläubigen, die Ihnen ein schonungslos ehrliches Feedback zu Ihrer Predigt gibt. Hören Sie sich Aufnahmen Ihrer Predigt an oder machen Sie ein Video davon. Sie werden möglicherweise überrascht sein, was Sie da sehen und hören. Wenn man in weltlichen Berufen danach streben kann, zu wachsen und besser zu werden, wie viel mehr sollten dann wir, die wir damit beauftragt sind, die rettende Botschaft Jesu zu verkünden, versuchen besser zu werden.

- Verwenden Sie bei Ihren Predigten Bildschirme

Viele sagen, dass wir schon jetzt in einer post-oralen Kultur leben. Wir sind audio-visuell Lernende. Ich möchte jetzt nicht die Frage diskutieren, ob das eine positive Entwicklung ist. Es ist einfach so. Es ist heute undenkbar, dass ein Vortragender irgendwo eine Präsentation macht und nichts auf einem Bildschirm hat. Niemals würde ein Manager seinem Vorstand eine Präsentation machen ohne PowerPoint oder eine Darstellung der Kernaussagen. Junge Leute werden pausenlos durch Visuelles stimuliert. Sie verbringen viele Stunden vor dem Fernseher, dem Computer oder dem Smartphone. Warum versuchen wir dann nicht genau das zu tun, wenn wir die größte Geschichte und die beste Nachricht von allen verbreiten?

In St. Benedict bereite ich 8 bis 10 Folien vor, die meine Predigt begleiten. Ich verwende sie nicht jede Woche, denn ich glaube, es ist gut, wenn man nicht völlig vorhersehbar ist. Mein Predigtstil lässt sich am besten mit dem der Ted-Talks vergleichen. Visuelle Notizen benutze ich nur sparsam. Meine Folien sind eher minimalistisch, oft enthalten sie nur ein einziges Wort, einen Satz oder ein Bild. Manchmal verwende ich auch ein kurzes Video zur Unterstützung meiner Botschaft. Manche Liturgie-Experten regen sich darüber auf, aber ich rufe Paulus zu meiner Verteidigung zu Hilfe – er hat gesagt: „Vielmehr ertragen wir alles, um dem Evangelium Christi kein Hindernis in den Weg zu legen“ (1 Kor 9,12). Ich wundere mich immer, wenn Angehörige meiner Pfarrei mir sagen, wie sehr diese visuelle Unterstützung ihnen und besonders ihren Kindern hilft, die Botschaft der Predigt zu behalten. Diese Bilder und Schlagworte können auch dem Prediger helfen, frei zu sprechen.

- Vermeiden Sie Predigten zu Einzelthemen

Wir sollten uns noch viel mehr bemühen, die Predigten für eine Pfarrgemeinde miteinander zu verbinden. Allzu oft sind unsere Predigten wie jene Fernsehshows, die jede Woche unzusammenhängende neue Inhalte haben. Sie kommen immer zur gleichen Zeit, finden am gleichen Ort statt und mit den gleichen Personen, aber sie haben nichts miteinander zu tun. Unsere Predigten sollten bewusst auf die vorhergehenden Predigten aufbauen und eher wie Fernsehserien sein, die einen durchgängigen Erzählstrang durch alle Folgen hindurch haben wie etwa *24*, *The Walking Dead*, *Homeland* oder *Downtown Abbey* – aber definitiv nicht wie *Lost*.

In Pfarrgemeinden mit mehr als einem Prediger an einem Wochenende sollte die Predigt nicht die Privat-Predigt des einzelnen Predigers sein, sondern Predigten, die die Pfarrgemeinde als Ganze braucht. Prediger sollten miteinander kommunizieren und sich darüber einigen, was sie den Menschen vermitteln wollen. Vor allem der Pfarrer sollte regelmäßig programmatisch predigen: über die Vision, den Plan und die Strategie der Pfarrgemeinde. Er sollte z. B. darüber sprechen, wohin wir gehen, warum wir uns verändern und warum wir die Dinge tun, die wir tun. Gelegentliche vierwöchige, im Voraus geplante Predigtzyklen zur Erörterung besonderer pastoraler Fragen können eine wirkliche Hilfe sein. Die Herausforderung dabei ist allerdings, dass die vorgegebenen Lesungen berücksichtigt werden.

- Genießen Sie es

Zuletzt sage ich ganz einfach: Lieben und genießen Sie, was Sie tun. Wenn es lästig und unangenehm für Sie ist, dann wird das auch für die Menschen so sein, die Ihnen zuhören müssen.

5. Echte Gemeinschaft

„Die Gemeinde der Gläubigen war ein Herz und eine Seele." (Apg 4,32)

Als ich am Ende einer Vorabendmesse vom Kircheneingang zurück in Richtung Sakristei ging, fiel mir eine junge Frau auf, die ganz allein in einer Bank saß. Sie schien traurig zu sein. Als ich aus der Sakristei herauskam und nach Hause gehen wollte, saß sie immer noch da. Ich ging zu ihr, setzte mich neben sie und wartete. Schließlich hob sie ihren Kopf und erzählte mir ihre Geschichte. Sie war eine Doktorandin an einer Universität auf unserem Pfarrgebiet. Jetzt war sie gestresst, voller Angst wegen ihrer Doktorarbeit und hatte in der letzten Zeit schlecht gegessen und geschlafen. Sie schien kurz vor einem emotionalen und physischen Zusammenbruch zu sein. Ihre Familie lebte in einer anderen Provinz und sie war allein in der Stadt. Ich zerbrach mir den Kopf darüber, was ich tun könnte, um ihr zu helfen. In einer halben Stunde sollte ich woanders sein und konnte das nicht verschieben. Ich rief Karen an, eine junge Frau aus unserer Pfarrgemeinde, die auch Doktorandin war und nur einen Block entfernt von unserer Kirche wohnte und – Gott sei Dank – zu Hause war. Wir schmiedeten rasch einen Plan. Ich würde diese junge Frau zu Karen bringen, ehe ich zu meinem Treffen weiterfuhr. Schon wenige Minuten nach unserer Ankunft bei Karen saß die junge Frau in eine Decke gewickelt im Schaukelstuhl und hatte eine Tasse Tee in der Hand. Während das Abendessen auf dem Herd köchelte, nahm Karen ihre Harfe heraus und begann eine schöne beruhigende Melodie zu spielen.

Diesen Tag werde ich nie vergessen. Mir ist der Unterschied der beiden Arten deutlich geworden, wie man auf diesen Menschen in Not reagieren kann. Eine relativ volle Kirche rund um diese Person, die offensichtlich Hilfe benötigte, hatte sich geleert. Diejenigen, die nach der Messe noch herumstanden, mussten sie gesehen haben, aber niemand hatte sich ihr genähert. Ich schreibe dies nicht als Vorwurf, denn ich glaube nicht, dass sie den Leuten egal war. Ich glaube eher, dass deren Verhalten von einer Haltung kam, die oft verhindert, dass wir in der Kirche eine innige, echte Gemeinschaft bilden: „Das geht mich nichts an."

„Bin ich der Hüter meines Bruders?" (Gen 4,9)

Erfahrungen wie diese lassen uns immer neu die Frage stellen, was wir meinen, wenn wir von „christlicher Gemeinschaft" sprechen, um unsere Pfarrgemeinden zu beschreiben. Christliche Gemeinschaft? Wirklich? Bildet eine einstündige Versammlung einer Gruppe oft isolierter und anonymer Einzelner unter demselben Dach schon eine Gemeinschaft? Ich glaube nicht. Wirkliche Gemeinschaft ist ein Ort, wo wir einander kennen und lieben. Es ist ein Ort, wo wir andere finden, denen gegenüber wir verantwortlich und die uns gegenüber verantwortlich sind. Das ist das Herz christlicher Gemeinschaft, griechisch: *koinonia*, was man mit „Kameradschaft" übersetzen kann. Als ich nach St. Benedict kam, wusste ich, dass die Frage echter Gemeinschaft eine große Herausforderung sein würde. Ich hatte noch nie so einer – für unsere Provinz – großen Pfarrgemeinde vorgestanden, in deren vier Sonntagsmessen im Schnitt 2.000 Gottesdienstbesucher pro Woche kamen. Jemand hat einmal gesagt, je größer du bist, desto kleiner musst du werden. Kleine Pfarrgemeinden haben dabei einen echten Vorteil gegenüber großen. Während der ersten Monate fing ich an, in den Predigten über die christliche Gemeinschaft zu sprechen. An einem Wochenende erinnerte ich die Leute an die Worte der Kennmelodie für die Fernsehshow *Cheers*. Ich zeigte das Cheers-Logo auf dem Bildschirm und spielte ihnen einen kurzen Auszug des Refrains vor:

> Manchmal möchtest du dorthin gehen,
> wo jeder deinen Namen kennt
> und wo alle froh sind, dass du gekommen bist.
> Du möchtest dort sein, wo du sehen kannst,
> dass alle die gleichen Sorgen haben.
> Du möchtest dort sein,
> wo jeder deinen Namen kennt.

Ist das nicht die Grundlage jeder menschlichen Gemeinschaft? Wenn das so ist, wieviel mehr sollte das dann für eine christliche

Gemeinschaft gelten? In der nächsten Woche gab mir jemand ein kleines Cheers-Zeichen aus Plastik, das den Refrain spielte, wenn man auf einen Knopf drückte. Ich bewahre dieses Zeichen in meiner Aktentasche auf. Immer wenn ich über Gemeinschaft spreche, nehme ich es heraus und spiele die Melodie vor. Jeder kennt das und manche singen sogar mit.

Wir haben in diesem Kapitel über Grundwerte und Prinzipien gesprochen. Werte drücken sich durch das aus, was wir tun, und nicht durch das, was wir sagen. Wenn Besucher aus dem Weltall oder von einer ganz anderen Kultur zu uns kämen und unser Verhalten beobachten würden, was würden sie sehen? Was für Schlüsse würden sie ziehen? Am Ende der Messe sagt der Priester oder der Diakon „Gehet hin in Frieden und verherrlicht den Herrn mit eurem Leben." Er könnte auch sagen: „Auf die Plätze, fertig, los!" Der verrückte Wettlauf zum Parkplatz könnte zur Annahme verleiten, dass jemand „Feuer!" gerufen hat oder dass es einen Preis gibt für den, der zuerst draußen ist.

In den ersten Monaten meiner Zeit in St. Benedict wurde ich nach einer Vorabendmesse beim Hinausgehen einmal von einer kleinen alten Dame mit einem Stock und anderen älteren Leuten überholt. Was kann man aus solch einem Verhalten schließen? Es ist verständlich, dass manche meinen, die meisten Menschen könnten es kaum erwarten, von dort zu verschwinden. Diesen Eindruck hat man am Schluss fast aller Messen. Wenn der Priester nach der Kommunion sagt: „Lasset uns beten", dann hören Sie einmal genau hin und Sie werden das Geräusch klimpernder Autoschlüssel hören, die schon für die Flucht vorbereitet werden. Wenn die christliche Gemeinschaft der Ort sein soll, an dem jeder deinen Namen kennt, dann scheinen wir einander zu sagen: „Ich möchte deinen Namen gar nicht kennen. Es ist mir ziemlich egal, dass du gekommen bist, deine Sorgen sind dein Problem und jetzt geh mir aus dem Weg."

Vor einigen Jahren hat unser Erzbischof, Anthony Mancini, einen schönen Hirtenbrief über die Neuevangelisierung geschrieben und zur Frage der Gemeinschaft darin angemerkt: „Die Kirche kann nicht eine Ansammlung einzelner Glaubender sein, die ihren Glauben im Privaten praktizieren, zufrieden mit ihrer Selbstgenügsamkeit." Die Wahrheit ist, dass die Kirche so sein kann, so war und traurigerweise oft so ist. Wenn die Kirche solch ein Zeichen des Widerspruchs gegenüber ihrer eigenen Natur ist, dann ist sie eine kranke und sterbende Kirche. Wenn die Erneuerung unserer Kirche stattfinden soll, dann ist die Frage der Gemeinschaft eine entscheidende und wesentliche Frage.

Dazugehören

Sozialwissenschaftler behaupten, dass heute die Frage der Zugehörigkeit und der Einsamkeit viel wichtiger ist als in der Vergangenheit. Das kulturelle Umfeld vor 50 Jahren war vom heutigen sehr verschieden. Damals gab es noch einen ausgeprägten Sinn für sittliches Verhalten und Umgangsformen in den Städten und Ortschaften. Die Menschen wussten, wie sie sich zu verhalten hatten und was sie glauben sollten. Manchmal waren Städte je nach Glaubensrichtung buchstäblich gespalten. Sich mit den anderen zu vermischen, konnte bedeuten, die eigene Lebensweise zu verlassen. Wenn man sich vor 50 Jahren gut benahm und richtig glaubte, dann gehörte man dazu. Wie hat sich das geändert. Jetzt leben wir in einer überindividualistischen, postmodernen Kultur. Die Generation X aus den geburtenstarken Jahrgängen der Babyboomer und die Generation Y, die in den frühen 80ern geboren wurde, werden nicht ein bestimmtes Verhalten an den Tag legen, nur weil das von ihnen so erwartet wird. Die meisten Menschen heute werden sich nur in einer bestimmten Weise verhalten, wenn dies mit ihren persönlichen Überzeugungen übereinstimmt. Autoritäts- oder Traditionsgründe haben für diese Generationen keine Geltung mehr.

Im Bereich des Glaubens stellen wir eine ähnliche Dynamik fest. Glaubenssysteme haben nur geringen Wert. Es gibt überhaupt kein Gefühl der Verpflichtung zu irgendetwas, was jenseits der jeweils eigenen persönlichen und privaten Überzeugungen liegt. Die meisten Menschen heute fühlen sich nicht genötigt, nach der Wahrheit zu suchen. Sie sind an einer Lehre oder einem Angebot, das zu einer systematischen, umfassenden Weltsicht führt, weitgehend uninteressiert. Die meisten Menschen heute treten weder einer Kirche bei aus Gründen des Glaubens oder der Lehre noch bleiben oder verlassen sie die Kirche deshalb. Das mag für manche unter uns traurig sein, aber wir müssen zur Kenntnis nehmen, dass das unsere neue Realität ist. Das ist der Charakter einer Generation, der wir das Evangelium zu verkünden berufen sind. Die meisten Menschen treten kirchlichen Gemeinden bei (bleiben dort oder verlassen sie wieder) nicht aus Glaubensgründen, sondern wegen eines Zugehörigkeitsgefühls, wegen der Gemeinschaft. Die alte Ordnung von Verhalten-Glauben-Dazugehören hat sich umgekehrt. Viele sind bereit, ihren Lebensstil und ihr Verhalten zu ändern, aber nur, wenn sie wirklich selbst daran glauben. Glaubensüberzeugungen werden nicht mit Predigten und durch Lehre verändert, sondern indem man Vertrauen aufbaut durch Beziehungen, durch Anteilnahme, durch Zugehörigkeit.

Diese neue Wirklichkeit hat für die Kirche enorme Auswirkungen. Erstens: Wenn wir versuchen, für eine jüngere Generation attraktiv zu sein, ist der Zustand der Gemeinschaft einer durchschnittlichen Pfarrgemeinde eine große Belastung. Zweitens müssen wir zugeben, dass die Art und Weise, wie wir Pastoral betreiben, fast gänzlich vom bisherigen Muster „Verhalten – Glauben – Dazugehören“ bestimmt ist. Wie können wir die Kultur unserer Pfarrgemeinde so umgestalten, dass wir nach dem Modell „Dazugehören – Glauben – Verhalten“ zu leben beginnen? Sind wir als Kirche bereit und willens, denen, die nicht glauben, was wir glauben, oder die sich nicht so verhalten, wie wir meinen, dass sie sich verhalten sollten, Gelegenheit zu echter und authentischer Erfahrung von Zugehörigkeit zu geben? Wie wollen wir das tun, wenn die einzige Gelegenheit, bei der wir uns als Gemeinschaft versammeln, die Eucharistiefeier ist, die schon dem Wesen nach ein gewisses Maß an Glauben und gutem Verhalten voraussetzt, bevor sich ein völliges Zugehörigkeitsgefühl einstellen kann? Es ist die uralte Frage, ob wir bereit sind hinauszugehen auf die Straßen und Gassen, um die Guten und Bösen einzuladen. Es geht darum, an die Ränder zu gehen zu den Ausgegrenzten und die Klub-Mentalität zu zerschlagen, die es in fast allen Pfarrgemeinden gibt, die eben für jene da sind, die eh das Gleiche glauben und auf die gleiche Weise handeln.

Wenn wir das verstanden haben, dann lautet die Frage: Sind wir bereit, denen Erfahrungen des Dazugehörens zu ermöglichen, die noch nicht glauben und die sich noch nicht entsprechend verhalten? Es handelt sich um die übliche Unterscheidung zwischen der *lex gradualitatis*, dem Gesetz der Schritte, und der *gradualitas legis*, einer Abstufung des Gesetzes. Das ist eine Begrifflichkeit aus der Moraltheologie. Es bedeutet, dass wir an unserem Moralkodex, unserem Sinn für Richtig und Falsch festhalten und gleichzeitig dem nahe sind, der sich schrittweise bewegt, verändert und verwandelt. Wir lieben diesen Menschen hinein in das Reich Gottes, in die Kirche und auf den Weg der Jüngerschaft. Das ist ein schrittweiser Weg, der nicht festgelegt oder beschränkt werden kann. Wir müssen bereit sein, jeden Menschen auf seinem Weg zu begleiten, der aus einer Erfahrung von Gemeinschaft heraus darangeht, seinen Glauben auf neue Beine zu stellen und dem Herrn zu erlauben, sein Leben zu verändern (Dazugehören – Glauben – Verhalten).

Evangelii Gaudium sagt uns: „Die Kirche muss der Ort der ungeschuldeten Barmherzigkeit sein, wo alle sich aufgenommen und geliebt fühlen können, wo sie Verzeihung erfahren und sich ermutigt fühlen können, gemäß dem guten Leben des Evangeliums zu leben" (EG 114). Wenn ich über diese Wahrheit nach Jahren im priesterlichen Dienst nachdenke, scheint mir das fast selbstverständlich. Ich muss zugeben, dass ich erschaudere, wenn ich an viele seelsorgliche Situationen zurückdenke, als ich ein junger Priester war und den Dienst nach dem Modell „Verhalten – Glauben – Dazugehören" ausgeübt habe. Ich denke an das junge Paar, das zur Ehevorbereitung zu mir kam und das weder dazugehörte noch glaubte oder sich entsprechend verhielt. Womit habe ich begonnen? Ich verbiss mich in ihr Verhalten. Sie lebten zusammen, sie gingen nicht in die Kirche. Egal, wie vorsichtig oder liebevoll ich das anging, bei denen, die mit dem Glauben nichts im Sinn hatten, ganz zu schweigen von ihrer fehlenden Zugehörigkeit, brachte das keine Frucht.

Am Anfang habe ich versucht, durch Verhaltensänderungen eine Erneuerung der Pfarrgemeinden herbeizuführen. Ich war überzeugt, dass alles funktionieren würde, wenn ich oft genug über die Notwendigkeit des geistlichen Wachstums, Engagement in der Pfarrgemeinde und Großzügigkeit bei der Kollekte predigen würde und genug Gelegenheiten schaffen würde, an denen Pfarrmitglieder an Aktivitäten teilnehmen können, die ihr Verhalten ändern. Ich war überzeugt, dass wir, wenn wir für den Katechismusunterricht die richtigen Bücher mit den richtigen Inhalten zur Verfügung stellen würden, einen Glaubenswandel erleben könnten. Nach Jahren, in denen ich mich fast zu Tode gearbeitet hatte, sah ich, mit wenigen Ausnahmen, dass die gleichen 10-15% Pfarrangehörigen von diesem Angebot zu reifen Gebrauch machten und dass die gleichen 85-90% ohne jede Veränderung in ihren Bänken saßen. In diesem Abschnitt möchte ich einige Praxisbeispiele und Hilfsmittel betrachten, mit denen wir uns in St. Benedict beschäftigt haben, um die Frage nach echter, wirklicher Gemeinschaft anzugehen.

Alpha

Ich bin ein großer Fan von Alpha-Kursen seitdem wir 2001 zum ersten Mal einen solchen in meiner Pfarrgemeinde angeboten haben. Erinnern Sie sich an die Geschichte über die Kartenclubs, von denen ich in der Einleitung sprach? Nach dem ersten Alpha-Kurs wusste ich, dass er funktionierte. Die Hungrigen wurden gespeist, die Lauen wurden zum Leben erweckt und Nicht-Kirchgänger und sogar Nichtglaubende kamen zum Glauben an Jesus und kehrten in die Kirche zurück. Die Leute wollten sich gerne in der Pfarrgemeinde engagieren, sie sehnten sich nach mehr und die Kollekte stieg an! Noch nie vorher hatte ich in der Pastoral solche Früchte für das Apostolat gesehen als Folge eines vollen Einsatzes von Zeit und Energie. Dieser Kurs war in der Lage, Menschen aus verschiedenen Milieus und Glaubensniveaus anzusprechen und zu berühren. Worin lag das Geheimnis seines Erfolges? Was machte dieses Programm so anders? Mir wurde klar, dass dieses Instrument die Erstverkündigung auf überzeugende Weise darlegte, aber Gleiches taten auch andere Programme. Oberflächlich betrachtet ist Alpha ein zehn Abende umfassender Weg, der in den christlichen Glauben einführt. Jeder Abend beginnt mit einem gemeinsamen Essen oder irgendeiner Form von gemeinsamer Mahlzeit in einer lockeren Atmosphäre. Dann gibt es einen Vortrag über ein Thema aus dem Bereich des Kerygmas. Nach dem Vortrag nimmt man sich Zeit für Kleingruppen, die aus acht oder zehn Gästen und mindestens zwei Leitern bestehen. Der Zweck der Kleingruppen ist nicht, zu lehren, sondern zuzuhören und ein Gespräch zwischen den teilnehmenden Gästen zu ermöglichen.

Ein Blick hinter die Kulissen von Alpha zeigt, dass das Geheimnis seines Erfolgs die Tatsache ist, dass er nach dem Evangelisierungssprinzip „Dazugehören – Glauben – Verhalten“ vorgeht. Er entspricht in idealer Weise der Mentalität des postmodernen Menschen. Das erste Ziel von Alpha ist es, eine warme, gastfreundliche, nicht bedrohliche, stressfreie und nicht wertende Atmosphäre zu schaffen, in der die Gäste bedingungslos geliebt und angenommen werden. Sie werden mit Worten und durch das Verhalten der Gastgeber ermutigt, authentisch und ehrlich zu sein. Niemand korrigiert sie wegen ihrer unorthodoxen (oder sogar verrückten) Glaubensüberzeugungen, ihrer Zweifel oder ihrer Kämpfe. Niemand urteilt über ihren Lebensstil. Während des zehnwöchigen Kurses beginnt das Vertrauen zu wachsen, zum Beispiel durch das gemeinsame Essen, und die Teilnehmer machen die Erfahrung, dass ihnen in den Gruppen zugehört wird. Während das Gefühl für Zusammengehörigkeit wächst, verlieren sie ihre Scheu und nehmen die Botschaft der Vorträge auf. In diesem Augenblick beginnt die Wahrheit Jesu und seines Evangeliums an die Tür ihres Herzens zu klopfen. Am Ende der zehn Wochen hat dieser Prozess viele von ihnen zu einer persönlichen Begegnung mit Jesus geführt und zu einer Entscheidung, ihm zu folgen. Was nach dem Wandel ihres Glaubens passiert, ist eine Neubewertung ihres Lebensstils und ihres Verhaltens. Damit beginnt der Weg als Jünger.

Ich habe in all meinen Pfarrgemeinden seit 2001 Alpha-Kurse durchgeführt und ich bin nun sogar noch überzeugter, dass dies das wirksamste Hilfsmittel ist, das ich bisher gefunden habe. Es mag ein anderes geben, aber ich habe es noch nicht entdeckt. Ich habe alle meine Pfarrgemeinden sich verändern sehen, weil wir Alpha in den Mittelpunkt unserer Bemühungen zur Evangelisierung gestellt haben, und ich habe in meiner jetzigen Pfarrgemeinde Alpha sogar noch erweitert. In St. Benedict ist klar, dass Alpha nicht nur eines von vielen Programmen ist, die wir verwenden, sondern dass es grundlegend für unsere Identität als missionierende und evangelisierende Pfarrgemeinde ist. Kürzlich haben wir acht parallel stattfindende Alpha-Kurse beendet mit über 350 Gästen, von denen ein Drittel Nicht-Kirchgänger waren.

Bei uns gibt es Alpha-Kurse untertags, Freitagabend-Alpha, Donnerstagabend-Alpha, Pub-Alpha, Sushi-Alpha (wir belegen dabei ein ganzes Sushi-Restaurant) und Jugend-Alpha in der Pfarrgemeinde und im lokalen öffentlichen Gymnasium, Alpha in einem Gemeindezentrum, Haus-Alpha (in Privathäusern) und Alpha im Gefängnis. All diese Kurse werden von Pfarrangehörigen abgehalten, von denen viele Umkehr und Verwandlung durch ihre eigene Alpha-Erfahrung erlebt haben. Wir haben durch Alpha eine echte Armee von Evangelisierern gewonnen, die eine Atmosphäre der Zugehörigkeit ermöglichen, damit Gäste die Frohe Botschaft von Jesus Christus hören und aufnehmen können. [Mehr dazu auf folgenden Webseiten: alpha.org/catholics, alphakurs.de, alphakurs.at, alphalive.ch.]

Papst Franziskus zeigt in seinem Lehrschreiben *Evangelii Gaudium*, dass er den Alpha-Ansatz unterstützen würde: „Von dem, der evangelisiert, werden demnach bestimmte Haltungen verlangt, die die Annahme der Verkündigung erleichtern: Nähe, Bereitschaft zum Dialog, Geduld, herzliches Entgegenkommen, das nicht verurteilt“ (EG 165). Trotz dieser Bestätigung für den Evangelisierungsstil werden in katholischen Kreisen zwei verbreitete Einwände gegenüber Alpha als Instrument zur Erfüllung des Auftrags Jesu vorgebracht. Der erste ist, dass der Kursinhalt begrenzt sei und wesentliche Aspekte der kirchlichen Lehre auslasse. Der zweite lautet, dass dieser Kurs aus einem nicht-katholischen Hintergrund kommt und von einer großen Vielfalt von Christen aller Ausdrucksformen und Richtungen benutzt werde und dass er daher für Katholiken verwirrend sei.

Ich habe meine Ansicht schon dargelegt, wie notwendig es ist, dass das Kerygma (die Erstverkündigung) gehört wird und darauf geantwortet werden muss, bevor eine authentische und umfassende Evangelisierung stattfinden kann. Daher ist es notwendig das Kerygma von der *didache*, der Lehre oder

Katechese, zu trennen. *Evangelii Gaudium* sagt dazu: „Eine Seelsorge unter missionarischem Gesichtspunkt steht nicht unter dem Zwang der zusammenhanglosen Vermittlung einer Vielzahl von Lehren, die man durch unnachgiebige Beharrlichkeit aufzudrängen sucht. Wenn man ein pastorales Ziel und einen missionarischen Stil übernimmt, der wirklich alle ohne Ausnahmen und Ausschließung erreichen soll, konzentriert sich die Verkündigung auf das Wesentliche, auf das, was schöner, größer, anziehender und zugleich notwendiger ist. Die Aussage vereinfacht sich, ohne dadurch Tiefe und Wahrheit einzubüßen, und wird so überzeugender und strahlender." (EG 35)

Und schließlich findet der Papst, dass ein ökumenisches Fundament, wie es Alpha hat, in keiner Weise eine Last darstellt, sondern etwas ist, das die Effektivität unserer Bemühungen noch verstärken wird: „Wenn wir uns auf die Überzeugungen konzentrieren, die uns verbinden, und uns an das Prinzip der Hierarchie der Wahrheiten erinnern, werden wir rasch auf gemeinsame Formen der Verkündigung, des Dienstes und des Zeugnisses zugehen können. Die riesige Menge derer, die die Verkündigung Jesu Christi nicht angenommen haben, kann uns nicht gleichgültig lassen. Daher ist der Einsatz für eine Einheit, die die Annahme Jesu Christi erleichtert, nicht länger bloße Diplomatie oder eine erzwungene Pflichterfüllung und verwandelt sich in einen unumgänglichen Weg der Evangelisierung." (EG 246)

Der Sonntagmorgen

Alpha ist die Tür, durch die viele Menschen anfangen können, den Weg der Jüngerschaft zu gehen. Allen, die einen Alpha-Kurs absolviert haben, bieten wir eine große Auswahl katechetischer Programme, damit sie ihren Weg der Glaubensbildung und des Glaubenswachstums weiterführen können. Früher oder später erreicht eine Pfarrgemeinde, wenn sie Alpha-Kurse anbietet, einen

Punkt, an dem eine größere Anzahl an Pfarrangehörigen durch diese Erfahrung berührt worden ist. Wenn das geschieht, dann beginnt sich auch die Erfahrung der Sonntagsmesse zu ändern. Ich möchte gerne über drei besondere Veränderungen sprechen, die wir in unserer sonntäglichen Eucharistiefeier eingeführt haben und die ein Versuch waren, etwas von Alpha aus dem Keller (in dem unser Pfarrsaal ist) in den Altarraum zu bringen.

- Namensschild-Sonntag

Ja, es ist, was Sie denken. Namensschilder für 2.000 Leute! Wir machen das einmal im Monat. Pfarrangehörige bringen ihre eigenen Namensschilder und wir stellen im Eingangsbereich Tische auf, wo Leute, die keines mitgebracht haben, ihren Namen auf Klebeschilder schreiben können, ehe sie die Kirche betreten. Die Idee dazu bekam ich von einem meiner Pfarrangehörigen. Während meiner ersten Monate in St. Benedict hörte ich, dass eine bestimmte Dame etwas verärgert über mich sei. Als ich schließlich mit ihr sprach, erzählte sie mir, warum. „Nach der Messe begrüßen Sie immer meinen Mann mit seinem Namen, aber Sie nennen mich nie bei meinem.“ Ich wusste genau, wer sie war. Sie war Freds Ehefrau und der Grund, weshalb ich wusste, dass sie Freds Frau war, ist, dass Fred jede Woche die gleiche Jacke bei der Hl. Messe trug, eine Jacke, auf der sein Name auf der einen Schulter aufgedruckt war. Genauso wie es im schon erwähnten Cheers-Lied gesungen wird, wir sehnen uns wirklich sehr danach, dorthin zu gehen, wo man unseren Namen kennt.

Ich betrachte die Sache realistisch. Ich weiß, dass es sozial und psychologisch unmöglich ist, herzliche Gefühle für 600 Menschen in der Kirche zu haben. Wir können keine herzliche und enge Beziehung zu jedem haben oder jedermanns Namen wissen, aber wir können uns bemühen. Wir können zumindest etwas dazu tun, um zu zeigen, dass es uns wichtig ist. Wir wollen dem anonymen

Christsein den Krieg erklären. Also bekommt jeder einmal im Monat ein Namensschild.

Es ist jetzt über drei Jahre her, dass wir mit dieser Initiative begonnen haben. Der Widerstand war gering. Am ersten Wochenende rechnete ich damit, dass ich am Montagmorgen den üblichen Schwall an Beschwerden und anonymen Briefen bekommen würde. Ich bekam nur zwei Beschwerden und beide beklagten sich, dass wir das nicht jede Woche tun. Obwohl wir nie den Namen von jedem wussten, so ist es doch so, dass bei wenigstens 2.500 regelmäßigen Kirchenbesuchern (nicht jeder kommt jede Woche) fast alle wöchentlich die gleiche Messe besuchen und die meisten sitzen in den gleichen Bänken. Weil wir Gewohnheitstiere sind, ist es möglich, selbst bei der Sonntagsmesse damit anzufangen, die Wand der Anonymität zu durchbrechen und den ersten Schritt zu tun, um zu einer echten Gemeinschaft zusammenzuwachsen, die diesen Namen verdient.

- Gebetspartner während der Messe

Weil es das einzige Mal ist, dass sich die gesamte Gemeinde versammelt, war ich in all den Jahren als Priester nicht ganz sicher, ob ich die begrenzte Zeit der Sonntagsmesse zur Gemeinschaftsbildung verwenden sollte. Zu Beginn der Messfeier gibt es nach dem Kreuzzeichen und dem liturgischen Gruß einen Moment, der für ein Begrüßungswort geeignet ist, ehe wir mit dem Bußritus beginnen. Wie ich diese Zeit nutze, das hat sich im Laufe der Jahre verändert. Ein herzliches Willkommen, besonders an alle regelmäßig kommenden Pfarrmitglieder, an Besucher und Gäste kommt immer gut an. Von dort ausgehend haben wir begonnen, auf verschiedene Art und Weise die Leute einzuladen, sich umzudrehen und die Menschen um sich herum wahrzunehmen. Angefangen mit der Aufforderung, dem Nachbarn „Guten Morgen!" zu wünschen, bis hin zu der Aufgabe: „Finden

Sie den Namen Ihres Nachbarn heraus!" (das war natürlich an den Namensschild-Sonntagen leichter). Beide Methoden haben Früchte getragen und dazu beigetragen, die Atmosphäre der Gemeinde am Sonntagmorgen herzlicher zu machen.

Sicher verlangt das von vielen Pfarrangehörigen, aus ihrer Sicherheitszone herauszukommen. Ich weiß noch, wie die Leute geschaut haben, bevor und nachdem ich diese Aufforderung ausgesprochen hatte. Als ich sie dazu ermutigte, konnte ich fast sehen, was sie dachten: „Oh nein! Jetzt wird er uns womöglich bitten, mit jemandem zu reden!" Aber dennoch: Als die Aufmerksamkeit dann wieder Richtung Priester gelenkt wurde, haben immer alle gelächelt und alle waren erleichtert, dass diese Übung nun vorbei war.

Als ich dann nach St. Benedict kam, habe ich mich entschlossen, diese Methode zu verändern. Wahre Gemeinschaft ist nicht nur eine Zeit, um miteinander zu plaudern. Die *Communio*, die wir in der Messe feiern, ist nicht nur ein Lächeln und ein Händedruck. Sie ist ein Fest unserer Einheit in Christus, in unseren Freuden und Leiden. Außerdem ist dieses Sich-Kennenlernen nicht wirklich passend während einer Eucharistiefeier. Eigentlich muss das passieren, bevor wir in unsere Bänke kommen. Anstatt die Leute aufzufordern, sich einen guten Morgen zu wünschen oder einander die Hände zu schütteln oder den Namen zu erfahren, laden wir nun die Kirchenbesucher bei jeder Messe ein, einen Gebetspartner zu finden, jemanden, für den sie beten wollen und der für sie betet. Wir machen deutlich, dass man nicht wissen muss, um was man beten soll. Gott weiß das. Jede Woche erklären wir das Besuchern, Gästen oder neuen Pfarrangehörigen zuliebe von Neuem. Wir ermutigen die Leute, möglichst für jemanden zu beten, den sie nicht kennen, und für diese Person namentlich während der Messe zu beten. Jede Woche halten wir nach den Fürbitten einen Augenblick der Stille, um für jene Person zu beten, der wir am Anfang der Messe begegnet sind. Kleine Dinge können viel verändern und tun dies auch.

Seit wir dies eingeführt haben, habe ich viel positives Feedback und Begegnungs- und Wandlungs-Geschichten gehört. Menschen haben mir unter Tränen erzählt, dass sie sehr belastet in die Messe gekommen waren und sich fragten, ob das irgendjemanden interessieren würde, sogar, ob Gott das überhaupt interessiert. Die Erfahrung, geistlich mit jenen, die um sie sind, verbunden zu sein, war sehr wichtig, und nachdem die meisten Menschen Woche für Woche in der gleichen Bank sitzen, vertieft sich diese Verbindung und die Gesichter werden vertraut, man erinnert sich an Namen und die Leute sagen, dass sie sogar während der Woche für diese Person beten.

- Gebetsdienst nach der Messe

Vor einigen Jahren habe ich Gott versprochen, dass ich, immer wenn mich jemand um Gebet bittet, kurz innehalten würde, um es sofort zu tun. Ich habe mein Versprechen nicht immer gehalten, aber häufig tue ich es doch. Ich mache das aus verschiedenen Gründen so – nicht zuletzt deshalb, weil ich ein schlechtes Gedächtnis habe. Wie könnte ich weiterhin versprechen, dass ich für jemanden oder seine Angehörigen bete, in dem Bewusstsein, dass ich es eventuell vergesse? Ich habe das Problem nachhaltig gelöst und sage nun: „Natürlich, mache ich gerne. Lassen Sie uns jetzt gleich beten."

Der zweite Vorteil ist auch vor allem egoistisch meinerseits. Die Gelegenheiten, bei denen ich am meisten in Versuchung bin, auf ein Gebetsanliegen mit dem Versprechen zu reagieren, in unbestimmter, ferner Zukunft zu beten anstatt sofort, sind die, wenn ich mich geistlich schwach oder zerstreut fühle. Es ist schwierig, den Menschen auf diese Art zu dienen, wenn man sich nicht heiligmäßig fühlt. Wenn ich mich zwinge, für sie dann zu beten, weil sie mich darum bitten, ermöglicht mir das, meine eigene Schwäche und Sündhaftigkeit zu bekämpfen, und erinnert mich daran, dass Gott mich nicht verwendet, weil es um mich geht, sondern um Seinetwillen.

Der dritte Vorteil ist der, dass die Person, für die gebetet wird, nicht nur das Gebet erhält, sondern sie hört und erlebt das Gebet. Diese Augenblicke haben zu tiefen Begegnungen geführt, oftmals mit Tränen und einem Gefühl von Erleichterung, Frieden und Heilung. Jedes Mal, wenn das geschieht, denke ich: „Warum tun wir das nicht öfter?“ Eine der Grenzen, die diese Art des Dienstes mit sich bringt, ist, dass ich ein Mensch inmitten von 500 bis 600 Menschen bin, die nach jeder Messe die Kirche verlassen. Aber wir haben eine Lösung gefunden. Wir haben Laienteams ausgebildet, die diese Art des Dienstes nach jeder Messe anbieten, während ich an der Kirchentür stehe und Hände schüttle.

Ein Schlüsselmoment der Alpha-Kurse ist, wenn Teammitglieder mit Gästen beten, dass diese Gottes Liebe, den Heiligen Geist und Heilung erfahren mögen. Die Methode, die wir bei Alpha verwenden, ist nicht aufdringlich, sondern behutsam und voller Respekt. Zwei Team-Mitglieder bitten um Erlaubnis, ihre Hand auf die Schulter dieser Person legen zu dürfen und dann beten sie behutsam für sie und sprechen sie persönlich an. Dieses Beten muss nicht lang oder wortgewandt sein, denn Gott hört nicht nur auf die Gebete von Leuten mit einem Abschluss in Theologie. Mehrere Dinge passieren bei dieser Begegnung. Erstens wird viel, viel mehr Menschen auf diese sehr persönliche Art und Weise gedient, als das nur einem Priester möglich wäre. Zweitens erleben die Teammitglieder die Freude, von Gott in dieser Weise verwendet zu werden, und sie zeigen anderen, dass es nicht schwierig oder kompliziert ist, anderen auf diese Weise zu dienen. Bei Alpha beten Männer mit Männern und Frauenteams beten mit Frauen. Diese Ordnung vermindert das Risiko von Verwicklungen.

2011 führten wir diese Gebetserfahrung in unseren Messen ein. Einmal pro Monat gibt es zwei bis vier ausgebildete Teams, die nach jeder Messe zur Verfügung stehen. Jede Woche gibt es Teams, die in der Sakramentskapelle mit denjenigen beten, die das Gebet wünschen. Während ich die Gottesdienstbesucher an der Tür begrüße, nehmen durchschnittlich 60 bis 70 Menschen an jedem Wochenende diesen Gebetsdienst in Anspruch und er hat oft eine gewaltige Auswirkung auf ihr Leben. Am Wochenende, wenn ich mehr am Evangelium ausgerichtet eine Botschaft predige, die die Anwesenden auffordert, eine Antwort zu geben und eine Entscheidung zu treffen, lade ich alle Gläubigen ein, die in ihrem Herzen vielleicht schon auf meine Einladung geantwortet haben, herauszukommen und Gebet zu empfangen, um den nächsten Schritt in ihrem christlichen Leben machen zu können.

Analysewerkzeuge

Der hohe Wert der Zugehörigkeit ist in vielerlei Hinsicht der Schlüssel für den Kulturwandel, der in unseren Pfarrgemeinden stattfinden muss. Ein Schlüssel existiert nicht um seiner selbst willen, sondern um eine Tür zu öffnen, eine Tür, die durchschritten werden soll. Wenn Zugehörigkeit der Schlüssel ist, dann öffnet sie die Tür zum Glauben. Ein neues Verhalten, der Weg der Jüngerschaft, beginnt dann, wenn der Mensch durch diese Tür geht. Wir müssen deutlich sagen, dass wir die Zugehörigkeit nicht um ihrer selbst willen fördern. Das wäre nur Sozialisierung. Wir setzen uns für den Schritt hin zu tiefer Gemeinschaft ein, damit das eigentliche Ziel, missionarische Jünger heranzubilden, erreicht wird. Wenn die Frage der Zugehörigkeit so zentral innerhalb des Erneuerungsprozesses ist, dann ist es natürlich auch nützlich, wenn wir sie irgendwie einschätzen und messen können. Wie Bill Hanson, der Pfarrer der Pfarrgemeinde St. Gerhard Majella, oft sagt: „Man kann nicht an etwas arbeiten, was man nicht messen kann." Die Fragen der Zugehörigkeit und des Wandels unserer

Pfarrgemeinden können und sollen bewältigt werden und deshalb sollten sie auch messbar sein.

Vor einigen Jahren hat das Verwaltungsteam unserer Diözese einige Instrumente eingeführt, die vom Gallup Institut für Markt- und Meinungsforschung entwickelt worden sind, um die Gesundheit der Pfarrgemeinden zu bewerten. Die Kernphilosophie dieser Instrumente ist im Buch *Growing an Engaged Church* von Albert Winseman beschrieben. Durch in der Geschäftswelt begonnene Forschungsarbeit versuchte Gallup jene Faktoren zu identifizieren, die zu ausgezeichneten Ergebnissen in dem jeweiligen Unternehmen geführt hatten. Nach großen Erfolgen bei der Nutzung dieser Instrumente in der Geschäftswelt richteten sie ihre Aufmerksamkeit auf das Leben der Kirche und versuchten herauszufinden, ob hier die gleichen Faktoren wirksam sind. Gallup fand heraus, dass dies der Fall war. Mit wenigen Anpassungen waren sie in der Lage, dieselben Instrumente anzuwenden, um Pfarrgemeinden und ihren Leitern dabei zu helfen, die Gesundheit ihrer Gemeinden zu bemessen. Wenn man etwas nicht messen kann, dann kann man es auch nicht steuern und leiten.

Für Gallup ist eine gesunde Pfarrgemeinde eine Gemeinschaft, in der Menschen geistlich wachsen, wo Menschen einander dienen und ihre finanziellen Mittel aufopfernd miteinander teilen. Das sind die Ergebnisse, die den Erfolg ausmachen. Es sind genau diese Verhaltensweisen, um die sich viele Pfarrer in der ganzen Welt bemühen, meist dadurch, indem wir uns unmittelbar auf sie konzentrieren. Wir rufen Menschen auf, Kurse zu besuchen, um zu wachsen, und wir bekommen immer die gleichen 20% der Pfarrangehörigen. Unermüdlich bitten wir Menschen, sich als Freiwillige für gewisse Dienste einzutragen, mit genau derselben Erfolgsrate. Was die Finanzen betrifft, so geben Katholiken unter allen christlichen Gruppen – trotz vieler Appelle – am wenigsten.

Trotz all unserer Bemühungen waren die Ergebnisse bisher sehr begrenzt.

Die Gallup-Forschung stellte heraus, dass wir an der falschen Stelle suchen und arbeiten. Anstatt uns auf die Äste zu konzentrieren und sie anzuflehen, Früchte zu tragen, sagt uns die Forschung, dass wir uns auf die Bodenbeschaffenheit konzentrieren sollten. Wenn der Boden gut ist – dass der Samen gut ist, wissen wir ja – dann wird auch die Ernte reich sein, dreißig-, sechzig- und hundertfach. Der wichtigste Indikator für guten Boden ist das, was Gallup Engagement nennt. Mit Engagement ist nicht Geschäftigkeit oder sogar Aktionismus gemeint. Engagement ist der Sinn für *Zugehörigkeit*, eine innere Verbindung mit der Kirche vor Ort und ihrer Mission, ein Empfinden von eigener Verantwortlichkeit (*ownership*) gegenüber dem, was vor sich geht, und dem, worauf die Kirche hinsteuert. Engagierte Pfarreimitglieder sind viel eher bereit, sich um geistliches Wachstum zu bemühen, anderen zu dienen und aufopfernd zu geben. Das ist das ganz praktisch gelebte Modell „Dazugehören – Glauben – Verhalten“. In den Worten von Gallup führt Engagement (Dazugehören) zu geistlicher Bindung (Glauben), was wiederum zu dem Ergebnis (Verhalten) von Wachstum, Dienst und Geben führt.

Die Werkzeuge von Gallup bringen eine Pfarrgemeinde dazu, ihre Menschen, die zu ihr gehören, näher anzuschauen und herauszufinden, wie hoch die Anteile von erstens engagierten Mitgliedern, zweitens nicht-engagierten Mitgliedern und drittens aktiv nicht-engagierten Mitgliedern sind. Engagierte Pfarreimitglieder werden als solche beschrieben, die total begeistert von ihrer Pfarrgemeinde sind. Sie haben das Gefühl, dass diese sie wirklich etwas angeht und sie identifizieren sich auch mit ihren Plänen. Engagierte Angehörige dienen mehr, geben mehr und sind viel bereiter, andere in ihre Kirche einzuladen. Nicht-engagierte Mitglieder sind im Allgemeinen zufrieden mit ihrer Pfarrgemeinde, aber sie tendieren dazu, passiv zu sein und sich nicht einzubringen. Die letzte Kategorie sind die aktiv Nicht-Engagierten. Das sind jene, die zutiefst unzufrieden damit sind, wie die Dinge laufen, sie wollen keinerlei Wandel und sind in der Regel negative und destruktive Teilnehmer. Kürzlich habe ich diese drei Arten von Menschen auf Zeichnungen gesehen. Die erste zeigte einen Mann, der eine Ziegelmauer baute, die zweite einen Mann, der die Füße auf dem Schreibtisch hatte und zufrieden schlief und das dritte Bild zeigte eine Abbruchbirne, die die Wand, die der erste Mann gebaut hatte, wieder zerstörte. Die Gallup-Untersuchung *ME 25* beurteilt die Art der Zugehörigkeit von Mitgliedern anhand von 25 Indikatoren.

Im Januar 2011 nahmen über 1.330 Pfarrangehörige von St. Benedict erstmals an der Untersuchung teil. Das Ergebnis zeigte, dass unsere Pfarrgemeinde aus 24% Engagierten, 47% Nicht-Engagierten und 29% aktiv Nicht-Engagierten bestand. Verglichen mit den Gallup-Daten aus den amerikanischen katholischen Gemeinden sind diese Ergebnisse etwas besser als jene der durchschnittlichen US-amerikanischen Pfarrgemeinden, die diese Instrumente angewandt haben. Unsere Hauptschwäche steht wohl im Zusammenhang mit unserer Größe und unserem Unvermögen, eine Pfarrgemeinde zu sein, in der tiefe Beziehungen zwischen den Menschen und den Leitern dieser Gemeinde aufgebaut werden. Damit war klar, dass wir unsere Vorstellung von Gemeindeleitung überdenken mussten, da ein Priester nicht eine tiefe Beziehung zu fast 2.500 Menschen haben kann. Die Genugtuung darüber, dass wir herausgefunden hatten, dass wir etwas besser als die durchschnittliche katholische Pfarrgemeinde am Beginn dieses Prozesses waren, hat nicht lange angehalten, als wir von Gallups Definition einer gesunden Organisation hörten. Gallup spricht von einer gesunden Bodenbeschaffenheit, die ein wachsendes geistliches Engagement ermöglicht, das schließlich Früchte für das Gottesreich hervorbringt, wenn das Verhältnis von engagierten zu aktiv nicht-engagierten Pfarrmitgliedern bei 4 zu 1 liegt!

Das war eine ernüchternde Einsicht. Wir müssten vier engagierte Pfarrmitglieder haben, um die Säure jedes aktiv nicht-engagierten Angehörigen zu neutralisieren, und bei uns waren es 0,83 zu 1. Noch alarmierender jedoch war, dass wir damit immer noch gesünder waren als viele andere Pfarrgemeinden. Ich weiß noch, dass ich dieses Gefühl noch von meiner früheren Pfarrgemeinde kannte. Besucher machten manchmal die Bemerkung, dass unsere Liturgien so aufbauend seien und dass unsere Pfarrgemeinde so lebendig sei. Ich bin so veranlagt, dass ich mir ständig überlege, wie wir die Dinge besser machen und gesünder sein könnten und es wurde mir klar, dass wir überhaupt nicht die gesunde Pfarrgemeinde waren, zu der wir berufen sind. In solchen Momenten musste ich mir oft bewusst machen, dass Menschen auf der Intensivstation wirklich gesund wirken gegenüber jenen in der Leichenhalle.

Viele scheuen sich Instrumente wie die von Gallup zu nutzen und manche wollen von Vergleichen nichts wissen, aber wenn wir keine Vorstellung davon haben, wie eine gesunde Kirche ausschaut, wie können wir selbst dann jemals gesund werden? Wenn wir nur weniger krank und weniger im Niedergang sind und wenn wir nur weniger leiden als die Gemeinden um uns herum, dann werden wir trotzdem irgendwann einmal alle sterben. Gallup misst die grundlegende Gesundheit unserer Strukturen. Was man bemessen kann, daran kann man arbeiten, und wenn man an der Gesundheit arbeiten kann, warum sollte man sie dann nicht messen?

Die Antworten auf die 25 Fragen aus dem *ME 25*-Fragebogen waren ausschlaggebend für die Pfarrgemeindestrategie von St. Benedict in den ersten Jahren. Die Ergebnisse aus diesem Analyseprozess haben unsere Erfahrung bestätigt. Seit damals haben wir noch zweimal die *ME 25*-Untersuchung durchgeführt und die Resultate sagen uns, dass sich unsere Arbeit gelohnt hat. Wie man der Aufstellung entnehmen kann, sind wir nach den jüngsten Ergebnissen noch immer nicht ganz gesund, aber wir kommen dem schon näher.

ME 25-Erhebung

	Februar 2011	**Mai 2012**	**Oktober 2013**
Engagierte	24 %	33 %	41 %
Nicht-Engagierte	47 %	48 %	44 %
Aktiv Nicht-Engagierte	29 %	19 %	15 %

Was bedeuten diese Ergebnisse und Verhaltensänderungen? Drei Jahre nach Umsetzung der auf Engagement und Zugehörigkeit basierenden Strategie in St. Benedict hat sich die Zahl der Erwachsenen, die an Evangelisierungs-Programmen und an der Glaubensunterweisung teilnehmen, verdreifacht. Die Anzahl jener Pfarrangehörigen, die Dienste übernommen haben, hat sich verdoppelt und unsere wöchentliche Kollekte ist von durchschnittlich 10.000 $ pro Wochenende auf 20.000 $ bis 21.000 $ angewachsen. Und dabei ist die durchschnittliche Zahl der Messbesucher ungefähr gleich geblieben. Viele Neue sind dazugekommen, aber genauso viele sind auch weggegangen. Gesund wird man durch Wachstum und durch Schrumpfung. Unsere Erfahrung untermauert diese Theorie. Werde gesund, und alles wird ganz von selbst wachsen.

6. Klare Erwartungen

„Wer nicht sein Kreuz trägt und mir nachfolgt, der kann nicht mein Jünger sein. Wenn einer von euch einen Turm bauen will, setzt er sich dann nicht zuerst hin und rechnet, ob seine Mittel für das ganze Vorhaben ausreichen?“ (Lk 14,27-28)

Ist Ihnen schon mal aufgefallen, dass die meisten ehemaligen Katholiken, die sich einer anderen Gemeinschaft angeschlossen haben, normalerweise zu einer Kirche gehen, die mehr von ihnen verlangt, als die, die sie verlassen haben? Das scheint paradox, vor allem angesichts der modernen Kritik, die uns ständig weismachen will, dass der Schlüssel für unsere Attraktivität als Kirche der ist, wenig von den Menschen zu verlangen und zu erwarten. Dennoch teilen Gemeinden, die gesund und im Wachsen sind, ihren Mitgliedern klar mit, was sie erwarten, und haben davor auch keine Angst. Gallup hat diese Bedeutung der Erwartungen für gesunde Strukturen bestätigt. In der *ME 25*-Untersuchung soll man beim ersten der 12 Themen, die unmittelbar das Engagement betreffen, die Aussage bewerten: „Als Pfarrmitglied weiß ich, was von mir erwartet wird.“

Wie wichtig die Erwartungen in jeder Rolle oder Organisation auch sind, wohlmeinende Katholiken werden doch leicht nervös, wenn man das Wort Engagement zu oft erwähnt. Da ist eine Angst spürbar, dass wir die Leute abstoßen, wenn wir ihnen irgendwie zu verstehen geben, dass die Mitgliedschaft in der Pfarrgemeinde auch in Verbindung mit Erwartungen steht. Und es gibt ein Gefühl, dass klare Erwartungen als Wert nicht zusammenpassen mit dem Wert der Willkommenskultur oder der Gastfreundschaft. Darauf kann man nur so antworten, dass sie nicht als gegensätzliche Werte betrachtet werden, sondern als zwei wichtige Werte, die in einer gewissen kreativen Spannung zueinander stehen.

Es gibt vier Wege, wie eine Pfarrgemeinde diese beiden Werte miteinander verbinden kann. In untenstehender Graphik sind sie als 4 Quadranten dargestellt.

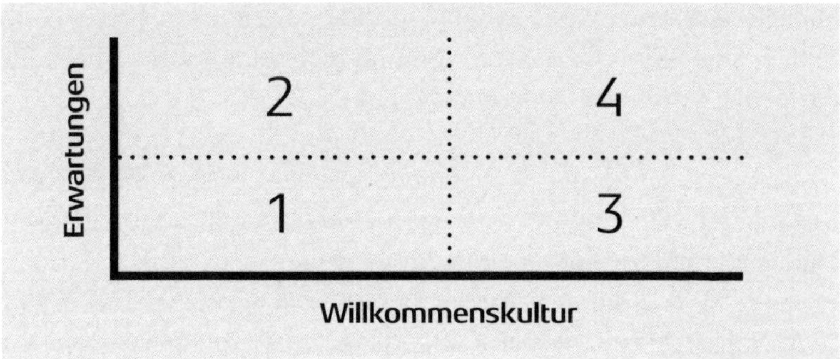

Die erste Option ist die einer Pfarrgemeinde mit einem niedrigen Niveau in der Willkommenskultur und niedrigen Erwartungen. Leider ist genau das in zu vielen unserer Pfarrgemeinden der Fall. Die zweite Option, eine geringe Willkommenskultur bei hohen Erwartungen, wäre schrecklich. Ich glaube nicht, dass es das in irgendeiner Pfarrgemeinde gibt und dass es heißt: „Wir wollen dich nicht, aber wir wollen, dass du mitarbeitest." Die dritte Option gibt es in vielen Pfarrgemeinden, die sich um eine gute Willkommenskultur bemühen: Eine hohe Willkommenskultur aber geringe Erwartungen. Das war der Fall, als ich Pfarrer von St. Benedict wurde. Willkommenskultur war ein deutlich ausgesprochener Wert und unsere Pfarrgemeinde war in der Umsetzung besser als die meisten. Allerdings wurden gegenüber alten und möglichen neuen Pfarrangehörigen (ich unterscheide hier zwischen jenen, die gerne Mitglieder werden möchten und jenen, die einfach nur zum Gottesdienst kommen) nie irgendwelche Erwartungen an sie zum Ausdruck gebracht. Wie kann das beides zusammenpassen? Naja, es war möglich.

Eine hohe Willkommenskultur und eine hohe Erwartungshaltung sind tatsächlich eine respektvollere Reaktion auf

Menschen, denn wir sagen ihnen: „Wir glauben, dass Gott in dir und durch dich wirken wird. Wir erwarten das und du solltest dasselbe tun." Das ist um vieles besser als zu sagen: „Du bist hier hoch willkommen und übrigens erwarten wir gar nichts von dir. Du musst weder etwas tun noch etwas geben, ja du musst nicht einmal kommen, wenn du keine Lust hast, aber du sollst wissen, dass du als Mitglied unserer Pfarrgemeinde willkommen bist." Das ist nicht weit weg davon, dass wir sagen, dass wir keinerlei Erwartungen an neue Mitglieder haben, weil wir sowieso nicht damit rechnen, dass Gott in ihnen und durch sie wirkt. Es ist mir vollkommen bewusst, dass kein Willkommensteam je irgendsoetwas gerne sagen möchte, aber kommunizieren wir nicht genau das, wenn wir uns nicht trauen, Erwartungen zum Ausdruck zu bringen?

Jesus

Niemand konnte die Verbindung von Willkommenskultur und Erwartungshaltung besser darstellen als Jesus. Er war die menschgewordene Willkommenskultur. Blättern sie nur mal in den Evangelien: die verachteten Hirten bei seiner Geburt, die Lahmen, die Aussätzigen, die Sünder, die Steuereintreiber, die Reichen, die Armen – sie alle wurden eingeladen zu ihm zu kommen. Er ging auf die Frau am Brunnen zu, auf Zachäus, die Samariter, die Römer und die Heiden. Selbst als die Kinder seine Ruhepause unterbrachen, sagte er den Zwölfen, dass sie sie zu ihm kommen lassen sollen. Gleichzeitig jedoch formulierte Jesus auch ganz deutlich, was er von denen erwartete, die ihm folgen: „Wer nicht sein Kreuz trägt und mir nachfolgt, der kann nicht mein Jünger sein" (Lk 14,27). Dann ermahnte er die Menge, die ihm gefolgt war, sich erst hinzusetzen und über die Opfer nachzudenken, die sie zu bringen hätten, wenn sie seine Jünger sein wollen. Er war es, der voller Liebe in die Augen des reichen jungen Mannes blicken und ihn voller Erwartung einladen konnte: „Verkauf deinen Besitz und gib das Geld den Armen … dann komm und folge mir nach“ (Mt 19,21-22).

Was Jesus erwartete, war nicht nur das Engagement, sein Jünger zu werden. Wenn diese Entscheidung getroffen war, dann erwartete er mehr. Er sagte: „Wem viel gegeben wurde, von dem wird viel zurückgefordert werden“ (Lk 12,48). Jesus hat unmögliche Erwartungen an den Feigenbaum und verflucht ihn, weil er keine süßen Früchte hervorbrachte, obwohl „es nicht die Zeit der Feigenernte war“ (Mk 11,13). Jesus sagt uns im Johannesevangelium: „Ich bin der wahre Weinstock und mein Vater ist der Winzer. Jede Rebe an mir, die keine Frucht bringt, schneidet er ab und jede Rebe, die Frucht bringt, reinigt er, damit sie mehr Frucht bringt“ (Joh 15,1-2). Der Vater erwartet nicht nur Früchte, er erwartet sogar noch mehr von denen, die schon Früchte erbringen. Unser Gott ist ein fordernder Gott, der viel von uns erwartet.

Im Gleichnis von den Talenten im Evangelium von Matthäus (Mt 25,14-30), hören wir noch einmal, was Gott von uns erwartet, von jedem Einzelnen und von allen zusammen. Der Herr geht auf eine Reise und gibt seinen Sklaven seinen Besitz zur Verwaltung während seiner Abwesenheit. Der erste bekommt fünf Talente, der zweite zwei und der dritte ein Talent. Ich hatte mir dieses Gleichnis immer so vorgestellt, dass der Herr jedem einen Sack voller Münzen gegeben hat. Ein Talent war jedoch eine Gewichtseinheit (ungefähr 60 kg). Es war entweder Silber oder Gold. Das Erste, was wir bei diesem Gleichnis heute leider oft übersehen, ist der riesige Wert des Schatzes, den er seinen Sklaven übergeben hat. Sogar der Mann mit einem Talent (angenommen es war Silber) hatte nach heutigem Wert ca. 600.000 $. Sein Meister meinte es ernst. Seine Reaktion ist hart, als er erfuhr, dass der Sklave den Schatz vor lauter Angst vergraben hatte anstatt ihn zu vervielfachen. Er sagt dem Mann, dass er sein Geld wenigstens hätte auf die Bank legen und dafür Zinsen bekommen sollen. Mir scheint, dass Gott keinen geringen Ertrag erwartet von den Gaben, die er in uns gelegt hat, sondern eine Art geistliches Risikokapital gegeben hat, auch wenn das bedeutet, dass er damit ein Wagnis eingegangen ist.

Erwartungen an eine Pfarrgemeinde

Wenn Jesus einer Kultur des Einladens und der Erwartungen eine solche Bedeutung beigemessen hat, dann sollten diese Begriffe selbstverständlich auch in einer Pfarrgemeinde eine Rolle spielen. Dabei ist es besonders wichtig, wie wir anderen unsere Erwartungen mitteilen. In St. Benedict sprechen wir von fünf Ansprüchen an Pfarreimitglieder und Geistliche. Alle sollen im Lobpreis anbeten, sollen wachsen, dienen, miteinander in Verbindung stehen und geben. Unsere Erwartungsbroschüre wird all jenen gegeben, die ein Interesse daran haben, bei uns Mitglied zu werden. Dabei stellen wir unser Konzept mit diesen Worten vor:

> *Die Pfarrgemeinde St. Benedict ist eine katholische Gemeinschaft von Jüngern unseres Herrn Jesus Christus. Wir glauben, dass jeder auf einen geistlichen Weg gerufen ist. Es kommt nicht darauf an, wo sich jemand auf diesem Weg befindet, sondern, dass man auf diesem Weg ist. Deshalb heißen wir alle willkommen, ungeachtet, auf welcher Etappe ihres geistlichen Lebens sie sich befinden, womit sie zu kämpfen und welche Schwächen sie haben. Wir sind ein Krankenhaus für Sünder, kein Hotel für Heilige. Wir bitten Sie ganz einfach, mit uns zu gehen und offen für das zu sein, wozu Gott Sie ruft.*
>
> *Ein Mitglied dieser Pfarrgemeinde zu sein bedeutet, in Beziehung mit den anderen Mitgliedern zu treten, die auch auf diesem geistlichen Weg sind. Wir gehen ihn gemeinsam. Klare Erwartungen gehören wesentlich zu jeder gesunden Beziehung.*

Dann listen wir auf, was Mitglieder von der Pfarrgemeinde erwarten können, ehe wir davon sprechen, was die Pfarrgemeinde von ihren Mitgliedern erwartet.

- *Lebendige und ermutigende Gottesdienste.*
- *Ein Ort, an dem Sie verwandelt werden, um immer mehr der Mensch zu werden, zu dem Gott Sie geschaffen hat.*
- *Ein Ort, an dem Sie geschätzt und anerkannt werden, weil Sie einzigartige Gaben und Talente haben, um damit Gott und den Menschen zu dienen.*
- *Ein Ort, an dem Sie die Möglichkeit haben, Ihre von Gott gegebenen Talente einsetzen zu können, um anderen zu helfen und um unsere Welt besser zu machen.*
- *Ein Ort, an dem Sie geliebt und auf ihrem geistlichen Weg unterstützt werden, ungeachtet der Schwierigkeiten und Kämpfe in Ihrem Leben.*
- *Ein Ort, an dem Ihre Bedürfnisse wahrgenommen und angesprochen werden.*
- *Ein Ort, an dem Ihr Einsatz geschätzt wird.*
- *Ein Ort, an dem Ihre finanziellen Beiträge geschätzt und dazu verwendet werden, das Reich Gottes transparent und verantwortungsvoll aufzubauen.*

Und schließlich sprechen wir unter der Überschrift: „Was erwarten wir von Ihnen als Pfarrmitglied von St. Benedict?“ die fünf Erwartungen im Einzelnen an:

- ***Beten***

Wir versammeln uns jeden Sonntag, am Tag des Herrn, um Eucharistie zu feiern. Wir erwarten, dass jedes Pfarrmitglied am Sonntag zur Messe kommt, es sei denn, man ist krank oder verreist. Wenn wir uns am Tag des

Herrn versammeln, um durch das Wort Gottes und das Sakrament gestärkt zu werden, denken wir darüber nach, wer wir sind und dass uns Nahrung gegeben wird für unseren Weg. Dabei kommen wir dem Auftrag nach, Gott anzubeten, der uns erschaffen hat, und werden mit der Gnade beschenkt, die wir brauchen, Gott und einander beständig zu lieben.

- ***Wachsen***

Jesus nachzufolgen bedeutet, sein Jünger zu sein. Jesus hat gesagt: „Mein Vater wird dadurch verherrlicht, dass ihr reiche Frucht bringt und meine Jünger werdet"(Joh 15,8). Ein Jünger zu sein bedeutet, jemand zu sein, der lernt. Wir glauben, dass Lernen und Wachsen lebenslange Aufgaben sind. Wenn wir aufhören zu lernen und zu wachsen, hören wir auf, Jünger zu sein und bleiben auf unserem geistlichen Weg stehen. Wir erwarten, dass jedes Mitglied der Pfarrgemeinde St. Benedict jährlich an mindestens einem Glaubensseminar teilnimmt. Wir dürfen nicht vergessen, dass unser Wille zu wachsen auch denen um uns herum hilft, ihre Verpflichtung als Glaubende zu erfüllen. Wir werden so zu einer gesunden Pfarrgemeinde.

- ***Dienen***

Jesus hat gesagt: „... der Menschensohn ist nicht gekommen, um sich dienen zu lassen, sondern um zu dienen" (Mk 10,45). Das Wesen christlichen Lebens ist es, Gott und einander zu dienen. Die Kirche ist dann nicht gesund, wenn sie diese Wahrheit vergisst. Wir sind nicht nur als Einzelne gerufen zu dienen, sondern um dies auch gemeinsam als Kirche zu tun. So geben wir Zeugnis dafür, dass wir als Kirche die Hände und Füße Jesu in der Welt sind. Wir glauben auch, dass jedes Pfarrmitglied ohne Ausnahme etwas anzubieten hat, etwas gut tun und für das Reich Gottes einbringen kann. Wir erwarten, dass jedes Pfarrmitglied seiner Pfarrgemeinde dient, indem es jedes Jahr mindestens eine Aufgabe innerhalb der Pfarrgemeinde übernimmt.

- ***Aufeinander zugehen***

Die Kirche ist eine Gemeinschaft von Glaubenden und nicht einfach nur eine Versammlung Einzelner, die sich jede Woche für eine Stunde trifft. In einer christlichen Gemeinschaft kann sich jeder auf die anderen verlassen und ist gleichzeitig auch für die anderen verantwortlich. Diese Aufgabe erfordert große Sorgfalt, denn die Größe unserer Pfarrgemeinde macht es nicht leicht. Wir erwarten, dass jedes Pfarrmitglied zum Aufbau der Gemeinschaft beiträgt, indem es sich als wesentlicher Bestandteil des Pfarrgeschehens versteht und bereit ist, auf andere zuzugehen und mit anderen Beziehungen zu knüpfen.

- ***Geben***

Wir erwarten, dass alle Mitglieder die Pfarrgemeinde finanziell großzügig unterstützen entsprechend dem, was sie selbst empfangen haben. Wir spenden nicht, um nur einige Grundbedürfnisse der Pfarrgemeinde abzudecken oder um die Kosten für den Erhalt unserer Kirchengebäude und die Gehälter einiger Mitarbeiter sicherzustellen. Wir geben aus Dankbarkeit Gott gegenüber, und je mehr die Pfarrgemeinde erhält, umso mehr kann sie für den Aufbau des Reiches Gottes tun, umso mehr kann sie den Armen helfen und umso größer ist ihr Angebot, damit andere im Glauben wachsen können. Niemand ist davon ausgeschlossen. Wenn jemand wenig hat, gibt er auch wenig. Wenn jemand mehr hat, gibt er mehr. Diese Opfergabe, die wir beim Sonntagsgottesdienst geben, ist ein wesentliches Element unserer Gottesverehrung.

Vielleicht scheinen diese Erwartungen zu ambitioniert, aber schon der große Künstler Michelangelo hat gesagt: „Die größte Gefahr für die meisten von uns ist nicht, dass unser Ziel zu hochgesteckt ist und dass wir es deshalb nicht erreichen, sondern dass es zu niedrig ist und wir es erreichen."

Stewardship: Verantwortungsvolle Verwalter sein

Die geistliche Dimension der *stewardship* (verantwortungsvollen Verwaltung) hilft uns dabei, die Kultur unserer Pfarrgemeinde umzuformen und auf dem Fundament klarer Erwartungen zu verankern. Dreimal jährlich starten wir Stewardship-Initiativen, um unseren Gläubigen die fünf Erwartungen vorzustellen und um sie dazu einzuladen und ihnen Gelegenheit zu geben, sich konkret für die eine oder andere Aufgabe zu entscheiden. In jeder meiner bisherigen Pfarrgemeinden habe ich mich dafür eingesetzt, dass dieses Grundprinzip entfaltet wird. Die üblichen Kategorien wie Zeit, Talent und Eigentum sind die Basisforderungen der Nachfolge Jesu. Ich habe mich schon immer schwer getan mit dem offensichtlichen Mangel an Engagement in der Jüngerschaft, insbesondere, was das persönliche Wachstum und die Entwicklung betrifft, anstatt dass wir Zeit dafür einsetzen, entsprechend unserer gottgegebenen Talente Dienste zu übernehmen.

In all diesen Jahren bin ich zwei Arten von engagierten Pfarreimitgliedern begegnet. Zur ersten und am weitesten verbreiteten Kategorie gehören die, die ständig dienen. Sie arbeiten in vielfältigen Diensten, sagen nie Nein und geben immer alles, ohne je an irgendeinem Glaubensprogramm teilzunehmen, bei dem sie etwas empfangen könnten. Allzu oft habe ich diese wunderbar freundlichen Pfarrmitglieder erschöpft und im Burnout enden gesehen. Zur zweiten und weniger verbreiteten Gruppe gehören jene, die von Kurs zu Kurs wandern, von einer spirituellen Erfahrung zur nächsten und die ständig empfangen, nie geben oder anderen dienen. Beide Alternativen sind tödlich, wenn auch die zweite in Wahrheit noch schlimmer ist. Das Tote Meer ist wirklich tot, weil es nur Zuflüsse hat, aber keine Abflüsse. Es fließt dort nur Salzwasser zu, das verdunstet. Das führt zu einem tödlichen Salzgehalt, der jedes Leben unmöglich macht. Als Pfarrer habe ich immer damit zu kämpfen, wie ich meinen so unterschiedlich veranlagten Pfarreimitgliedern helfen kann – und mir selbst –, um in unserem Leben in der Pfarrgemeinde einen Ausgleich zu schaffen: einerseits anderen zu dienen, aber gleichzeitig auch dem eigenen Bedürfnis nach Beziehung und Reifung nachzukommen.

Im September 2010 war ich bei einer internationalen Konferenz zum Thema Stewardship in San Diego. Ich war damals seit vier Wochen in St. Benedict und wusste, dass ich nie wieder die Möglichkeit haben würde, eine Pfarrgemeinde ganz neu aufzubauen. Eines Nachmittags kam ich zufällig in eine Veranstaltung, für die ich nicht angemeldet war, und nahm Platz. Eine US-amerikanische Pfarrgemeinde hielt gerade einen Vortrag über innovative Wege, um das übliche Stewardship-Modell an ihre eigene pastorale Situation anzupassen. Sie sprachen darüber, wie sie die drei traditionellen Gaben: Zeit, Talent und Eigentum konkreter definiert hatten. Demnach sollte Zeit als die Verpflichtung zu geistlichem Wachstum und Jüngerschaft verstanden werden. Talent hatte in erster Linie mit dem Dienst an anderen zu tun. Und Eigentum hatte natürlich etwas mit Geben im finanziellen Sinne zu tun. Eine einfache Unterscheidung! Das war für mich eine Entdeckung. Ich habe keine Ahnung, wer da präsentiert hat oder von wo sie kamen, aber ich bin ihnen bis heute jeden Tag dankbar. Ich fuhr beschwingt nach Hause und konnte es kaum erwarten, meine neuen Einsichten mit unserem Stewardship-Team zu teilen.

In der folgenden Zeit nahmen wir uns fest vor, jedes Jahr drei Stewardship-Initiativen zu starten. Die erste, bei der wir uns auf die Zeit (Jüngerschaft) konzentrieren, findet zu Beginn des neuen Dienstjahres im September statt. Dabei laden wir die Pfarrangehörigen ein, sich innerhalb dieses Jahres bei einem Angebot zum geistlichen Wachstum einzubringen. Wir haben absichtlich das Element Zeit vor Talent gestellt, um damit den Vorrang des geistlichen Bereichs zu betonen. Unsere Stewardship-Initiative, die sich auf die Talente bezieht, die wir empfangen haben, und auf die Berufung, diese im Dienst an anderen zu teilen, findet dann Anfang Januar statt und beginnt am Epiphaniefest, das wir in Kanada immer am Sonntag feiern. Unsere Initiative zum Thema Eigentum, die sich auf das Geben im finanziellen Bereich bezieht, starten wir irgendwann im Mai, je nachdem wie der liturgische Kalender ausschaut.

Typischer Ablauf einer Stewardship-Initiative

Woche 1: Brief des Pfarrers an alle Haushalte
Woche 2: Predigt zum Thema und Erklärung der Initiative
Woche 3: Kurzpredigt, Laienzeugnis und Ausgabe der Stewardship-Broschüre
Woche 4: Kurzpredigt, Laienzeugnis und Informationstische zu den unterschiedlichen Diensten
Woche 5: Predigt zum Thema, Verpflichtungserklärungen werden zum Altar gebracht

Die Stewardship-Broschüre zum Thema Eigentum ist die Gelegenheit, die Finanzsituation der Pfarrgemeinde innerhalb des jeweiligen Jahres darzustellen und zu erläutern: Den

Abschlussbericht des Vorjahres, das Budget für das laufende Jahr und einen Quartalsbericht. Die Information in dieser Broschüre gibt Auskunft über wissenswerte und interessante Details (Kosten für Schneeräumung, Toilettenpapier, etc.). Darin wird auch über testamentarische Geldzuwendungen, Daueraufträge und über die Sammlung für die Armen berichtet sowie über Stipendien für Kinder, die durch Spenden von den Kindern unserer sonntäglichen Kindergottesdienste ermöglicht wurden. Auch eine detaillierte Aufstellung über die wöchentlichen Betriebskosten der Pfarrgemeinde ist enthalten. Unter dem Titel „Die Früchte unserer Gaben“ werden Zeugnisse von Menschen veröffentlicht, deren Leben sich verändert hat, sowie von Pfarrangehörigen, die sich auf verschiedene Weise zu Spenden verpflichtet haben. So können wir unseren Gläubigen vermitteln, was das Endergebnis einer Spende für die Pfarrgemeinde ist: Sie veränderte das Leben von Menschen und verändert die Welt zum Besseren hin. Das machen wir so für alle drei Arten des Gebens, sogar für die finanzielle. Ich kann es bezeugen.

Alle diese Bemühungen waren mit einem immensen Arbeitsaufwand verbunden, aber er hat sich sehr gelohnt, weil der Kulturwandel in unserer Pfarrgemeinde nun sichtbar wird. Als das Stewardship-Team sich zu dieser gewaltigen Aufgabe entschloss, wussten wir von anderen Pfarrgemeinden, dass sich das normalerweise finanziell erst nach ungefähr sieben Jahren auswirkt. Wir wussten das, als wir damit anfingen, und es ist oft schwer für uns, das nicht zu vergessen. Es geht nicht darum, Daten zu sammeln, Namen aufzulisten, es geht auch nicht um finanzielle Vorhersagen oder das Anwerben neuer Mitarbeiter. Diese Maßnahmen sind ein Versuch, die Wahrnehmung für das zu verändern, was in unserer Pfarrgemeinde als normal gilt. Alles andere ist ein zusätzlicher Gewinn.

Wir wollen, dass alle Pfarreimitglieder erkennen, dass es vollkommen normal ist, geistlich wachsen zu wollen, einander entsprechend unseren Talenten zu dienen und einen Teil des Haushaltseinkommens der Kirche zu geben. Nach inzwischen vier Jahren Erfahrung mit diesen Initiativen haben wir eine Beteiligung von rund 40%. Diese Zahl entspricht ungefähr der Zahl, die wir aus der Gallup-Untersuchung *ME 25* kennen. Pfarrgemeinden, die Ähnliches tun, sagen, dass es fünf bis sieben Jahre dauern kann, bis die Pfarrgemeinde über die 50%-Marke klettert und meistens stagniert sie dann zwischen 50 und 60 Prozent. Das wiederum deckt sich mit den Untersuchungsergebnissen von Gallup für engagierte Pfarrangehörige.

Für alle etwas

In den vergangenen Jahren hat es viele Herausforderungen gegeben. An erster Stelle stand dabei die Aufgabe, genügend Möglichkeiten zum geistlichen Wachstum zu schaffen, welche der Unterschiedlichkeit unserer Gläubigen gerecht werden – in Alter, Spiritualität, in der Bereitschaft zum Engagement und Verfügbarkeit. Unser Ziel ist es, Glaubensseminare morgens, mittags und abends an sieben Tagen in der Woche anzubieten. Eine Initiative hieß beispielsweise „Pfarrei-Buch-Klub ohne Klub“, etwas für die ganz Eiligen. Die verschiedenen Angebote waren so erfolgreich und unsere Räumlichkeiten bald so überfüllt, dass wir übereinander stolperten. Den daraus resultierenden Druck auf unsere Pfarr-Infrastruktur und Pfarreimitarbeiter hatten wir nicht richtig vorhergesehen. Jetzt, da wir begonnen haben eine Jüngerschaftskultur in unserer Pfarrgemeinde zu entwickeln, ändern wir unseren Ansatz und versuchen unsere Angebote zu bündeln.

Im Rahmen der Talent-Initiative haben wir versucht, den Menschen das Verständnis für Talente näher zu bringen und ihnen zu zeigen, dass es mehr Wege gibt, Gott zu dienen, als bei einer Besprechung zu erscheinen oder für einen liturgischen Dienst zur

Verfügung zu stehen. Wir haben sogar einen Dienst für ans Haus gefesselte und kranke Menschen entwickelt, der „Gesellschaft der Seligen Therese Neumann“ heißt. Dort können sich Menschen, die ihr Haus nicht verlassen können, eintragen und ihre Gebete und unvermeidlichen Leiden Gott aufopfern als eine Art Fürbitte für die Erneuerung der Pfarrgemeinde. Im Gegenzug informiert sie ein monatlicher Newsletter darüber, was in der Pfarrgemeinde geschieht, und stellt dort auch besondere Intentionen vor, für die sie von daheim aus für die Pfarrgemeinde beten können. Andere ältere Pfarrmitglieder können sich verpflichten, zu Hause für die Pfarrgemeinde zu beten oder sich in die Gebetskette der Pfarrgemeinde einzutragen als eine weitere Art zu dienen. Auch die eucharistische Anbetung bekam so einen neuen Impuls, denn sie wurde zu einem Dienst der Fürbitte für andere.

Die Eigentums-Initiative war ein Abenteuer für sich. Die Frage des Spendens ist für uns als Katholiken sehr schwierig, weil sie im Vergleich zur Praxis anderer christlicher Gemeinden relativ selten angesprochen wird. Als wir damit begannen, dachten einige Pfarreimitglieder, wir seien verrückt. Ich bekam nicht wenige anonyme Anrufe und Briefe. Einige waren zutiefst gekränkt, dass das Thema Spenden drei oder vier Wochen hintereinander besprochen werden sollte. Andere schrieben gleich auf ihre Verpflichtungserklärung, dass das, was sie bereit wären der Kirche zu spenden, uns gar nichts anginge. Ich entgegnete, dass selbst das öffentliche Fernsehen Geld von den Zuschauern verlange, warum also sollten wir das nicht tun? Wenn das lokale Kinderkrankenhaus seine Unterstützer um Spenden bitten kann, um seine Mission zu erfüllen, warum kann die Kirche dann nicht dasselbe von ihren Unterstützern erbitten zur Erfüllung des Auftrags Jesu Christi? Beim zweiten Mal war es schon etwas weniger mühsam und im dritten Jahr gab es praktisch keine Ablehnung mehr. Ich bin guter Hoffnung, dass es nach 50 weiteren Jahren vollkommen normal sein wird!

All das ist ein Arbeitsprozess. Jedes Jahr merken wir, dass es noch bessere Wege gibt, wie wir das Ziel erreichen können, unsere Pfarrgemeindekultur zu verändern. Den Unterschied zwischen Zeit und Talent zu verstehen, ist für viele unserer Pfarreimitglieder noch immer schwierig und sogar einige Leiter haben Probleme damit. Die Leiter eines Dienstes sagen uns oft, dass ihre Team-Mitglieder stets zusammen beten, ehe sie irgendetwas tun, und dass sie es sind, die beschenkt werden, wenn sie dienen. Unsere Antwort darauf lautet: Genauso soll es sein. Wir sollten immer beten, bevor wir handeln und „werden beim Geben beschenkt". Allerdings stellt sich immer die Frage, welches der grundlegende Zweck für irgendeinen Dienst ist. Ist es ein dienender oder ein weiterbildender Dienst? Gibt es ihn, damit man damit anderen dient, oder gibt es ihn, damit Pfarrangehörige gestärkt und aufgebaut werden? Bin ich dort, um zu geben oder um beschenkt zu werden? Investiere ich in andere oder investiere ich in mich selbst? Das ist etwas kompliziert, aber wir lernen und es gibt bereits ein wachsendes und gesundes Gefühl dafür, was von einem Mitglied der Pfarrgemeinde St. Benedict erwartet wird.

7. Dienen mithilfe unserer Stärken

„Wer dient, der diene aus der Kraft, die Gott verleiht. So wird in allem Gott verherrlicht durch Jesus Christus." (1 Petr 4,11)

Es war bei meiner allerersten Pfarrgemeinderatssitzung in meiner allerersten Pfarrgemeinde als neu ernannter Pfarrer. Wir begannen das Treffen mit einem kurzen Gebet und verteilten das Protokoll der letzten Sitzung, die unter meinem Vorgänger stattgefunden hatte. Ich überflog den Seitenanfang und sah die Namen der Anwesenden. Neben jedem Namen stand, wie viele Jahre und Monate derjenige schon diesem Gremium gedient hatte. Ich musste mir ein Lachen verkneifen und dachte, dass dies wenigstens eine ehrliche Beschreibung davon war, wie sich im Durchschnitt ein Pfarrgemeinderats-Mitglied fühlte. Ich war zu meiner Zeit schon bei mehreren solchen Sitzungen gewesen und Zeit absitzen war genau das, was ich damals empfunden hatte.

Die meisten rund um diesen Tisch waren Opfer der Theorie der äußeren Präsenz geworden, es geht um die Abdeckung der Nöte, aber dabei nicht um die Menschen. Das Problem mit der Egal-wer-Haltung besteht darin, dass Gläubige in Diensten landen, die weder mit ihren Stärken noch mit ihren Vorlieben zu tun haben, aber die dabei sind aus reinem Pflichtbewusstsein oder sogar aufgrund eines Schuldgefühls. Das führt dazu, dass viele in solchen schlecht besetzten Diensten wenig erfüllt und ziemlich frustriert sind. Und auch der Dienst selbst, in dem sie mittun, ist nicht wirklich nutzbringend. Die Erfahrung ist also weder für den fruchtbar, der dient, noch für den, dem gedient wird. Das Tragische dabei ist, dass die meisten Pfarrangehörigen niemals die Freude kennenlernen, die dann entsteht, wenn man einen Dienst tut, in welchem die Stärken, Talente und Vorlieben der jeweiligen Person voll entfaltet werden können.

Die Menschen zuerst

Die größte Freude auf Erden ist es, wenn man erkennt und erfährt, dass Gott einen dazu verwendet, im Leben eines anderen oder in der Welt etwas bewirken zu können. Davon profitiert der, der dient, es profitiert der, dem gedient wird, und sogar das Reich Gottes profitiert. Als ich in St. Benedict ankam und dort wie auf einer leeren Leinwand neu beginnen durfte, fragte ich mich, was wäre, wenn ich versuchen würde, diesen Bereich der Pfarrkultur neu zu entwickeln und dabei nicht mit einer Liste von freien Stellen oder Bedürfnissen zu beginnen, sondern mit den Menschen, mit ihren Stärken und ihren Leidenschaften. Wie würde es sein, wenn ich nicht nur Löcher stopfen, sondern mich zuerst mit Pfarreimitgliedern hinsetzen würde und sagen: „Erzählen Sie mir von sich. Was freut Sie am meisten? Was tun Sie am liebsten und was können Sie gut?"

Von meinem eigenen Dienst wusste ich, dass in gewissen Besprechungen zu sitzen zwar mit Sicherheit bedeutete, dass ich weniger lang im Fegefeuer ausharren müsste. Andere Aufgaben hingegen gaben mir Energie und begeisterten mich. Was wäre, wenn Pfarreimitglieder gerufen und bevollmächtigt würden, aus einer solchen Erfahrung heraus einen Dienst auszuüben? Meine erste Stellenvergabe war also, eine junge Frau zu engagieren, die genau diese Koordinationsaufgabe in Vollzeit ausüben sollte. Meiner Meinung nach war unsere Pfarrgemeinde, bestehend aus mindestens 2.500 regelmäßig kommenden Gläubigen, ein riesiges, noch nicht abgeerntetes Feld mit Bäumen voller Früchte. Eine Vollzeitstelle würde da noch nicht viel Änderung herbeiführen, aber es war eine gute Möglichkeit, einfach mal anzufangen.

Stärken entdecken

Das Gallup-Institut lehrt, dass es zwölf Faktoren gibt, die zur Gesundheit einer Organisation beitragen. Dabei handelt es sich im Wesentlichen um die gleichen Dinge – egal, ob wir von der Arbeitswelt oder von einer Pfarrgemeinde sprechen. Unter diesen zwölf Faktoren ist für das Engagement am wichtigsten, dass wir die Möglichkeit haben, das zu tun, was wir am besten können. Denken Sie daran, dass Engagement der Motor für geistliches Wachstum ist und damit auch für einen veränderten Glauben und ein anderes Verhalten. Gallup verwendet einen Test, um die Stärken der jeweiligen Person herauszufinden, den *Clifton Strengths Finder*, der in der Arbeitswelt und in Organisationen weltweit verbreitet ist. In den letzten Jahren hat Gallup unter dem Namen *Living your Strengths* (Leben Sie Ihre Stärken) eine christliche Version dieses Tests entwickelt und sogar eine spezielle Version für Katholiken.

Die Grundüberzeugung dahinter ist, dass jeder Mensch von Gott einzigartig geschaffen und ausgestattet wurde. (Die Familie Gallup war und ist eine tiefgläubige christliche Familie und so auch Don Clifton, der dieses Werkzeug entwickelt hat). Sie lehnen die sehr verbreitete moderne Theorie ab, die behauptet, dass jeder alles kann, wenn er will. Wir alle kennen das aus Erfahrung. Mozart war ein Wunderkind, das mit drei Jahren großartig Klavier spielen konnte. Ich könnte den Rest meines Lebens damit verbringen Klavierspielen zu lernen, ich könnte den besten Lehrer engagieren und wenn ich wirklich hart daran arbeitete, könnte ich es vielleicht zu einem mittelmäßigen Niveau bringen. Auch wenn wir vor Gott alle die gleiche Würde haben, so sind wir doch alle einzigartig geschaffen und wir verwirklichen Gottes Pläne mit uns, wenn wir unsere Einzigartigkeit entdecken. Es ist zu unserem Vorteil, wenn wir aufhören zu versuchen, jemand anderer zu sein, und stattdessen Gott erlauben, uns mit unseren eigenen Stärken und angeborenen Talenten zu gebrauchen.

Die bisherige Denkweise ist natürlich darauf bedacht, Schwächen zu finden und nicht die Stärken, und sie konzentriert sich darauf, diese Schwächen zu beheben. Die Philosophie der Stärkefindung dagegen sagt: Entdecke deine dir von Gott gegebenen Talente und investiere in sie. Wenn wir in Talente durch Übung investieren und dabei an Wissen und Verständnis zunehmen, dann wird unser Talent zu einer Stärke, zu etwas, das wir ständig und natürlich gut machen. Fügen Sie dieser natürlichen, von Gott gegebenen Fähigkeit noch die Kraft und Gnade Gottes hinzu, dann lehnen Sie sich zurück und schauen Sie, was dann passiert!

Don Clifton hat über 300 einzigartige Fähigkeiten oder Talente quer durch das menschliche Spektrum identifiziert, die in unserer Veranlagung wurzeln. Dabei spielt es keine Rolle, ob sie durch unsere Umwelt oder genetisch bedingt sind. Diese Talente zeigen, wie wir sind und wie wir normalerweise Dinge tun. Wir sind nicht gezwungen, diesen Weg des geringsten Widerstands zu gehen, denn der Mensch ist kein statisches Wesen, aber sie geben die vorherrschenden Neigungen in der Persönlichkeit eines jeden Menschen wieder. Clifton hat diese Talente in 34 Themenbereiche an Talenten eingeteilt und einen Fragebogen entwickelt, um den Anwendern zu helfen, ihre fünf wichtigsten Stärken, ihre unverkennbaren Talentbereiche zu entdecken. Mit frappierender Genauigkeit helfen diese Charakterisierungen dem Menschen, das zu entdecken, was er vielleicht schon weiß. Die auf dem Glauben beruhende Stärke-Theorie fordert jede Person auf, sich auf ihre Talente zu stützen, sie zu Stärken auszubauen und Gott zu erlauben, sie zu seiner Ehre und für den Aufbau seines Königreiches zu nutzen.

Viele Pfarrgemeinden in Nordamerika und auch wir finden dieses Instrument sehr hilfreich, um stärkenbasiertes Engagement als Grundprinzip zu etablieren. Es gibt für Pfarrgemeinden, die den „Stärkefinder" verwenden, im Internet katholische *Strengths-Communities*, „Stärke-Gemeinden", die es ermöglichen, sich auszutauschen und voneinander zu lernen. Seitdem wir dieses Instrument in unserer Pfarrgemeinde eingeführt haben, wurde die Mitarbeiterin, die ich als erste eingestellt hatte und die jetzt Pfarrdirektorin für Engagement genannt wird, geschult, um Workshops zu organisieren, in denen Pfarrangehörige ihre fünf wichtigsten Stärken herausfinden und besser kennenlernen können.

Wir berichten über Pfarreimitglieder, die den „Stärke-Findungs-Test" gemacht haben, im wöchentlichen Pfarrbrief, stellen ihre fünf wichtigsten Talente vor und wie sie diese in ihrem Dienst einsetzen. Wir laden jedes Pfarreimitglied ein, seine von Gott gegebene Einzigartigkeit zu entdecken, so dass sie wirklich die Freude daran erfahren können, wie Gott diese genial verwendet. Wir gebrauchen dieses Instrument auch zur Verbesserung der Zusammenarbeit zwischen Angestellten und ehrenamtlichen

Mitarbeitern, da alle 34 Talentgruppen in vier große Bereiche eingeteilt sind: Beeinflussen, Ausüben, Beziehung-Schaffen und strategisches Denken. Es kommt auf die richtige Mischung von Talenten innerhalb der Teams an, damit diese gut funktionieren. Für uns in St. Benedict ist das ein erstaunlich gutes Instrument – wir nutzen es, um eine ausgewogene Leitung und ehrenamtliche Teams aufzubauen, und verwenden es sogar bei unserem Programm zur Ehevorbereitung. (Dazu mehr in Kapitel sechs)

Manche könnten einwenden und darauf hinweisen, dass die Bibel uns daran erinnert, dass Gott wahrscheinlich eher unsere Schwächen als unsere Stärken nutzt. Die Tatsache, dass unsere Schwächen normalerweise eher die Unterseite unserer Stärken sind, ist den Autoren von *Leben Sie Ihre Stärken* nicht entgangen. Dieses Buch beleuchtet die negativen Aspekte jedes Talents und bietet beachtenswerte Schriftstellen und Hinweise dazu an, wo ein Gebet der Heilung nötig ist. Wenn man diese betend betrachtet, können die Charakterzüge, die wir Talente nennen, auch erfahren werden als Befreiung von unserer Schwäche.

Schließlich lässt uns dieses Instrument verstehen, dass wir „wunderbar gestaltet" sind (Ps 139,14). Betrachten wir das Ganze mathematisch: Die Chance, dass zwei Menschen dieselben fünf wichtigsten Stärken haben, liegt bei 278.256 : 1. Die Chance, die selben fünf wichtigsten Stärken in der gleichen Reihenfolge zu haben liegt bei 33.390.720 : 1. Es ist unglaublich: Die Chance, alle 34 Gruppen genau in der selben Reihenfolge zu haben, steht bei astronomischen 295.232.799.039.604.140.847.618.609.643.520.000.000 : 1. Es ist also buchstäblich so, dass es niemals in der Weltgeschichte jemanden genau wie Sie gibt oder jemals gegeben hat. Der Gott, der uns für sich geschaffen hat, möchte wunderbar durch unsere Stärken und Leidenschaften wirken. Das müssen wir hoch schätzen. Sobald wir das wirklich schätzen, wird es die Kirche und die Welt verändern.

8. Die Bildung kleiner Gemeinschaften

„Als es Tag wurde, rief er seine Jünger zu sich und wählte aus ihnen zwölf aus; sie nannte er auch Apostel.“ (Lk 6,13)

Weltweit verwenden Gemeinden, die gesund sind, wachsen und Jünger heranbilden, ein Modell, das innerhalb der Pfarrgemeinde eine „Gemeinschaft von Gemeinschaften“ bildet. Die kleineren Gemeinschaften treffen sich am Sonntag als eine große Gemeinschaft zur Messe. Viele unterscheiden zwischen kleinen Gruppen von acht bis zwölf Leuten und mittleren Gruppen, die zwischen 25 und 30 Leute umfassen. Für gesunde Gemeinden ist die Zugehörigkeit zu einer kleinen oder mittleren Gruppe keine Frage des Wollens oder Nicht-Wollens, sondern ein integraler Bestandteil des Lebens dieser Ortsgemeinde. Stellen Sie sich vor, wir könnten katholische Pfarrgemeinden soweit bringen, dass man dort eine solche Art von Gemeinschaft vorfinden könnte!

Wir haben schon untersucht, wie postmoderne Menschen Bekehrung und Veränderung erfahren – in erster Linie durch das Erleben von Zugehörigkeit. Dass wir uns als Katholiken nicht leicht damit tun, die Nicht-Kirchgänger und die Abgefallenen zu erreichen, indem wir ihnen Erfahrungen der Zugehörigkeit ermöglichen, ist keine Überraschung. Das bedeutet eine besondere Herausforderung für die, die zu einer persönlichen, lebensverändernden Begegnung mit Jesus geführt wurden, ob sie ein Teil der Pfarrgemeinde waren oder Fernstehende. In der Zeit ihrer Bekehrung oder ihres Erwachens wurden sie sich bewusst, dass sie eine tiefgehende Gemeinschaft brauchen, einen Ort, wo man sie kennt, sie liebt, sie herausfordert und unterstützt. So eine Gemeinschaft muss ein sicherer Platz sein, in dem das gute Werk, das in ihnen begonnen wurde, zur Vollendung geführt werden kann (vgl. Phil 1,6). Für eine gesunde Pfarrgemeinde sind solche Beziehungen entscheidend. Im Gallup-Fragebogen *ME 25* sprechen sechs von zwölf Aussagen, mit denen das Engagement gemessen wird, von dieser Erfahrung der Gemeinschaft:

- Im letzten Monat wurde ich von jemandem aus meiner Pfarrgemeinde anerkennend erwähnt oder gelobt.
- Die geistlichen Leiter meiner Pfarrgemeinde scheinen sich um mich als Person zu kümmern.
- Es gibt jemanden in meiner Pfarrgemeinde, der mich in meiner geistlichen Entwicklung bestärkt.
- Die anderen Mitglieder meiner Pfarrgemeinde wollen geistlich wachsen.
- Außer meinen Familienangehörigen habe ich eine/n beste/n Freund/in in meiner Pfarrgemeinde.
- In den letzten sechs Monaten hat jemand aus meiner Pfarrgemeinde mit mir über meine Fortschritte im geistlichen Leben gesprochen.

Wie kann eine Erfahrung wie diese in einer durchschnittlichen katholischen Pfarrgemeinde möglich werden? Bisher war es üblich, dass der Priester dieser Pfarrgemeinde den Menschen Anerkennung und Lob zugesprochen, sich um die Pfarreimitglieder gekümmert und nach geistlichem Wachstum gefragt beziehungsweise dazu ermutigt hat. Das mag auch heute noch funktionieren, wo ein Priester nur für wenige Gemeindemitglieder zuständig ist, aber das ist heute in fast keiner Pfarrgemeinde mehr der Fall. Je größer eine Pfarrgemeinde ist, umso kleiner muss sie werden. Also muss die Schaffung von Gelegenheiten, echte Gemeinschaft erfahrbar zu machen, oberste Priorität haben.

Klerikale Kultur

Die Kultur, die in den meisten Pfarrgemeinden dominiert, ist ein Hindernis für die Realisierung dieses Zieles. Viele Katholiken legen Wert darauf, dass alle Dienste von einem Priester ausgeübt werden, und sie meinen, nur dann wirklichen Kontakt zur Pfarrgemeinde zu haben, wenn sie eine starke persönliche Verbindung zum Pfarrer haben. Wenn der Priester nicht in der Lage ist, bei allen Versammlungen eines Teams oder einer Gruppe anwesend zu sein, dann sollte er dort wenigstens ab und zu einmal vorbeischauen. Das Problem ist, wenn wir an dieser Sicht festhalten, wird die Anzahl echter Gemeinschaften innerhalb einer Pfarrgemeinde immer begrenzt sein. Das würde in einer kleinen Pfarrgemeinde funktionieren, aber nur in einer ungesunden. Eine kleine Pfarrgemeinde, die gesund ist, wird wachsen. Wenn sie wächst und immer weiter wächst, dann wird sie früher oder später groß sein und dann muss sich auch das Modell ändern. In einer großen Pfarrgemeinde, ob gesund oder nicht gesund, schränkt dieses Modell schon von vornherein stark ein.

Das ist eine Frage, die mich nachts im Schlaf verfolgt. Für mich ist das keine abstrakte Frage, sondern eine mit Gesichtern und Namen. Manchmal denke ich an jemanden, den ich länger nicht gesehen habe und denke: „Was ist los mit ihr? Wo ist er? Wer achtet auf diese Person?“ Es ist so leicht für unsere Gläubigen, in der Menge verloren zu gehen und durch das Gitter zu fallen, sogar für die, die echte Erfahrungen mit dem Herrn gemacht haben. Ich denke an die vielen Teilnehmer am Kurs für erwachsene Taufbewerber (RCIA – *Rite of Christian Initiation for Adults*) in meinen verschiedenen Pfarrgemeinden und an die große Zahl Neugetaufter und Gefirmter, die fahnenflüchtig geworden sind. Wir führen Menschen durch die Erfahrung in kleinen oder mittleren Gruppen zur Konversion. Das verändert und stärkt sie. Die Teilnehmer machen genau die Erfahrung von Gemeinschaft, die sich in den Aussagen des *ME 25*-Fragebogens widerspiegelt, aber dann kommt die Osternacht.

Dieser lange Prozess gipfelt darin, dass die meisten Teilnehmer ins allgemeine Volk entlassen werden mit einem Schulterklopfen und den Worten „Willkommen als vollwertiges Mitglied der

Kirche“ und „Viel Glück!“. Ist es da ein Wunder, dass wir so viele wieder verlieren? Die Lösung liegt auf der Hand. Der Prozess, der die Taufbewerber zum Glauben und zu den Sakramenten führt, ist eigentlich auch jener, der im Wesentlichen für das Weiterleben der Kirche sorgt. Echte Gemeinschaft kann nicht nur Teil eines Programms sein, sie muss zum Standard des Lebens der Kirche gehören und das Leben der Kirche muss das Programm werden.

„Doch was ist das für so viele!“ (Joh 6,9)

Es verfolgt mich auch die Frage, wie für die Leute meiner Pfarrgemeinde ausreichend Sorge getragen werden kann. Bei so vielen Aufgaben und Verantwortlichkeiten, bei so vielen Mitarbeitern, die angeleitet und geführt werden müssen, so dass wenigstens in gewisser Weise ein sinnvolles Maß an Diensten für die vielen Menschen der Pfarrgemeinde erbracht werden kann, wie kann ich da sicherstellen, dass für die Pfarrangehörigen wirklich gesorgt ist? Im vierten Kapitel habe ich davon gesprochen, dass es notwendig ist, die Arbeitsbeschreibung der Seelsorge in einer Gemeinde zu erweitern, damit unsere Gläubigen zu einem reifen Glauben gelangen. Wenn wir über das therapeutische heute übliche Maß an Seelsorge hinauswachsen wollen, dann müssen wir nicht nur Strukturen ändern, sondern ebenso andere Werte betonen.

Wenn der Priester einer Pfarrgemeinde mit 2.000 Familien wöchentlich zehn Stunden damit verbringen würde, sie je eine Stunde lang zu besuchen, dann würde es ungefähr vier Jahre dauern, bis er wiederkommen und das Gespräch fortsetzen könnte. Das kann nicht der Standard der Seelsorge sein. Die Wirklichkeit der meisten Pfarrgemeinden ist die, dass der Priester seine Pfarrangehörigen eigentlich nie zu Hause besuchen kann, außer es trifft eine Familie ein schweres Unglück. Pastorale Fürsorge muss daher die Aufgabe aller werden, nicht nur die des Hirten. Nur dann wird eine Pfarrgemeinde gesund. Nur dann werden Priester von dieser untragbaren Last befreit und können erleben, dass dennoch für alle gesorgt ist. Damit das geschehen kann, braucht es eine Art Offenbarungseid und das ist schmerzhaft.

Ich habe lange mit dem Gefühl gekämpft, ein schlechter Priester zu sein. Oft habe ich am Wochenende nach der dritten Messe schon 1.700 Leute in der Kirche gesehen und hatte schon Hunderte begrüßt und hatte immer noch eine Messe vor mir. Dutzende Pfarrangehörige bitten um Gebet für ihre Lieben und viele sagen mir beim Hinausgehen so etwas wie: „Ich weiß, dass Sie sehr beschäftigt sind, Herr Pfarrer, aber für den Fall, dass Sie doch Zeit haben, mein Mann ist im Krankenhaus im 7. Stock im Zimmer Nr. 46.“ Die Gläubigen geben mir Auskunft über ihre Gesundheit und die Gesundheit ihrer Angehörigen und sprechen mit mir so, als wüsste ich genau, wer sie sind und als erinnerte ich mich an jedes Detail von dem, was sie mir vor drei Wochen erzählt haben. Zuzuhören und zu antworten gehört zu meinem Beruf als Vater meiner Gemeinde. Wie aber kann ich auf all das antworten? Sonntags um 13 Uhr habe ich schon das Gefühl, als würde mein Hirn langsam aus den Ohren herausfließen – und die Leute kommen und kommen und kommen. Ein sehr realer Teil von mir möchte am liebsten schreien: „Stopp! Bitte hören Sie auf! Ich kann diese Last nicht tragen. Ich kann den Gedanken nicht ertragen, dass vielleicht durch nur einen Moment der Unachtsamkeit oder Müdigkeit auch nur ein einziger zerbrechlicher Mensch verletzt werden könnte!“ Allzuoft fühle ich mich vollkommen ausgesaugt, als wäre da nichts mehr, was ich noch geben könnte. Eines Tages, als ich nach einer Wochentagsmesse nach Hause kam, schrieb ich Folgendes in mein Tagebuch:

„Heute auf dem Weg von der Kirche in die Sakristei habe ich mir ungefähr ein Dutzend Mal anhören müssen, dass die Hunde des Neffen gestorben seien und dass Brüder krebskrank sind, Krankheiten hier, Leiden dort. Den Menschen muss zugehört werden, aber ist das meine Rolle? Ich bin nicht Priester geworden, um alte Damen zu trösten, sondern um die Menschen dazu zu bringen hinauszugehen, um die Welt für Jesus zu erobern, so dass jede alte Dame jemanden hat, der sie im Namen Jesu tröstet."

Ich hoffe, ich kränke niemanden mit diesen Worten, die aus einer Frustration heraus geschrieben wurden. Das ist nicht meine Absicht. In Wahrheit müssen wir zur Kenntnis nehmen, wenn wir eine Pfarrgemeinde werden wollen, in der für jeden so gesorgt ist, wie es sein soll, dass das nicht die Aufgabe des Priesters ist. Priester müssen den Mut haben, ihren Gläubigen das auch zu sagen, und die Gläubigen müssen es ihren Priestern sagen. Ich bin überzeugt, dass die Bildung kleiner und mittelgroßer Gruppen die Antwort auf dieses Dilemma ist. Die gute Nachricht ist, dass es viele Beispiele gibt, wie ein solches System in einer Gemeinde funktionieren kann, auch wenn wir diese Beispiele nicht immer im katholischen Umfeld finden.

Kontaktgruppen

In der Pfarrgemeinde St. Benedict versuchen wir ein System mittelgroßer Gruppen, Kontaktgruppen genannt, aufzubauen. Das Modell, nach dem wir vorgehen, kommt aus der anglikanischen Gemeinde *Holy Trinity Brompton* (HTB) in London, in der die Alpha-Kurse entstanden sind. Wenn Alpha-Kurse richtig durchgeführt werden, hat in der Regel mindestens die Hälfte der Teilnehmer den Wunsch, in irgendeiner Art von Gruppe weiterzumachen. In HTB wurde zunächst versucht, diesem Wunsch nach Gemeinschaft nachzukommen, indem man ein Netz von Kleingruppen aufgebaut hat. Mit den Jahren haben sie festgestellt, dass diese Kleingruppen immer kleiner wurden. Die Leute zogen weg oder hörten auf und die Intensität und Intimität einer Kleingruppe macht es für neue Mitglieder sehr schwer, dort hineinzufinden und dadurch die Gruppe wieder zu vergrößern und am Leben zu erhalten. Außerdem war es so, dass es Neuankömmlingen, die sich in einer Kleingruppe nicht wohlfühlten, so peinlich war, dass sie schließlich nicht nur die Kleingruppe, sondern gleich die ganze Gemeinde verließen.

Die Lösung war die Gründung etwas größerer Gruppen von 25-35 Personen, die sowohl klein genug als auch groß genug waren. Sie waren klein genug, damit sich die Leute untereinander kannten, füreinander sorgten, einander liebten und gegenseitig unterstützten. Sie waren aber auch groß genug, dass sich Leute hinten hinsetzen konnten und nicht unter dem Druck standen, den es möglicherweise in einer kleinen Gruppe mit acht Leuten gibt. Sie waren auch groß genug, um neue Mitglieder aufzunehmen und zu wachsen. Dieses Modell, das in HTB und vielen anderen Gemeinden verwendet wird, macht es Gemeindemitgliedern und Fernstehenden nach der Erfahrung mit Alpha möglich, einer schon existierenden Gruppe beizutreten, in der sie ihre Glaubensentwicklung fortsetzen können und – das ist das Wichtigste – nicht verloren gehen und nicht durch das Gitter fallen.

Diese Kontaktgruppen werden von Laien geleitet und treffen sich vierzehntägig bei Pfarreimitgliedern zu Hause. Jeder Abend besteht aus einem gemeinsamen Essen, einer Zeit mit Gesang und Gebet, einem Impulsreferat von einem Mitglied und einer Gebetszeit für- und miteinander. Die Gruppe versammelt sich nicht wie Schüler um ein paar Lehrer, sondern alle Mitglieder stellen abwechselnd ein Thema vor und geben Zeugnis. Für viele ist das eine sichere Umgebung, in der man sein erstes Referat hält oder zum ersten Mal das Gebet leitet. Dadurch werden die Gruppenmitglieder ermutigt, zugerüstet und unterstützt, damit sie ihre Gaben ausüben.

Das Leitungsteam von HTB trifft sich regelmäßig mit den Laien-Gruppenleitern und nimmt sich in erster Linie für sie Zeit, um sie für die Leitung der Gruppen auszurüsten. Das Ziel ist, jedem der Gruppenmitglieder die Zuwendung zu geben, die es braucht. In HTB kommen wöchentlich über fünftausend Gottesdienstbesucher (Durchschnittsalter 27 Jahre). Es gibt

Hunderte von Kontaktgruppen bei Gemeindemitgliedern zu Hause. Im diesem Modell sind die Kontaktgruppen auch der Ausgangspunkt für missionarische Einsätze mit den Schwerpunkten Evangelisierung und Hilfe für die Armen und Ausgegrenzten. In den Wochen zwischen den Treffen kommen die Mitglieder in Kleingruppen zusammen, die einen katechetischen Schwerpunkt haben, im Gegensatz zu den eher fürsorglichen und unterstützenden Kontaktgruppen.

In unserer Pfarrei St. Benedict haben wir kurz nach unserer zweiten Alpha-Saison mit Kontaktgruppen begonnen. Nach den ersten Kursen waren viele Menschen erstmals zum Glauben an Jesus Christus gekommen, viele waren in eine persönliche Beziehung zu Jesus gekommen und viele hatten zum ersten Mal eine Erfahrung des Heiligen Geistes gemacht. Wo auch immer die Menschen geistlich gestanden waren, bevor sie den Kurs machten, alle, deren Leben berührt worden war, hatten eine neue Erfahrung christlicher Gemeinschaft gemacht und wollten mehr von dem, was sie gekostet hatten. Schon in meiner früheren Pfarrgemeinde hatte ich versucht, Kontaktgruppen aufzubauen, aber es war mir nicht gelungen. Dieses Mal wollte ich sicherstellen, dass es klappt. Zwar haben wir auch Fehler gemacht und sind noch weit davon entfernt, es wirklich gut zu machen, aber fast vier Jahre später sind nun über 300 Gemeindemitglieder in zehn verschiedenen Kontaktgruppen.

Wir haben mit vier Kontaktgruppen begonnen und dann die Anzahl langsam durch die Teilnehmer der Alpha-Kurse steigern können. Was wir jetzt anders machen als bei meinem Versuch in meiner früheren Pfarrgemeinde ist, dass wir alle, die zu einer Kontaktgruppe gehören wollen, bitten, zuerst an einem Alpha-Kurs teilzunehmen. Das ist die einzige Möglichkeit, den Mitgliedern zu vermitteln, welche Qualität an Unterstützung und Beziehungsnetzwerk wir untereinander aufbauen wollen. Doch das war und ist nicht das einzige Angebot für Menschen, die das Alpha-

Programm in St. Benedict durchlaufen haben. Wir ermutigen auch zu einer Fortsetzung der Weiterbildung im Glauben im Rahmen eines breit gefächerten Weiterbildungsprogramms für Erwachsene. Diese Kurse sind jedoch zeitlich begrenzt und die Gruppen lösen sich wieder auf. Pfarrangehörige gehen oft von einem Kurs zum nächsten, sind aber schlussendlich dann trotzdem noch ohne wesentliche Erfahrung von Gemeinschaft. Wenn wir uns wirklich um die Menschen kümmern wollen, müssen wir beides anbieten: Glaubensunterweisung für alle in Form von zeitlich begrenzten Kursen und dauerhafte Gruppen, in denen die Teilnehmer wirklich beheimatet sind und in denen man sich um sie kümmert.

Wenn eine unserer Kontaktgruppen mehr als 35 Leute hat, ist es unsere Aufgabe, neue Leiter zu finden, zu berufen und auszubilden und die Gruppe aufzuteilen. Einige der derzeitigen zehn Gruppen sind altersspezifisch, einige sind generationsübergreifend und einige sind familienfreundlich, wo Eltern mit ihren Kindern zusammenkommen. Das Beste daran ist, dass all dies in den Häusern und Wohnungen der Pfarrangehörigen stattfindet. Die Leute fragen oft, wie jeder dabei Platz hat, und ich muss ehrlich sagen, dass es ein organisiertes Chaos ist, aber es ist auch sehr lustig. Es ist so, als würden Sie in Ihrem Haus eine Party feiern. Und das tun unsere Leute ja die ganze Zeit.

Das Schöne an diesem Modell ist, dass es funktioniert. Ich muss nicht dabei sein. In den letzten drei Jahren habe ich nur zwei Kontaktgruppen besucht, aber jede Woche treffe ich Pfarreimitglieder, die ich nicht kenne und die mir erzählen, dass sie in einer Kontaktgruppe sind und letzte Woche ihr erstes Referat gehalten haben. Ich finde es großartig, wenn ich keine Ahnung habe, was Gott alles in meiner Pfarrgemeinde wirkt. So sollte es sein! Wie könnte ich auch nur den Anschein erwecken, als könnte ich das Wirken des Heiligen Geistes in einer Pfarrgemeinde dieser Größe kontrollieren? Der Geist weht, wo er will, und der Pfarrer sollte dabei nicht im Weg stehen.

Gleichzeitig gibt es jedoch mir als Pfarrer gegenüber eine gewisse Verantwortlichkeit. Das muss so sein. Einige der hauptamtlichen Mitarbeiter unserer Pfarrei treffen sich regelmäßig mit den Kontaktgruppenleitern (zwei Ehepaare pro Gruppe), um sie anzuleiten und sich um sie zu kümmern. Sie berichten dem Verantwortlichen für Evangelisierung der Pfarrgemeinde, der wiederum mir berichtet. Die Namen aller potenziellen Kontaktgruppenleiter werden von mir überprüft. Gibt es ein Risiko, dass etwas passieren könnte, was nicht vollständig in Ordnung ist? Natürlich gibt es das, aber das ist immer noch viel besser, als wenn gar nichts geschieht. Ich hörte Pastor Rick Warren einmal sagen: „Gemeindeleiter sind entweder Risikoträger, Hausmeister oder Bestatter." Kontrolle abzugeben ist immer ein Risiko: Es könnte ja nicht richtig gemacht werden oder – und das ist öfter die Befürchtung – es könnte nicht so gut gemacht werden, wie ich es machen würde!

Aber geringe Kontrolle ist eine Notwendigkeit, wenn gegenseitige Fürsorge wirklich ein Grundprinzip werden soll und nicht nur die Aufgabe einiger weniger ist, die wenigen anderen dienen. Das ist notwendig, aber nicht ausreichend. Das Gegenstück heißt: hohe Verantwortlichkeit. (Dazu mehr im siebten Kapitel, wenn ich über Leitung spreche.) Bei den Kontaktgruppen ist es jedoch entscheidend, die richtigen Leute für die Leitung auszuwählen, ihnen wirklich Verantwortung zu geben, sie auf Erfolgskurs zu setzen und in ständigem Kontakt mit ihnen zu sein. Ich bin überrascht und begeistert zu sehen, dass mehr als 15% meiner Pfarreimitglieder auf diese Weise gut davor geschützt sind, durch das Gitter zu fallen. Es ist unser Ziel, dass bis 2018, also fünf Jahre nachdem wir das Ganze gestartet haben, 75% unserer Pfarrangehörigen zu einer Kontaktgruppe gehören werden und dass eine solche Erfahrung von Gemeinschaft so normal sein wird, dass da niemand mehr zuerst überlegen muss, was er davon hält.

9. Die Erfahrung des Heiligen Geistes

„Aber ihr werdet die Kraft des Heiligen Geistes empfangen, der auf euch herabkommen wird; und ihr werdet meine Zeugen sein in Jerusalem und in ganz Judäa und Samarien und bis an die Grenzen der Erde.“ (Apg 1,8)

Als ich in Glasgow aufwuchs (meine Familie zog nach Kanada, als ich 13 Jahre alt war), war mir kaum bewusst, dass es in Schottland noch eine andere große Stadt namens Edinburgh gab. Es gibt zwischen diesen beiden Städten einen gesunden Wettbewerb, der sogar dazu führt, dass man auf den Straßen von Glasgow hört, dass die beste Art aus Edinburgh wegzukommen, der letzte Zug nach Glasgow sei. Nach meinem ersten Studienjahr war ich zum ersten Mal wieder in Schottland, verbrachte drei Tage in Schottlands wunderschöner Hauptstadt Edinburgh und besuchte sogar den weltberühmten Zoo. Es gibt eine sehr bekannte Geschichte über den Zoo von Edinburgh, die ich gerne erzählen möchte:

Vor Jahren starb die Hauptattraktion des Zoos, ein Gorilla, drei Wochen vor der Saisoneröffnung. Die Geschäftsführung war in heller Aufregung, denn Gorillas in Schottland zu finden war nicht gerade einfach. Hm, wenigstens nicht in Edinburgh. An diesem Tag bewarb sich gerade ein Mann aus Glasgow für einen Job im Zoo. Die Geschäftsführung stellte ihn ein und überredete ihn, für ein paar Wochen in ein Gorillakostüm zu schlüpfen, bis sie einen neuen Gorilla gefunden hätten. Der Mann brauchte dringend Arbeit, nahm das Angebot an und war überraschenderweise sehr gut in seiner Rolle als Riesenaffe. Die Tage vergingen und aus lauter Langweile versuchte er, an den Stangen in seinem Käfig herumzuschwingen. So verbrachte er seine Zeit und das bescherte ihm eine ziemlich begeisterte Besuchermenge. Eines Tages entschloss er sich, einen Dreifachschwung an den Stangen zu versuchen. Er lief los, ergriff die Stange, schwang einmal, zweimal, aber als er gerade zum dritten Schwung ansetzen wollte, konnte er sich nicht mehr festhalten und schleuderte durch die Luft. Er flog über das Gitter und landete mit einem dumpfen Aufschlag im Nachbarkäfig, der – zu seinem großen Schrecken – der Löwenkäfig war. Als er den Löwen aufstehen und langsam auf sich zutrotten sah, bekam er Panik. Er verlor seine Selbstbeherrschung und fing an zu schreien: „Hilfe! Hilfe! Ich bin kein Gorilla! Ich bin ein Mensch!“ Seine Haare stellten sich auf, als er den heißen Atem des Löwen in seinem Nacken spürte. Dann hörte er eine Stimme. Die Stimme sagte: „Halt’s Maul, du Idiot, sonst verlieren wir beide unseren Job!“

Dieser Witz, den ich immer wieder erzähle, stellt uns vor eine ziemlich provokante Frage: Hat Authentizität mit dem zu tun, was äußerlich oder was innerlich ist? Sind wir, wenn es um den Glauben geht, authentische Christen, weil man das äußerlich sieht, oder wegen dem, was in uns ist?

Sicher, wenn der Glaube echt und gesund ist, lautet die Antwort: Aus beiden Gründen. Glaube, der innen authentisch ist, wird auch nach außen sichtbar. Wir wissen aber auch, dass der Glaube nur äußerlich sein kann ohne entsprechende innere Echtheit. Das ist das uralte Dilemma und die Gefahr für den christlichen Glauben bis zurück in die Zeit Jesu.

Drei Mysterien

Während der ersten Tage meines Theologiestudiums sagte uns ein Professor, dass die ganze christliche Theologie in drei großen Mysterien enthalten sei: dem Mysterium Gottes, dem Mysterium Gottes mit uns und dem Mysterium Gottes in uns. Das erste ist die Lehre darüber, wer Gott ist, dass Gott sich offenbart als Vater, als Sohn und als Heiliger Geist, das Mysterium der Dreifaltigkeit.

Das zweite Mysterium ist die Menschwerdung, Gott mit uns, dass das Wort „Fleisch geworden" ist und „unter uns gewohnt" hat (Joh 1,14). Das dritte Mysterium hat mit der Theologie der Gnade zu tun und damit, ein christliches Leben zu führen. Dieses Mysterium ist Gott in uns und gründet darauf, dass der Heilige Geist in uns wohnt.

Beim letzten Abendmahl sagte Jesus vieles, was seine Jünger geschockt haben muss. Er änderte die Bedeutung eines alten Gedenkens so, dass es nun um ihn ging. Er wusch den Jüngern die Füße, er sagte ihnen, dass er sie verlassen würde und erschreckte sie sogar noch mehr als er sagte, dass es besser für sie wäre, wenn er wegginge, als wenn er bliebe (Joh 16,7). Das scheint paradox. Ich bin sicher, viele von uns haben oft davon geträumt, wie es wäre, wenn wir die Zeit zurückdrehen und mit Jesus zusammen sein könnten, oder wie es wäre, wenn er zurückkäme und wir ihn so bei uns haben könnten wie die Jünger. Was wäre das für eine aufregende Erfahrung! Wenn wir jedoch weiter darüber nachdenken, wird uns wahrscheinlich schnell klar, dass das nicht so wunderbar wäre, wie wir es uns vorstellen. Während seiner Zeit auf Erden war Jesus in Zeit und Raum begrenzt. Das Mysterium *Gott mit uns* bedeutet, dass Jesus sich entäußerte (Phil 2,7) und die Begrenztheit angenommen hat. Zu versuchen, ihn zu sehen oder bei Jesus zu sein, wäre viel schwieriger, als den Papst zu sehen oder bei ihm zu sein. Wir könnten ihn bestenfalls aus der Ferne sehen.

Jesus hat gesagt, dass es besser wäre, wenn er wegginge, denn dann würde unser Beistand, der Tröster kommen. Dieser Tröster (*parakletos*) ist der Heilige Geist, der bei uns bleibt und in uns ist (Joh 14,17), als Mysterium Gottes in uns. So großartig das Gott-mit-uns durch Jesus auch ist, wieviel tiefgründiger wäre unser Leben mit Gott in uns durch den Heiligen Geist? Jesus hat das bestätigt: „Wer an mich glaubt, wird die Werke, die ich vollbringe, auch vollbringen und er wird noch größere vollbringen, denn ich gehe zum Vater“ (Joh 14,12). Diese häretisch klingenden Worte erinnern uns daran, dass die gleiche Macht, die in Jesus wirkte, wenn er predigte, heilte und Wunder tat, auch jenen gegeben ist, die an ihn glauben. Es ist ein großes Geheimnis, aber in seiner Menschlichkeit entäußerte sich Jesus seines Gleichseins mit Gott und existierte dennoch immer wie Gott.

Zu diesem Schluss kommen wir durch einen der ältesten liturgischen Texte über die junge Kirche, den uns der heilige Paulus in seinem Brief an die Philipper (2,6-11) hinterlassen hat. Das Konzil von Chaldäa, eines der großen christologischen Konzile, hat gelehrt, dass in der Verbindung der göttlichen und menschlichen Natur Jesu sein göttlicher Verstand und Wille und sein menschlicher Verstand und Wille unvermischt waren. Das bedeutet, dass alle seine Wunder durch die Kraft des Heiligen Geistes in seiner menschlichen Natur gewirkt wurden – desselben Heiligen Geistes, den er seinen Jüngern einhauchte und den er uns einhauchen möchte. Deshalb kann Jesus sagen, dass jene, die an ihn glauben, die gleichen Werke wie er und sogar größere vollbringen werden. Es ist also in Wahrheit zu unserem Vorteil, dass Gott mehr in uns ist als bei uns.

Die Verheißung des Vaters

Der wichtigste Satz in den Dialogen des Johannesevangeliums ist: „Wenn aber der Beistand kommt ...“ (Joh 15,26). Alles wartet auf das Kommen des versprochenen Heiligen Geistes. Das Neue Testament spricht nicht mit einer Stimme, wenn es um den Geist Gottes geht, noch gibt es irgendetwas, das auch nur im Entferntesten eine systematische Pneumatologie (Lehre vom Heiligen Geist) genannt werden könnte, aber die Verfasser des neuen Testaments sind in zwei Dingen vollkommen klar: Verheißung und Erfüllung. In den zwei großartigen Werken des heiligen Lukas, seinem Evangelium und der Apostelgeschichte, wird von Anfang an deutlich, dass der Heilige Geist am Werk ist. Johannes der Täufer wird geschildert als erfüllt vom Heiligen Geist, sogar noch vor seiner Geburt (Lk 1,15). Der Engel Gabriel sagt Maria, dass der Heilige Geist über sie kommen werde und dass die Kraft des Höchsten sie überschatten werde (Lk 1,35). Elisabeth wird erfüllt vom Heiligen Geist, als Maria sie besucht (Lk 1,41), Zacharias wird vom Heiligen Geist erfüllt (Lk 1,67). Der Heilige Geist ruht auf dem Propheten Simeon und enthüllt ihm, dass er den Messias des Herrn sehen wird. Trotz des Wirkens des Heiligen Geistes vor und während des Lebens Jesu bleibt immer noch eine Ahnung, dass das Versprechen Gottes noch nicht erfüllt ist und eine Erwartung, dass es sich bald erfüllen werde. Nach der Auferstehung sagt ihnen Jesus, „Ich werde die Gabe, die mein Vater verheißen hat, zu euch herabsenden. Bleibt in der Stadt, bis ihr mit der Kraft aus der Höhe erfüllt werdet“ (Lk 24,49).

Der zweite Band von Lukas’ großem Werk beginnt damit, dass im Vorwort zweimal vom Heiligen Geist gesprochen wird und nach der Erzählung von der Himmelfahrt des Herrn gleich wieder die Rede ist von der Verheißung Gottes: „Ihr werdet die Kraft des Heiligen Geistes empfangen, der auf euch herabkommen wird; und ihr werdet meine Zeugen sein in Jerusalem und in ganz Judäa und Samarien und bis an die Grenzen der Erde“ (Apg 1,8). Die Erfüllung der Verheißung geschieht unmittelbar. Wolken explodieren am Pfingsttag und die zusammengekauerten Männer werden durch eine neue Kraft so verwandelt, dass das Evangelium bis an die Grenzen der Erde verkündet wird. Die Theologie der jungen Kirche entwickelt sich rund um diese Erfahrung von Gottes Macht. Sie äußert sich in der Predigt des Petrus am Pfingsttag und dreht sich ausschließlich um die Erfüllung einer lang ersehnten Verheißung. Petrus verkündet der versammelten Menge, dass das, was sie sehen, kein Spektakel von Betrunkenen ist, sondern genau das, was Gott verheißen habe. Petrus beginnt mit einem Zitat des Propheten Joel, dass es Gottes Verheißung sei, seinen Geist über allem Fleisch auszugießen:

„Eure Söhne und eure Töchter werden Propheten sein,
eure Alten werden Träume haben
und eure jungen Männer haben Visionen.
Auch über Knechte und Mägde
werde ich meinen Geist ausgießen in jenen Tagen."
(Joel 3,1-2, siehe auch Apg 2,17-18)

Davor wurde nach der Tradition Israels der Geist des Herrn besonderen Menschen zu besonderen Zeiten zu einem besonderen Zweck gegeben. Ein bestimmter Richter, König oder Prophet wurde so gesalbt. Zur selben Zeit, als dieses begrenzte Werk des Geistes Gottes beschrieben wurde, gab es im Alten Testament ein immer wichtiger werdendes Gefühl, dass Gott etwas Neues wirken würde. Gott würde einen neuen Geist in uns legen, der die Herzen aus Stein in Herzen aus Fleisch (Ez 36,26) verwandeln würde. Beim Propheten Joel gab es die deutliche Prophetie, dass der Geist Gottes über allen Menschen ausgegossen werde, ungeachtet deren Geschlechtes, Alters oder Familienstandes. Petrus weist auf diese Weissagung hin, als er vor den versammelten Völkern (all jenen Leuten) steht und verkündet, dass das, was sie alle „sehen und hören", die Erfüllung dieser Verheißung sei. Petrus ruft die Menge zu Buße und Taufe auf. Er verheißt ihnen die Gaben des Heiligen Geistes, „denn euch und euren Kindern gilt die Verheißung und all denen in der Ferne, die der Herr, unser Gott, herbeirufen wird" (Apg 2,39).

Ein Geist der Kraft

Was dann durch die ganze Apostelgeschichte hindurch folgt, ist die ständige Verkündigung Christi, seines Todes und seiner Auferstehung – und dies bestätigt durch die Kraft des Heiligen Geistes. Buße und Glaube führen zu Taufe und zu der Erfahrung, vom Heiligen Geist erfüllt zu werden, was so greifbar ist, wie wenn man untertaucht in das Taufwasser hinein. Diese Erfahrung mit dem Heiligen Geist ist nicht abstrakt, sondern wirklich, eine Erfahrung von Gottes Kraft (*dynamis*), die die Gemeinschaft der Glaubenden und den einzelnen Gläubigen verwandelt. Von genau dieser Erfahrung der Kraft spricht der heilige Paulus immer und immer wieder, als wollte er auf diese Weise seinem Evangelium Glaubhaftigkeit verleihen.

„Meine Botschaft und Verkündigung [*kerygma*] war nicht Überredung durch gewandte und kluge Worte, sondern war mit dem Erweis von Geist und Kraft verbunden, damit sich euer Glaube nicht auf Menschenweisheit stützte, sondern auf die Kraft Gottes.“ (1 Kor 2,4-5)

„Wir wissen, von Gott geliebte Brüder, dass ihr erwählt seid. Denn wir haben euch das Evangelium nicht nur mit Worten verkündet, sondern auch mit Macht und mit dem Heiligen Geist.“ (1 Thess 1,4-5)

In der frühen Kirche war also die Verkündigung immer begleitet von Machterweisen durch den Heiligen Geist. Auf dieses Evangelium zu antworten hieß also, die Verkündigung anzunehmen und mit diesem Geist der Kraft, der Gott in uns ist, erfüllt zu werden. Diese Erfahrung des Heiligen Geistes war grundlegend für das Wachsen der frühen Kirche und ist wesentlich für das christliche Leben heute, vor allem, wenn es um den Ruf zur Neuevangelisierung geht. Es ist also kein Wunder, dass Gemeinden, die gesund sind und wachsen, ihren Gläubigen nicht nur ermöglichen und sie ermutigen, an den Heiligen Geist zu glauben und den Heiligen Geist sakramental zu empfangen, sondern den Geist der Kraft wirklich in ihrem Leben zu erfahren. Die erste Evangelisierungswelle ergab sich aus einer wirklichen Erfüllung der Verheißung am Pfingsttag, einer Verwirklichung, die mehr war als ein Konzept – sie war erfahrbar und verwandelnd. So wird auch die Neuevangelisierung nur durch ein neues Pfingsten erfüllt werden können.

Trotz der zentralen Bedeutung der Erfahrung des Heiligen Geistes in der frühen Kirche – und eigentlich bei jeder Erneuerungsbewegung im Verlauf der Kirchengeschichte – ist es uns heute trotz allen Rufens nach Erneuerung und Neu-Evangelisierung offensichtlich immer noch wohler mit dem Begriff, der Idee des Heiligen Geistes als mit der Erfahrung des Geistes, der mit Macht kommt. Im Kapitel 19 der Apostelgeschichte lesen wir den Bericht vom Besuch des heiligen Paulus in Ephesus, wo er „einigen Jüngern" begegnet. Die Erfahrung des „Empfangens" des Heiligen Geistes ist so grundlegend wichtig für den Glauben, dass dies die erste Frage ist, die Paulus ihnen stellt. Sie antworten: „Nein, wir haben noch nicht einmal gehört, dass es einen Heiligen Geist gibt." Nach weiteren Fragen stellt sich heraus, dass sie nur die Johannestaufe empfangen hatten. Sie werden also christlich getauft, Paulus legt ihnen die Hände auf und „der Heilige Geist kam auf sie herab; sie redeten in Zungen und weissagten" (Apg 19,6).

Trinitarisch, binitarisch oder unitarisch

So seltsam uns diese Begegnung auch scheinen mag, sie spiegelt oft die gelebte Wirklichkeit so vieler gläubiger Christen wider. Sie haben vielleicht gehört, dass es einen Heiligen Geist gibt, aber sie haben in Wahrheit keinerlei Erfahrung mit dem Heiligen Geist gemacht und haben keine Beziehung zum Geist der Kraft. Von der Theologie her sind wir trinitarisch, aber allzu oft sind wir in der Praxis binitarisch oder sogar unitarisch. Manche Christen müssen erst noch entdecken, was das Geheimnis von Gott als Vater, Sohn und Heiliger Geist bedeutet. Gott ist keine unpersönliche Macht oder Energie. Gott ist nicht einmal bloß ein persönlicher Gott, sondern ein Gott in drei Personen, der sich danach sehnt, mit uns als Vater, als Sohn und als Heiliger Geist in Beziehung zu sein. Das sind nicht einfach Daseinsformen, sondern drei zueinander unterschiedliche persönliche Beziehungen. Sogar jene, die eine persönliche Begegnung mit Jesus hatten, die sie in Beziehung zum Vater als Vater gebracht hat, haben möglicherweise Schwierigkeiten damit, in einer Beziehung zum Heiligen Geist zu leben. Jesus ist der Weg zum Vater, das Angesicht Gottes, das Abbild des unsichtbaren Gottes (Kol 1,15). Er ist der wahrhaft Fleisch gewordene Gott, das Sakrament Gottes und deshalb der vollkommene Mittler. Was man gesehen und berührt hat, dem kann man begegnen. Er bringt uns zum Vater. Unsere eigene Beziehung mit unseren menschlichen Vätern bietet uns einen Rahmen, von dem aus wir beginnen können eine Beziehung zu dem Gott aufzubauen, „nach dessen Namen jedes Geschlecht im Himmel und auf der Erde benannt wird" (Eph 3,15). Aber wie beginnen wir eine Beziehung mit dem Heiligen Geist, vor allem dann, wenn es in unserem Leben keinerlei spürbare Erfahrung des Heiligen Geistes gegeben hat?

Wenn die dritte Person der Dreifaltigkeit auf ein Konzept reduziert worden ist oder auf etwas Abstraktes, das wir bei der Firmung empfangen haben ohne eine Erfahrung über die sakramentalen Gesten hinaus, wie können wir dann davon sprechen, dass wir den Heiligen Geist wirklich kennen? Geholfen hat uns auch nicht, dass (im Englischen) erst vor Kurzem der Heilige Geist von *Holy Ghost* auf *Holy Spirit* umbenannt wurde. Ich erinnere mich, dass wir als Kinder vom Heiligen Geist gehört und uns vergeblich bemüht haben, das zu verstehen. Geister waren etwas, vor dem man sich fürchtete. Ich hatte ein kindliches Bild von Casper, dem freundlichen Geist mit einem Heiligenschein über seinem Kopf. Ich erinnere mich auch, dass ich Schwierigkeiten mit dem Wort *Paraklet* hatte. Ich hatte von einem *parakeet* (Papagei) gehört und nachdem ich wusste, dass der Heilige Geist von einem Vogel symbolisiert wird, schloss ich daraus, dass man die Vogelmetapher eben erweitert hatte. Das klingt vielleicht dumm, aber ich habe den Verdacht, dass viele Gläubige ähnliche Schwierigkeiten mit dieser Person in der Gottheit haben. Wir haben eine Theologie, die uns sagt, wir *hätten* den Heiligen Geist und wir würden ihn auch weiterhin empfangen, aber auf eine Weise, die überhaupt nicht der lebensverändernden Erfahrung der Kraft entspricht. Tatsächlich wird dieses Geheimnis von *Gott in uns* innerhalb der Kirche weitgehend sehr missverstanden und bleibt vielen Gläubigen vollkommen verborgen.

Den Heiligen Geist erfahren

Als Petrus zum Haus des Zenturio Kornelius ging, um dort zu sprechen (Apg 10), werden wir Zeugen einer weiteren Stufe in der Erfüllung der Verheißung Gottes. Der Geist der Kraft wird nicht nur über Jung und Alt, Männer und Frauen, Sklaven und Freie ausgegossen, sondern sogar über die Heiden:

„Noch während Petrus dies sagte, kam der Heilige Geist auf alle herab, die das Wort hörten. Die gläubig gewordenen Juden, die mit Petrus gekommen waren, konnten es nicht fassen, dass auch auf die Heiden die Gabe des Heiligen Geistes ausgegossen wurde. Denn sie hörten sie in Zungen reden und Gott preisen." (Apg 10,44-46)

Drei Dinge sind in dieser Episode geschehen. Die Zuhörer machten eine Erfahrung des Heiligen Geistes, die für alle sichtbar war, die Petrus begleiteten. Sie beteten mit der Gabe der Zungenrede und sie priesen Gott. Diese Erzählung hat einen bekannten Klang, denn sie kommt in der Apostelgeschichte immer wieder vor. Das beweist, dass zum Glauben an Christus zusammen mit der Taufe auch eine verwandelnde Erfahrung des Heiligen Geistes gehört. Diese Erfahrung, dass Gottes Liebe in unsere Herzen ausgegossen wird, ist bewegend, sie ist emotional und sie löst eine begeisterte Antwort aus (vgl. Röm 5,5).

Diese Erfahrung der Kraft Gottes durch den Heiligen Geist ist vielen gläubigen Christen auf der ganzen Welt fremd. Das liegt möglicherweise daran, dass in unserer theologischen

Tradition der Heilige Geist zu wenig studiert wird, aber es ist viel wahrscheinlicher, dass es sich um einen kulturell begründeten entstellenden Eingriff in die historische, biblisch christliche Spiritualität handelt. Jeder, der schon einmal nach Afrika oder in die Karibik gereist ist, hat bemerkt, dass unsere Angst vor emotionaler Spiritualität an sich keine katholische Eigenheit ist, sondern eine Ausformung des westeuropäischen Katholizismus, hervorgerufen durch die Kultur der Nach-Aufklärung, vor allem des Idealismus. Sich mit Ideen zu beschäftigen, ist viel sicherer und weniger bedrohlich, als sich mit der Wirklichkeit hinter dieser Idee auseinanderzusetzen. Diese kulturelle Eigenheit sucht ihre pastorale Rechtfertigung, indem behauptet wird, man müsse sich vor jeder Art von Emotionalität hüten. Aber im großen Spektrum religiöser Erfahrung des Menschen ist ein Überschwang der Gefühle im Allgemeinen nicht gerade ein Problem in der nordamerikanischen oder der europäischen katholischen Kirche. Verglichen mit unseren Brüdern und Schwestern im Glauben, die in der südlichen Hemisphäre leben, sind wir emotional blockiert, wenn es darum geht, unserem Glauben Ausdruck zu verleihen. Wir schrecken verängstigt oder misstrauisch vor allem zurück, das wie Begeisterung aussieht, und sind rasch mit dem Ausdruck „charismatisch“ zur Hand.

Wenn wir mal das Thema Charismen beiseitelassen, die das Neue Testament als selbstverständlich voraussetzt, dann wird oft jede Ausdrucksform von Spiritualität, die im Zusammenhang mit Affekt oder Emotionen steht, mit dem Etikett „charismatisch“ versehen. Trotz alter biblischer Anweisungen, dass wir unsere Hände erheben, singen, klatschen und vor Freude jauchzen sollen, würden sich viele unserer Kirchen heute leeren, wenn wir dem Folge leisten müssten. Solche Ausdrucksformen des Glaubens werden leider allzu oft bestenfalls still toleriert und den Leuten wird schnell deutlich gemacht, dass derartige Verhaltensweisen nicht willkommen sind.

Begeisterung

Wenn es in unserer Kultur zum Thema Affekt eine durchgängige Haltung gäbe, dann würde das wahrscheinlich unsere stoische Spiritualität sein, aber dem ist nicht so. Wenn wir ins Kino oder ins Theater gehen, dann finden wir, dass der Film oder das Stück großartig waren, wenn wir emotional berührt wurden. Wenn wir Sportereignisse erleben, dann finden wir es normal, in eine Art religiöse Trance zu verfallen. Weil ich in Schottland aufgewachsen bin, weiß ich, wie es sich anfühlt, wenn 60.000 Männer bei einem Fußballspiel ausflippen. Ich war einmal in einem Konzert von Sarah Brightman und war fasziniert von der Reaktion der Menge und darüber, dass das niemanden zu stören schien. Die Leute winkten ihr zu, riefen laut ihren Namen und jubelten und kreischten ihr zu, dass sie sie lieben. Sie klatschten und skandierten begeistert Beifall und niemand wechselte auf einen anderen Sitz, weil ihm diese ganze Emotionalität unangenehm war. Emotional zu sein ist ein normaler und gesunder Bestandteil des Menschseins, und doch geben wir diese wesentliche Dimension unseres spirituellen Lebens meist an der Eingangstüre ab, sobald wir die Kirche betreten, und schalten um auf den Kirchen-Modus. In der Kirche wirken solche Zurschaustellungen von Gefühlen auf uns angsteinflößend, verwirrend und bedrohlich. Aber ich frage mich: Wer verdient denn wirklich unsere Tränen und unseren Jubel? Wem anders gebührt denn vor allem unser spontaner Lobpreis, unsere Zeichen von Liebe und Verehrung als dem Herrn, der uns erschaffen und erlöst hat?

Begeisterung ist die buchstäbliche Antwort auf die Gegenwart des Heiligen Geistes, der Gott „in uns“ ist, denn enthusiastisch zu sein bedeutet vom Wort her *en theo*, *in Gott* zu sein. Mit dem Geist Gottes in uns, mit der Liebe Gottes, die sich in unser Herz ergießt und mit Gottes Geist, der zu unserem Geist spricht (Röm 8,16) rufen wir aus: „Abba, Vater!“ (Gal 4,6) In diesem Schrei fühlen wir uns mit unserem ganzen Sein von Gott hineingenommen in den mystischen Tanz der Dreifaltigkeit, so dass Gott wahrhaft in uns ist und wir wahrhaft in ihm sind. Das Herz und nicht nur der Verstand muss berührt werden.

Um unseren Leuten ermöglichen zu können, den Heiligen Geist zu erfahren, müssen wir diese lähmende Angst vor emotionalen religiösen Erfahrungen benennen, die jene isoliert, welchen die geschichtliche Last unserer Kirchenkultur unbekannt ist. Dazu gehören fast alle Menschen außerhalb der Kirche, die mit dem Evangelium zu erreichen wir berufen sind. Im Gegensatz zur vorherrschenden westlich-katholischen Kultur haben postmoderne Menschen nicht nur keine Angst vor emotionalen religiösen Erfahrungen, sondern sie begrüßen sie sogar. Schauen Sie nur einmal in die Abteilung für Spirituelles in einem Buchladen und Sie werden sehen, dass unsere heutige Kultur bereit ist, jedweden völlig unglaublichen Glauben anzunehmen, wenn er nur durch entsprechende Erfahrungen bestätigt wird.

Eine gesunde Kirche ist eine, die Heilig-Geist-Erfahrungen, die Gefühle auslösen, nicht abwertet oder ausschließt. Im Gegenteil, sie ermutigt zu solchen Erfahrungen und schätzt eine authentische Ausdrucksvielfalt, nicht eine Pseudotoleranz, die unbewusst Gleichförmigkeit im Ausdruck fordert. Sie hat großen Respekt dafür, wie der Geist der Kraft sich innerhalb der Gemeinschaft der Glaubenden zeigt, und bemüht sich, jede Erfahrung nach den Früchten zu bewerten, die sie hervorbringt. Es ist eine feste Regel im pastoralen Dienst, dass jeder, der irgendeine religiöse Erfahrung zu bewerten hat, unabhängig von der Intensität der damit verbundenen Gefühle feststellen muss, ob diese Erfahrung bei der jeweiligen Person die Früchte des Geistes hervorgebracht hat, wie sie im Galaterbrief (5,22f) aufgezählt werden: „Die Frucht des Geistes aber ist Liebe, Freude, Friede, Langmut, Freundlichkeit, Güte, Treue, Sanftmut und Selbstbeherrschung.“ Diese Eigenschaften sind der unverwechselbare Stempel des Geistes, der weht, wo er will. Unabhängig davon, wie stark oder bedeutsam eine religiöse Erfahrung ist, wenn die betroffene Person nicht liebevoller, fröhlicher, friedlicher, geduldiger, freundlicher und gütiger wird, dann ist die Erfahrung nicht echt. Egal wie sanft und zurückhaltend eine Erfahrung ist, wenn sie zu einer Vermehrung dieser Früchte des Geistes führt, dann ist sie sicher von Gott.

Kraft in der Pfarrgemeinde

Wie können wir also Erfahrungen mit dem Heiligen Geist in den Alltag einer Pfarrgemeinde übertragen und zwar so, dass sie zur Verwandlung der Pfarrkultur führen? Wie können wir vermeiden, dass unsere Gläubigen das Gefühl haben, ihr christliches Leben sei belanglos, ohne innere Entsprechung, wie bei dem Mann im Gorillakostüm, von dem ich vorhin erzählte? Papst Franziskus denkt über diese gleiche Frage in *Evangelii Gaudium* nach:

„Wie wünschte ich die richtigen Worte zu finden, um zu einer Etappe der Evangelisierung zu ermutigen, die mehr Eifer, Freude, Großzügigkeit, Kühnheit aufweist, die ganz von Liebe erfüllt ist und von einem Leben, das ansteckend wirkt! Aber ich weiß, dass keine Motivation ausreichen wird, wenn in den Herzen nicht das Feuer des Heiligen Geistes brennt.“ (EG 261)

Hier ein paar Vorschläge aus meiner Erfahrung als Pfarrer, wie wir unseren Gläubigen helfen können, dieses Feuer zu erleben.

- Was wir nicht verstehen und was wir nicht kennen, das macht uns Angst. Wir müssen über die Erfahrung von Gott in uns durch den Heiligen Geist lehren. Wir müssen lehren, dass es nicht nur eine einzige Erfahrung gibt, die ausdrückt, wie Gott in den Herzen der Gläubigen wirkt. Wir müssen lehren, dass eine emotionale Reaktion auf Gott ein gesunder Teil der Beziehung zu Gott ist, so wie in jeder anderen persönlichen Beziehung auch. Wir müssen unsere Gläubigen lehren, dass Christ sein heißt, pfingstlich zu sein, und dass es außerhalb der pfingstlichen Erfahrung kein christliches oder kirchliches Leben gibt. Wir müssen lehren, dass Gott Gaben gibt, auch charismatische Gaben, um die Kirche aufzubauen, und dass Gott seinen Kindern gute Gaben gibt und niemals eine Schlange statt einem Fisch oder einen Skorpion statt einem Ei (Lk 11,11-12). Unsere Haltung sollte so sein, dass wir zu jeder guten Gabe, die Gott uns schenken will, voll und ganz Ja sagen. Wir müssen uns nicht fürchten, auch dann nicht, wenn wir nicht alles verstehen.

- In all den Jahren, in denen Alpha-Kurse in meinen Pfarrgemeinden angeboten wurden, habe ich erkannt, dass dies ein ausgezeichneter Weg ist, um den Teilnehmern eine Erfahrung des Heiligen Geistes zu vermitteln – sowohl regelmäßigen Kirchenbesuchern als auch Fernstehenden. Alpha bietet Gelegenheit, um über den Heiligen Geist zu lehren, und schafft ein Umfeld, in dem jeder Teilnehmer diese grundlegende Erfahrung des Heiligen Geistes machen kann. Das Herz des Alpha-Kurses ist ein Einkehrwochenende oder -tag, der ganz dem Heiligen Geist gewidmet ist. Dies findet nach dem zweiten Drittel des Kurses statt. Zu diesem Zeitpunkt haben die Teilnehmer schon die Gelegenheit gehabt, das Kerygma zu hören und darauf zu reagieren. Es wurde Vertrauen zum Team aufgebaut und eine gewisse Offenheit für eine Gotteserfahrung, zu der dann eingeladen wird. Das Einkehrwochenende oder der Einkehrtag findet normalerweise seinen Höhepunkt in einer behutsamen, unaufdringlichen Zeit des Gebetes für jeden einzelnen Teilnehmer um die Erfüllung mit dem Heiligen Geist.

Über die angemessene theologische Ausdrucksweise zu argumentieren ist mehr oder weniger nützlich, aber für die Teilnehmer geht es darum, etwas zu erfahren: Dass Gottes Liebe in ihre Herzen ausgegossen wird. Das ist oft lebensverändernd. In all den Jahren hatte ich die Freude, in meiner Pfarrgemeinde und auch dann, wenn ich bei nationalen und internationalen Alpha-Konferenzen gesprochen habe, viele Berichte von Verwandlung durch Alpha zu hören. Über neunzig Prozent der Bekehrungsgeschichten handeln von der Zeit beim Heilig-Geist-Tag oder -Wochenende, wenn mit jeder Person darum gebetet wurde, dass der Heilige Geist sie erfüllen möge. Sie konnten wirklich die Kraft Gottes spüren und wurden verwandelt.

Durch diese grundlegende Erfahrung einer Beziehung zur dritten Person der Heiligen Dreifaltigkeit, die meine Pfarrangehörigen machen, verändert sich langsam die Grundeinstellung im Leben der Pfarrgemeinde. Über den Heiligen Geist zu sprechen und zu ihm und um ihn zu beten, wird natürlicher. Wir tun das bei Mitarbeiterbesprechungen und bei Ausschusssitzungen. Bei unseren Leiterkonferenzen in St. Benedict beenden wir unsere Sitzungen immer, indem wir den Heiligen Geist anrufen und füreinander beten, damit wir wieder neu erfüllt werden. Dabei geben wir uns nicht mit der theologischen Überzeugung zufrieden, dass wir durch den Heiligen Geist Jesus als den Herrn verkünden (1 Kor 12,3), sondern geben ganz ehrlich und aufrichtig zu, dass wir Gottes Liebe erfahren wollen, und betrachten das nicht als ein Zeichen geistlicher Unreife. Wir suchen Gottes Kraft, denn ohne sie können wir nichts tun.

Während der Feier der Eucharistie rufen wir bewusst in Liedern den Heiligen Geist und nehmen uns sogar nach der Kommunion Zeit, um das Kommen des Heiligen Geistes zu erbitten. Denn schließlich sollte das, was das Eucharistische Hochgebet III erbittet: „Heilige unsere Gaben durch deinen Geist, damit sie uns werden Leib und Blut deines Sohnes, unseres Herrn Jesus Christus“ in jeder Eucharistiefeier geschehen. Wir lehren auch, dass es wichtig ist, das alte Gebet der Kirche *Veni Sancte Spiritus* (Komm, Heiliger Geist) mit hoffnungsvollem Glauben zu beten.

Raniero Cantalamessa, der viele Jahre lang dem päpstlichen Haushalt predigen durfte, erzählt oft die Geschichte einer Sitte in seiner Heimatstadt. Nach der Messe am Sonntagmorgen ist es dort üblich, dass Nachbarn einander einladen. Diese Einladung ist jedoch mehr eine Höflichkeitsfloskel und heißt eigentlich nicht, dass tatsächlich ein Besuch erwartet wird. Raniero Cantalamessa weist darauf hin, dass wir, wenn wir den Heiligen Geist anrufen und ihn bitten zu kommen, dies mit wirklich glühender Erwartung tun sollten. Nur diese Art Gebet wird die Erfüllung der Verheißung Gottes für die Erneuerung unserer Kirche in unserer Zeit nach sich ziehen. Einzig die Kraft des Heiligen Geistes macht es möglich, dass wir uns nicht nur unserer wahren Identität als missionarische Kirche bewusst werden, sondern auch die Fesseln der Lauheit abwerfen und hinausgehen. Papst Franziskus sagt dazu:

„Man muss sie [die Weltlichkeit] vermeiden, indem man die Kirche in Bewegung setzt, dass sie aus sich herausgeht, in eine auf Jesus Christus ausgerichtete Mission, in den Einsatz für die Armen. Gott befreie uns von einer weltlichen Kirche unter spirituellen oder pastoralen Drapierungen! Diese erstickende Weltlichkeit erfährt Heilung, wenn man die reine Luft des Heiligen Geistes kostet, der uns davon befreit, um uns selbst zu kreisen, verborgen in einem religiösen Anschein über gottloser Leere.“ (EG 97)

10. Eine einladende Kirche werden

„Kommt und seht!“ (Joh 1,39)

Wenn die ersten neun Grundwerte, über die wir bisher nachgedacht haben, in einer Pfarrgemeinde geschätzt werden, dann ergibt sich der letzte, eine Kultur des Einladens aufzubauen, von selbst. Wenn wirklich alles versucht wird, um sich vor allem auf das Wochenende zu konzentrieren, so dass der Gottesdienst aufbauend und bewegend ist, wenn es ausgezeichnete Musik gibt, eine großartige Predigt, ein einladendes Umfeld, dann werden die Pfarrangehörigen von sich aus ihre Freunde, ihre Familie und ihre Nachbarn einladen wollen, damit sie kommen und sehen.

Wenn unsere Pfarrgemeinden Orte werden, wo es echte Gemeinschaft gibt, klare Erwartungen, eine Wertschätzung von Gaben, ein System kleiner und mittelgroßer Gruppen und eine Umgebung, in der der Heilige Geist erfahren werden kann, dann werden die, die kommen und sehen, wahrscheinlich eher bleiben und davon erzählen wollen. Pfarreimitglieder werden dann auch eher über die Sonntagsmesse hinaus einladen und andere dazu auffordern, das Leben in der Pfarrgemeinde auch außerhalb der Eucharistiefeier kennenzulernen.

Zielgerichtet einladen

Für erfolgreiche, gesunde und wachsende Gemeinden ist es ein klares Ziel, eine Kultur des Einladens innerhalb ihres Gemeindelebens zu schaffen. Um ehrlich zu sein, wir haben an diesem Punkt unserer Reise mit den Menschen der Pfarrei St. Benedict eigentlich noch nicht damit begonnen, das Einladen als echten Grundwert zu entwickeln. Die Betonung liegt auf noch nicht. Dennoch zeigt die jüngste *ME 25*-Umfrage interessante Ergebnisse, die belegen, dass dieses Grundprinzip von alleine Fuß fasst, weil wir an den anderen Werten gearbeitet haben. Als die Pfarrangehörigen gebeten wurden, ihre Zustimmung zu dem Satz zu geben: „Im letzten Monat habe ich jemanden in meine Pfarrgemeinde eingeladen", hatten sie die Möglichkeit, aus einer Skala von 1 bis 5 auszuwählen, wobei 1 hieß: „Ich stimme dem überhaupt nicht zu" und 5: „Ich stimme dem vollkommen zu". Obwohl wir noch nicht ausdrücklich damit begonnen haben, diesen Wert in Angriff zu nehmen, stellten wir fest, dass 23% der Pfarrangehörigen vollkommen zugestimmt und 15% zugestimmt hatten. Das heißt, 38% unserer Pfarrangehörigen haben im letzten Monat jemanden eingeladen. Dieses Ergebnis ist erstaunlich und stuft uns höher ein als der katholische Durchschnitt und höher als die durchschnittliche christliche Gemeinde in der Datenbank von Gallup. Was könnte also geschehen, wenn wir uns zielgerichtet diesem Wert widmen?

Der erste Grundsatz, den wir beim Aufbau einer Kultur des Einladens nicht vergessen dürfen, ist, die Menschen daran zu erinnern, dass es Gott ist, der wachsen lässt (1 Kor 3,7). Das heißt, dass wir zwar die Verantwortung haben einzuladen, aber wir sind nicht verantwortlich für die Reaktion auf diese Einladung. In Kirchenkreisen muss man normalerweise fünf Mal einladen, um eine Zusage zu bekommen, und trotz eines „Nein danke" wissen wir nie, wie Gott im Herzen von jemandem wirkt, auch dann, wenn er die Einladung abgelehnt hat. Wenn wir also dazu auffordern, andere einzuladen, sollten wir auch dies deutlich zum Ausdruck bringen.

Wir sollten auch ganz deutlich sagen, wie Erfolg aussieht. Jeder, der einlädt, wird viel öfter eine Absage erhalten als eine Zusage. Jedes Mal, wenn wir in St. Benedict mit einem neuen Alpha-Kurs beginnen, wetten wir im Scherz darum, wer wohl die meisten Absagen bekommen wird (auf der anderen Seite bringt die Person mit den meisten Absagen meist die größte Zahl an Gästen zum Abschlussfest nach jedem Alpha-Kurs mit). Dennoch liegt der Erfolg in der Anzahl derer, die eingeladen wurden, und nicht in der Anzahl jener, die dann kommen. Dafür sind wir nicht verantwortlich. Wir sind berufen, durch Einladungen den Samen auszustreuen, und müssen den Rest Gott überlassen.

Der zweite Grundsatz ist, dass wir die Hauptursache erkennen und benennen müssen, die 80% der Angehörigen einer durchschnittlichen Pfarrgemeinde davon abhält, andere einzuladen. Es ist die Angst. Echte Angst. Angst vor Zurückweisung, Angst, für seltsam gehalten zu werden, Angst, eine Beziehung zu gefährden, Angst, für „eine oder einen von denen“ gehalten zu werden. Das ist es, was uns daran hindert unseren Mund aufzumachen. Man kann der Angst nicht einfach ausweichen. Wir müssen sie erkennen und im Gebet vor den Herrn bringen. Wir müssen seine Stimme hören, die unaufhörlich zu uns sagt: „Fürchte dich nicht.“

Auch Ungeschicklichkeit kann ein Hindernis sein, jemanden einzuladen. In Wahrheit ist es ja so, dass viele Pfarrangehörige, die niemanden einladen, vielleicht doch andere einladen wollen, aber nicht wissen, wie sie das tun sollen. Die Antwort darauf ist, dass die Einladung ganz natürlich sein soll, so natürlich wie jede andere Einladung zu etwas Wunderschönem, das man selbst entdeckt hat. Im Johannesevangelium geschieht genau das, als Andreas, nachdem er einen Nachmittag mit Jesus verbracht hatte, zu seinem Bruder Petrus geht und ihn zu Jesus bringt. Genau so war es auch, als Philippus zu Nathanael, dem Zyniker, ging und zu ihm sagte: „Komm und sieh.“ Anderen etwas Wunderbares mitzuteilen und sie dazu einzuladen, ist niemals peinlich, sondern geschieht oft ganz unbefangen: „Versuch das mal, es ist unglaublich!“ Das Gegenüber sagt vielleicht: „Nein, danke“, aber die Einladung wurde ausgesprochen.

Der dritte Grundsatz ist, dass nichts die Menschen mehr motiviert als eine überzeugende Vision von dem, was sein kann. Zum Beispiel kommen an einem durchschnittlichen Wochenende in St. Benedict 2.000 Menschen in die Kirche. Wenn die Hälfte davon jeden Sonntag eine weitere Person in die Kirche einladen würde, dann könnten wir ganz leicht an jedem Sonntag zweihundert neue Besucher haben. Wenn auch nur 25 Prozent dieser Besucher in irgendeiner Weise so berührt würden, dass sie den nächsten Schritt in ihrem geistlichen Leben tun möchten, dann wären das fünfzig Menschen pro Woche. Die Zahlen sind erstaunlich und sie sind vor allem realistisch. Wenn das je geschehen würde, dann wäre unser Problem nicht mehr, wie wir eine Kultur des Einladens schaffen können, sondern, was wir für die Menschen tun können, die einen Glaubensschritt getan haben und gekommen sind und die sogar wiederkommen wollen.

Ein funktionierendes Modell

Jede erfolgreiche Kampagne braucht ein funktionierendes Modell. Wir fordern unsere Pfarrangehörigen ja nicht dazu auf, Fremde an der Straßenecke einzuladen. Denn das funktioniert normalerweise nicht. Vielmehr sollten sie innerhalb ihrer bereits bestehenden Beziehungen anfangen: bei Freunden, Familie, Nachbarn und Kollegen – also bei denen, die sie schon kennen. Wir müssen sie auffordern, die Frage, wen sie einladen sollen, ins Gebet zu nehmen und Gott zu bitten, ihnen Namen und Gesichter aufs Herz zu legen. Ehe sie eine Einladung aussprechen, sollen unsere Pfarrmitglieder zielgerichtet für jede Person auf ihrer Einladungsliste beten. Gottes Wirken in unserem Leben ist geheimnisvoll und wir müssen davon überzeugt sein, dass der Herr bereits etwas in dem Leben jedes Einzelnen bewirkt. Wir sollten für jeden Menschen beten, ehe wir eine Einladung aussprechen und auch danach, unabhängig davon, ob sie „Ja" oder „Nein" gesagt haben. Je nachdem wie das Nein war, ist es vielleicht passend, nach einer gewissen Zeit noch einmal einzuladen, vor allem dann, wenn die Absage „Jetzt nicht" gelautet hat.

Wir müssen um Mut bitten, ehe wir einladen, und dann müssen wir handeln. Wir sind wahrscheinlich so nervös wie ein Oberschüler, der in der Cafeteria zum ersten Mal ein Mädchen um ein Rendezvous bittet, und wahrscheinlich sind wir auch vollkommen schockiert, wenn die Antwort „Ja" lautet. Zu guter Letzt müssen wir den Eingeladenen helfen, ihr Ja auch durchzuziehen. Das heißt möglicherweise, dass man sich besonders um Gastfreundschaft bemüht, vielleicht holt man den Gast ab und fährt ihn zur Kirche, vielleicht wird er nachher noch zu einem Kaffee nach der Messe eingeladen. Man sollte den Gast auch anderen Gemeindemitgliedern oder dem Pfarrer vorstellen, so dass er anfangen kann, ein Gefühl des Dazugehörens zu entwickeln. Und schließlich sollten wir davon ausgehen, dass er gerne wiederkommen möchte.

Als Katholiken müssen wir uns überlegen, ob es passt, wenn wir Fernstehende zu einer Veranstaltung der Pfarrei einladen. Abhängig davon, wie der Sonntagvormittag in Ihrer Pfarrgemeinde abläuft, ist das vielleicht gar nicht der beste Ort um zu beginnen. Wenn wir uns einigermaßen sicher sind, dass es eine aufbauende, herzliche, offene und positive Erfahrung sein wird, dann können wir einfach einen fernstehenden Menschen zur Messe begleiten. Gleichzeitig dürfen wir aber nicht vergessen, dass die Liturgie in mancherlei Hinsicht für die, die nicht mit ihr vertraut sind, oft fast abweisend ist. Sie setzt einen gewissen Grad von Verständnis für ein besonderes Vokabular, für Gesten und Symbole voraus, die für jene fremd sind, die nicht katholisch geprägt sind.

Wir haben schon angesprochen, dass Fernstehende durch echte Gemeinschaft ein Gefühl des Dazugehörens erfahren müssen, so dass sie beginnen können zu glauben. Deshalb ist es wichtig, dass Pfarrgemeinden beginnen, ein christliches Leben außerhalb des Gottesdienstes zu entwickeln – verschiedene Anlässe, zu denen Fernstehende eingeladen werden können und wo sie die Botschaft des Evangeliums hören können. In St. Benedict ist der offensichtlichste Ort, zu dem andere eingeladen werden können, der Alpha-Kurs, aber es gibt auch Gebetsfrühstücke für Männer und Frauen, Konzerte sowie Einladungen mit Vorträgen in einem nicht gottesdienstlichen Umfeld.

Alpha

Von den oben genannten Möglichkeiten sind unsere Alpha-Kurse die zugänglichsten und die, zu denen man andere am leichtesten einladen kann. Ich spreche von Alpha gerne als *Evangelisierung leicht gemacht*. Wir laden die Leute zum Essen und zu einem Film ein und die Einladung heißt immer: „Komm und sieh!“ In der Einladung heißt es ausdrücklich, dass es keinerlei Verpflichtung über die erste Woche hinaus gibt und dass der Teilnehmer jede Woche neu entscheiden kann, ob er in der nächsten Woche wiederkommen will. Wir machen deutlich, dass niemand noch einmal angesprochen wird, wenn er entscheidet, nicht mehr zu kommen. Alpha ist so aufgebaut, dass jeder Kurs mit einem kleinen Fest abschließt, zu der die Teilnehmer Freunde und Familienmitglieder einladen können, zu kommen und zu sehen, was sie erfahren haben. Noch einmal – es ist alles vollkommen natürlich. Viele kommen nur, um zu sehen, was das ist, was den Partner, Freund oder Kollegen so berührt hat.

Der Alpha-Kurs ist so konzipiert, dass er in der Pfarrgemeinde im Rotationsprinzip läuft, so dass jedes Abschlussfest bereits die erste Woche für den nächsten Alpha-Kurs ist. Jedes „Komm und sieh“-Fest endet mit der Einladung, sich für den nächsten Alpha-Kurs anzumelden, der normalerweise ein paar Wochen später beginnt. Nachdem ich Alpha schon seit über elf Jahren durchführe, weiß ich, dass sich normalerweise 80% der Gäste, die am „Komm und sieh“-Abend auftauchen, für den nächsten Kurs anmelden. Leider schaffen viele Gemeinden, die Alpha-Kurse anbieten, diese Einladungsdynamik nicht. Anstatt einen deutlichen Anteil Fernstehender in den Kursen zu haben, werden die Kurse dann überwiegend von aktiven Pfarrangehörigen besucht. Das ist gut für die Pfarrgemeinde, denn viele Teilnehmer finden dabei zu einer geistlichen Erneuerung oder werden sogar bekehrt, aber die Verbindung nach außen geht dabei leider oft verloren. Wenn eine

Pfarrgemeinde diese Dimension der Außenwirkung von Alpha nicht schafft, dann erreicht sie normalerweise ihre Grenze, wenn ca. 60% der Gemeindemitglieder den Kurs absolviert haben. Danach geht ihr langsam die Luft aus und die Engagierten sagen: „Das war großartig! Und was sollen wir jetzt machen?“In gewisser Hinsicht hat eine solche Pfarrgemeinde eigentlich nie wirklich mit dem Alpha-Programm angefangen.

Obwohl wir noch keine zielgerichtete Kultur des Einladens zu unseren Sonntags-Gottesdiensten entwickelt haben, haben wir unsere Alpha-Kurse sehr zielgerichtet durchgeführt. In den letzten Jahren haben wir einen Besucheranstieg bei unseren Alpha-Kursen in St. Benedict verzeichnet. Wir haben Gemeindemitglieder, die nach ihrer eigenen Bekehrung durch Alpha Dutzende von Menschen zu einem „Komm und sieh“-Fest eingeladen haben. Eine Frau aus unserer Pfarrgemeinde hat jeden Kollegen aus ihrem Büro eingeladen: ausgetretene Katholiken, Fernstehende, Nichtkatholiken, Atheisten, Agnostiker, Muslime und Hindus. Ein Mann, der in unserer Pfarrgemeinde sehr engagiert ist und ständig andere einlädt, wurde ursprünglich von genau dieser Frau zum Alpha-Kurs eingeladen. Nachdem er vier- oder fünfmal „Nein“ gesagt hatte, sagte er schließlich doch zu einem „Komm und sieh“-Abend zu, einfach, um sie loszuwerden. Sein Leben wurde verändert und durch ihn das Leben anderer.

Bei jedem Projekt im Leben der Pfarrgemeinde ist es wichtig, unsere Erfolge zu feiern. Wir können das tun, indem wir Geschichten erzählen. Wenn das Einladen in einer Pfarrgemeinde ein Grundwert werden soll, dann muss das gefeiert werden. Geschichten sind stark, aber allzu oft konzentrieren wir uns auf das Außergewöhnliche. Es geht nichts über eine erstaunliche Geschichte, die uns hilft, Gott für sein Wirken zu bewundern, aber Gott wirkt meistens in den Alltäglichkeiten des Lebens. Einfache Einladungen führen dazu, dass Menschen ein anderes

Leben beginnen. Der neue Schwung im Gang ihres Mannes jedes Mal, wenn er vom Alpha-Kurs nach Hause kam, führte dazu, dass seine Frau sehen wollte, wo das herkommt. Diese Neugierde führte zu einer Begegnung mit Christus und dazu, dass sie schließlich Taufbewerberin und Katholikin wurde. Eine Kollegin, die einen „Komm und sieh"-Abend von Alpha nur deshalb besuchte, damit ihre Mitarbeiterin endlich Ruhe gibt, kam zum Glauben und kehrte in die Kirche ihrer Kindheit zurück. Es gibt in der Tat zahllose Beispiele für kleine Wunder, und das nur, weil jemand den Mut aufbrachte, ganz sachte die Einladung auszusprechen zu kommen und etwas Großartiges zu sehen, was er zuvor selbst entdeckt hatte.

6

Die Vordertür

Die Sakramente – unsere größte pastorale Chance

Für uns Katholiken ist das, was uns die größte Mühe in der Pastoral macht, auch unsere größte Chance. Ehepaare, Eltern oder Familien, die eine geringe oder keine Bindung an die Kirche haben, klopfen oft bei uns an und wünschen Taufen oder Eheschließungen. Auch wenn dies weniger häufig geschieht als in vergangenen Jahren, kommen sie immer noch zu uns. Obwohl ihre Vorstellung von dem, worum sie bitten, bei vielen stark vom kirchlichen Verständnis der Taufe oder der Ehe abweicht: Sie kommen zu uns. Wenn wir als Kirche hier geschickt navigieren, werden wir quasi die am niedrigsten hängenden Früchte der Neuevangelisierung ernten können.

Im fünften Kapitel haben wir die Herausforderung bedacht, ein herzliches Willkommen mit hohen Erwartungen zu verbinden. Auch bei der Nachfrage nach den Sakramenten ist das wichtig. Lassen Sie mich schon jetzt am Beginn dieser Überlegung zu den Sakramenten und zum Ruf zur Neuevangelisierung ein pastorales Prinzip darlegen. Ich meine, es ist unerlässlich, dass die, die bei uns anklopfen, mit offenen Armen und Liebe willkommen geheißen werden, ganz gleich, wie begrenzt ihr Glaube ist oder ihr Verständnis von dem, was sie suchen.

Meine letzte Pfarrei lag in Innenstadtnähe, in der Nähe von Hotels und Konferenzzentren. Eine der dazu gehörenden Kirchen war ein wunderschönes neoklassizistisches Gebäude mit einem sehr langgezogenen Kirchenschiff. Sie war sehr beliebt für Hochzeiten, und bis zu dreißig Trauungen im Jahr waren nicht ungewöhnlich. Neunzig Prozent der Paare, die mit uns Kontakt aufnahmen, hatten keine echte kirchliche Bindung. Ich bemühte mich, jedes Paar willkommen zu heißen, gleich wie schwach diese Bindung oder wie dürftig ihre Motivation war. Ich erinnere mich an eine junge Frau, die, als ich fragte, warum sie unsere Pfarrei wählte, antwortete: „Mir gefällt Ihre Bühne." Meine Antwort war: „Großartig. Machen wir einen Gesprächstermin aus."

Ich bin der festen Meinung, dass wir grundsätzlich die Bitte um ein Sakrament nie mit „Nein" beantworten dürfen. Sonst schneiden wir die Chance für Bekehrung und Veränderung schon in ihren Anfängen ab. Dennoch wirft das die Frage auf, was es bedeutet, hier „Ja" zu sagen. Ja darf nicht heißen, nur einen Termin auszumachen, den Papierkram zu erledigen und kurzen Ehevorbereitungsunterricht zu geben.

Unser Ja muss rückhaltlose Bereitschaft sein, das Paar zu begleiten, bis es bereit ist, die Sakramente zu feiern und klar erkannt zu haben, was dieses Bereitsein bedeutet. Unser Ja muss die Einladung zu einem Prozess, einem gemeinsamen Weg sein, wobei wir dem Druck widerstehen müssen, die Kirche an einem bestimmten Datum zur Verfügung zu stellen. Unser Ja beinhaltet also unter Umständen ein „noch nicht". Es muss der Weg einer echten Bekehrung sein und nicht nur ein kompliziertes Hindernisrennen, das absolviert werden muss, um am Ende den Preis zu gewinnen.

Zur Erinnerung: Es geht darum, Jünger zu machen

Der Sinnzusammenhang für den sakramentalen Aspekt des christlichen Lebens erschließt sich aus dem Kern des Auftrags, den Christus seiner neu entstehenden Kirche gegeben hat. In Matthäus 28,19-20 steht, was wir als „Großen Missionsauftrag" bezeichnen: „Darum geht zu allen Völkern und macht alle Menschen zu meinen Jüngern; tauft sie auf den Namen des Vaters und des Sohnes und des Heiligen Geistes, und lehrt sie, alles zu befolgen, was ich euch geboten habe." Im zweiten Kapitel sahen wir, dass es im Kern des Großen Missionsauftrages darum geht, Jünger heranzubilden, und dass alle anderen missionarischen Aufgaben der Kirche sich darum drehen: Hingehen, Taufen und Lehren. Nach dem Großen Missionsauftrag sollen die, welche den Weg der Jüngerschaft begonnen haben, inmitten der Gemeinschaft der Glaubenden die Sakramente des Glaubens feiern.

Wie wir im vierten Kapitel sahen, ist einer der Hauptgründe für das Fehlen geistlicher Früchte und die Frustration von Amtsträgern der Kirche, dass, obwohl wir hingehen und lehren und taufen, trotz Firmung und Absolution, es uns bei den meisten Menschen, die nach den Sakramenten – insbesondere nach denen der Initiation – fragen, nicht gelingt, aus ihnen Jünger zu machen. Den Schwerpunkt auf Jüngerschaft zu setzen, verlangt von uns, jedem, der bei uns anklopft, als Individuum mit seiner oder ihrer eigenen Lebensgeschichte zu begegnen. Ein Standardverfahren genügt nicht. Statt Programmen mit festen Start- und Endpositionen und entsprechenden Anreizen brauchen wir einen Begleitungsprozess. Wir müssen mitgehen mit denen, die bei uns anklopfen, damit sie die Sakramente feiern können, wenn sie bereit sind. Der Katechismus der Katholischen Kirche sagt uns, dass Liturgie und Sakramente „auf Evangelisierung,

Glaube und Bekehrung folgen" (KKK 1072). Das schafft kein Fünfmonats- oder Zweiwochen-Programm. Wenn wir Jünger machen wollen, brauchen wir Ansätze, die die Sakramente nicht als ein altersabhängiges Belohnungssystem sehen, sondern als die Feier eines authentischen Glaubens inmitten der christlichen Gemeinde. Es wird echten Mut brauchen, das umzusetzen, und manche theologische Voreingenommenheiten, die tief in der katholischen Kultur und im katholischen Bewusstsein verwurzelt sind, müssen überwunden werden.

Im vierten Kapitel sprachen wir über das Gerümpel, das aus der Kirche entfernt werden muss, bevor eine authentische Erneuerung möglich ist. Dieses Gerümpel besteht als ein unbewusster theologischer Konsens, der – obwohl im Widerspruch zu unserer offiziellen Theologie – weiterhin die pastorale Tätigkeit prägt und beeinflusst und die Art, wie wir Kirche machen. Obwohl ich in diesem Kapitel den Schwerpunkt auf die weiten Themen Pelagianismus und Klerikalismus gelegt habe, gibt es auch allerlei theologisches Gerümpel im Umfeld der Sakramente, das erst einmal als solches identifiziert werden muss, wenn wir auf die pastorale Praxis in den meisten katholischen Gemeinden schauen. Es sind theologische Positionen, die unbewusst unser Denken prägen, wie man am besten vorgeht, was richtig ist und sogar für das, was überhaupt möglich ist. Das vorhergehende Kapitel hatte zwar einen pastoraleren Schwerpunkt als die vorherigen, jetzt aber möchte ich kurz zurückkehren in die Welt der Theologie, um am Ende des Kapitels pastorale Vorgehensweisen vorzuschlagen.

Mehr Gerümpel zum Wegräumen

Es ist meine Überzeugung, dass die traditionelle katholische Sakramententheologie unverhältnismäßig stark von der Theologie der Gegenreformation und den darauf folgenden Lehrdefinitionen des späten 16. Jahrhunderts beeinflusst wurde. Die Sakramententheologie der Reformatoren wurde als Reaktion auf vermeintliche und echte Exzesse in der spätmittelalterlichen Theologie und Frömmigkeit entwickelt. Katholische Sakramententheologie nach der Reformation beruhte ihrerseits auf der Reaktion auf die Theologie der Reformatoren.

Diese Sichtweisen prägen immer noch unsere Wahrnehmung und Erfahrung der Sakramente, insbesondere die dogmatische Definition, dass die Sakramente *ex opere operato* (durch die vollzogene Handlung) wirken. Daher kommt die unverhältnismäßige Betonung der Gültigkeit der Sakramente – anstatt deren Fruchtbarkeit hervorzuheben. Ein anderer Schwerpunkt nach der Reformation war, wie die Sakramente die heiligmachende Gnade vermitteln und dadurch die *ontologische* Wandlung bewirken (ein philosophischer Ausdruck, der sich auf den Bereich des Seins bezieht). Das führte zu einer Nicht-Betonung der existentiellen oder erfahrbaren Dimension der Sakramente. Diese Entwicklung beeinflusste besonders das kirchliche, gemeinschaftliche Verständnis der Sakramente. Schließlich hatte auch die mehr als fünfzehn Jahrhunderte währende Vorherrschaft der Kindertaufe ebenfalls nachteilige Auswirkungen darauf, wie die Sakramente erfahren werden. Das ist jetzt viel auf einmal. Ich werde es im Einzelnen erklären.

Ex opere operato

Dieser lateinische Ausdruck, der wörtlich „durch das gewirkte Werk" heißt, meint die objektive Gültigkeit der Sakramente und wird meist so verstanden, dass Gültigkeit von Fruchtbarkeit unterschieden wird. Unter einem gültigen Sakrament versteht die Kirche, dass durch das Sakrament das geschieht, was Christus versprochen hat. Ist eine Ehe gültig, werden zwei eins. Ist eine Messe gültig, werden Brot und Wein zu Fleisch und Blut Jesu. Ist eine Absolution gültig, ist der Sünder freigesprochen. Unter

Fruchtbarkeit versteht die Kirche, dass die Spuren Gottes in uns offenbar werden, dass der Empfangende liebevoller, sanfter, freundlicher und geduldiger wird – kurz mehr wie Jesus wird.

Der Ausdruck *ex opere operato* hat seinen Ursprung in der frühmittelalterlichen theologischen Schule der Scholastik und wurde durch die Theologie des heiligen Thomas von Aquin klar ausformuliert. Die Vorstellung, auf die er sich bezieht, ist allerdings noch älter, nämlich aus einer frühen Periode der Kirchengeschichte, der Auseinandersetzung mit den Donatisten. Die Donatisten waren eine rigoristische Sekte aus Karthago (Nordafrika), entstanden infolge der Christenverfolgung unter Kaiser Diokletian im Jahr 303. Viele aus der christlichen Gemeinde versagten darin, ihrem Glauben treu zu bleiben. Viele gaben ihre Überzeugungen auf und manche lieferten die Heiligen Schriften, sakrale Gefäße und sogar Mitchristen aus. Die Kontroverse fing an, als Kleriker, von denen es hieß, sie seien solcher Vergehen schuldig geworden, in den pastoralen Dienst zurückkehrten. Die später Donatisten genannte Sekte bestritt die Gültigkeit der Sakramente, die durch solche Priester und Bischöfe gefeiert wurden, die sich schwer vergangen und gesündigt hatten. Das verursachte schwere Konflikte in der nordafrikanischen Kirche im vierten Jahrhundert.

Durch das Eingreifen Kaiser Konstantins wurde die Klärung dem Bischof von Rom übertragen und schließlich mit dem Konzil von Arles 314 beschlossen. Das Konzil entschied gegen die Behauptungen der Donatisten und erklärte, dass die Sakramente dieser Kleriker gültige Sakramente waren, da ihre Wirksamkeit nicht auf der persönlichen Heiligkeit des Amtsträgers beruht. Vielmehr beruhen sie auf der Glaubenstreue der Kirche als Ganzes und vor allem auf der Treue Christi, der der Priester ist, und auf dem Versprechen Gottes, der auch durch unwürdige Diener handeln kann. Die Kirche befand, die Wirksamkeit der Sakramente resultiere *ex opere operato* und nicht *ex opere operantis*, d. h. durch das Werk selbst und nicht durch das Wirken des Ausführenden, also desjenigen, der das Sakrament erteilt. Mehr als tausend Jahre später definierte das Konzil von Trient (1545-1563) in Reaktion auf die Reformatoren diese Position als Dogma. Seit dieser Zeit wurde die katholische Sakramentenlehre unverhältnismäßig von der Frage der Gültigkeit beeinflusst, während die Frage der Fruchtbarkeit nicht die Beachtung erhielt, die sie verdiente.

Man sollte auch beachten, dass die Kirche die Fruchtbarkeit der Sakramente dem Bereich des *ex opere operantis* zuschrieb und später die Bereitschaft des Empfängers der Sakramente miteinbezog. Die Fruchtbarkeit des Sakramentes hing also von der Person des Amtsträgers ab, von seiner Frömmigkeit und Heiligkeit, und von der Offenheit desjenigen, der das Sakrament empfängt. Der Frage der Fruchtbarkeit gegenübergestellt war das Konzept der Gültigkeit (*ex opere operato*), das bestätigte, dass Christus in dem Sakrament wirksam handelt trotz des Mangels an Heiligkeit im Amtsträger oder der Offenheit des Empfangenden. Eine Person, die die Eucharistie ohne Glauben empfängt, empfängt dennoch Leib und Blut Jesu im Sakrament, auch wenn es eventuell gänzlich unfruchtbar ist. *Ex opere operato* war ursprünglich die Rechtfertigung einer pastoralen Praxis, in der beim Sakramentenspender ein schwerwiegender Mangel besteht, und die so die objektive Gültigkeit des Sakramentes garantierte. Heute wird allerdings dieses Konzept benutzt, um eine pastorale Praxis zu rechtfertigen, bei der beim Empfänger des Sakramentes ein schwerwiegender Mangel besteht.

Diese Konzepte dienen heute dazu, die theologische Bedeutung des gültigen Sakramentes zu betonen, obwohl die Fähigkeit einer Person, es fruchtbringend zu empfangen, fraglich ist. Infolgedessen ist die Frage der Gültigkeit der Sakramente zu etwas Abstraktem geworden, das nichts mit der wirklichen Erfahrung zu tun hat, und die ontologische Dimension hat die Vorherrschaft über das Existenzielle. Oder ganz praktisch gesehen: In unserem Erleben heute sehen wir die Früchte dieser theologischen Entwicklungen in der nur zu vertrauten pastoralen Besorgnis, ob das Sakrament gültig ist auch bei wenig oder keinem entsprechenden Interesse an seiner Fruchtbarkeit. Ich erinnere mich an eine Hochzeit neulich, der ich außerhalb meiner Provinz vorstand. Ich traf mich mit dem Priester vor der Probe. Dieser Priester hatte die kanonischen Erfordernisse akribisch erfüllt, alle Formulare korrekt ausgefüllt und sichergestellt, dass kein Ehehindernis bestand, damit die Hochzeit gültig sei. Als ich ihn jedoch fragte, ob der nichtkatholische Bräutigam gläubig sei, sagte er: „Davon war eigentlich nie die Rede."

Die Lehre von der sakramentalen Gnade

Als die Kirche mit Klarheit erkannte, dass es sieben Sakramente gibt, unterschied die scholastische Theologie drei Arten, wie man die Sakramente betrachten konnte (Keine Angst wegen der lateinischen Ausdrücke! Ich erkläre sie):

1. Das *sacramentum tantum*: das äußere Zeichen (Wasser, Öl, Brot, Wein usw.)
2. Das *res et sacramentum*: die unsichtbare und unmittelbare heilbringende Auswirkung
3. Das *res tantum*: die letztendlich heilbringende Wirkung (das Leben der Gnade)

Der zweite dieser Aspekte, das *res et sacramentum*, hatte eine christologische und eine kirchliche Dimension: Das Ähnlichwerden mit Christus, was jedem Sakrament eigen ist, und die entsprechende Gnade bezüglich der Kirche. Zum Beispiel gibt es im Sakrament der Taufe die Vergebung der Sünden (sowohl aktuelle Sünden als auch die Erbsünde), die Erfüllung mit dem Geist, das Gleichgestaltetwerden mit Christus und die Adoption durch den Vater. Das alles gehört zur unsichtbaren christologischen Dimension. Die kirchliche und damit sichtbare Dimension ist die Mitgliedschaft in der Kirche.

Wegen des Schwerpunkts auf den ontologischen Wirkungen der Sakramente und der Debatte mit Luther über die Theologie der Gnade zog die kirchliche Dimension des *res et sacramentum* den Kürzeren. Und das, obwohl es bei der Taufe schon in den ältesten biblischen Berichten vor allem um die Aufnahme in die Gemeinschaft der Glaubenden ging. Diese kirchliche Dimension ist heute dem allgemeinen Taufverständnis so weit entschwunden, dass Eltern durchaus mit einem Ja antworten, wenn sie gefragt werden, ob sie klar verstehen, was sie auf sich nehmen, wenn sie ihre Kinder taufen lassen. Sie behaupten das mit reinem Gewissen und nur zu oft ohne die geringste Absicht, aktive Mitglieder der Kirche zu sein. Man sieht die Ergebnisse dieser Theologie heute auch darin, dass uns oft die Liturgie der Sakramente genügt, das *sacramentum tantum*, und die Sorge für die „Gültigkeit", bei der es ja um die Verleihung der unsichtbaren Gnade geht, auch ohne dass die kirchliche Dimension wirklich gelebt wird. Infolgedessen werden die Sakramente geradezu zu magischen Erlebnissen, bei denen spirituelle Vitamine durch ein Ritual ausgeteilt werden, was zwar in einer Kirche stattfindet, aber wenig oder keinen Bezug zur Kirche als Gemeinschaft von Jüngern hat. Pastoral hat man es so recht bequem, denn da ja alles Wesentliche an der Taufe unsichtbar ist, braucht uns die völlige Unsichtbarkeit dessen, worum wir uns bemühen, nicht zu stören. Die einzige herausragende sichtbare Anforderung für die Taufe, die Mitgliedschaft in der Kirche, wird als wahlfrei und unwesentlich gesehen. Es bleibt uns die unsichtbare Mitgliedschaft in der sichtbaren Kirche.

Kindertaufe

Die Praxis der Kindertaufe ist zwar alt, hat jedoch den negativen Effekt der Sakramentenlehre beschleunigt, der sich nach dem Konzil von Trient (oft als „posttridentinisch" bezeichnet) entwickelte. Die pastorale Normalisierung von etwas, das ursprünglich eine theologische Ausnahme war, hatte Folgen nicht nur auf die Theologie der Taufe, sondern auch auf die Theologie aller Sakramente. Hier bestätigt sich das alte Sprichwort *lex orandi – lex credendi* (die Regel, nach der gebetet wird, ist die Regel, nach der geglaubt wird).

Es ist eine Tatsache, dass Säuglinge in der frühen Kirche getauft wurden. Auch wenn die erste explizite Erwähnung dieser Praxis erst in der dem heiligen Hippolyt zugeschriebenen *traditio apostolica* (215) zu finden ist und einige Jahre später in den Schriften Tertullians vorkommt, gibt es viele Hinweise in der Heiligen Schrift, dass ganze Haushalte getauft wurden. Jedenfalls weisen sowohl die Bibel als auch Stellen aus der apostolischen Tradition auf die Taufe von Kindern von Erwachsenen hin, die sich taufen ließen, oder beschreiben diese Praxis. Hippolyt berichtet uns, dass Kinder, die noch nicht für sich selbst sprechen konnten, in das Wasser eingetaucht wurden. Die Norm war pastoral und theologisch immer noch die Taufe Erwachsener. Kinder wurden getauft als eine Erweiterung des Glaubens, den die Eltern bekannten und lebten, die ihre Kinder mitbrachten. Die Heilige Schrift sagt uns, dass Buße, Bekehrung und Glaube der Taufe vorangehen. Säuglinge wurden in Übereinstimmung mit dem bekannten und gelebten Taufglauben der Eltern getauft.

Die Gründe sind offensichtlich, dass das, was einmal pastoral und theologisch normativ war (die Taufe Erwachsener), im Laufe der Zeit immer seltener wurde und bis zum 16. Jahrhundert, als sich neue Missionsfelder für die Kirche öffneten, praktisch nicht mehr existent war. Die Ausnahme wurde zur Norm und die Praxis prägte die Theologie. Biblisch gesehen war die Taufe eine Antwort des erwachsenen Glaubens. Über Jahrhunderte jedoch änderte sich die Praxis und es entstand eine Tauftheologie, die nicht mehr in Verbindung stand zu Umkehr und persönlichem Glauben, sondern auf den schon besprochenen ontologischen

Dimensionen beruhte. Infolgedessen wurde besonders die Taufe – und schließlich alle Sakramente – von der Umkehr, dem Bekennen des Glaubens und so von der Fruchtbarkeit losgelöst.

Die Herausforderung

Die kulturellen Veränderungen der letzten 50 Jahre deckten bestehende Ungereimtheiten im sakramentalen System auf. Da die Kultur den Menschen nicht mehr zu einer Verbindung mit der Kirche drängte, schwand diese Verbindung rasant. Gleichzeitig blieben unsere pastoralen Modelle im Wesentlichen die gleichen wie vor dem kulturellen Erdrutsch der letzten fünfzig Jahre. Was uns bleibt, ist das Erleben von Sakramenten, die, obwohl sie ursprünglich in der Jüngerschaft verwurzelt waren, praktisch keinen Bezug zur Jüngerschaft haben, zumindest für die, die noch keine Jünger geworden sind.

Die Herausforderung, die vor uns liegt, ist also nicht nur eine pastorale, sondern auch eine theologische. Obwohl sie in der offiziellen Lehre der Kirche gar nicht erwähnt werden, haben sich diese Schieflagen und Schlagseiten der katholischen Populärtheologie tief eingegraben in das kollektive katholische Bewusstsein und beeinflussen unsere pastorale Praxis massiv. Sie müssen angesprochen und erklärt werden, bevor wir unseren Leuten neue Modelle vorstellen. Ein verantwortlicher Umgang mit dem Veränderungsprozess heißt, deutlich zu machen, warum etwas geändert wird. Diejenigen, denen das erklärt wird, müssen die Erklärung verstehen können. Der heilige Thomas von Aquin sagte uns: „Was auch immer aufgenommen wird, ist abhängig von der Art und Weise des Aufnehmenden." Eine neue Ausbildung unserer Leute ist überlebensnotwendig, damit Änderungen in der pastoralen Praxis nicht als Strafe für Kinder und Familien gesehen werden, so als werde ihnen eine wichtige Medizin vorenthalten, weil sie sich nicht so benehmen, wie wir dachten, dass sie es sollten.

Der Preis der Untätigkeit

Wenn es nicht gelingt, sich an diese neue pastorale Wirklichkeit anzupassen, sind die Folgen weniger die abnehmenden Zahlen an Kirchenmitgliedern, das Ergrauen der Pfarrgemeinde oder der Mangel an geweihten Priestern. Es geht nicht nur darum, dass in den meisten Pfarreien ca. 90% der Getauften unter vierzig ihren Glauben nicht mehr leben, jedenfalls nicht innerhalb ihrer Glaubensgemeinschaft. Es geht um viel mehr als um unseren heutzutage stattfindenden Niedergang und die daraus folgende ständige Umstrukturierung der Pfarreien. Die schlimmste Folge ist der Preis, der gezahlt wird, dass wir weiterhin mit Äußerlichkeiten zufrieden sind, die wenig oder keinen Bezug zur inneren Wirklichkeit haben. Wie lange können Priester und Gemeinde froh und innig die Firmung als Vervollständigung der christlichen Initiation feiern und dabei nur zu gut wissen, dass die meisten der neu Initiierten in ihren Köpfen gerade den Entlassungsschein aus der Kirche erhalten haben? Noch schlimmer ist, dass die Jugendlichen wissen, dass wir es wissen, und schlimmer noch, wissen, dass wir wissen, dass sie es wissen. Unsere Integrität als Kirche steht auf dem Spiel.

In meinem zweiten Jahr als Pfarrer kam ich an einen Punkt, an dem ich einfach nicht mehr konnte. Ich erinnere mich gut daran. Es war eine wundervolle liturgische Feier. Der Bischof war da und all die jungen Leute mit ihren Familien, Freunden und Paten. Während der Liturgie wurden die Bewerber dem Bischof vorgestellt, es gab einen Dialog zwischen dem Bischof und den Firmpaten, die dazu aufstehen sollten. „Sind diese Firmbewerber gläubig der christlichen Gottesdienstgemeinschaft beigetreten?" Alle Paten antworteten: „Ja, das sind sie!" Ich wollte schreien: „Nein, das sind sie nicht, und wie wolltet ihr es wissen, ihr wart ja gar nicht hier!" Dann traf mich zutiefst die Erkenntnis, dass die Liturgie ein Anlass für die Leute war, hier öffentlich zu stehen und vor Gott und der Kirche zu lügen.

Was ist der Preis, wenn ein Pfarrer vor der Gemeinde die Eltern der Kinder, die getauft werden, fragt: „Versteht ihr klar, was ihr hier vorhabt?“, und sie sagen „Ja“– und kommen nie wieder? Wie lange können wir das aufrechterhalten, wenn dieses Bezeugen unerfüllter Versprechen es immer schwerer macht, unser eigenes Ja zu den Anforderungen Christi und des Evangeliums zu halten? Wenn wir uns so daran gewöhnen, uns mit Äußerlichkeiten zu begnügen, wann wird dann auch unser christliches Leben nur noch äußerlich, ohne Bezug zur inneren Wirklichkeit sein? War das nicht die heftigste Kritik der jüdischen Propheten am religiösen System ihrer Zeit? War das nicht der Kern des Konflikts zwischen Jesus und dem religiösen Establishment seiner Zeit, als er sie anklagte, sich nur um Äußerlichkeiten zu kümmern, während sie innerlich voller Verwesung seien?

Uns hiermit einfach abzufinden, bedeutet, einen Teil des Herzens der Kirche sterben lassen. Es heißt, sich abzufinden mit Kompromissen und Sünde. Die jüngsten Skandale sexuellen Missbrauchs, auch wenn das in ein anderes Kapitel gehört, sind Auswüchse derselben Krankheit – sich mit Äußerlichkeiten zu begnügen und alles zu vertuschen, was die innere Fehlfunktion anzeigt, sich abfinden mit dem, gegen das wir Krieg führen sollten. Wir sind ein Leib. Ob Erfolg oder Misserfolg, Freude oder Leid, was ein Glied der Kirche trifft, betrifft auch jeden anderen Gläubigen. Ist der Leib gesund, müssen wir von uns und denen, die die Sakramente des Glaubens suchen, um unser und ihrer willen authentische Jüngerschaft einfordern.

Neue Ansätze pastoraler Fürsorge

Ich liebe die Geschichte aus dem zweiten Kapitel des Markusevangeliums über den Gelähmten, der zu Jesus gebracht wird. Die Träger der Bahre kamen wegen der großen Menge von Leuten nicht an Jesus heran, als er an der Vordertür vom Haus des Petrus in Kafarnaum aus sprach. Davon nicht abgeschreckt umgingen sie die Menge, kletterten auf das Dach des Hauses und machten ein Loch in das Dach, dann ließen sie ihren Freund hinunter, zu Jesu Füßen. Ich bin tief beeindruckt von dem Handeln dieser namenlosen Männer. Zunächst hatten sie den dringenden Wunsch, ihren Freund zu Jesus zu bringen. Sie waren auch fest überzeugt davon, dass Jesus das Leben ihres Freundes ändern konnte. Wir lesen in Markus 2,5: „Als Jesus ihren Glauben sah, sagte er zu dem Gelähmten: Mein Sohn, deine Sünden sind dir vergeben." Die Männer hatten den Willen, alles Nötige zu tun, um ihren Freund Jesus zu Füßen zu legen, auch wenn es so verrückt war, wie auf das Dach zu klettern und ein Loch hineinzumachen. Sie hatten Mut und Ausdauer. Petrus hat ihren baulich umgestaltenden Einsatz sicherlich mit ein paar deutlichen Fischerworten bedacht. Kafarnaum ist ein kleiner Ort, und Petrus wusste wahrscheinlich, wo sie wohnten!

Die Geschichte wirft Fragen auf, die sich auch uns stellen, wenn wir nachdenken, was wir denen sagen sollen, die in unseren Pfarreien die Sakramente erbitten. Haben wir das Verlangen, dass jeder Jesus auf lebensverändernde Weise begegnet? Treibt uns die Überzeugung, dass sich etwas Wesentliches verändert, wenn man Jesus begegnet? Zu was sind wir bereit? Was sind wir bereit zu ändern? Welche Hindernisse sind wir bereit zu bewältigen und sogar einzureißen, damit es geschieht? Es ist der Auftrag unserer Kirche, Menschen zu Jüngern zu machen, nicht, eine gute Liturgie zu feiern oder sie zufriedenzustellen. Die Sakramente sind uns gegeben, um die Gläubigen in Jüngerschaft einzuführen und sie am Leben zu erhalten. Sind wir bereit zu tun, was immer auch notwendig ist, damit das Wirklichkeit wird?

Als ich hörte, ich solle zum Pfarrer der neu gebildeten Pfarrei St. Benedict ernannt werden, traf ich mich mit meinem Erzbischof und bat ihn um die Erlaubnis, neue pastorale Ansätze einzusetzen. Ich fragte, ob er erlaube, dass St. Benedict eine Art pastorales Labor wird. Ich hatte meinen Ansatz für die Tauf- und Ehevorbereitung, für Erstkommunion und Firmung seit Jahren verfeinert, aber, obwohl es ein paar Besserungen gegeben hatte, waren wir nicht immer ans Ziel gekommen. Die meisten, die diese Sakramente der Initiation in das Leben der Kirche empfangen oder geheiratet hatten, sahen wir nie wieder. Eine neue Pfarrei und ein neues Kirchengebäude boten eine wunderbare Gelegenheit, und die Erlaubnis des Bischofs konnte das besiegeln. Vieles, was ich in diesem Buch geschrieben habe, schwirrte mir schon seit Jahren in Kopf und Herz, und die Zeit schien günstig, als ich in diese neue Pfarrei ziehen sollte.

Während des ganzen ersten Jahres in der Pfarrei begannen wir vieles umzusetzen mit dem umfassenden Ziel, die Pfarrkultur selbst zu verändern. Ich sprach über meine Vorstellungen von pastoraler Fürsorge mit den Mitarbeitern in der Seelsorge, dem Pfarrgemeinderat und den Verantwortlichen verschiedener Dienste. Am Ende des ersten Jahres verfasste ich einen Grundsatzplan und legte ihn dem Erzbischof zur Bestätigung vor. Dieser erteilte sie und wir nutzten das zweite Jahr, um die Vision der sakramentalen Praxis den Gemeindemitgliedern zu vermitteln. Wir erklärten ihnen, was sich ändern werde und warum, und begannen langsam mit den Änderungen, so dass sie zu Beginn des dritten Jahres soweit waren.

Als wir die Katechese und Vorbereitung für die Sakramente bei den Kindern änderten, begann sich die kulturelle Änderung, an der wir überall gearbeitet hatten, bemerkbar zu machen. Aktive Gemeindemitglieder hatten sechs Monate im Voraus über die bevorstehenden Veränderungen Bescheid gewusst und es gab etliche Erläuterungen, warum wir was taten. Als wir die Änderungen bei der Ehe- und Taufvorbereitung umsetzten, luden wir die Bewerber dazu ein, sich damit auseinanderzusetzen, wozu wir auch die Pfarrei eingeladen hatten.

Jetzt, da ich dieses Buch schreibe, haben wir gerade das zweite Jahr unserer neuen Methode für Kinder und Jugendliche beendet. Wir stehen im zweiten Jahr bei unserem Konzept für die Ehevorbereitung und haben das neue Konzept für die Taufvorbereitung gerade eingeführt. Wir mussten schon einiges abändern, aus unseren Fehlern lernen und herausfinden, wie man es besser macht. Wir gehen nicht davon aus, dass die Einführung dieser Änderungen die Antwort auf unser pastorales Dilemma ist, aber wir sind überzeugt, dass es nicht schlimmer werden kann, als es ohnehin schon war.

Mit Kindern arbeiten

„Die neue Evangelisierung ist das Gegenteil der Selbstgenügsamkeit, des Sich-Zurückziehens auf sich selbst, der Mentalität des *status quo* und einer pastoralen Konzeption, die es für ausreichend erachtet, dass alles so weiterläuft, wie man es bisher gemacht hat. Das „business as usual" reicht heute nicht mehr."

(Lineamenta für die Bischofssynode zur Neuevangelisierung, 10)

In meinem Teil der Welt, in Neuschottland, waren wir nie mit einem katholischen Schulsystem gesegnet, daher fanden Katechesen üblicherweise in der Pfarrgemeinde statt, meist wie in einem Klassenzimmer. Hier nun eine Zusammenfassung unserer Katecheseprogramme und der Sakramentenvorbereitung für Kinder nach unserem ersten Dienstjahr in der neuen Gemeinde im Frühling 2011:

1. Ca. 70% der Familien, die sich für die Katechesen meldeten, nahmen nicht an der sonntäglichen Eucharistiefeier teil.
2. Nur 40% der angemeldeten Schüler kamen sonntags in den Unterricht.
3. Wir erlebten einen starken Zuwachs bei Anmeldungen für das sakramentale Jahr und einen gleichartigen Abfall, wenn es beendet war.

4. Messe und Teilnahme am Unterricht im sakramentalen Jahr waren nicht anders als in anderen Jahren.
5. Von Familien, die davor nicht teilnahmen und deren Kinder die Sakramente empfingen, kehrten 95% nach dem Kurs nie in die Kirche zurück.

Während dieses ersten Jahres gab es ungefähr achtzig Familien für die Erstkommunion. In St. Benedict war es üblich, im Advent eine Mini-Prüfungszusammenkunft mit den Familien zu machen (wie beim RCIA). Es war mein erstes Jahr in der Pfarrei, also hatte ich nichts geändert. Nach der Predigt traten über 70 Familien im Altarraum an. Die meisten hatte ich noch nie gesehen. Laut und feierlich versprachen die Eltern vor Gott und der Gemeinde, sie würden ihre Kinder jede Woche zur Eucharistiefeier bringen. Trotzdem sah ich 60% nicht mehr bis am Morgen der Erstkommunion und auch nicht mehr danach. Alles, was wir erreicht hatten, war, diesen Eltern, die weder die Absicht noch die Fähigkeit hatten, so etwas durchzuführen, die Möglichkeit zu geben, vor Gott einen Meineid zu leisten. Die Tragödie ist nicht, dass das vertraut klingt, sondern dass wir ihnen nicht dort begegneten, wo sie standen, und sie stattdessen zum Scheitern verurteilten.

Im Laufe der Jahre hatte ich in den verschiedenen Pfarreien, in denen ich Dienst tat, versucht, dieses nur zu vertraute Szenario anzugehen. Als neuer Priester und mit der Freiheit, etwas zu ändern, war ich sicher, die Lösung läge darin, andere Mittel zu nutzen. Ich dachte, wir bräuchten solides, rechtgläubiges Lehrmaterial, das den katholischen Glauben in seiner Fülle lehrte. Das würde doch sicherlich etwas verändern. Die Leute würden beeindruckt sein und von der Schönheit des Glaubens angezogen werden. Ich irrte mich. Es änderte sich geringfügig, aber so wichtig richtiger Inhalt, die richtigen Bücher und die richtigen Programme sind, es reicht noch nicht. Nach Jahren verschiedener katechetischer Ansätze bin ich nun überzeugt, dass das Ändern von Programmen, Büchern und anderen Mitteln so ist, wie einem kaputten Auto neue Reifen zu verpassen. Unser Problem braucht mehr als Inhalt, es kommt zuinnerst aus dem auf Kinder ausgerichteten, schulartigen Modell, nach welchem die meisten Pfarreien arbeiten.

Das kaputte Auto

Katechese für Kinder setzt ein katholisches Umfeld und aktive Teilnahme in der Gemeinde voraus. Aber dieses katholische Umfeld gibt es in unserer Gesellschaft nicht mehr und die meisten Familien, welche um die Sakramente bitten, sind keine aktiven Pfarreimitglieder. Die neue Wirklichkeit sieht so aus, dass egal, wie gut ein Programm ist, sein Wert sehr begrenzt ist, wenn wir nicht mit den Eltern der Kinder arbeiten. Die Eltern einzubeziehen ist kein Anhängsel an den Unterricht der Kinder, sondern muss die Glaubensbildung bei den Erwachsenen der ganzen Pfarrei miteinbeziehen – die kulturelle Veränderung, von der wir in den vorherigen Kapiteln sprachen.

Jeder, der schon einmal geflogen ist, kennt die Sicherheitsvideos, die gezeigt werden, bevor das Flugzeug abhebt. Diese Videos betonen immer, dass, wenn der Luftdruck abfällt, die Erwachsenen zuerst ihre eigene Sauerstoffmaske aufsetzen sollen, bevor sie ihren Kindern welche aufziehen. Würde den Erwachsenen etwas zustoßen, wären die Kinder in Schwierigkeiten. Die meisten Pfarreien konzentrieren sich auf die Kinder und vernachlässigen die Erwachsenen. In den meisten Pfarreien und Diözesen haben Katechese und religiöse Erziehung etwas mit Kindern zu tun. Glaubensbildung für Erwachsene ist oft eine Neuheit, die ein paar Pfarreimitglieder gelegentlich in Anspruch nehmen. Infolgedessen kommen Erwachsene selten zur Reife im Glauben. Und sobald die Kinder merken, dass, was sie empfangen, ihren Eltern wenig bedeutet, bringt auch ihr eigener Glaube wenig Frucht. Erwachsenen zu einem reifen Glauben zu helfen, ist das größte Geschenk, das wir unseren Kindern machen können.

In St. Benedict und in den Pfarreien, in denen ich im Lauf der Jahre Dienst tat, ging jedes Jahr im September das verzweifelte Mühen los, genug Lehrer für alle Sonntagsschulklassen zu finden. Da wir jeder Klassenstufe ein eigenes Programm bieten wollten, waren unsere Ressourcen zu gering und erreichten nur zu oft sehr wenig. Es hatte keine klare Ausrichtung und war nicht effektiv. Vielleicht ist das kein Problem für Pfarreien, die über eine katholische Schule verfügen, obwohl es dabei andere Problematiken gibt, zum Beispiel wie man eine lebendige Beziehung zur Pfarrgemeinde und die sonntägliche Eucharistiefeier damit verbinden kann.

Und schließlich: Gleich, wie gut Wissen vermittelt wird, gleich, wie gut das inhaltliche Konzept ist, es wird nicht zu den erwünschten Ergebnissen in Bezug auf die Jüngerschaft führen. Jüngerschaft ist ein viel weiteres Feld als Katechese und setzt voraus, dass die, die Jünger werden sollen, auch authentisch evangelisiert wurden. Ich erinnere an den Text des Aparecida-Dokumentes von 2007. Dort hieß es, wenn nicht zuerst das Kerygma, die Erstverkündigung, gehört und angenommen wird, seien alle anderen Schritte, um missionarische Jünger zu erhalten, zur Unfruchtbarkeit verurteilt. Der Versuch, Familien im Glauben zu unterrichten, die nie evangelisiert wurden, ist, wie Samen in Beton zu säen. Es geht nicht. Selbst wenn wir es mit Familien zu tun haben, die evangelisiert wurden, muss Fortschritt in der Jüngerschaft auch persönliches Wachstum hervorrufen – nicht nur im Wissen, sondern in Reife im Glauben, Gebetserfahrung und Unterscheidung der Gaben – und „die Heiligen für die Erfüllung ihres Dienstes zu rüsten“ (Eph 4,12).

Katechese beruht auf einem Programm mit festen Ausgangs- und Zielpunkten. Jüngerschaft jedoch ist ein Lebensstil. Vor ein paar Jahren hörte ich auf der Internationalen Stewardship Konferenz, wie Sr. Edith Prendergast den Hauptvortrag hielt. Etwas, was sie sagte, ließ mich stutzen. Es war ein Zitat von Dr. Michael Warren: „Katechese muss anlassgemäß und lebenslang sein. Wir haben daraus etwas gemacht, was eine Weile andauert und dann ein Ende hat.“ Das war eine total neue Entdeckung für mich. Wie umwerfend einfach das war! Warum mussten wir Kinder neun Jahre lang durch fortlaufende Sonntagsschulklassen und andere religiöse Erziehung schicken, die dann abrupt endeten mit Teenagern, die der Meinung waren, sie hätten es jetzt für den Rest ihres Lebens hinter sich? Stellen Sie sich vor, wir könnten das einfach bleiben lassen und stattdessen die Kirche zum Programm machen. Stellen Sie sich vor, jede Pfarrgemeinde wäre von einer Kultur der Jüngerschaft geprägt, in der Glaubensbildung für alle einen hohen Wert besäße. Wenn dies wirklich beständig und lebenslang werden würde, dann müsste es nicht eine Zeit lang dauern und dann zu Ende sein.

All diese Überlegungen brachten uns dazu, die folgenden Änderungen bei den katechetischen und sakramentalen Vorbereitungsprogrammen für Kinder in der Pfarrei St. Benedict vorzunehmen:

1. Wir würden unsere Zeit und Mittel in erster Linie in die Vorbereitung auf die Sakramente investieren.

Wir wussten, dass unsere Ressourcen überfordert wären, effektiv mit den Familien zu arbeiten, wenn wir dreizehn verschiedene Kurse mit sieben Altersgruppen hielten. Jetzt wird 80% unserer Energie investiert in die Arbeit mit kleinen Familiengruppen, die ihre Kinder zur Erstbeichte und Erstkommunion führen wollen. Die Familien bewerben sich für das Sakramentenprogramm und müssen zeigen, dass sie dazu bereit sind. Dann werden Katecheten den Familien-Kleingruppen als Mentoren zugewiesen. Jedes Programm dauert acht Wochen und findet dreimal jährlich statt. Die durchschnittliche Kursgröße liegt bei etwa zehn Familien. So lernen unsere Katecheseleiterin und ihr Team jede Familie persönlich kennen und begleiten sie. Jeder der Kurse ist eigenständig, darum bitten wir die Familien, zuerst den Kurs zur Erstbeichte zu machen, bevor es um die Erstkommunion geht. Diese Art der Begleitung jeder Familie hat zu einem großen Zuwachs an Familien geführt, die auch weiter ihren Glauben in Gemeinschaft mit der Kirche leben.

Weitere 20% unserer Zeit und Ressourcen gehen in ein zweimonatliches Programm, das wir GIFT (englisch: Geschenk) nennen, *Growing in Faith Together* (Gemeinsam im Glauben wachsen). Dieses ist nicht terminiert, alle können kommen, es gibt keine Anwesenheitspflicht. Jede Familie ist willkommen, gleich wie ihr Glaubenshintergrund oder ihre Einsatzbereitschaft ist. Jedes Treffen versammelt die ganze Familie zum Lernen und Austausch; meistens treffen sich die Eltern mit einem Katecheten, während die Kinder nach Altersgruppen beschäftigt sind. Dieses zweigleisige System hilft, unsere beiden Grundwerte der Gastfreundschaft und der klaren Erwartungen miteinander zu verbinden. Es gibt keine Anforderungen für GIFT, ein paar für den Erstbeichtkurs und höhere für den Erstkommunionkurs. Eine Familie, die ihre Kinder in den Kurs für die Erstkommunion anmelden möchte, muss am GIFT teilnehmen, die Sonntagsmesse besuchen und unser Programm für neue Mitglieder abgeschlossen haben.

2. Jede Katechese und Sakramentenvorbereitung soll familienbezogen sein.

Wir erwarten, dass mindestens ein Elternteil pro Familie an GIFT und den Vorbereitungskursen teilnimmt. Wie schön ist es, wenn wir alle Gruppenräume voller lachender Familien sehen, die lernen, singen, spielen und zusammen beten zwischen den Sonntagsmessen. Das war ganz anders, als diese Zimmer voller

Kinder waren, während ihre Eltern, die wir nicht kannten, in den Fluren Kaffee tranken und es freundlich ablehnten, zur Katechese für Erwachsene zu kommen, die wir auch wöchentlich anboten.

Unsere Vorbereitung auf die Sakramente bezieht die Eltern auf zweifache Weise mit ein: in den Unterricht und durch ihre Teilnahme am entsprechenden Sakrament. Am Tag der Erstbeichte feiern auch die katholischen Elternteile das Sakrament. Die meisten von ihnen kehren zu diesem Sakrament nach vielen Jahren der Abwesenheit zurück. Es ist ein beeindruckendes Erlebnis, wenn ein Kind, die Eltern und Geschwister alle das Sakrament erleben. Ganz anders als die „Mach, was ich sage, aber nicht, was ich tue"-Mentalität der Eltern, die ihre Kinder ins Beichtzimmer schickten, in das sie selbst auf keinen Fall hinein wollten. Beide Vorbereitungskurse auf die Sakramente schließen in den acht Wochen mehrere Besinnungstreffen an Vormittagen mit ein, außerdem Aufgaben für zu Hause und den gemeinsamen Besuch der Messe.

3. Der Empfang der Sakramente ist nicht mehr abhängig von Alter oder Klassenstufe.

Diese Änderung im neuen Programm war das wirklich befreiende Element. Alter oder Klassenstufe als Maßstab für den Empfang eines Sakramentes gehen zurück auf die Zeiten, als die Hinführung in katholischen Schulen stattfand. Das funktionierte in einem vorherrschend katholischen Umfeld. Es war ein Strickmuster, das im Allgemeinen ordentliche Ergebnisse hervorbrachte. Durch Loslösung von der Altersbeschränkung konnten wir stärker darauf achten, ob jemand bereit war. Das hebt hervor, dass wir nicht alle gleich sind, dass wir einzigartig sind und einen einzigartigen Glaubensweg haben – als Einzelpersonen und als Familien.

Da viele Familien zurückkehrten, die die Kirche verlassen hatten, hatten wir ständig mit älteren Kindern zu tun, die auf die Sakramente vorbereitet werden mussten. Ein eindeutig älteres Kind mitten unter den jüngeren am Weißen Sonntag war oft peinlich für die Eltern, die eine Art soziale Beschämung empfanden, dass sie ihr Kind nicht im richtigen Alter gebracht hatten. Das wirkte manchmal auch abschreckend auf Eltern, die mit dem Bewusstsein kamen, besser spät als nie. Andererseits bin ich schon vielen jüngeren Kindern begegnet, die ein Verständnis für die Eucharistie zeigten und aufrichtigen Hunger nach dem Sakrament hatten. Es erschien mir nie sinnvoll, dass sie warten sollten, weil wir das Sakrament nur in einer starren Standardversion zugänglich gemacht haben.

Jetzt sind unsere Erstkommunionkurse altersmäßig gut gemischt, von sechs bis zwölf Jahren, und wir stärken das Bewusstsein der Eltern, dass sie ihre Kinder zu den Sakramenten bringen, wenn sie soweit sind. Der andere Vorzug dieses Ansatzes ist, dass die Entscheidung für diesen Schritt bei den Eltern liegt. Wir haben das Fließband abgestellt. Automatisch geht es nicht mehr. Eltern müssen nicht nur unterscheiden, ob ihre Kinder bereit sind für den Schritt, sondern ob sie und die ganze Familie bereit sind. Familien, die um die Erstkommunion für ihr Kind baten, aber für gewöhnlich nicht zur Sonntagsmesse gingen, bekommen ein freundliches „Ja, aber noch nicht jetzt“ als Antwort. Sie werden ermutigt, das GIFT-Programm zu besuchen und anzufangen, zur Eucharistiefeier zu gehen. Haben sie sich daran gewöhnt, können sie über den nächsten Schritt, die Erstbeichte, nachdenken. Eltern mit Kindern, die ein bis zwei Jahre im Alter auseinander waren, liebten das neue Programm, da die Geschwister zusammen teilnehmen konnten. Dieser Ansatz macht mehr Arbeit als das Fließbandmodell, ist aber auch effektiver.

4. Die sonntägliche Eucharistiefeier wird wieder zum Mittelpunkt unserer Programme.

In der Vergangenheit war es eine paradoxe Situation. Die meisten Eltern forderten lauthals, ihre Kinder sollten Glieder der Kirche werden und das Sakrament der Eucharistie empfangen, während sie selbst keine aktiven Kirchenmitglieder waren und nie die Sakramente empfingen. Sie wollten, dass ihre Kinder den größten Teil des Programms absolvierten, aber sie selbst hielten sich davon fern. Der beste Weg, diese Mentalität zu überwinden, war sicher, die Sonntagsmesse zum Programm zu machen. Was wir nach der Messe tun, baut auf dem auf, was gerade erlebt wurde. Unsere Familientreffen finden immer nach der Eucharistie statt, das heißt, die Zeiten können unterschiedlich sein. Beim GIFT- Programm und auch bei den Vorbereitungskursen für die Sakramente gehen die Familien zusammen in die Messe. Beim achtwöchigen Sakramentskurs wird die Anwesenheit nicht überprüft, sondern einfach wahrgenommen. Diesen Luxus können wir uns leisten, wenn wir mit kleinen Gruppen von Familien arbeiten anstatt wie früher mit siebzig oder achtzig Familien, die uns weitgehend unbekannt blieben.

Zwar haben wir das zweite Jahr dieses neuen Modells noch nicht abgeschlossen, aber zwei Trends kristallisieren sich heraus. Zum einen ist die Gesamtteilnehmerzahl auf die Hälfte zurückgegangen. Im vorigen Modell bedeutete die Teilnahme allerdings nicht viel, da meist nur etwa 40% an jedem Wochenende am Unterricht teilnahmen. Zum andern ist die Auswirkung auf die Familien, die sich entschieden haben teilzunehmen, beachtlich. Von den Familien, die keine stärkere Anbindung an die Kirche hatten, bevor sie mit uns ins Gespräch kamen, blieben zwei Drittel auch nach der Feier der Sakramente mit der Pfarrei in Verbindung.

Nun kommt das Wichtigste. Ich bin der Überzeugung, dass durch das neue Vorgehen Menschen zu Jesus gebracht werden. Eltern übernehmen Verantwortung und werden initiativ im Verlangen nach den Sakramenten, nehmen wieder Verbindung mit der Pfarrei auf und ihr Leben wird berührt. Jeder Kurs endet mit Gesprächen, wie sie ihren Glauben weiter vertiefen und ein aktiver Teil einer Kultur der Jüngerschaft werden können, die wir in der Pfarrei etablieren wollen.

Aber was ist mit den Familien, die nicht an der Vorbereitung auf die Sakramente teilnehmen? Was ist mit den Wochen, wenn es kein GIFT-Programm gibt? Kommen sie nicht zu kurz? Sind wir als Pfarrei schuldig, wenn wir das nicht wöchentlich anbieten? Meine Antwort ist, dass die Katechese nur dann ununterbrochen sein muss, wenn sie irgendwann aufhört. Wenn sie das ganze Leben da ist, muss sie nicht jede Woche stattfinden. Gelegentlich reicht auch! Außerdem gibt es jede Woche die Eucharistiefeier und die ist das eigentliche Programm. Für jüngere Kinder haben wir einen eigenen Wortgottesdienst während beider Vormittagsmessen, also gibt es immer noch jede Woche etwas für sie. Schließlich gebe ich gerne zu, dass unsere Art, gegen den Status quo zu kämpfen, alles andere als ideal ist. Wir stehen noch am Anfang und lernen ständig, wie man es besser macht. Es ist viel chaotischer als das, was wir vorher machten, aber schon jetzt können wir sagen, dass es uns das mehr als wert ist.

Firmung und Jugendliche

Ich habe schon von der fast überall verbreiteten Erfahrung in der katholischen Kirche der westlichen Welt gesprochen, dass dieses Sakrament als Abschluss der Einführung in das Leben der Kirche in Wirklichkeit für viele den Abschied von der Kirche bedeutet. Was eine Feier der Vollmitgliedschaft sein sollte, ist eine Fassade, die den systematischen Glaubensabfall kaschiert. Aber irgendwann wird das Sakrament doch schon durchschlagen, oder? Diese Einstellung hat uns in einer pastoralen Praxis eingekerkert, die kaum missionarische Jünger produziert und uns allmählich umbringt. Wir kennen alle den Witz von dem Priester, dem Pastor und dem Rabbi, die alle Probleme mit Fledermäusen im Glockenturm hatten. Der Pastor und der Rabbi versuchten es mit allen herkömmlichen Methoden und konnten sie einfach nicht loswerden. Der Priester aber hatte da kein Problem. Er firmte sie und sah sie nie wieder. Wir lachen über diesen bekannten Witz, aber es ist ein sehr trauriges Lachen.

Das Sakrament der Firmung ist keine „Gnaden-Kapsel“ zum Einnehmen mit Langzeitwirkung, und wenn wir so tun, als ob es eine wäre, dann dient diese Pille dazu, die jungen Leute gegen die wahre Kraft des Glaubens an Jesus Christus immun zu machen. Eine solche kraftlose, verwässerte Version des Evangeliums und auf der andern Seite die radikalen, großartigen Forderungen der Nachfolge Jesu Christi vor Augen zu haben, macht es den Jugendlichen leicht, wegzugehen und nichts auf eine Kirche zu geben, die nichts einfordert. Die traurige Wahrheit ist, dass sie nicht einmal wissen, von was sie weggehen, weil sie eine Immunität gegen die Botschaft des Evangeliums aufgebaut haben.

Das Sakrament der Firmung wurde beschrieben als ein Sakrament, das nach einer Theologie sucht. Es wurde verstanden als das Sakrament, durch das ein Christ den Heiligen Geist empfängt. In den letzten Jahrhunderten wurde es mehr als Übergangsritus zum Erwachsensein gesehen, als ein Ereignis, an dem der Firmling ein Soldat Christi wird. In den letzten Jahrzehnten wurde es präsentiert als Ereignis, bei dem der Teenager seine oder ihre Entscheidung zu Glaube und Kirche trifft, eine Entscheidung, die schon von den Eltern für sie gefällt wurde, als sie die Kindertaufe empfingen. Obwohl diese Ansätze in Teilaspekten gültig sind, stellen sie nicht die primäre Bedeutung der Firmung dar.

Die Firmung ist die Vervollständigung der Einführung (Initiation) in das Leben der Kirche und vollendet die Taufgnade. Der Heilige Geist wurde in der Taufe empfangen und war immer im Leben des Christen gegenwärtig. Dieses biblische und uralte Verständnis des Firmsakraments ist heute zumindest in akademischen Kreisen vorherrschend. Deswegen hinterfragen viele in der Kirche die derzeitige Praxis, Teenager erst Jahre nach den anderen Sakramenten der Initiation zu firmen. Manche schlagen vor, die ursprüngliche Ordnung von Taufe-Firmung-Kommunion wiederherzustellen. Andere schlagen vor, die Praxis der Ostkirche nachzuahmen, die den Säuglingen alle drei Sakramente der Initiation in der ursprünglichen Reihenfolge spendet. Ich will hier nicht über die Reihenfolge dieser Sakramente oder das angemessene Alter, sie zu empfangen, diskutieren. Das würde unser Dilemma nicht lösen. Die wahren Fragen sind die, die wir schon untersucht haben: Wie bezieht man die Eltern der Kinder mit ein und wie helfen wir den Menschen bereit zu werden, die Sakramente zu empfangen?

Den Prinzipien folgend, die ich oben aufgeführt habe, haben wir in St. Benedict keinen konventionellen Firmkurs und kein festes Alter bzw. keine Klassenstufe, um dieses Sakrament zu empfangen. Der Firmkurs heißt Kirche. Er findet jeden Sonntag statt bei einem Treffen, das wir Eucharistie nennen. Wir arbeiten in unserer Pfarrei daran, eine Kultur der Jüngerschaft aufzubauen, bei der jeder in der Pfarrei in die Glaubensbildung einbezogen ist, das gilt auch für die Jugendlichen und ihre Eltern. Das ist unsere Hauptzielsetzung.

Unsere Jugendarbeit richtet sich an Jugendliche von zwölf bis siebzehn Jahren auf eine Weise, die ihrem Alter entspricht. Wenn Jugendliche an diesem Programm teilnehmen, können sie unabhängig von ihrem Alter darum bitten, das Sakrament der Firmung zu empfangen. Das Ausschlaggebende ist nicht ihr Alter oder, in welcher Reihenfolge sie die Sakramente empfangen, sondern ihre Bereitschaft. Gläubigen Jugendlichen aus gläubigen Familien, die regelmäßig an der Sonntagsmesse teilnehmen, fällt es leicht, Firmkandidaten zu werden. Sie machen alles so wie bisher. Sie gehen weiter zur Eucharistiefeier und hinterher zur Jugendgruppe. Jemand von den Jugendmitarbeitern wird ihnen als Mentor zugewiesen; sie müssen ein paar zusätzliche Unterrichtsstunden besuchen, in denen es um die Theologie der Firmung geht, und an einem Einkehrtag teilnehmen. Unsere Firmkandidaten für den Frühling werden zu Jahresbeginn akzeptiert.

Wenn Eltern bei uns wegen der Firmung anfragen, weil ihre Jugendlichen das richtige Alter haben, erklären wir ihnen, dass es kein spezifisches Firmalter oder Firmprogramm gibt und dass die Basis der Firmung darauf beruht, dass man bereit ist, voll als Mitglied in der Kirche zu leben. Offensichtlich sind viele Eltern nicht erfreut, das zu hören. Viele wollen eher eine Art Abschlusszeremonie für den Glaubensabfall, die an keine Bedingungen geknüpft ist. Wir betonen, dass wir ihnen gerne bei allen nötigen Schritten zur Seite stehen und sie unterstützen werden. Die meisten dieser Jugendlichen waren jahrelang weder im Gottesdienst noch hatten sie sonst seit der Erstkommunion einen Kontakt mit der Kirche. Viele von ihnen müssen wohl noch die Zweitkommunion machen.

Als erstes laden wir den jungen Menschen ein, an einer Jugendgruppe teilzunehmen. Wir verwenden den Alpha-Kurs für Jugendliche, damit sie die Kernbotschaft aufnehmen, und laden dazu ein, darauf zu antworten. Dieses Vorgehen war bisher sehr erfolgreich und wurde gut von den Jugendlichen angenommen. Die Teenager, die an der Jugendgruppe teilnehmen, werden ermutigt, auch ihre Freunde einzuladen, so dass diese Gruppen sehr gemischt sind. Sobald sich der Glaube in ihnen rührt und der junge Mensch das Sakrament der Firmung tatsächlich empfangen will, ermutigen wir dazu, wieder regelmäßig zur Sonntagsmesse zu kommen. Wird der Besuch des Sonntagsgottesdienstes allmählich zur Gewohnheit, selbst wenn der Jugendliche nicht jeden Sonntag teilnimmt, nehmen wir ihn oder sie als Firmkandidat an.

Die Feier dieses Sakramentes findet einmal jährlich in der Osterzeit statt. Infolge dieser neuen Regelungen beobachten wir ähnliche Trends wie die bei unseren Kindern. Die jährlichen

Zahlen der Firmungen sind etwa auf 40% zurückgegangen, aber die Zahl der Jugendlichen, die dann ihren Glauben in der Kirche weiterleben, liegt bei etwa 80%. Das ist ein radikaler Umbruch verglichen mit der Situation wenige Jahre zuvor, als 75% der Gefirmten verschwanden und nie wieder gesehen wurden.

Was für eine Freude ist es, diese Jugendlichen, die ein gewisses Maß an persönlichem Glauben erreicht haben, nach vorne treten zu sehen und die Vollendung dessen zu erfahren, was für sie durch die Entscheidung ihrer Eltern seinen Anfang genommen hat. Was für eine Freude, so viele Eltern zu sehen, die eine Erneuerung ihres Glaubens erfahren, wenn sie bei ihren Söhnen und Töchtern stehen in dem Augenblick, da diese mit dem Heiligen Geist besiegelt werden. Was für eine Freude, die verschiedenaltrigen Jugendlichen von zwölf bis siebzehn zu sehen, die das Sakrament der Firmung empfangen! Was für eine Freude zu sehen, dass manche von ihnen am Tag ihrer Firmung auch zum ersten Mal die Kommunion empfangen, während ihre Familien wieder neu zu einem praktizierten Glauben zurückgefunden haben.

Taufvorbereitung

Wir haben schon betrachtet, wie das Taufsakrament von theologischen Unausgewogenheiten beeinträchtigt wurde, die aus der Kirchengeschichte erwuchsen – dem Schwerpunkt auf der ontologischen Dimension und der Vernachlässigung der ekklesiologischen. Wenn Paare einem mit reinem Gewissen in die Augen sehen und versichern können, sie verstünden genau, was sie tun, wenn ihr Kind getauft wird, und sie gleichzeitig keinerlei Absicht haben, in der kommenden Woche wiederzukommen, dann zeigt uns dies deutlich, dass wir ein echtes Problem haben. In meinen ersten Monaten in St. Benedict traf ich mich mit den Mitgliedern des Taufvorbereitungsteams, einer wundervollen Gruppe heiligmäßiger und hingegebener Pfarreimitglieder. Ich lernte ihre Arbeitsweise kennen und erkundigte mich, wieviel Prozent der Anfragen von Nichtkirchgängern kamen. Die Antwort lautete: etwa 80%. Dann fragte ich, wieviel Prozent von diesen nicht aktiven Mitgliedern danach in Verbindung mit der Gemeinde blieben. Sie sahen die Listen mit den Namen der letzten Jahre durch und kamen zu dem Schluss: 0%.

Die Taufe ist für viele zu einem Fest der biologischen Familie geworden, einer Danksagung für das neugeborene Kind und bis zu einem gewissen Maß einer Anerkennung des Glaubens als etwas mysteriös Gutem. Das mag auch zutreffen, aber für die meisten, die wegen einer Taufe mit der Pfarrgemeinde Kontakt aufnehmen, ist dies alles. In St. Benedict haben wir in den letzten Jahren versucht, ein Arbeitsmodell einzuführen, das diese Tatsachen berücksichtigt und die in diesem Kapitel besprochenen Prinzipien anwendet. Es ist noch nicht fertig, aber ich möchte hier mitteilen, was wir tun oder tun wollen, um uns dieser pastoralen Wirklichkeit zu stellen.

Zunächst einmal sind wir als Kirche selbst schuld daran, dass der Durchschnittskatholik die Taufe als einen privaten Übergangsritus der biologischen Familie sieht. *Lex orandi, lex credendi* – wie gebetet wird, so wird geglaubt. In vielen Pfarreien finden Taufen am frühen Sonntagnachmittag statt, meist nach der letzten Vormittagsmesse. Die Familie und ihre Freunde und Verwandten reisen für das Ereignis an. Keiner von ihnen hat die Sonntagsmesse bei uns besucht und gewöhnlich sind keine aktiven Pfarreimitglieder anwesend außer dem Priester oder dem Diakon. Wir achten darauf, dass das Sakrament genau nach Vorschrift gespendet wird, lassen uns fotografieren und sehen die Familie dann nie wieder. Sie kommen nicht zu uns und wir gehen nicht zu ihnen. Wenn wir die Taufe so feiern, können wir doch kaum überrascht sein, dass unsere Bemühungen wenig Früchte für den Weg der Jüngerschaft bringen!

Ich bin fest überzeugt, dass das Erste und Einfachste, was wir tun können, eine Veränderung unserer Einstellung ist, dass Taufen private Veranstaltungen sind. Nach meinen Erfahrungen mit Taufen dieser Art, wie ich sie als Seminarist, Diakon und frisch geweihter Priester erlebte, schwor ich mir, wenn ich eine eigene Pfarrei habe, gäbe es nie mehr Privattaufen außer in besonderen pastoralen Situationen. Im Lauf der Jahre und jetzt in der Pfarrei St. Benedict haben wir außer in der Fastenzeit monatlich einen festen Taufsonntag. Die Taufen finden während zweier Sonntagsmessen statt, wobei ich zwei bis sechs Kindern die Taufe spenden darf. Die Pfarrgemeinde hat sich daran gewöhnt.

Richtig gemacht kann man diese Taufe in fünf bis sechs zusätzlichen Minuten während der Messe feiern. Wie beim Ritus der Erwachsenentaufe bete ich vor der Messe schon den Exorzismus und führe die Salbung vor der Taufe durch. Wir haben ein Taufbecken, also brauche ich kein Wasser zu segnen (wer das nicht hat, bei dem kann das Wasser auch vor der Messe gesegnet werden). Wenn wir Taufen haben, spricht die Gemeinde im Gesamten kein Credo; vielmehr lade ich alle Getauften einschließlich der Eltern und Paten ein, ihr Taufversprechen zu erneuern. Mit geeigneter Assistenz ist es möglich, zwei, drei oder mehr Kinder zu taufen und sogar eine kurze Allerheiligenlitanei zu singen, ohne dass die Feier sich um mehr als ein paar Minuten verlängert. Die Familie profitiert davon, dass sie vor und mit der Gemeinde ihren Glauben bekennt. Ihre Freunde und Gäste profitieren davon, eine Gemeinde in Lobpreis und Anbetung zu sehen, und die Pfarreimitglieder profitieren davon, Teil eines frohen Ereignisses zu sein. Ich kann dies nur empfehlen!

Zum Zweiten ist es notwendig, das Standard-Vorbereitungsprogramm für Taufen aufzugeben und strikt zu unterscheiden zwischen Familien, die in Verbindung mit der Kirche stehen und den anderen. Warum sollten gläubige, die Messe besuchende, engagierte katholische Familien, die ihr drittes Kind zur Taufe bringen, dieselbe Prozedur durchmachen wie eine Familie, die einmal im Jahr oder noch seltener zum Gottesdienst kommt, keinen inneren Bezug zum Glauben hat und auch keine ernsthafte Verbindung mit der Kirche? Viele behaupten, man dürfe nicht viel verlangen von Paaren, die nicht zur Kirche gehen, da wir sie ja nicht bestrafen wollen. Mir scheint jedoch, wir bestrafen die gläubigen Familien in unserer Pfarrei und begegnen den Nichtkirchgängern nicht dort, wo sie stehen.

In St. Benedict gibt es eine Einheit zur unmittelbaren Taufvorbereitung und einen längeren Vorbereitungskurs. Die unmittelbare Vorbereitung findet am Sonntagvormittag statt und ist auf die Sonntagsmesse bezogen. Dieses Treffen findet zwischen den beiden Messen statt, so dass die Paare wählen können, welche Messe sie besuchen. Das erstreckt sich über vier Wochen und hat etwa den Inhalt einer üblichen Taufvorbereitung: Ein theologischer Überblick, ein Glaubenszeugnis eines Teammitglieds, die Rolle der Paten, ein Überblick über das Ritual und die Details der Taufe. Dieser Kurs setzt Grundwissen über den christlichen Glauben und eine ernsthafte Verbindung mit der Glaubensgemeinschaft voraus. Familien, die aktive Mitglieder der Pfarrei sind, nehmen daran teil und können ihre Kinder taufen lassen, sobald sie das wollen. Familien, die schon einmal mitgemacht haben, brauchen das nicht noch einmal. Sie brauchen nur einen Termin. Wie in den guten alten Zeiten.

Für Familien ohne Gemeindebindung, die uns aufsuchen, damit wir das mit ihren Babys erledigen, haben wir einen längeren Prozess, der versucht, ihnen verstehen zu helfen, um was sie da bitten. Und wir helfen ihnen dabei, die Schritte zu gehen, die nötig sind, damit sie bereit sind. Ein Paar, das keine Beziehung zur Pfarrei oder zur Kirche hat, muss neu in das kirchliche Leben eingeführt werden, und zwar vor oder als Teil der Taufe ihres Kindes. Man muss sie willkommen heißen und nach und nach in einen Prozess einbeziehen, bei dem sie die Sonntagsmesse wieder kennenlernen und sogar zu einer zweiten Taufe, nämlich dem Sakrament der Versöhnung eingeladen werden, bevor sie ihre Kinder zum Taufbecken bringen. Das Schwierige daran ist, wie man das macht. Wie überzeugt man jemanden, der Orangen kaufen will, dass er wirklich Äpfel möchte? Darauf habe ich keine einfachen Antworten, aber will Ihnen erzählen, wie wir es in St. Benedict versuchen.

Zuerst einmal muss man zwischen den beiden Gruppen von Pfarrangehörigen unterscheiden. Das ist recht einfach. Wir stellen folgende Fragen: „Gehen Sie und Ihre Familie regelmäßig zur Kirche? Haben Sie schon mit Pfarrer James gesprochen?“ Die Letztere ist eine gute Frage, denn vor jeder Messe widme ich mich jungen Familien, jungen Paaren und Schwangeren, die in die Kirche kommen. Die meisten Familien, die ihr Kind taufen lassen wollen, werden sich selbst vorstellen. Manche bezeichnen sich als treue Kirchenbesucher, obwohl sie es nicht sind. Da es ja keine Anwesenheitslisten gibt, ist das nicht zu ändern. Familien, die nichts mit uns zu tun haben, werden eingeladen, an einem Informationsabend teilzunehmen, der einmal im Monat abends von einem Team junger Paare gehalten wird.

Das Ziel dieses Abends ist, sie herzlich aufzunehmen und zu etwas Größerem einzuladen. Wir wollen ihnen helfen zu überdenken, was sie für ihre Kinder erbitten und ob sie es wirklich wollen. Sie müssen sich ihrer eigenen Einstellung zur Kirche klar werden. Wir laden sie ein zu einem Weg des Glaubens, dessen Ziel es ist, bereit zu werden für die Taufe ihres Kindes. Ebenso, wie es nicht klug ist, sich wegen eines Kindes in eine Ehe zu stürzen, ist es, sich in eine Taufe zu stürzen, nur weil ein Kind da ist – zumindest wenn keine oder nur eine geringe Anbindung an Glauben und Kirche vorhanden ist. Einer oder mehrere aus dem Team sprechen über ihren eigenen Glaubensweg und mit einem Schwerpunkt auf das Kerygma. Kurse, Riten, Zeitpläne oder Termine werden gar nicht erwähnt. Bei diesem Treffen erhalten die Paare unsere Taufbroschüre. Sie werden gebeten, sie mit nach

Hause zu nehmen, darüber nachzudenken und uns wissen zu lassen, ob sie sich dem Abenteuer gewachsen fühlen, einen Schritt vorwärts im Glauben zu machen.

Uns ist klar, dass einige Paare, die zu dem Treffen kommen, nicht bereit sind für ein solches Abenteuer. Sie wollen ohne jede Bedingung eine Privattaufe, meist in den nächsten drei oder vier Wochen. Wir müssen den Mut haben, fest zu bleiben in dem Bewusstsein, dass solch eine Taufe falsch ist und im Widerspruch steht zu allem, was das Leben eines Christen unserer Überzeugung nach ausmacht. Der Kern der Taufe ist die Mitgliedschaft in der Kirche. Sie ist nichts Privates und Jesus nachzufolgen geht tatsächlich nur mit allen möglichen Konsequenzen.

Wenn Paare willens sind, auf dem Weg des Bereitwerdens voranzugehen, heißen wir sie willkommen und arbeiten mit ihnen zusammen, egal wie ungeordnet oder irregulär ihr Leben ist. Kein Umstand muss zum Hindernis werden, wenn sie aufrichtig von dort, wo sie stehen, weiterkommen wollen. Wir verpflichten uns, sie im Gebet zu begleiten und weisen ihnen ein junges Paar zu, das sie als Mentoren unterstützt. Solche Mentoren-Paare beten für diese Familien, laden sie zur Messe ein und halten den Kontakt mit ihnen. Diese Paare empfehlen natürlich den Familien, um die sie sich kümmern, den nächsten Schritt in der Vorbereitung zu machen. Dazu ist es notwendig, dass sie sich angewöhnen, regelmäßig zur Sonntagsmesse zu kommen. Wir erwarten nicht unbedingt, dass sie jede Woche da sind, aber doch eine gewisse Anhänglichkeit an die Gemeinde. Es ist wichtig, in diesem Anliegen weder zu nachlässig noch zu strikt zu sein, aber wir wollen, dass eine Bindung entsteht. Die Paare müssen auch den Prozess der Eingliederung für Neue in der Pfarrei mitmachen und werden ermutigt, das Sakrament der Versöhnung zu empfangen, bevor ihre Kinder getauft werden.

Werden wir Fehler machen? Natürlich. Wird es Unmut und unangenehme Gespräche geben? Vermutlich. Werden Leute zu

Jesus gebracht und ihm zu Füßen gelegt? Hoffentlich. Wird es veränderte Menschen geben und Entscheidungen, Jünger Jesu Christi zu werden? Ja, wenn wir alles andere richtig machen.

Ehe

Wendet man diese pastoralen Prinzipien auf die Ehevorbereitung an, gibt es eine zusätzliche Komplikation. Da das Paar sich gegenseitig mit seinen Versprechen das Sakrament spendet, ist eine solide pastorale Vorbereitung nicht nur wegen der Fruchtbarkeit des Sakramentes, sondern auch wegen seiner Gültigkeit notwendig. Es wurde schon viel geschrieben über die kirchenrechtlichen Herausforderungen bei der Ehe und über deren richtige Kenntnis und Bedeutung. Letztlich geht es um dieselbe Frage wie vorhin: Wie bringen wir Ehepaare vor die Füße Jesu und was sind wir bereit zu tun, um sie zu unterstützen?

Wie schon erwähnt ist die Tatsache, dass Paare noch unaufgefordert zu uns kommen und bei uns ihre Hochzeit feiern wollen, eine unglaubliche Chance. Es besteht kein Zweifel, dass Eheschließungen in einem immer säkularer werdenden Umfeld nicht nur innerhalb der Kirche zurückgehen, sondern auch als Institution. Immer noch ist es erstaunlich, dass Paare ohne Kirchenbindung oder nicht evangelisierte Paare, die nie zur Messe kommen, überhaupt anfragen, ob sie in einer Kirche heiraten können. Die einzig richtige Reaktion auf diese Anfrage ist, sie mit offenen Armen willkommen zu heißen. Im Lauf der Jahre hörte ich schreckliche Geschichten von Priestern und Pfarrsekretärinnen, die Paare am Telefon wegen des Messbesuchs und ihrer Pfarrzugehörigkeit regelrecht verhört haben sollen. Ich bin der Auffassung, jede Pfarrgemeinde sollte solche Paare willkommen heißen und mit ihnen ein Gespräch führen, warum sie in dieser Pfarrkirche verheiratet werden wollen.

Wie bei anderen Sakramenten setzen unsere herkömmlichen Ehevorbereitungskurse den Glauben und ein katholisches Umfeld voraus und sogar, dass die Paare den christlichen Glauben in Gemeinschaft mit der Kirche leben. Nur selten differenziert man die Ehevorbereitung nach den Bedürfnissen der jeweiligen Paare und passt die Vorbereitung entsprechend an. Als junger Priester an der Kathedrale des Bistums begann ich eine Gruppe für junge Erwachsene, die mehrere Jahre lang Bestand hatte. Etwa zwölf Ehen gingen aus dieser Gruppe junger Menschen hervor, die danach strebten, den Weg der Jüngerschaft zu gehen. Ich erinnere mich an ein Jahr, als drei der Paare an einem großen, regionalen Ehevorbereitungstag mit 80 Paaren aus dem ganzen Bistum teilnahmen. Alle Paare aus unserer Gruppe junger Erwachsener wurden geradezu angegriffen und verspottet wegen ihres Glaubens. Sie fühlten sich von den anderen Paaren an ihrem Tisch verfolgt und verurteilt, weil sie die Lehren der Kirche über Ehe und Glauben für richtig hielten. Wie abstrus! Ist das nicht ein Skandal?!

Im Laufe der Jahre habe ich als Seelsorger darum gerungen, wie ich die Paare dort abholen konnte, wo sie stehen. Als junger Priester forderte ich, dass die Paare beginnen sollten, die Messe in meiner Pfarrei zu besuchen. Ich sprach mit Paaren, die schon zusammenlebten, und überzeugte sie mit vielen Argumenten, dass das nicht Gottes Plan für sie sei. Ich machte allen Paaren den Vorschlag, mit der sexuellen Intimität zu warten, bis sie verheiratet seien und wenn möglich nicht zusammenzuwohnen oder wenigstens getrennte Schlafzimmer zu haben. Auf diese Bemühungen gab es nur mäßige Reaktionen. Die Nichtkirchgänger kamen zur Messe bis zu ihrer Trauung und 90% von ihnen sah ich danach nie wieder. Ich bin mir nicht ganz sicher, wie meine anderen Vorschläge angenommen wurden, ich konnte ja nicht durch ihre Fenster schauen.

In den Jahren seither bin ich etwas klüger geworden in Bezug auf einige grundlegende Wahrheiten. Es bedarf eigentlich in erster Linie einer Herzensänderung. Das konnte bei den meisten Paaren nicht dadurch geschehen, dass sie quasi durch Reifen springen mussten, indem sie sich gelegentlich bei der Messe zeigten und eine Beziehung aufbauten mit einem Priester, der ihnen gefiel. Es fehlte ihnen eine Begegnung mit Jesus, denn er ist der Einzige, der Herzen verändern kann. Viele dieser Paare äußerten einen vagen Theismus, wenn sie von ihrem Glauben sprechen sollten, und wurden sehr unklar, wenn sie ihre Gedanken über die Person Jesu darlegten, ganz zu schweigen davon, dass sie keine Ahnung hatten von einer persönlichen Beziehung zu ihm.

Zweifelsohne muss ein Mindestniveau bei der Ehevorbereitung erreicht werden. Es ist nicht genug, dass wenigstens einer der Partner katholisch ist. Wir müssen vielmehr herausfinden, ob diese Person einen christlichen Glauben hat, denn das hat Einfluss auf die Gültigkeit der Ehe. Einmal übernahm ich eine neue Pfarrei und am nächsten Wochenende war eine Hochzeit. Der Bräutigam war Katholik und seine Verlobte nicht. Ich dachte, ich sollte sie doch eigentlich vor dem großen Tag kennenlernen. Also bat ich sie drei Tage vor der Hochzeit in mein Büro. Als ich nach ihrem Glauben fragte, fand ich zu meinem Entsetzen heraus, dass beide sich als Atheisten bezeichneten. Ich war schockiert und wusste nicht weiter (ich vermute, es hatte zuvor noch keiner nach dem Glauben gefragt). So ungewöhnlich dieses Beispiel ist – wir laufen wohl mehr Paaren über den Weg, als wir uns vorstellen, die nicht bekennen, dass Jesus der Sohn Gottes ist.

Die Grundlagen des christlichen Glaubens, die Absicht zu einer lebenslangen, bedingungslosen, treuen Liebe in der Ehe und die Offenheit für Kinder sind die Minimalbedingungen für die Gültigkeit einer Ehe. Aber was ist mit den Früchten dieses Sakramentes? Das ist nicht anders als bei den anderen Sakramenten. Es ist unser Auftrag, den Paaren zu helfen, Jesus zu begegnen und sogar die Möglichkeit zu bieten, seine Jünger zu werden.

Aus diesem Grund bitten wir alle Paare, die sich auf die Ehe vorbereiten, als ersten Schritt dazu am Alpha-Kurs teilzunehmen.

Ich bitte Paare jetzt seit vielen Jahren darum und obwohl es nicht die perfekte Lösung ist, ist es ein Schritt in die richtige Richtung. Für die meisten Paare ist es eine sehr positive Erfahrung und manche erleben eine Bekehrung und Veränderung. Nach Alpha gibt es einen Abend für verlobte Paare, bei dem wir den *Clifton Strengths Finder* einsetzen, und eine Veranstaltung von Freitagabend an und den ganzen Samstag speziell zum Sakrament der Ehe. Es ist wichtig, alle drei Teile als Vorbereitungsprozess zu sehen und nicht nur die direkte Vorbereitung. Während vorher nur 10% der nichtpraktizierenden Paare nach der Hochzeit da blieben, bevor Alpha Teil der Vorbereitung war, sind es jetzt mindestens 30%, die dranbleiben, ihren Glauben zu leben – und viele davon sind fest auf dem Weg der Jüngerschaft. Ich könnte nur auf die schauen, die nicht wiederkommen, aber eine Verbesserung von 200% sehen wir schon als Fortschritt an.

Hochzeiten müssen lange im Voraus geplant werden. Wenn Paare wegen ihrer Hochzeit zu uns kommen, erhalten sie einen Brief von mir, in dem der ganze Ablauf bei uns beschrieben wird. Sie werden eingeladen zu überdenken, ob sie sich auf einen geistlichen Weg mit uns begeben. Sind sie damit einverstanden, treffen sie sich mit einem unserer Diakone und anderen Mitarbeitern, um den Vorbereitungsprozess abzuschließen. In Zukunft werden wir Mentorenpaare zu diesem Prozess einladen – verheiratete Paare, die sie begleiten, unterstützen und für das neue Paar beten, während es auf seinem Weg ist zum Sakrament.

Falls das Paar willens ist, das mitzumachen, wird nichts weiter von ihnen verlangt. Vorausgesetzt, sie erfüllen die Mindestanforderungen für die Gültigkeit, sind wir verpflichtet, die Trauung zu feiern, ob ihre Herzen durch Alpha und das restliche Programm verändert wurden oder nicht. Wir müssen mit ihnen gehen, sie lieben und unterstützen und dabei immer daran denken, dass wir als Kirche Jünger machen sollen und kein Hochzeitsunternehmen führen.

Der Ritus der Einführung Erwachsener in den Glauben (RCIA)

Es ist kein Geheimnis, dass trotz der wunderbaren Vorbereitung auf die Taufe Erwachsener, die in den meisten amerikanischen Pfarrgemeinden RCIA heißt, ein dramatisches Wegfallen von fast 50% der neu Initiierten im ersten Jahr auftritt. Rein technisch bezeichnet RCIA nur die *Riten* der Initiation und nicht den Inhalt der Katechese oder den Prozess der Jüngerschaft, der eigentlich dessen Kern ist. Während die Riten selbst uralt und wunderschön sind, braucht der Prozess der Jüngerschaft mehr Aufmerksamkeit, und damit steht oder fällt das Programm.

Meine erste Erfahrung mit dem RCIA geschah während meines Praktikums als Seminarist. Obwohl die Qualität und die Durchführung exzellent waren, fielen mir zwei Dinge auf. Zum einen war die Gruppe irgendwie abgesondert. Jedes Mal, wenn wir uns trafen, bestand unsere Gruppe aus ein paar Teammitgliedern, den Bewerbern und ihren Paten, die sehr wenig oder keinen Kontakt und auch keine Beziehung zur Gemeinde hatten. Zum andern war die Qualität der Unterweisung von einem Niveau, das normalen Pfarreiangehörigen im Allgemeinen nicht geboten wurde. Daher spähten viele durch die Tür unseres Gruppenzimmers und hätten alles getan, um mitzumachen und dabei zu sein – im übertragenen Sinne lief ihnen deswegen das Wasser im Mund zusammen. Warum war solch ein großartiges Material nur wenigen vorbehalten? Es war unverständlich.

Als ich Pfarrer wurde und der erste RCIA stattfand, änderte ich genau das. Die Bewerber behielten ihre Identität als besondere Gruppe, aber waren Teil eines Glaubenskurses, der allen offen stand. Dadurch profitierten sie von den Kontakten mit den Gemeindemitgliedern und auch diese profitierten nicht nur vom

Kurs, sondern auch dadurch, dass sie die Teilnehmer begleiteten, die sich auf die österlichen Sakramente vorbereiteten.

Ein anderes Problem bei der üblichen Gestaltung des RCIA-Kurses in unseren Pfarreien ist, dass er oft als ein Programm oder Kurs mit einem festen Anfangs- und Enddatum vorgestellt wird (der Ostervigil). Das ist ein Problem. Wenn es bei diesem Prozess des Prüfens wirklich um Unterscheidung geht, wie kann das in einem festen Zeitrahmen passieren? Sobald ein Bewerber seinen oder ihren Willen offenbart, die Sakramente zu empfangen, wie kann die Katechese und Glaubensbildung auf die Sakramente hin dann in einem festgesetzten Zeitraum stattfinden? Wie können wir wirklich den einzigartigen geistlichen Weg eines jeden Einzelnen respektieren, wenn dabei zu schulmäßig vorgegangen wird? Ich glaube, auch wenn die Riten des Katechumenats festgelegt sind und es einen Zeitplan gibt, sollte sonst nichts reglementiert sein. Wir sollten mit potenziellen Bewerbern arbeiten und ihnen helfen, wirklich bereit zu sein, diese Sakramente zu feiern. Wenn es in der Pfarrei ein Umfeld der Jüngerschaft gibt, dann könnten einige Bewerber auch mehrere Glaubensbildungskurse und katechetische Programme absolvieren, bevor sie die Entscheidung treffen, in eine volle Gemeinschaft mit der Kirche zu treten. Andererseits, wenn der Bewerber reif ist, kann die Zuordnung zur RCIA-Gruppe am Anfang der Fastenzeit beginnen und mit der Ostervigil im gleichen Jahr zum Abschluss kommen.

Ein weiterer kritischer Punkt für den Pfarr-RCIA ist die Zentralität des Kerygmas, der Erstverkündigung. Wir erinnern uns an das Aparecida-Dokument, das uns sagt, das Kerygma müsse klar formuliert sein und eine Antwort bekommen, damit es zur Evangelisierung wird. Ohne das sei der Prozess, missionarische Jünger heranzubilden, zur Unfruchtbarkeit verurteilt. Begegnen die Teilnehmer am RCIA wirklich Jesus und kommen in eine persönliche Beziehung zu ihm? Wird ihr Leben verändert oder wird nur Information weitergegeben?

Als Reaktion auf diese Herausforderungen haben wir in St. Benedict einen neuen RCIA-Kurs entwickelt. Vor allem gibt es kein feststehendes Ende. Bewerber für die österlichen Sakramente werden nicht schon Anfang Januar eindeutig festgelegt. Manche waren schon einige Jahre in der Pfarrei zugange, haben in ihrem eigenen Tempo gelernt und sind gewachsen. Wir bitten jeden Bewerber, am Alpha-Kurs teilzunehmen. Das ist, wie im fünften Kapitel dargelegt, ein sicherer Weg, die zentrale Glaubensbotschaft zu hören und darauf zu antworten, Jesus zu begegnen, den Heiligen Geist zu erfahren und zu echter christlicher Gemeinschaft zu finden. Im neuen Jahr werden die, die sich anmelden, eine intensivere Vorbereitung beginnen durch den Besuch eines unserer Katecheseprogramme für Erwachsene, die für alle in der Pfarrei offen sind. Zusätzlich zu diesen acht Wochen trifft sich die RCIA-Gruppe alleine, um sich auf die Riten vorzubereiten, die zu den österlichen Sakramenten gehören. Nach der Osternacht werden die neuen Katholiken ermutigt, Teil einer Kontaktgruppe zu werden (siehe Kapitel 5) und auch weiterhin jährlich an einem weiterbildenden Glaubenskurs teilzunehmen, damit Jüngerschaft zum Lebensstil werden kann und nicht zu einem Programm mit einem festgesetzten Ende.

Ein Schwachpunkt, für den wir immer noch eine Lösung suchen, ist, dass wir trotz dieser Änderungen immer noch ein paar der Neu-Initiierten im ersten Jahr verlieren. Das Unterstützungssystem, das sie bis dahin ernährt hat, fällt dann oft weg und sie sind sich selbst überlassen. Auf unserm Entwicklungsweg als Pfarrgemeinde wollen wir eine unterstützende Gemeinschaft aufbauen, in der wir uns umeinander kümmern und aufeinander achten. Das ist die Grundlage für Kirche-Sein. In Zukunft planen wir, jeder Person, die die Sakramente empfängt, zu helfen, sich sofort einer Kontaktgruppe anzuschließen, die sie unterstützt und ermutigt, so dass sie in einem Prozess der Jüngerschaft bleibt, der bei bestimmten Anlässen zutage tritt und doch lebenslang stattfindet.

Fazit

In diesem Kapitel haben wir sehr viel behandelt. Wir können keine neuen Modelle für die Pastoral der Sakramente vorschlagen, ohne die zugrundeliegenden theologischen Überzeugungen anzusprechen, die diese in der Praxis prägen. Der pastorale Teil dieses Kapitels beschreibt die Anfänge eines Versuchs, sich vom Status quo und allen Standardmethoden zu lösen. Vieles, was in dem pastoralen Teil dieses Kapitels vorgeschlagen wird, beruht auf der Erfahrung in einer großen Pfarrei. Manches, was beschrieben wird, ist vielleicht in kleinen Pfarreien nicht möglich, dafür kann anderes dort sicher einfacher umgesetzt werden wegen des engeren Zusammenhalts.

Die Vorschläge in diesem Kapitel sind vielleicht nicht die besten Lösungen. Sie mögen unzureichend und ihre Umsetzung in St. Benedict mag mangelhaft sein, aber sie sind ein Versuch, es anders zu machen. Ich glaube, wir haben das Fließband angehalten und bewegen uns, wenn auch mit Schwierigkeiten, zu einem Modell hin, das echte Jünger heranbildet. Es ist spannend und beängstigend, das Vertraute hinter sich gelassen zu haben. Manchmal haben wir Zweifel, ob wir wirklich das Richtige tun, aber es ermutigt mich jedes Mal, wenn ein Zeugnis eines Menschen, dessen Leben verändert wurde, auf meinem Schreibtisch, in meinem Fach oder meinem Briefkasten liegt. Ich kämpfe noch mit Zweifeln, aber wenn ich bedenke, was und wie wir es früher gemacht haben, bin ich überzeugter denn je, dass wir weitermachen sollen, angetrieben von der Überzeugung, dass Jesus das Leben von vielen Menschen verändert, und von der Bereitschaft zu tun, was auch immer nötig ist, um ihm Menschen zu Füßen zu legen.

7

Der Leiter des Hauses

Die unerlässliche Rolle der Leitung

Wenn wir wirklich versuchen, uns auf die verlorene Identität unserer Kirche zu besinnen, wenn wir die Fesseln einer nach innen gerichteten, um sich selbst kreisenden (Selbst-) Erhaltungs-Kirche abwerfen wollen, dann brauchen wir echte Leiter. Wenn die Kirche weitergehen soll – missionarisch sein bedeutet in Bewegung sein – dann brauchen wir echte Leiter. Missionarisch ist eine Kirche dann, wenn sie „aus sich selbst herausgeht an die Ränder der Existenz“, wie der Mann, der kurz darauf Papst Franziskus werden sollte, schrieb, wenige Tage vor dem Konklave, das ihn wählen sollte. Eine Kirche, die in ihrer Routine feststeckt, kommt gut mit einem Manager an ihrer Spitze aus, aber von einem Punkt zum nächsten zu gehen erfordert Leiter. Ein wirklicher Leiter ist dies nicht nur dem Namen nach oder *ex officio*, sondern jemand, der leitet. Wenn die wichtigste Krise der Kirche unserer Zeit die Identität ist, dann ist die zweitwichtigste – ihre Leitung.

Das Zweite Vatikanische Konzil hat gelehrt, dass es den priesterlichen Dienst gibt, um das Wort Gottes zu verkünden, die Sakramente zu feiern und das Volk Gottes zu leiten. Die katholische Kirche wird dogmatisch als Hierarchie definiert. Das ist nicht nur eine archaische Formulierung, sondern bildet den Kern der Aussagen des Zweiten Vatikanischen Konzils. Das bedeutet, dass von Amts wegen Bischöfe die Leiter ihrer Diözesen sind und Priester, in enger Verbundenheit mit ihrem Bischof, die Leiter ihrer Pfarreien. Sie können diese Verantwortung weder ignorieren noch jemand anderem übertragen, um sich selbst auf die Verkündigung und die Sakramente zu konzentrieren. Allerdings sollte sich unsere Kirche eingehend mit der Frage beschäftigen, wie ein Priester leitet.

Wenn ich an meine Jahre im Seminar zurückdenke, dann darf ich sagen, dass ich zwar eine großartige Ausbildung als Theologe erhalten habe und eine gewisse Ausbildung für die Feier der Sakramente, aber nur sehr wenig für das Predigen und überhaupt keine Ausbildung im Leiten.

Wo ist der Puck?

Wayne Gretzky, ein berühmter kanadischer Eishockeyspieler, sagte immer, dass der Schlüssel seines Erfolges darin bestand, dass er immer dorthin eilte, wo der Puck landen würde. Mir scheint, dass in vielen Ausbildungsstätten für angehende Priester und in vielen Seminaren, die ich über die Jahre besucht habe, nicht einmal dorthin gerannt wird, wo der Puck ist, geschweige denn, wohin er geschossen wird. Wenn es die vordringlichste Aufgabe für die Erneuerung ist, die Kirche aus ihrer trägen Routinehaltung aufzurütteln, dann brauchen wir Priester, die zu Leitern ausgebildet werden. Viele Seminare scheinen ganz zufrieden damit zu sein, sich darauf zu konzentrieren, Priester hervorzubringen, die heilig und in ihrer Theologie wirklich katholisch sind. Natürlich ist dies ein notwendiger Bestandteil der priesterlichen Ausbildung, aber es ist nicht genug. Es gibt viele heilige Priester, die solide katholische Theologen sind, die jedoch ungesunde, sterbende Pfarreien leiten.

Dieses Thema kann man nicht jenen überlassen, die für die Priesterausbildung verantwortlich sind. Auch Diözesen haben sich noch nicht daran gewöhnt, dorthin zu gehen, wo der Puck ist beziehungsweise sein wird. Früher war es so, dass Priester während vieler Jahre als Kapläne ihre praktischen Erfahrungen sammelten und nur jene mit offensichtlichen Führungsqualitäten Pfarrer wurden. Heute wird fast jeder Pfarrer und meistens ziemlich rasch, was bedeutet, dass die Zeit der Hinführung, die früher gegeben war, heute nicht mehr gegeben ist. Sogar Priester, die das Glück haben, von einem guten Pfarrer angeleitet zu werden, werden oft nur ausgebildet, um dorthin zu gehen, wo der Puck ist, und nicht dorthin, wo er sein wird.

Bei meiner ersten Pfarrerstelle hatte ich zwei Teilzeitkräfte – eine Sekretärin und einen Hausmeister. Zwei Jahre später, als ich eine zweite kleine Pfarrei übernahm, hatte ich einen zu einem Viertel angestellten Verantwortlichen für Religionsunterricht und stellte noch eine Halbtagskraft für die Seelsorge ein. Somit hatte ich insgesamt weniger als zwei Vollzeitkräfte zur Verfügung. Mit diesem Team konnte ich recht gut arbeiten und es wurde mir nicht wirklich bewusst, dass mir von der Ausbildung her etwas fehlte. Als ich im Jahr darauf die Stadtpfarrei übernahm, hatte ich anstatt dreier Vollzeitkräfte einen vollzeitig beschäftigen Hausmeister, eine Teilzeitkraft als Köchin und Haushälterin, eine Vollzeit-Sekretärin und eine Teilzeitkraft als Leiter für den Religionsunterricht. Zwei Jahre darauf, als ich auch noch Pfarrer einer zweiten Stadtpfarrei geworden war und die beiden Pfarreien zusammenlegen sollte, musste ich ein Team von acht Mitarbeitern leiten, die die Arbeit von knapp sechs Vollzeitkräften bewältigen sollten. Und da wurde mir klar, dass ich nicht wusste, wie ich das bewerkstelligen sollte.

Niemand hatte mich je für derartige Situationen ausgebildet. Ich wusste nichts über Teamarbeit oder darüber, wie man ein Team leitet. Außerdem hatte mich der Bischof beauftragt, diese zwei völlig verschiedenen Pfarreien zu einer einzigen zusammenzulegen. Mir wurde schnell klar, dass ich, wenn ich ein solches Team leiten sollte, erst einmal lernen musste, wie man leitet.

Leitung lernen

Jeder hat gewisse Führungsqualitäten – die Fähigkeit, andere Menschen zu beeinflussen. Die meisten Priester haben solche Fähigkeiten von Natur aus. Einige sind starke Leiter, andere schwache. Ein schwacher Leiter vertraut auf seinen Titel oder sein Amt oder auf seine Autorität von Amts wegen. Diese Art von Leitung funktioniert in der Kirche von heute nicht mehr. Ein solcher Priester wird schnell feststellen, dass ein Priester, dem niemand folgt, nur jemand ist, der herumspaziert. Was allen Leitern gemein ist, ist die Tatsache, dass sie lernen können, sich zu besseren Leitern zu entwickeln.

Diese Herausforderung bei mir selbst zu erleben war das Beste, was mir passieren konnte, denn sie zwang mich zu lernen. Ich wandte mich an die einzige Stelle, die ich in Sachen Wissensvermittlung von Gemeindeleitung damals finden konnte, und diese lag in der evangelikal-protestantischen Welt, konkret in den Schriften des Pastors Bill Hybels von der Willow Creek Gemeinde. Ich sah mir die Videos seiner alljährlichen Leitungskonferenzen an und sie erstaunten und begeisterten mich. Mein Eingebundensein in Alpha auf nationaler und internationaler Ebene inspirierte mich dazu, groß und mutig zu träumen. Ich fing an, ganz deutlich zu sehen, dass man viel von der menschlichen Kunst zu leiten lernen konnte und dass es nicht ausreicht, geistlich zu sein, um die Erneuerung seiner Pfarrei zu erreichen.

Heute stehe ich einer großen Pfarrei vor, in der zwölf Vollzeitstellen von 18 Menschen ausgefüllt werden. Zu den bezahlten Mitarbeitern kommen noch die Leiter von fast 90

Diensten und Ausschüssen, die das Funktionieren unserer Pfarrei sicherstellen. Als unser Mitarbeiterstab anfing zu wachsen, merkte ich rasch, dass alles, was ich über die Führung eines Teams gelernt hatte, meiner neuen Realität angepasst werden musste. Ich hatte nicht nur viele Mitarbeiter, viele waren selbst Leiter, sondern es war auch meine Aufgabe, die Umgestaltung der Kultur der Pfarrgemeinde voranzutreiben, wie ich es hier in diesem Buch beschrieben habe.

Die Lernkurve war riesig und auch die Anzahl der Fehler, die ich gemacht habe. Ich weiß jetzt, dass ein Leiter immerfort selbst wachsen, lernen und sich anpassen muss. In den letzten Jahren finde ich in der evangelikalen Welt immer wieder Unterstützung im Leiten, vor allem bei Leuten wie Sandy Millar und Nicky Gumbel, der frühere beziehungsweise derzeitige Pastor von Holy Trinity Brompton, einer großen anglikanischen Gemeinde im Zentrum von London, in der die Alpha-Kurse entstanden sind. Ich bin froh, dass ich Männern wie Pastor Rick Warren, dem Autor von *Leben mit Vision* und von *Kirche mit Vision* (was noch besser zum Thema dieses Buches passt) begegnen und von ihnen lernen durfte. Ich betrachte es als Segen, dass ich als einziger Katholik an Workshops des amerikanischen evangelikalen Leitungsnetzwerks, *Evangelical Leadership Network*, das innovative Pastoren unterstützt, teilnehmen durfte, und bin glücklich, dass ich zu einer kleinen Gruppe von Pfarrgemeinden gehöre, die sich im neu gegründeten *Parish Catalyst* (deutsch: Gemeindekatalysator) zusammengeschlossen haben. Diese Gruppe versucht nach dem Modell des Leitungsnetzwerks mit katholischen Pfarrern und ihren Teams zusammenzuarbeiten. Ich habe schon die großartige Unterstützung durch Instrumente von Gallup einschließlich des Kurses über exzellente Leitung (*Leadership Excellence Course*) erwähnt. Auch die Bücher über funktionierende Organisation und Leitung des katholischen Autors Patrick Lencioni haben sehr dazu beigetragen, wie ich in meiner jetzigen Situation mit Leitung umgehe.

Kulturelle Hindernisse

In den letzten Jahren durfte ich mit Laienleitern, Seminaristen, Priestern und Bischöfen in Europa, Nordamerika und in ganz Lateinamerika Workshops über Erneuerung und Leitung durchführen. Was für eine Freude, so vielen leidenschaftlichen und heiligmäßigen Männern und Frauen zu begegnen! Diese Leiter, denen die Erneuerung der Kirche am Herzen liegt, schreien nach Unterstützung. In der evangelikalen Welt gibt es solche Hilfe und sie ist leicht zu finden. In den meisten katholischen Gebieten ist das nicht so.

Ich habe schon oft gesagt, wenn ich zu diesem Thema gesprochen habe, dass ich einfach nur eine Meinung habe und ein großes Mundwerk. Unzählige katholische Hirten haben eine Erfolgsbilanz in diesen Punkten vorzuweisen, die größer ist als meine, und ich verdanke ihnen auch viel. Was ich in diesem Kapitel schreibe, beruht auf der sogenannten CASE-Methode für kirchliche Erneuerung. CASE steht für „kopiere und stiehl alles“ (*Copy And Steal Everything*). Wir müssen das Rad nicht neu erfinden, wenn es darum geht, die Erneuerung in unserer Kirche zu leiten.

Allerdings ist diese Frage in einem katholischen Kontext relativ neu, im evangelikalen Protestantismus jedoch hat man sich mit diesen Fragen schon seit Jahrzehnten beschäftigt. Wir haben viel zu lernen. Viele Gelegenheiten dazu ergeben sich aus den Unterschieden unserer jeweiligen Ekklesiologien. Obwohl allein der Begriff einer unabhängigen Kirche schon ein Widerspruch in sich ist, funktionieren viele evangelikale Gemeinden ohne ein lokales Netzwerk, wie beispielsweise eine katholische Diözese. Dementsprechend heißt das für diese Gemeinden buchstäblich, dass sie entweder schwimmen oder untergehen. Es gibt keinen großen Bruder und auch keine Diözese, die ihnen aus der

Klemme hilft und sie wieder aufrichtet. Alles lastet auf der Schulter der lokalen Gemeinde und ihres Leiters. Folglich beruht die Stellung des Leiters oft auf Charismen beziehungsweise dem Charisma einer bestimmten Person. Pastoren, die keine starke Führungspersönlichkeit sind, riskieren stets, ihren Job an jemanden mit größeren Fähigkeiten zu verlieren. Deshalb sind evangelikale Pastoren besonders darauf eingestellt, dass sie sich entwickeln und ihre Führungsqualitäten ausbauen müssen. Nicht nur das Leben ihrer Kirchengemeinde, sondern ihre eigene Existenz steht auf dem Spiel.

Im Gegensatz dazu macht die katholische Ekklesiologie die Person und das Amt des Bischofs und in Erweiterung dessen die diözesane Verwaltung zum Dreh- und Angelpunkt der lokalen Kirchengemeinde. Dieses System hat natürlich viele Vorteile, aber auch zahlreiche Nachteile. Pfarrgemeinden, die nicht gesund sind, werden normalerweise mit Hilfe diözesaner Strukturen am Leben erhalten. In den meisten Fällen haben eine schlechte Leitung und mangelndes Wachstum nur geringe Konsequenzen. Viele Bistümer neigen dazu, Innovation eher nicht zu fördern und Einförmigkeit als ein Mittel zur Einheit zu sehen. Pfarrer werden vom Bischof ernannt und nicht aus einem inneren Ruf oder weil sie Führungsqualitäten haben, die dann weiter ausgebaut werden. Solange ein Priester die Sakramente spenden kann, werden im Allgemeinen eine schlechte Gemeindeleitung und sogar schlechtes Predigen einfach toleriert. Wenn schlechte Führungsqualitäten endlich zur Sprache kommen, dann geschieht das nie von selbst, sondern erst dann, wenn der Zug bereits entgleist ist.

Ein weiteres wirkliches Problem mit der Leitung katholischer Pfarrgemeinden hängt mit der Länge der Zeit zusammen, für die Pfarrer bestellt werden. Jeder, der gesunde, lebendige und aufstrebende Gemeinden beobachtet, wird nicht nur die zehn Werte, von denen in diesem Buch die Rede ist, wiedererkennen, sondern er wird auch bemerken, dass eine längere Zeitspanne für einen Leiter unerlässlich ist. Wirklich tief gehender kultureller Wandel jeder Organisation braucht seine Zeit. Die Gemeinden, die mich über die Jahre inspiriert haben, hatten alle wenigstens zwölf Jahre lang denselben Pastor, um die notwendigen Veränderungen durchzuführen. Die meisten Gemeinden hatten denselben Pastor für 18-25 Jahre.

Im Gegensatz dazu werden in vielen katholischen Bistümern die Priester alle sechs bis acht Jahre versetzt. Das verhindert die Möglichkeit, dass eine tiefgehende Veränderung in einer Pfarrei stattfinden kann. Dies begünstigt Mittelmäßigkeit und eine Kultur der Erhaltung um ihrer selbst willen, die wir bereits besprochen haben. Einem Priester, der etwas verändern will, wird Widerstand entgegengebracht, denn er wird als nur vorübergehend betrachtet. Er ist gerade angekommen und in ein paar Jahren wird er auch wieder gehen. Langjährigen Mitgliedern einer Pfarrei wird bezüglich ihrer Zweifel Recht gegeben. Sie sind diejenigen, die durchhalten müssen. Reform ist immer schwierig, aber viele Pfarreimitglieder verändern sich nur so weit, dass sie sich anpassen, dann müssen sie sich nicht wirklich ändern. Schon in wenigen Jahren wird dieser Priester wieder verschwinden und dann wird alles wieder so, wie es war.

Die noch viel größere Tragödie spielt sich dann ab, wenn Priester, die unermüdlich an einem tiefgehenden Wandel gearbeitet haben, derart entmutigt werden, weil sie genau dann, wenn dieser Wandel endlich zu greifen beginnt, in eine andere Pfarrei versetzt werden, und ihre Nachfolger systematisch alles wieder rückgängig machen. Aus diesem Grund stecken viele unserer Pfarreien im Schlamm fest – manche mit drehenden Rädern und die meisten, indem sie langsam versinken. Genau das Gleiche kann natürlich über Bistümer gesagt werden, denn Bischöfe werden bei uns oft von einer Diözese in eine andere versetzt, so oft, wie Priester versetzt werden. Der heilige Ignatius von Antiochien sagte: „Dort, wo der Bischof ist, dort ist die katholische Kirche.“ Wenn wir

Jahrzehnt um Jahrzehnt nicht wissen, wer unser Bischof ist, wie sollen wir dann wissen, wo die katholische Kirche ist? Wenn wir nicht wissen, wo wir stehen, wie können wir dann weitergehen?

Unseren Hirten – Bischöfen und Priestern – muss es möglich gemacht werden, einen tiefgehenden Wandel mit Hilfe ausreichend langer Leitungszeiten durchführen zu können, wenn unsere Kirche sich nicht nur auf ihre wesentliche missionarische Identität besinnen, sondern diese auch verinnerlichen soll. Unsere derzeitige Praxis geht von einer Erhaltungskultur aus und das hat recht gut funktioniert, solange Erhaltung genug war. Wenn wir allerdings heute so weitermachen, dann wird in weiten Teilen unserer Kirche in Nordamerika und in ganz Europa bald nichts mehr zu erhalten sein.

Bisher war die Begründung dieser relativ jungen Praxis kurzer Dienstzeiten für Pfarrer das Prinzip: Der Schatz sollte verteilt werden. Nicht alle Priester hatten dieselben Charismen. Alles, was wir taten, war Systemerhaltung durch Erhaltung der Pfarrgemeinden. In diesem Zusammenhang war es vernünftig, dass Pfarreien einige Jahre lang einen begabten Priester haben sollten und einige Jahre einen weniger begabten. Am Ende würde das keinen lebensbedrohlichen Schaden anrichten. Wenn das jedoch so fortgeführt wird, wird das gesamte System beschädigt. Die Kirche ist nicht mehr statisch, sie befindet sich im Niedergang. Wenn wir nicht tiefgehende Reformen einleiten, steht das Überleben unserer Pfarrgemeinden auf dem Spiel.

Vor vielen Jahren war ich einmal dabei, als ein Strauch gestutzt wurde. Ich kam nach einer Werktagsmesse aus der Kirche und sah, wie jemand aus der Pfarrgemeinde einige unserer Rosenbüsche schnitt. Sie war zwar die Leiterin unseres Gartendienstes, aber ich wollte dennoch die Polizei zu Hilfe rufen. Ich war wirklich schockiert. Sie hatte gerade über die Hälfte der Rosen abgeschnitten, die gerade zu blühen begonnen hatten. Es schien nichts mehr übrig zu sein. Drei Wochen später jedoch sah ich die schönsten und prächtigsten roten Rosen, die ich je gesehen hatte. Vor dem Schnitt waren die begrenzten Nährstoffe gleichmäßig auf alle Blüten verteilt. In der Folge waren alle unterentwickelt und bestenfalls mittelprächtig. Durch den Schnitt gab es zwar weniger Blüten, aber die waren gesund und wunderschön. In unseren Bistümern ist es nicht anders. Wenn wir die Gaben der Hirten verteilen und sie ständig versetzen, dann erhalten wir bestenfalls mittelmäßige Gemeinden. Wenn wir es möglich machen, dass Pfarrer in Pfarreien, die großen Einfluss ausüben können, Reformen durchführen dürfen, dann schaffen wir wenigstens für einige Gemeinden die Möglichkeit, gesund und stark zu werden. Die Existenz solcher Pfarreien in jedem Bistum ist lebensnotwendig, denn ohne diese Vorbilder wissen wir nicht, wie Exzellenz und Gesundheit aussehen. Und wenn wir nicht wissen, wie das aussieht, dann akzeptieren wir das Mittelmäßige als die Norm. Wenn das jedoch geschieht, verlieren wir unsere Fähigkeit, etwas anderes in den Blick zu nehmen. Dann versuchen wir nicht mehr, unsere Pfarreien gesund und stark zu machen, denn wir wissen nicht, wie so etwas aussieht. Schließlich glauben wir auch nicht mehr daran, dass so etwas möglich ist.

Ich komme später in diesem Kapitel nochmals darauf zurück, dass wir uns von Exzellenz und Gesundheit inspirieren lassen sollen, vor allem, wenn ich die Frage nach der Vision anspreche. Aber zuerst möchte ich mich eingehend mit einer grundlegenden Qualität eines Leiters befassen: Mit der Verletzlichkeit.

Verletzlichkeit

„Wenn schon geprahlt sein muss, will ich mit meiner Schwachheit prahlen.“ (2 Kor 11,30)

„Lass sie niemals sehen, dass du schwitzt.“ „Mach, dass sie vor dir Angst haben.“ Diese Ratschläge sprechen von einem

Führungsstil, der einsam und unverwundbar ist. Normalerweise funktioniert das in der Wirtschaftswelt nicht und ganz sicher funktioniert es nicht in der Welt der Kirche, die die Dynamik einer Organisation Freiwilliger hat. Die Menschen treffen eine Wahl für oder gegen eine bestimmte Gemeinde. Sogar bezahlte Mitarbeiter haben bei uns diese Wahl, denn die meisten könnten woanders mehr verdienen. Die Menschen entscheiden sich, zu einer Pfarrei dazugehören zu wollen und können sich genauso gut auch für eine andere entscheiden, wenn die Leitung nicht ihrem Geschmack entspricht.

Leiter, die offen und damit verwundbar sind, erkennen an, dass sie grundsätzlich Grenzen haben und unfähig sind, alles alleine zu schaffen. Auf diese Weise leben sie ihren Mitarbeitern und ihren Pfarreimitgliedern ein Wesensmerkmal vor, das allem, was wir als Pfarrgemeinde tun, zugrunde liegen sollte. Wir können es nicht allein tun, wir brauchen einander. Wir müssen unsere Masken der Stärke und Perfektion ablegen und zugeben, dass wir nicht mehr sicher sind, wie wir weitermachen sollen, dass wir nicht alle Antworten haben und dass wir es gemeinsam tun müssen. Eine tiefgehende Akzeptanz unserer Verwundbarkeit wird eine menschlichere und menschenfreundlichere Pfarrgemeinde hervorbringen.

Wie wir im fünften Kapitel gesehen haben, muss ein starker Leiter sich seiner eigenen Stärken bewusst sein. Leiter sind am erfolgreichsten, wenn sie sich auf ihre eigenen Stärken und Talente stützen. Gleichzeitig werden Leiter, die ihre Stärken kennen, sich ihrer Schwächen und Defizite bewusst sein und ehrlich damit umgehen. Eine rundum perfekte Persönlichkeit gibt es nicht. Wir sind alle unausgewogen. Aber es gibt so etwas wie ein perfektes Team. Wenn Leiter unfähig sind, offen zu sein und sich verwundbar zu machen, dann können sie in ihrer Arbeit auch nie ihre Stärken voll einsetzen, weil sie niemals ihre Schwächen auf die richtige Weise ausgleichen werden. Der wohlmeinende Pfarrer, der versucht, perfekt zu sein, wird schließlich ungeheure Energien und Ressourcen darauf verwendet haben, sich selbst zu korrigieren und zu kontrollieren, um seine Schwächen auszugleichen. Viele versuchen jedoch ihre Mängel zu ignorieren und hinterlassen in allen Pfarreien, in denen sie gedient haben, einen Scherbenhaufen. Ich war selbst solch ein Pfarrer, bevor ich die Werkzeuge und den Ansatz des „Stärkefinders" (*Strength Finders*) kennengelernt hatte.

Ich habe immer gewusst, dass ich die Fähigkeit habe, hart zu arbeiten, ich übernehme gerne Verantwortung und bin gut darin, neue Initiativen zu starten. Ich wusste auch, dass ich mich auf Ziele konzentrieren und sie auch erreichen kann. Erst nach vielen Kämpfen habe ich dann auf dem Weg zurückgeschaut und entdeckt, dass viele zurückgeblieben waren, oft als Opfer des großen Fortschritts auf das Ziel hin. Die positive Seite dieser Scheuklappen ist, dass man sich voll auf das Ziel konzentriert. Wenn man nicht abschweift, kann man sein Ziel leichter erreichen. Das Problem mit den Scheuklappen ist allerdings, dass man keinen Blick für das Umfeld hat. Immer wieder war ich tief traurig darüber, dass ich völlig unbeabsichtigt sowohl Mitarbeiter als auch Pfarrangehörige durch meine Art zu leiten verletzt habe. Es hat Zeiten gegeben, da sind die Menschen um mich herum buchstäblich untergegangen und ich habe das wirklich nicht wahrgenommen. Ich weiß jetzt, dass ich Menschen um mich brauche, die sehr feinfühlig sind, die sehen können, was ich manchmal nicht sehe, und die mich in diesem Bereich unterstützen.

In den letzten Jahren habe ich gelernt, dass ich zwar sehr gut bin, wenn es darum geht, andere zu beeinflussen, aber eher schwach, das Potential anderer zu entwickeln und sie dabei zu begleiten. Nach acht Jahren im Priesterdienst habe ich jede individuelle geistliche Begleitung aufgegeben. Das war definitiv nicht eine meiner Stärken und ich wurde buchstäblich von jeder Person, die mich gebeten hatte, sie geistlich zu begleiten, aufgekündigt. In dieser Art der Leitung bin ich einfach nicht gut und ich bin draufgekommen, dass ich andere in meinem Team brauche, die das können. Jetzt bringe ich immer, wenn irgendwelche Mitarbeiter gecoacht werden müssen, diese mit den Leuten aus dem Team zusammen, die das gut können. Was für eine Erleichterung, dass ich meine Schwäche in diesem Bereich innerhalb meines Teams offengelegt habe. Was für eine Erleichterung für sie, dass diese spezielle Ausübung der Leitung durch mich nicht ein Ausdruck meines Desinteresses oder meiner willentlichen Vernachlässigung ist.

Jeder Leiter kann aus dieser Art von Selbsterkenntnis und der Verletzlichkeit gegenüber denen, die er führt, profitieren. „Bitte helft mir, ich kann das nicht allein“ – das drücken wir durch unsere Verwundbarkeit aus. Die Tage des einsamen Helden-Priesters als Ausbund von Stärke sind längst vorbei. Der Do-it-yourself-Priester wird es nie schaffen, seine Gemeinde von der Selbsterhaltung zur Mission zu führen. Egal wie klein eine Pfarrei oder ein Dienst ist, jeder Leiter muss sein Team aufbauen. Die wichtigsten Teammitglieder in jeder Pfarrei müssen pastorale Mitarbeiter oder Hauptverantwortliche, Pfarrgemeinderäte und kompetente Gläubige mit nachweislichen Führungsqualitäten sein. Solange der Pfarrer nicht bereit ist, seinem Team gegenüber zu seinen Schwächen zu stehen, wird es nicht gut zusammengestellt sein und wird auch nicht gut funktionieren. Ein Leiter ohne Leitungsteam, dem gegenüber er verantwortlich, transparent und verletzlich ist, ist ein Dummkopf und die Katastrophe vorprogrammiert.

Verwundbarkeit ist nicht nur grundlegend wichtig zwischen einem Leiter und denen, die er leitet, sondern auch unter Leitern selbst. Wir brauchen das nicht nur, um unsere eigenen Dienste zu verbessern, sondern auch, weil wir Vorreiter sind für die Art und Weise, wie wir unsere Gemeinden verändern wollen. Ich habe vom Wert der tiefgehenden Gemeinschaft gesprochen – davon, Vertrauen und Beziehungen innerhalb unserer Pfarreien aufzubauen. Ich habe bezeugt, welch verwandelnde Kraft es hatte, als Pfarreimitglieder für- und miteinander gebetet haben, und wie ihre Verletzlichkeit dazu geführt hat, dass sie einander innerhalb der Gemeinde nun besser annehmen und mehr füreinander sorgen. Eine entsprechende Entwicklung muss auch auf unserer Führungsebene stattfinden und vor allem unter Priestern.

Leider ist gerade die Verwundbarkeit bei vielen Treffen von Priestern und Ordensleuten das, was man am wenigsten erlebt. Wetteifer, Neid, Verdächtigungen aufgrund theologischer Unterschiede, Geschwätz und Angst verhindern, dass Priester untereinander Schwächen zugeben. Wenn es um das gemeinsame Beten geht, dann ist ein gemeinsames Stundengebet leicht möglich, aber vorzuschlagen, dass eine Gruppe von Priestern offen und ehrlich über ihre Schwierigkeiten spricht, einander die Hände auflegt und spontan füreinander betet, würde dazu führen, dass viele sofort flüchten würden. Ich habe schon oft gedacht und auch erlebt, dass es sehr gut möglich ist, einem Mitbruder gegenüber vor und nach dem gemeinsamen Abendgebet Vorbehalte zu haben, aber dass das unmöglich ist, wenn jener gleiche Bruder sich verwundbar macht und ich für ihn frei, ohne Gebetsformel, gebetet habe. Als Priester tun wir uns oft leicht, auf diese Weise mit den uns anvertrauten Menschen umzugehen. Aber es läuft immer auf das ungleiche Machtverhältnis hinaus: Ich trage den Priesterkragen und du nicht. Ich bin ausgebildeter Theologe und kann große Worte machen und du nicht. Ich bin der Priester und du bist es nicht. Das kann Sicherheit geben. Nimm diese Sicherheit weg und es wird sehr spannend.

In vielen meiner Workshops mit Führungskräften habe ich in den letzten Jahren nicht nur über diese Art von geistlicher Praxis gesprochen, sondern ich habe Gruppen dazu angeleitet, das auch zu tun. So schwierig und peinlich das für Laien oft ist, das ist nichts im Vergleich zu dem Grad von Herausgefordertsein und Unwohlsein, den Priester und Ordensleute dabei empfinden. Immer wenn ich diesen Workshop für gemischte Gruppen gehalten habe, beten männliche Laien mit männlichen Laien, weibliche Laien mit weiblichen Laien, Priester mit Priestern und Bischöfe mit Bischöfen (und hin und wieder auch mit einem Kardinal). Wenn das Machtverhältnis ausgeglichen ist, können die Masken wirklich fallen. Diese Art von Verletzlichkeit ist grundlegend für die tiefgehende Gemeinschaft, die unsere Erfahrung von Kirche verändern wird, und sie muss auf der Führungsebene beginnen. Ich hatte einmal bei einem Workshop in der ersten Reihe einen Bischof, der im Vatikan arbeitete. Ich war etwas nervös, wie ich diese Gruppe dazu bringen könnte, es zu tun, aber schließlich kam es doch so weit. Später an jenem Abend sagte er mir, sichtlich gerührt, dass er noch nie in seinem Leben ein solches Gebet mit einem Bruder im Bischofsamt erlebt habe.

Vision

Eine Vision für die Pfarrei entwickeln

Ich habe bereits gesagt, dass es die wichtigste Aufgabe jedes Leiters irgendeiner Organisation ist, eine Vision für das, was sein kann, zu entwickeln und anderen zu vermitteln. Bill Hybels, der Pastor der Willow Creek Gemeinde, hat jahrelang über die unübertragbare Pflicht eines Leiters gesprochen, ein Visionär zu sein. Wenn ein Leiter das nicht kann, so wird er oder sie niemanden und nichts leiten. Hybels definiert Vision als ein „Bild von der Zukunft, das in uns Leidenschaft entfacht". In früheren Jahrzehnten haben Organisationen, darunter auch viele Kirchengemeinden, *mission statements* (Beschreibungen ihrer Ziele) formuliert. Diese manchmal sehr ausführlichen Grundsätze hingen oft eingerahmt an einer Wand und konnten dort – vergessen – mit einer Kultur des Erhaltens gut koexistieren. Solche ausformulierten Leitsätze waren oft auf das ausgerichtet, was getan werden sollte, anstatt auf das, was das Ziel ist. Echte Mission bedeutet immer Bewegung auf ein Ziel zu und nicht nur, was getan werden sollte. Ehe wir solche Leitsätze, was wir zu tun haben, ordentlich einrahmen können, müssen wir wissen, wohin wir gehen. Vor einigen Jahren ging ich mit dem Navigationssystem in London zu einer bestimmten Adresse. Ich fand diese auf meinem iPhone-Stadtplan und ging den idealen Weg mit Hilfe einer genialen Abkürzung. Das einzige Problem war, dass ich die falsche Adresse hatte.

Vision ist doch ein bisschen etwas anderes als das, was wir tun wollen, und hat mehr damit zu tun, von was wir träumen zu sein. Jeder Leiter muss nicht nur stets seine Träume vor Augen haben, sondern für sie brennen. Diese persönliche Vision hat ihren Ausgangspunkt oft in einer tiefen Unzufriedenheit, der Überzeugung, dass die Dinge nicht so sein müssten, wie sie sind, dass sie besser sein könnten. Und wir können nur dann überzeugt sein, dass sie besser sein könnten, wenn wir das gesehen haben. Wenn Vision heißt, über den Tellerrand hinauszuschauen, dann wird sie nur Gestalt annehmen, wenn wir auch wirklich den Blick darüber hinaus werfen und dann auch aus unserer kleinen Welt herausgestiegen sind.

Aus unserer kleinen Welt heraussteigen

2005 reiste ich nach London, um an der jährlichen Internationalen Alpha-Konferenz in der Gemeinde Holy Trinity Brompton (HTB) teilzunehmen. Ich hatte mich entschlossen am Sonntagabendgottesdienst teilzunehmen, weil Pater Raniero Cantalamessa, der Prediger des Päpstlichen Hauses, dort predigen sollte. Auf dem Weg zur Kirche kam ich beim wunderschönen im Stil italienischer Renaissance erbauten Brompton Oratory vorbei, um schließlich diese vergleichsweise kleine anglikanische Kirche, die sich dahinter befindet, zu erreichen. Als ich um die Ecke bog, blieb ich abrupt stehen. Mein erstes Gefühl war vollkommene Verwirrung und Verlegenheit. Ich musste irgendwie falsch gegangen sein. Vor meinen Augen stand eine ca. 300 m lange Schlange von Leuten um die zwanzig, die darauf warteten, in die Kirche eingelassen zu werden. Aber ich stellte fest, dass ich doch am richtigen Ort war. Um 18 Uhr öffneten sich die Kirchentüren und Hunderte im gleichen Alter strömten aus der Kirche heraus. Sie waren im vorherigen Gottesdienst gewesen und machten nun der nächsten Menge Platz. So etwas hatte ich noch nie zuvor gesehen. Tausende junger Leute, die sich nach dem Evangelium sehnten, standen im säkularen London Schlange, um einen Prediger zu hören. Das ist allerdings ein wöchentliches Phänomen der Holy Trinity Gemeinde, wo am Wochenende elf Gottesdienste in vier Kirchen gefeiert werden.

Erst kurz davor im gleichen Jahr war ich zum Pfarrer einer zweiten Kirchengemeinde in Halifax ernannt worden. Ich hatte den Auftrag, die beiden Gemeinden zu einer zusammenzuführen, und war anfangs der Überzeugung, dass es keine andere Möglichkeit gab, als die zweite kleinere Kirche zu schließen und alle in den größeren und älteren Räumlichkeiten zu versammeln. Das Geld, das wir durch den Verkauf der zweiten Kirche einnehmen könnten, wollten wir für den Ausbau der ersten Kirche verwenden. Ich wusste, dass der Weg nicht einfach sein würde, aber er war notwendig. Während der Konferenztage traf ich jedoch Hunderte von Katholiken und Nichtkatholiken, die von Evangelisierung begeistert waren. Ich hörte unzählige Zeugnisse über verwandeltes Leben. Ich hörte und sah mit eigenen Augen Veränderung von Gemeinden und Gemeinschaften und ich durfte einen kurzen Blick werfen auf die Herzen so vieler, die dafür brannten, andere zu erretten. Ich sah auch vor allem eine Pfarrei, die genau das tat, was für unmöglich erachtet wurde.

In jenem Jahr wirkte HTB an zwei Standorten, der zweite war knappe zwei Kilometer von der Hauptkirche entfernt. Es war eine einzige Gemeinde an zwei Standorten und sie wuchs immer noch und breitete sich aus. Eines Nachmittags verließ ich eine der Veranstaltungen und saß alleine im Garten, um mich endlich einmal wieder dem Gebet zu widmen. Da war ich plötzlich völlig gebannt von einer Vision für die Zukunft: Ich sah meine eigene Pfarrei, die an zwei Standorten blühte. Der Herr möchte, dass seine Kirche stark und gesund ist. Das ist möglich. Was macht es denn aus, ob eine Pfarrei ein oder zwei Standorte hat, solange sie wächst, sich entwickelt und treu am Auftrag Christi festhält?

Im dritten Kapitel haben wir über die negative Auswirkung von Trauer und Mutlosigkeit gesprochen, die man heutzutage häufig bei Gemeindeleitern sieht. Es ist lebensnotwendig, dass wir als Pfarrgemeinde darüber sprechen und dass wir wieder beginnen zu hoffen. Wie wir schon gesehen haben, ist es zwar notwendig zu klagen, aber unsere Klage muss biblisch sein und deshalb muss sie immer auch der Hoffnung Ausdruck verleihen, einer Hoffnung, die nicht enttäuscht wird. „Aus dem Baumstumpf Isais wächst ein Reis hervor", rief der Prophet Jesaja aus (Jes 11,1). Wie viele hielten ihn für einen kraftlosen Träumer? Aber er hatte eine Zukunftsvision, die ihn leidenschaftlich werden ließ und deren Ursprung die Hoffnung war. Kardinal Bergoglio schrieb in seinen Redenotizen vor dem Konklave, dass „Evangelisierung apostolischen Eifer voraussetzt". Er führte dieses Thema in seinem Schreiben *Evangelii Gaudium* weiter aus:

„Eine der ernsthaftesten Versuchungen, die den Eifer und den Wagemut ersticken, ist das Gefühl der Niederlage, das uns in unzufriedene und ernüchterte Pessimisten mit düsterem Gesicht verwandelt. Niemand kann einen Kampf aufnehmen, wenn er im Voraus nicht voll auf den Sieg vertraut." (EG 85)

Wenn Leiter eifrig und leidenschaftlich für diese Vision arbeiten sollen, dann müssen sie wirklich die Hoffnung haben, dass eine erneuerte missionarische Kirche möglich ist. Ich habe diese Hoffnung. Sie ist wahr. Ich weiß das, weil ich es gesehen habe. Ich habe es gesehen, weil ich aus meiner kleinen Vorstellungswelt herausgestiegen bin.

Kratzen, wo es juckt

Seitdem ich Pfarrer bin, habe ich an Konferenzen und Zusammenkünften innerhalb und außerhalb meiner Diözese teilgenommen. Wenn ich dort großartige Redner sprechen hörte über das, was sie in ihrer Diözese oder Pfarrei tun oder über den Ruf zur Erneuerung, hatte ich am Ende immer zwei starke Reaktionen. Die erste war, dass ich zutiefst neu ergriffen war. Jawohl! Amen! Genauso! Ich war wieder neu entbrannt und erfüllt von Leidenschaft. Gleichzeitig jedoch fühlte ich mich entmutigt und überfordert. Ich wusste, in welche Richtung wir gehen sollten, ich brannte vor Eifer, endlich dorthin aufzubrechen, aber ich wusste nicht, wo ich anfangen sollte. Ich fühlte mich gleichzeitig er- und entmutigt, erregt und frustriert. In einem Moment konnte ich die Zukunft bildlich vor mir sehen und dann verlor ich dieses Bild wieder und sah nur mehr die Hindernisse und Minenfelder, die vor mir lagen.

Ich hörte einmal einen Mitbruder, der diese Dynamik bei einem großartigen Vortrag über Pfarreierneuerung bei einer internationalen Stewardship-Konferenz zugab. Am Anfang seines Workshops sagte er: „Das ist jetzt der Teil, wo ich Ihnen sage, wie fabelhaft meine Pfarrei ist und wie elend die Ihre.“ Es war witzig, wenn auch etwas respektlos, und ehrlich. Er fuhr fort und erzählte uns, wie er sich immer gefühlt hatte, wenn er Vorträge über Pfarreierneuerung gehört hatte. So schwer das auch ist, so ist es doch eine notwendige Erfahrung.

Jeder, der schon einmal an einem Mückenstich gekratzt hat, kennt das gleichzeitige Gefühl von Erleichterung und Frustration. Je mehr man kratzt, desto mehr Erleichterung spürt man. Aber je mehr man kratzt, desto mehr juckt es auch. Vision beginnt mit einem Gefühl von Unzufriedenheit darüber, wie die Dinge sind. Hier geht es nicht darum, den Schuldigen zu finden oder zu kritisieren, es geht um Hoffnung im theologischen Sinn. Die Dinge können besser werden, weil wir den Gott Jesu Christi verehren, den, der von den Toten auferweckt und der Wasserquellen in der Wüste entspringen lässt. Der Schlüssel, um Leidenschaft für unsere Zukunftsvision zu empfinden, ist, dass wir diese Unzufriedenheit spüren müssen und dann kratzen, kratzen und nochmals kratzen, bis wir verrückt werden. Nur wenn wir eine verrückte Leidenschaft für unsere Zukunft besitzen, werden wir eine Vision entwickeln, die andere inspiriert.

Nur allzu oft ignorieren Leiter das Jucken oder versuchen, mit Medikamenten dagegen vorzugehen. Sie versuchen, innerhalb der Gegebenheiten in Frieden zu leben. Auf diese Weise üben sie die Leitungsfunktion, die sie innehaben, nicht aus. Im Johannesevangelium wird erzählt, dass sich die Jünger, nachdem Jesus zu Beginn seines öffentlichen Auftretens die Händler aus dem Tempel vertrieben hatte, an die Worte des Propheten Jeremia erinnern: „Der Eifer für dein Haus verzehrt mich" (Joh 2,17). Im Griechischen heißt es *kataphagetai*, was wörtlich bedeutet: „wird mich auffressen". Frisst Ihr Eifer Sie auf?

Jemand hat einmal gesagt, dass Leiter nicht wach in ihren Betten liegen und darüber nachdenken, was hätte sein können, sondern was sein könnte. Meine Besuche bei Gemeinden wie HTB und andere Konferenzen haben mich viele schlaflose Nächte gekostet. Die Leidenschaft wird aufrechterhalten durch die feste Überzeugung, dass es möglich ist, dass es geschehen kann. Der Herr ist treu und sein Sohn Jesus ist vollkommen und treu. Diese Vision ist lebendig geblieben aufgrund dessen, was ich gesehen habe. Ich habe das als enorm wichtig erlebt. Wir müssen wissen, dass es möglich ist. Wir müssen ständig andere sehen, die es besser machen als wir, denn sonst hören wir auf unzufrieden zu sein und werden selbstzufrieden.

Eine selbstzufriedene Gemeinde ist eine mittelmäßige Gemeinde und wird niemals wirklich missionarisch sein. Im ersten Kapitel habe ich den Kopierer zu einem Vergleich herangezogen. Ein Fotokopierer ist ein wunderbares Gerät, wenn er funktioniert. Er zieht leere Blätter ein, druckt und spuckt sie wieder aus, damit sie ihre Aufgabe erfüllen. Das ist analog zur Aufgabe der Kirche, zu evangelisieren, Jünger heranzubilden und sie als Apostel auszusenden oder – wie Papst Franziskus wiederholt gesagt hat, bevor und auch nachdem er Papst wurde – „missionarische Jünger" auszubilden.

„Jeder Christ ist in dem Maß Missionar, in dem er der Liebe Gottes in Jesus Christus begegnet ist; wir sagen nicht mehr, dass wir Jünger und Missionare sind, sondern immer, dass wir „missionarische Jünger" sind." (EG 120)

Ich habe schon wiederholt über den Eindruck gesprochen, den meine Besuche bei HTB in London auf mich gemacht haben. Das ist eine der wenigen christlichen Mainstream-Gemeinden, die erfolgreich die Fotokopierer-Analogie verkörpern. Dreimal jährlich veranstaltet diese Pfarrei Alpha-Kurse für junge Leute mit einem Durchschnittsalter von 27 Jahren. Jeder Kurs zieht ungefähr 1.000 Leute an. Wenigstens 20% davon werden erfolgreich evangelisiert, zu Jüngern gemacht und in das Leben der Pfarrei eingegliedert oder schließen sich einer anderen Gemeinde an. Mehrmals jährlich sendet HTB Gruppen von 30 bis 40 Pfarreimitgliedern zusammen mit einem geweihten Mitarbeiter aus, um eine kleine, sterbende Gemeinde irgendwo in London zu übernehmen. Innerhalb einiger weniger Monate fangen diese Gemeindepflanzungen an zu wachsen und Früchte zu tragen.

Damit ist man so erfolgreich, dass HTB schon gebeten wurde, auch außerhalb von London in Brighton, Norwich, Lincoln und Kuala Lumpur Gemeinden zu pflanzen.

Im Gegensatz dazu scheinen die Pfarrgemeinden in der katholischen Welt Nordamerikas und Westeuropas wie die der meisten Großkirchen zu schrumpfen und einzugehen. Die Erfahrung in London scheint wie ein Traum, aber was für ein Traum! Holy Trinity Brompton und andere Gemeinden haben bewiesen, dass es tatsächlich möglich ist, unsere Generation mit dem Evangelium zu erreichen. Stellen Sie sich vor, was in der katholischen Kirche los wäre, wenn auch wir daran glauben würden, dass das möglich ist. Schließlich stellt sich uns allen die Frage nach der Vision – ob wir in der Lage sind, leidenschaftlich zu sein. Die Leiter unter uns müssen sich der Tatsache stellen, dass das, was wir leiten, ob das eine Pfarrgemeinde ist, eine Diözese, einen Dienst oder ein Team, mit unserer eigenen Vision beginnt – jenem Bild der Zukunft, das in uns Leidenschaft entfacht.

Charismen

Die Vision beginnt vielleicht mit dem Leiter, aber sie darf sich nicht allein auf sein Denken und sein Herz beschränken. Sie muss anderen auf solch mitreißende Art kommuniziert und mitgeteilt werden, die sie dazu einlädt, sie anzunehmen, sie sich zu eigen zu machen, sie sogar zu verändern und anzupassen. Bevor die Vision anderen mitgeteilt werden kann, müssen die Leiter Klarheit haben über ihre eigene Vision für ihren Dienst. Unsere persönliche Vision wird durch unsere Charismen geformt. Das ist unvermeidlich. Ein Leiter kann nur für das brennen, wofür er selbst Leidenschaft empfindet, und es ist kein Zufall, dass starke Leiter Gemeinden entwickeln, die ihre eigenen innersten Leidenschaften und Überzeugungen widerspiegeln. Die einzige Alternative ist eine leidenschaftslose Mittelmäßigkeit, in der alles wie bisher läuft.

In seinem Brief an die Epheser schreibt der heilige Paulus: „Er gab den einen das Apostelamt, andere setzte er als Propheten ein, andere als Evangelisten, andere als Hirten und Lehrer“ (Eph 4,11). Es ist Aufgabe der Weltkirche, alle Charismen zu verkörpern, aber es ist höchst unwahrscheinlich, dass irgendein Leiter mehr als drei Stärken hat. Die Charismen eines Leiters formen all das, wofür er Leidenschaft empfindet. Der erste Schritt bei der Vermittlung einer Vision an andere ist, dass man seine eigenen Charismen erkennt.

Ein Apostel muss eine Leidenschaft dafür haben, hinauszugehen, um die „Verlorenen“ zu erreichen, um das Evangelium zu verkünden und denen am Rande zu dienen. Der Apostel wird sich nicht mit einer nach innen gerichteten Kirche zufriedengeben. Der Prophet will herausfordernde Reden halten, die vielleicht nicht immer gerne gehört werden. Papst Franziskus hat über dieses Charisma am 16. Mai 2013 in einer Wochentagspredigt gesprochen. Er sagte: „Wir dürfen den Heiligen Geist bitten, uns allen diesen apostolischen Eifer zu geben und die Gnade, ein Ärgernis zu sein, wenn es in der Kirche allzu ruhig ist.“ Der Prophet wird wie Jeremia sein, der versucht hat, seine Zunge im Zaum zu halten, es aber nicht schaffte. „Sagte ich aber: Ich will nicht mehr an ihn denken und nicht mehr in seinem Namen sprechen!, so war es mir, als brenne in meinem Herzen ein Feuer, eingeschlossen in meinem Innern. Ich quälte mich es auszuhalten und konnte nicht“ (Jer 20,9). Ein Evangelist wird getrieben von dem Wunsch, dass die Menschen die rettende Botschaft Jesu hören und darauf antworten. Er oder sie hat eine Leidenschaft für die Erstverkündigung und wird sich dafür einsetzen, dass die Menschen zu einer persönlichen Beziehung mit Jesus finden. Der Hirte ist dagegen nicht so sehr gerufen, Fische zu fangen, sondern Schafe zu hüten, die Leute zur Jüngerschaft und zur Reife zu führen, die Kranken und Sterbenden zu besuchen. Der Lehrer wird sich um eine ordentliche und wirkungsvolle Katechese und religiöse Bildung kümmern. Wir brauchen die Ausübung all dieser Charismen, damit die Kirche gesund ist, aber die Leiter müssen mit einer ehrlichen Überprüfung ihrer jeweils eigenen Leidenschaften beginnen, denn davon wird ihre Vision bestimmt, ob sie das wollen oder nicht.

Aufschreiben

Der nächste Schritt ist, dass man jene Zukunftsvision klar bestimmt, die uns am meisten innerlich bewegt. Ob es nun Pfarrer, Mitarbeiter, Leiter oder Pfarreimitglieder sind, denen unsere Gemeinde am Herzen liegt, wir alle sollten uns die Zeit nehmen und auf einer Seite aufschreiben, wie wir die Zukunft unserer Diözese, Pfarrei oder unseres Dienstes sehen und was uns dabei am meisten bewegt. Lassen Sie sich dabei nicht von den Hindernissen und Herausforderungen ablenken, schreiben Sie einfach einmal Ihren Traum auf. Wenn Sie sich dafür inspirieren lassen wollen, dann schauen Sie sich eine der bewegendsten und bemerkenswertesten Reden über eine Vision an, die je geschrieben wurde: Martin Luther Kings einzigartige Rede und seine bezeichnende und häufig wiederholte Erklärung „Ich habe einen Traum“. Vielleicht hatte Papst Franziskus diese Rede im Sinn, als er seine Vision für die Kirche in *Evangelii Gaudium* aufschrieb:

„Ich träume von einer missionarischen Entscheidung, die fähig ist, alles zu verwandeln, damit die Gewohnheiten, die Stile, die Zeitpläne, der Sprachgebrauch und jede kirchliche Struktur ein Kanal werden, der mehr der Evangelisierung der heutigen Welt als der Selbstbewahrung dient.“ (EG 27)

Ich liebe diese Aussage, denn hier haben wir wirklich eine Zukunftsvision, die offensichtlich im Herzen von Papst Franziskus brennt, und es geht ganz und gar um die Rückbesinnung und Wiedergewinnung unserer missionarischen Identität als Weltkirche. Im nächsten Absatz beschreibt er seine Vision davon, was jede Pfarrgemeinde werden sollte:

„Sie ist eine Gemeinde der Gemeinschaft, ein Heiligtum, wo die Durstigen zum Trinken kommen, um ihren Weg fortzusetzen, und ein Zentrum ständiger missionarischer Aussendung.“ (EG 28)

Wenn Sie dann Ihre Vision niedergeschrieben haben, dann schreiben Sie noch Ihre ganz persönliche Rollenbeschreibung, die Ihren eigenen Dienst definiert. Ich habe das vor einigen Jahren so gemacht – und es war unglaublich hilfreich. Nachdem ich auf zwei Seiten meine überzeugende Vision über die Zukunft meiner Pfarrei aufgeschrieben hatte, konnte ich meine persönliche Rollenbeschreibung auf folgenden Satz reduzieren: „Ich möchte ein Katalysator für die Erneuerung meiner Pfarrei und der Kirche (allgemein) sein.“

In einem nächsten Schritt sollte der Leiter dieses Zukunftsbild mit seinem Leitungsstab teilen. Es ist die Rolle des Leiters, der erste Entwickler der Vision zu sein, aber der Heilige Geist wirkt in den Herzen des ganzen Volkes. Die Vision des Leiters sollte den Pfarreimitarbeitern, dem Pfarrgemeinderat, jedem Leiter innerhalb der Pfarrgemeinde, gleich welche Rolle oder Amt dieser innehat, also jedem mitgeteilt werden, der Einfluss hat. Hören Sie zu, diskutieren Sie, bitten Sie um Feedback und feilen Sie an der Vision. Wenn diese Schritte erfolgt sind, dann sollte die Pfarrei diese Zukunftsvision nehmen und damit beginnen, eine offizielle Visions-Erklärung auszuarbeiten. Dieser ganze Prozess, von der eigenen Formulierung einer Vision bis zur offiziellen Erklärung durch die Pfarrei, hat in St. Benedict ca. zweieinhalb Jahre gedauert. Hier ist die Formulierung unserer Vision:

Die Pfarrei St. Benedict ist eine gesunde und wachsende Glaubensgemeinschaft, die die Menschen zu Christus führt und Jünger ausbildet und aussendet, um die Welt zu verändern. Jedes Mitglied verpflichtet sich zu Anbetung, Wachstum, Dienst, Gemeinschaft und Freigiebigkeit.

Diese Erklärung sagt nichts darüber aus, wer wir sind, aber sie macht deutlich, wohin wir gehen. Sie ist eine Beschreibung der Zukunft und sie vermittelt mir und meinem Leitungsteam immer wieder neue Leidenschaft. Ich erkenne in dieser Erklärung ein Echo meiner Charismen, aber sie schaut ganz anders aus und klingt auch ganz anders als das, was ich alleine zustande gebracht hätte. Sie dient dazu, uns daran zu erinnern, wohin wir gehen.

Die Vision mit anderen teilen

Wie viele auch immer im Prozess zur Ausformulierung der Vision für die Pfarrei eingebunden sind, der Pfarrer muss die Vision irgendwann der gesamten Pfarrei vorstellen, es sei denn, es ist nur eine sehr kleine Gemeinde, der er vorsteht. Eigentlich sollte es inzwischen klar sein, dass die Vision für eine Pfarrei nicht das Ergebnis eines demokratischen Prozesses ist, sondern eher eines Prozesses, in welchem viele zusammen beraten und arbeiten und den der Pfarrer leitet. Viele Pfarreien sind sehr eingeschränkt, wenn der Vorsteher nicht leitet, denn eine Vision zu entwickeln ist eine der Schlüsselaufgaben eines Leiters. Wenn die Vision sehr breit angelegt und eher vage ist, dann ist sie wahrscheinlich auch wenig begeisternd und nicht aussagekräftig. Wenn es mehr als eine Vision gibt, dann wird es zwei Visionen oder eine Division, das heißt eine Spaltung in der Pfarrei geben. Wenn schließlich die Visions-Erklärung feststeht, dann muss die Leitung der Pfarrgemeinde langfristig und unermüdlich alles daran setzen, diese Vision allen ihren Mitgliedern mitzuteilen und sie aufzufordern, diese anzunehmen und sich zu eigen zu machen. Das braucht Zeit, es gibt dafür keine Abkürzungen.

Man sagt, die meisten Pfarrer überschätzen, was in einem Jahr, und sie unterschätzen, was in fünf Jahren erreicht werden kann. Die Entwicklung einer Vision braucht Jahre und ihre Annahme durch Pfarreimitglieder kann noch länger dauern.

Deshalb ist eine langfristige Leitung für einen andauernden Transformationsprozess unserer Gemeinden unabdingbar. Im fünften Kapitel habe ich über die drei Kategorien von Pfarreimitgliedern nach Gallup (*ME 25*-Umfrage) gesprochen. Engagierte Pfarreimitglieder sind die, die sich die Vision zu eigen gemacht haben. Bei Gallup ist eine Organisation dann gesund, wenn das Verhältnis zwischen engagierten und nichtengagierten Mitgliedern 4:1 ist. Wenn das der Realität entspricht, dann wächst die Gemeinde und identifiziert sich vollständig mit dem Weg, den die Pfarrgemeinde eingeschlagen hat. Gallup sagt, dass sich die Anzahl der engagierten Gläubigen bei ungefähr 55% einpendelt beziehungsweise ab dann sinkt und nur selten über 60% erreicht. Sogar die gesündeste Pfarrei wird einen gewissen Prozentsatz von „Neinsagern" haben, ungefähr 10% – und ungefähr 30%, die weder der einen noch der anderen Gruppe angehören. Dieser Weg der Annahme einer Vision braucht Zeit. Es ist nicht damit getan, dass man die Erklärung in einen Schaukasten hängt oder im Pfarrbrief und auf der Internetseite veröffentlicht.

Der inzwischen verstorbene Pastor John Wimber von der Vineyard-Bewegung hat immer wieder gesagt, dass der Pastor, das Schild an den Bus hängen muss. Das heißt, dass wir ständig verkünden müssen, wohin die Reise geht, und zwar auf eine Weise, die es den Leuten erlaubt, sich zu entscheiden, ob sie im Bus sitzen bleiben, ob sie einsteigen oder aussteigen möchten. Wenn man auf einen Bus oder eine U-Bahn wartet, dann schaut man als Erstes auf das Schild vorne drauf, das anzeigt, wohin die Fahrt geht. Das Schild aufhängen ist ein lebensnotwendiger und berechtigter Auftrag, wenn man eine Pfarrgemeinde oder einen Dienst von bloßer Bestandserhaltung zur Mission führen will.

Die Kirche Gottes ist missionarisch. Sie ist ein Bus, der den Zweck hat, sich fortzubewegen. Jahrhundertelang sind die örtlichen „Busse" jedoch auf dem Parkplatz stehengeblieben.

Sie wurden erhalten und dekoriert. Die Menschen kommen zusammen, um einmal pro Woche eine Stunde lang darin zu sitzen und einige kommen auch unter der Woche vorbei, aber die meisten dieser Busse sind noch nie gefahren. Wenn ein Pfarrer den Motor startet und ruft: „Alle einsteigen!“, dann müssen die, die diese Einladung erhalten, auch erfahren, wohin der Bus fährt, damit sie entscheiden können, ob sie an Bord bleiben wollen. Diese Mitteilung besteht nicht einfach aus einer öffentlichen Bekanntmachung, sondern ist ein Prozess, in dessen Verlauf die Menschen inspiriert und mitgenommen werden, um Teil von etwas Großartigem zu werden. Im Folgenden mache ich ein paar konkrete Vorschläge, wie eine Vision erfolgreich kommuniziert werden kann. Ich spreche über die ganze Pfarrgemeinde, aber ich lade Sie ein, diese Ideen auch auf Ihre Dienstbereiche zu übertragen.

Investieren Sie in Schlüsselpersonen

Schlüsselpersonen in Ihrer Pfarrgemeinde sind weitere Leiter, Menschen mit Einfluss. Das Wort Einfluss kommt vom lateinischen *influere*, von dem auch das Wort *Influenza* (Grippe) stammt. Wörtlich bedeutet es: in etwas hineinfließen. Einfluss kann positiv oder negativ sein. Der Pfarrer muss die Einflussnehmenden in seiner Pfarrei identifizieren und in sie investieren. Er kann nicht nur unter den Menschen auswählen, die mit ihm einer Meinung sind, die ihn mögen und die er auch mag.

Es gibt unter den Mitarbeitern und Dienstleitern offensichtliche Schlüsselpersonen mit Einfluss, aber solche Menschen wird es auch hinter den Kulissen geben, ohne formale Position, zum Beispiel Mitglieder der Frauengemeinschaft oder die Person, die viel Zeit bei der eucharistischen Anbetung verbringt. Halten sie Ihre Augen immer für Menschen mit Einfluss offen und beeinflussen Sie sie, so dass sie andere beeinflussen können.

Ein Pfarrer muss Platz lassen in seinem Terminplan, damit er die Menschen treffen kann, die er gerne sprechen will. Von jenen, die mich gerne sprechen möchten, haben 99% ihre eigenen Anliegen. Normalerweise wollen sie, dass ich etwas für sie tue. Wenn der Pfarrer jede Stunde in seinem Kalender mit den Anliegen anderer füllt, wird er nie zu den Plänen der Pfarrei kommen. Damit kämpfe ich immer noch sehr, aber dieser Kampf ist notwendig. Nehmen Sie sich Zeit für einen Kaffee mit dem ‚Hauptbeeinflusser'. Seien Sie ehrlich und seien Sie realistisch. Teilen Sie ihm Ihre Träume und Ihre Leidenschaft mit. Lassen Sie die Person, in die Sie investieren, wissen, dass Sie ihn oder sie als Schlüsselfigur mit Einfluss in der Pfarrei betrachten. Sprechen Sie über Ihre Vision und bitten Sie sie, Ihnen ihre Meinung dazu zu sagen, wenn das nicht bereits geschehen ist. Bitten Sie diese Person um Hilfe bei der Umsetzung der Vision und seien Sie konkret.

Predigen

Ich erinnere mich, dass ich mich einmal bei dem Satz erwischte: „Aber darüber habe ich doch letztes Jahr in einer Predigt gesprochen!" Es ist dumm von uns Predigern, zu meinen, dass die meisten Gläubigen sich an irgendetwas erinnern, was wir zwei Wochen zuvor oder gar ein Jahr vorher gesagt haben. In Wirklichkeit ist es so, dass wir immer wieder über die Vision sprechen müssen, wenn wir wollen, dass die Zielaufschrift auf unserem Bus klar erkannt wird. In den vergangenen drei Jahren habe ich mich verpflichtet, alle drei Wochen bei allen Sonntagsmessen auf die eine oder andere Art über die Vision zu predigen. Ich bin überzeugt, dass das notwendig ist. Der Sonntag ist die einzige Möglichkeit, zur gesamten Gemeinde sprechen zu können. Wenn eine Pfarrei eine Messeinteilung hat, die es dem Pfarrer unmöglich macht, die Gläubigen bei jeder Messe anzusprechen, dann stellt das ein ernstes Hindernis bei der Vermittlung der Vision dar.

Wenn eine Pfarrgemeinde wirklich missionarisch wird und sich erneuert, dann wird es dort zu ständiger Veränderung kommen. Dieser Veränderungsprozess muss immer im Licht der Vision erklärt werden. Wenn wir die Veränderung erklären, dann sollten wir zunächst an der Unzufriedenheit unserer Gemeindemitglieder kratzen. Eine einfache Art dies zu tun, ist, ihnen Fragen zu stellen über Familienangehörige, die nicht mehr in die Kirche gehen oder ihren Glauben verloren haben. Fragen Sie, warum die jungen Leute nicht mehr in die Kirche gehen. Fragen Sie nach der Armut und Einsamkeit im Leben der Menschen. Fragen Sie, ob sie darüber betroffen sind, dass so viele Pfarreimitglieder nicht die Fürsorge erfahren, die sie benötigen. Finden Sie heraus, warum die Leute unzufrieden sind und kratzen Sie!

Weisen Sie darauf hin, dass die momentane Situation untragbar ist, weil unsere Gesellschaft sich so sehr verändert hat. Passen Sie auf, dass Sie dabei nicht jene verantwortlich machen, die vor uns da waren, oder jene, die ihr Bestes geben. Machen Sie besser die veränderten Bedingungen und unser Vertrauen auf alte Modelle dafür verantwortlich. Jene, die am meisten brennen, werden aufhorchen. Ich habe kürzlich gemerkt, dass ich sogar aufpassen muss, wenn ich zu priesterlichen Mitbrüdern spreche, denn meine Leidenschaft wird manchmal als implizite Verurteilung von ihnen oder ihrem Dienst verstanden. So kann man keine Brücken bauen und die Menschen nicht gewinnen. Stattdessen sollten wir, wenn wir über Veränderung sprechen, deutlich erklären, dass die alte Art und Weise, Dinge zu tun, nicht mehr funktioniert, vor allem wegen des kulturellen Wandels, der in den letzten fünfzig Jahren stattgefunden hat.

An einem Wochenende wollte ich über die Seelsorge für junge Menschen in der Kirche predigen, denn unser Pfarrgemeinderat und unser Finanzausschuss hatten gerade der Einstellung einer Vollzeitkraft für die Jugendpastoral zugestimmt. So jemanden hatte es in unserer Pfarrei vorher noch nie gegeben. An einer bestimmten Stelle während der Predigt rief ich zehn zufällig ausgewählte Jugendliche auf und stellte sie vor die Gemeinde. Sie stellten jene 20% der getauften Kinder dar, dic in die Kirche gehen. Um die Verlustrate unter unseren Jugendlichen durch die verschiedenen Stufen von Erstkommunion, Firmung und Universität zu verdeutlichen, bat ich jeweils einige von ihnen, wieder zu ihren Eltern zurückzukehren, bis „nach dem Studium" nur noch ein Jugendlicher übrig blieb, der noch in der Kirche war. Die Leute waren entsetzt, aber es machte ihnen eine schwierige Wirklichkeit deutlich: Wenn wir nicht ganz zielgerichtet in die Heranbildung von Jüngern unter unseren Jugendlichen investieren, dann verlieren wir sie vielleicht alle. Das hat tatsächlich geholfen, Unterstützung für die neue Stelle eines Jugendreferenten zu bekommen.

Wenn wir über bevorstehende Veränderungen sprechen, dann ist es nicht genug, nur über das zu sprechen, was wir tun und warum wir es tun. Es ist immer notwendig, es mit der formulierten Vision in Zusammenhang zu bringen und die Pfarreiangehörigen zu bitten, den Traum mitzuträumen. Eine Vision wird dann vermittelt, wenn die Vorstellungskraft der Menschen angesprochen wird. Wenn ich über Vision spreche, dann sage ich am liebsten: „Stellen Sie sich vor, dass ..." Stellen Sie sich vor, dass wir eine Pfarrgemeinde sind, in der sich jeder angenommen und geliebt weiß. Stellen Sie sich vor, wir sind eine Pfarrgemeinde, in der alle Mitglieder ihre Gaben und Talente im Dienst der Pfarrgemeinde einbringen. Stellen Sie sich vor, wie unsere Gemeinde und unsere Stadt sich verändern würden. Stellen Sie sich vor, alle Pfarreimitglieder würden großzügig spenden: Stellen Sie sich einfach einmal vor, wie viel Gutes man im Namen Jesu tun könnte. Stellen Sie sich vor, was wir tun können, wenn wir an einem Strang ziehen. Im Jahr 2013 hat unsere Pfarrei 38.500 Dollar für Rettungsmaßnahmen nach den verheerenden Folgen des Taifuns Haiyan auf den Philippinen gespendet. In solchen Momenten ist es keine Frage der Vorstellung mehr, sondern es geht einfach darum, darauf hinzuweisen und zu sagen: „Schaut, was wir tun können!“

Lehren

Es geht nichts über die Wiederholung. Das ist nicht nur in Sonntagspredigten notwendig, sondern bei jeder Versammlung der Leiter der Pfarrgemeinde. Meine eigenen Mitarbeiter haben mich das gelehrt. Denn ich selbst gehe allzu oft davon aus, dass nur, weil ich schon vor einigen Monaten versucht habe, über die Vision zu sprechen, jeder immer noch darauf konzentriert und dazu motiviert ist. Das gilt besonders dann, wenn ein großer Teil der Mitarbeiter früher einem anderen Leiter unterstanden und vielleicht innerhalb einer anderen Pfarrkultur gearbeitet hat. Die Visionserklärung sollte im Mittelpunkt aller Arbeits- und Besinnungstage für Mitarbeiter, Pfarrgemeinderäte und Dienstleiter stehen. In St. Benedict haben wir diese Notwendigkeit klar erkannt. Wir nehmen uns bei unseren Leitungskonferenzen der Pfarrei Zeit, um über die formulierte Vision für die Pfarrei nachzudenken und darauf Reaktionen und Fragen zu erhalten, wie bestimmte Dienste noch besser mit dieser Zukunftsvision in Einklang gebracht werden können. Wie einmal jemand gesagt hat: „Das Wichtigste ist, die Hauptsache Hauptsache sein zu lassen.“

Strategie

Jemand anderer hat einmal gesagt: „Vision ohne Strategie ist einfach Halluzination.“ Vision ist für den Umgestaltungsprozess unabdingbar. Sie schafft einen Wunsch und eine Begeisterung für den notwendigen Weg, aber wie bei jeder Reise, wenn man beschlossen hat, wohin es gehen soll, muss man entscheiden, wie man dorthin kommt. Das ist Strategie – ein Wort, das vom Griechischen *strategikos* kommt, dessen Wurzel *strateia*, Krieg, bedeutet. Das erinnert uns daran, dass es im Wesentlichen um einen Kampf geht, wenn die Vision durch konkrete Planung der Realität nähergebracht werden soll. Es ist ein Kampf gegen die menschliche Tendenz, am Status quo hängen zu bleiben und dem Wandel zu widerstehen. Es ist ein Kampf gegen viele Hürden und Herausforderungen, die der Erreichung unseres Ziels im Wege stehen. Im geistlichen Bereich dürfen wir nie die Mächte und Gewalten vergessen, gegen die wir ständig zu kämpfen haben (Eph 6,10-16). Es gibt einen Feind, und der ist oft sehr froh über eine Gemeinde, die in ihre Selbsterhaltung verstrickt ist. Wenn der Feind etwas hasst, dann ist es eine Gemeinde, die ihren Motor in der festen Überzeugung durchstartet, zum Ziel zu gelangen.

Strategisch mit der Strategie vorgehen

Als ich in St. Benedict anfing, hatte ich eine starke Vision und eine ausreichende Anfangsstrategie, um den Wandel der Kultur der Pfarrgemeinde einzuleiten. Ich bin gut darin, Dinge in Gang zu bringen, das war also nie ein Problem. Das Problem begann nach zwei Jahren, als die Anfangsstrategie begonnen hatte, Früchte zu tragen und die Pfarrei sich veränderte. Plötzlich gab es eine Reihe von neuen Herausforderungen. Die größte von allen war die, dass ich plötzlich nicht mehr wusste, was ich als Nächstes tun sollte. Ich war noch nie so weit vom Ufer entfernt gewesen; und was bisher galt, funktionierte nun nicht mehr so gut.

Unsere Aktivitäten hatten sich verdoppelt, unser Gebäude war überlastet, die Anzahl an Jüngern wuchs und stellte neue Anforderungen an die Seelsorge. Die Mitarbeiter fingen an, die Belastung zu spüren. Ich war zu oft wegen meiner anderen Verantwortlichkeiten und Initiativen unterwegs und nahm an, dass alles in Ordnung sei, solange ich nichts Gegenteiliges hörte. Aber dem war nicht so. Meine Anfangsstrategie war, in Alpha, Kontakt-Gruppen und Stewardship zu investieren und die Gallup-Instrumente zu verwenden, um zu bewerten, wie es uns ging. Ich versuchte innerhalb der Pfarrei eine Jüngerschafts- und Evangelisierungskultur aufzubauen, und das begann zu greifen. Normalerweise warf ich jede gute Idee und manche nicht so guten Ideen an die Wand und schaute, ob sie dort hängen blieben. Wenn das der Fall war, dann übernahmen wir sie. Das Pfarreileben verlief nach dem Motto: Je mehr, desto besser.

So wunderbar das auch war, zumindest für mich, so klar war es aber auch, dass wir, wenn wir weiterhin lauter neue Feuer entzündeten, schließlich das Haus abfackeln würden. Wir brauchten eine neue Strategie. Immer deutlicher wurde auch, dass unsere derzeitigen Leitungsstrukturen keine strategischere Planung zuließen. Wir mussten also beginnen, strategischer bei unserer Strategie vorzugehen.

Mein erstes Problem war, das Gefühl zu haben, dass unser Pfarrgemeinderat nicht so funktionierte, wie er sollte. Obwohl er aufgehört hatte wie ein Führungskomitee zu agieren, mit Mitgliedern, die ihre Wählergruppen vertraten, oder Dienstleiter, die über ihre Aktivitäten berichteten, war er noch lange nicht so produktiv, wie er hätte sein können. Man hatte oft das Gefühl, dass wir beim monatlichen Treffen nur zusammenkamen, um sagen zu können, dass wir uns getroffen hatten. Ich erschien dann nach einem vollen Tag in der Pfarrei, fühlte mich erschöpft und hatte nur noch Reste anzubieten. Unser Treffen dauerte nur zwei Stunden einschließlich der Gebetszeit und wir hatten kaum jemals genug Zeit, um irgendein Thema wirklich zu vertiefen. Ich sprach dann über die Vision, das große Bild, präsentierte ein paar Ideen und bat um Feedback. So ernsthaft die Pfarrgemeinderäte auch waren, man hatte das Gefühl, als ob dieses Gremium nur dazu da war, zu bestätigen, dass ich nicht vollkommen verrückt war.

Das Problem lag darin, dass der Graben immer größer wurde – zwischen dieser wunderbaren Gruppe von Menschen, die sich eifrig bemühten zu dienen, und der Tatsache, dass die Leute an den

Schlüsselpositionen, die eine Strategie entwickelten, Dienstteams leiteten und sogar selbst begonnen hatten, Leitungsteams zu leiten, die hauptamtlichen Mitarbeiter waren und nicht mit am Tisch saßen. Wenn der Zweck des Pfarrgemeinderats darin bestand, den Pfarrer in Bezug auf das Gesamtbild der Pfarrpastoral zu beraten, dann gehörten diese Schlüsselpersonen mit an den Tisch. Zu der Zeit las ich gerade einen Artikel des presbyterianischen Pastors Dr. Timothy Keller mit dem Titel: „Leitung und die Dynamik der Gemeindegröße: Wie sich die Strategie mit dem Wachstum ändert". Das war für mich die Erleuchtung, denn es machte eine Dynamik deutlich, die ich zwar gespürt hatte, aber die ich bis dahin nicht auf den Punkt bringen konnte. Diese Dynamik wird in katholischen Kreisen fast nie diskutiert – die Tatsache, dass unterschiedlich große Gemeinden oder Pfarreien auch sehr unterschiedliche Kulturen haben und unterschiedliche Dienst- und Leitungs-Modelle und Leitungsstile und diese brauchen, um richtig zu funktionieren.

Ich hatte eine Pfarrgemeinde geerbt, in der zwei kleinere mit einer mittelgroßen zu einer großen verschmolzen wurden. Wir hatten immer das Trauma, das durch diese plötzliche Veränderung in den Gläubigen verursacht worden war, klar benannt. Es betraf nicht nur Örtlichkeit und die Leitung, sondern auch die Größe. Obwohl ich einige zusätzliche Mitarbeiter eingestellt hatte, versuchten wir im Wesentlichen den Betrieb der Pfarrei mit den vorhandenen Mitarbeitern, Leitungsstrukturen und Erwartungen aufrechtzuerhalten, genau wie vorher.

Kellers Artikel ist frei verfügbar und kann leicht im Internet gefunden werden. Ich kann dieses Papier gar nicht genug jedem empfehlen, der an der Zukunft seiner Pfarrei interessiert ist. Der Artikel wurde aus einer evangelikal-protestantischen Sicht geschrieben, aber mit Ausnahme einiger Begriffe und seiner Beschreibung, wie kleine Gemeindegremien funktionieren, können alle Erkenntnisse auch auf den katholischen Kontext übertragen werden. Diese Erkenntnisse sind für viele katholische Diözesen lebensnotwendig, wenn es darum geht, Diözesen zu restrukturieren und Pfarreien zu schließen, als Verband zusammenzulegen oder miteinander zu verschmelzen – jedoch nie die Notwendigkeit zu sehen, den Leitungsstil, die Art der Ausübung der Dienste und die Konzeption dahinter zu verändern und an die Größe und Kultur der neuen Gemeinden anzupassen.

Hier gebe ich Ihnen eine Übersicht über seine wichtigsten Punkte:

A. Gemeindegröße

Keller nennt fünf verschiedene Kategorien:

1. Hausgemeinde (bis zu 40 Mitglieder)
2. Kleine Gemeinde (40 bis 200 Mitglieder)
3. Mittelgroße Gemeinde (200 bis 450 Mitglieder)
4. Große Gemeinde (400 bis 800 Mitglieder)
5. Sehr große Gemeinde (über 800 Mitglieder)

Wir sehen, dass die durchschnittliche evangelikale kleine Gemeinde in der Größe sehr verschieden ist von der durchschnittlichen kleinen katholischen Pfarrgemeinde. St. Benedict war tatsächlich eine Verschmelzung zweier großer Pfarreien mit einer sehr großen, um eine neue sehr, sehr große Pfarrei oder Mega-Gemeinde zu schaffen. Die Ironie dabei war, dass die Leitungsstruktur immer noch die einer mittelgroßen Gemeinde (nach Kellers Definition) war. Kein Wunder also, dass wir trotz aller Bemühungen nicht strategisch arbeiten konnten.

B. Die aus der Größe resultierende Dynamik

Keller weist darauf hin, dass eine Größenverschiebung von einer kleineren zu einer großen Gemeinde folgende Erfahrungen nach sich zieht:

1. verstärkte Komplexität,
2. eine Verschiebung von Verantwortlichkeiten von Laien auf angestellte Mitarbeiter,
3. die Notwendigkeit, zielorientierter bei der Integration neuer Mitglieder vorzugehen,
4. klarer in der Kommunikation zu sein,
5. mehr Augenmerk auf die Qualität sämtlicher Aktivitäten zu legen,
6. die Offenheit für den Wandel zu verstärken und
7. die sich wandelnde Rolle der Pastoren.

Diese Realitäten machen folgende Veränderungen notwendig, wenn die Pfarreien gesund bleiben und nicht ersticken wollen:

- Kleinere Entscheidungsgremien: In kleineren Gemeinden werden Entscheidungen von Vielen getroffen und der Dienst wird je nach Gemeindegröße von Wenigen ausgeübt. In größeren Pfarreien müssen Entscheidungen von entsprechend weniger Menschen getroffen und die mit dem Amt zusammenhängenden Aufgaben von mehr Menschen durchgeführt werden. Wirklich kleine Pfarreien können mit Hilfe eines aktiven Pfarrgemeinderats gut funktionieren, aber das geht nicht in einer mittelgroßen Pfarrei. In einer solchen könnte aus dem Pfarrgemeinderat ein „Pastoralrat“ werden. Er versucht nicht alle Aufgaben innerhalb des Pfarrlebens zu übernehmen, denn das würde bedeuten, dass er jede Woche sechs Stunden zusammenkommen muss. Stattdessen ist er verantwortlich für das Gesamtbild und kann erfolgreich zusammenarbeiten, wenn er aus den Leitern der verschiedenen Dienste und einigen Mitarbeitern zusammengesetzt ist. Vor allem ist er der Ort, wo die Berichte zusammenlaufen und wo der Pfarrer Beratung und Verständnis in schwierigen Situationen findet. In einer sehr großen Pfarrei wird die Strategie jedoch mehr und mehr von den Pfarrmitarbeitern entwickelt und einigen wenigen

Pfarreimitgliedern, die strategische Fähigkeiten haben. In Pastoralratstreffen geht es dann nicht mehr um Berichte über taktische Angelegenheiten, sondern sie sind nur mit der breit angelegten Strategie und zukünftigen Ausrichtung der Pfarrei beschäftigt. Der taktische Bereich und die genauere Strategie werden dann Gegenstand von Mitarbeiterbesprechungen und spezialisierten Kommissionen.

- Dezentralisierung: Entsprechend dem Wachstum einer Pfarrei sollte der Pfarrer nicht nur immer weniger direkten Überblick über die einzelnen Gruppen haben, sondern gegebenenfalls sogar weniger Kontrolle über die Gruppenleiter und sogar über seine Mitarbeiter. Wenn diesem Wandel in der Leitung nicht entsprochen wird, wird das Leben der Pfarrei stagnieren und es wird zu Engpässen kommen wegen der beschränkten Zeit und Kraft des Pfarrers. In sehr großen Pfarreien wird sich der Pfarrer unmittelbar mit den Mitarbeitern und Gruppenleitern treffen, die ihrerseits weitere Mitarbeiter und Gruppenleiter unter sich haben. Diese Dynamik haben wir im fünften Kapitel untersucht, als wir über die Entwicklung mittelgroßer Gemeinschaften innerhalb einer Pfarrei gesprochen haben.

- Mehr fachlich ausgebildete Mitarbeiter: In einer kleineren Pfarrei gibt es üblicherweise neben dem Pfarrer einige theologisch ausgebildete geweihte Mitarbeiter oder auch Laien. Diese angestellten Mitarbeiter sind Generalisten und leiten Teams von Helfern. Je größer die Pfarrei ist, desto mehr fachlich ausgebildete Experten wird sie benötigen, die andere Leiter führen. Hier ein Zitat von Keller: „Sehr große Gemeinden brauchen nicht so sehr theologisch ausgebildete Leute, die sich spezialisieren müssen, als vielmehr Experten, die theologisch ausgebildet werden können." Die Angestellten in größeren Pfarreien müssen initiativ sein und in der Lage, eine Gruppe ohne allzu viel Supervision zu leiten. Sie sind für Entscheidungen ihren Dienst betreffend verantwortlich, ohne immer mit dem Pfarrer Rücksprache zu halten. Sie müssen in der Lage sein, sich vom Leiter zum Leiter von Leitern zu entwickeln. In größeren Gemeinden wird es von grundlegender Bedeutung sein, die jeweilige Kultur jeder Einzelgemeinde zu verstehen und sie sich zu eigen zu machen, wenn es um die Einstellung neuer Mitarbeiter geht. Größere Gemeinden profitieren oft von der Tatsache, dass sie sich Mitarbeiter aus den eigenen Reihen heranziehen und nicht von außen rekrutieren müssen. Wenn ein Mitarbeiter von außen eingestellt wird, muss man darauf achten, dass dieser sich in die Geschichte, die Kultur und die Werte dieser Pfarrei einlebt.

- <u>Die veränderte Rolle des Pfarrers</u>: Dieser Punkt hat eine riesige Auswirkung auf die Gesundheit einer Pfarrgemeinde und die Gesundheit eines Pfarrers. Sowohl der Pfarrer als auch die Pfarreimitglieder müssen ihre Erwartungen an die Rolle des Pfarrers anpassen, wenn aus der kleinen Pfarrei eine große wird. Soziologen sagen uns, dass sich ein Pfarrer unmittelbar um bis zu 200 Gläubige kümmern kann. Wenn die Gläubigen sofortigen Zugang und eine persönliche Beziehung mit dem Pfarrer erwarten, egal wie groß die Pfarrei ist, dann sind Enttäuschung und Burnout unvermeidlich. In einer großen Pfarrei verbringt der Pfarrer nicht die meiste Zeit mit diesen Diensten, sondern er wird diese Arbeit delegieren, so dass er mehr Zeit für Predigt, Leitung, Entwicklung und die Kommunikation seiner Zukunftsvision aufwenden und die Strategie beaufsichtigen kann. Im katholischen Kontext steht im Zentrum der Priesterrolle der sakramentale Dienst.

In St. Benedict wussten wir aufgrund unserer eigenen Frustration und der Einsichten, die wir durch Keller und Ähnlichem gewonnen hatten, dass wir in einem ersten strategischen Schritt die Mitarbeiter und Leiterstrukturen verändern mussten, um der neuen Pfarrgemeindegröße und der damit verbundenen neuen Kultur Rechnung zu tragen. Das musste geschehen, ehe wir unsere Mission strategisch fortführen konnten.

Veränderungen im Pastoralrat

Wie ich schon erwähnt habe, war der Pastoralrat nicht mehr ein Management- und Berichtsorgan, sondern bemühte sich um eine breit angelegte Strategie. Trotz der ausgezeichneten und talentierten Mitglieder und Leiter des Pastoralrates hatten wir Schwierigkeiten.

Wir nahmen zwei zentrale Veränderungen vor. Erstens nahmen wir mehr pastorale Angestellte in den Rat auf und zwar solche, die größere strategische Begabungen hatten und die für Gruppen verantwortlich waren. Das hieß, dass wir die generelle Mitgliederanzahl im Rat vergrößerten, sodass wir nun gleich viele angestellte Mitarbeiter wie einfache Pfarreimitglieder dort hatten. Dabei gingen wir so vor: Wir leiteten einen Entscheidungsfindungsprozess in fünf Schritten ein, der mit breit angelegten Nominierungsempfehlungen von allen Pfarreimitgliedern begann und uns ausgezeichnete neue Mitglieder brachte, ohne irgendwelche Wahlen durchführen zu müssen. Damit konnten wir alle Befürchtungen, die angestellten Mitarbeiter könnten im Pastoralrat dominieren, zerstreuen.

Zweitens hörten wir auf, jeden Monat zweistündige Besprechungen abzuhalten. Jetzt treffen wir uns alle zwei Monate für mindestens vier Stunden, oft an einem Samstagmorgen. Die Tagesordnung wird lange vorher festgelegt und es wird vorausgesetzt, dass die Mitglieder vorbereitet sind und die Unterlagen gelesen und darüber nachgedacht haben. Seither konzentriert sich unser Pastoralrat ganz auf die Entwicklung der Pfarrvision und die Formulierung der Ziele. Er passt einzelne

Dienste an die formulierte Vision an und bewertet sie entsprechend und arbeitet die breit angelegte Strategie für einen Fünfjahresplan aus.

Veränderungen im Mitarbeiterstab

Die Anforderungen der kulturellen Veränderung innerhalb der Pfarrei St. Benedict machten die Anstellung eines vollzeitigen Kommunikationsdirektors notwendig. Wir stellten jemanden an, der bereits in der Pfarrei angestellt war und entschieden uns damit für eine qualifizierte Person, die bereits auf die Vision der Pfarrei eingestellt war. Das hieß, dass wir nun eine weitere Person anstellen mussten, um seine freigewordene Stelle zu besetzen, und unsere Jobbeschreibungen anpassen mussten.

Noch eine letzte Änderung war notwendig. Nach meiner Ankunft in St. Benedict fanden wir rasch heraus, dass wöchentliche Besprechungen mit allen Mitarbeitern absolut notwendig waren. Wie schnell würden unsere Leute bei so vielen Aktivitäten sonst den Anschluss verpassen, wenn sie unsere Besprechungen versäumten. Wir verbrachten immer 20 bis 30 Minuten im Gebet und dann begannen wir mit einer Tischrunde, in der jeder berichtete. Die Treffen ähnelten oft einer Sintflut an Informationen, in Versuchen, den jeweiligen spezifischen Problemen der einzelnen Gruppen gerecht zu werden und in sporadischen Ausflügen in die breit angelegte Strategie für das Ganze. (Das Letztere war notwendig, weil das im Pastoralrat nicht geschehen war.) Nachdem wir zwei Jahre lang so gearbeitet hatten, waren die angestellten Mitarbeiter oft frustriert. Viele sagten bei den Besprechungen gar nichts mehr und gaben damit anderen (darunter mir) die Möglichkeit, die Diskussion zu dominieren. Spannungen unter den Mitarbeitern waren offensichtlich und blieben weitgehend unausgesprochen. Dann entdeckte ich die Schriften von Patrick Lencioni.

Tod durch Besprechungen

Patrick ist Gründungsmitglied von *The Table Group*, einem Beratungsunternehmen, das sich mit Leitung und Gesundheit von Organisationen beschäftigt. Er ist praktizierender Katholik und hat eine wirkliche Sehnsucht nach gesunden Pfarrgemeinden und wirksameren Leitern. Patrick hat viele Bücher geschrieben, darunter *Die fünf Dysfunktionen eines Teams* und *Der Vorteil*. Aber das Buch, das den größten Einfluss auf unsere Pfarreimitarbeiter hatte, war sein Bestseller *Tod durch Meeting*. Würde man dieses Buch nach seinem Titel beurteilen, dann könnte man leicht daraus schließen, dass es empfiehlt, Besprechungen zu reduzieren oder sogar ganz zu streichen. Aber die Sache ist, dass wir uns alle schon in Meetings, die endlos dauerten, zu Tode gelangweilt haben. Das ist der Aufhänger.

Mit Hilfe eines Gleichnisses stellt Lencioni die folgende Frage: Warum ist uns in Besprechungen so langweilig und warum werden wir so angeregt, wenn wir Filme anschauen? Beide dauern etwa zwei Stunden. Während es bei einer Besprechung um die Wirklichkeit geht, die unser Leben direkt betrifft, sind Filme eine Flucht vor der Realität und haben keinen direkten Einfluss auf unser Leben. Seine Antwort: in Filmen gibt es Drama und Konflikte. Konflikte führen zu Dramen und genau das hält unser Interesse wach. Besprechungen sind langweilig, nicht etwa, weil wir viel zu viele haben, sondern weil dabei oft das echte Drama fehlt. Zu viele unserer Mitarbeiter sagen innerhalb der Gruppe nie, was sie wirklich denken, und wenn sie es einmal doch tun, dann nur, wenn es um Belangloses geht. Deshalb ist die Mitarbeiterkultur in unseren Pfarreien oft ungesund. Mitglieder leisten bei bedeutsamen Fragen keinen eigenen Beitrag, weil sie Angst haben, damit einen Konflikt auszulösen. Dabei können Opposition und Uneinigkeit eine sehr wichtige Dynamik auslösen. Wenn das nicht in einer positiven und gesunden Art und Weise ausgedrückt werden darf, dann wird es sich auf ungesunde Art entladen.

Für Lencioni liegt das Problem nicht darin, dass Organisationen zu viele Besprechungen haben, sondern dass sie nicht genug der richtigen Art von Besprechungen haben. Er empfiehlt vier Arten von Besprechungen: Die Tagesbesprechung, taktische Treffen, Strategietreffen und vierteljährliche Konferenzen außerhalb des Dienstortes. Wir haben uns diese Einsicht zu Herzen genommen und eine Reihe von Veränderungen eingeführt. Wir sind immer noch dabei zu lernen, wie man seine Prinzipien umsetzen kann, aber man merkt jetzt schon einen großen Unterschied in unserer Zusammenarbeit als Team.

Eine Strategie entwickeln

Mit den Veränderungen der Arbeitsweisen im Pastoralrat und im Mitarbeiterstab konnten wir nun wirklich strategisch planen, was sehr anregend und fruchtbar war. Wie ich oben schon ausgeführt habe, wird eine Basis-Strategie vom Mitarbeiterstab der Pfarrei ausgearbeitet. Die weitere Strategie ist Sache des Pastoralrates. Hier nun fünf mögliche Aktivitäten, mit denen sich ein Pastoralrat intensiv beschäftigen sollte:

1. Visions- und Zielerklärungen

Wenn eine Pfarrei keine formulierte Vision hat, dann sollte sie damit beginnen. Denken Sic daran: Eine Visionserklärung beschreibt nicht, wo die Gemeinde zurzeit steht, sondern, wohin sie gehen will. Fragen Sie die Leiter Ihrer Pfarrgemeinde, ob sie wissen, was die Vision ist. Wenn Sie erstaunt angeschaut werden, fragen sie, wohin die Pfarrei sich bewegt. Wenn man sie anschaut, als wären Sie verrückt, dann müssen Sie damit beginnen, eine formulierte Vision zu entwickeln, wie ich vorher in diesem Kapitel dargelegt habe. Seien Sie bei diesem Prozess geduldig, denn er kann mindestens sechs Monate dauern.

In den 1980er-Jahren war es ein Trend, dass Organisationen ihr Leitbild entwickelten. Es war normalerweise eine Mischung aus Vision mit einer Rangliste der Werte für die Organisation und legte die Prioritäten für die Aktivitäten fest. Sie war meistens viel zu lang, verworren und so vage, dass sie für den Durchschnittsmenschen buchstäblich bedeutungslos war. Viele Organisationen halten nichts mehr von solchen Leitbildern. Stattdessen haben sie eine einfache und klare Erklärung ihrer Ziele. Wenn die formulierte Vision der Kompass für die Pfarrgemeinde ist, dann ist die Zielerklärung die Nadel, die Ihnen sagt, ob Ihre Tätigkeiten mit der Richtung, in die Sie gehen wollen, übereinstimmt.

Zielerklärungen sind kurz und genau. Sie definieren die obersten Zielsetzungen der Organisation, an denen alle Aktivitäten bemessen werden sollen. Die Zielerklärung von St. Benedict lautet: „Jünger heranbilden, die voller Freude den Auftrag von Jesus Christus leben." In der Pfarrei Nativity, berühmt für die Initiative *Rebuilt*, lautet sie: „Gott lieben, andere lieben, Jünger machen". Holy Trinity Brompton hat: „Unsere Rolle übernehmen an der Re-Evangelisierung der Völker und an der Veränderung der Gesellschaft". Jene der katholischen Gemeinde St. Monika lautet: „Liebende Jünger ausbilden, die die Welt verändern werden." Und in der Gemeinde St. Patrick, mitten in Chicago, heißt sie: „Dem Leben und der Arbeit der Laien in der Welt dienen."

2. Werteanalyse

Im fünften Kapitel haben wir besprochen, dass Werte das sind, was unsere Taten zeigen, und nicht das, was unsere öffentlichen Erklärungen aussagen. Eine sehr wichtige Verantwortung des Pastoralrates ist eine ehrliche und schonungslose Analyse der derzeitigen wirklichen Werte einer Pfarrei. Das geschieht, indem man den Zeitplan der Pfarrei anschaut und sieht, welche Veranstaltungen innerhalb und mit Hilfe der Pfarrei stattfinden. Das Pfarrbudget spiegelt genau wider, was einer Pfarrei wichtig ist. Und auch die Mitarbeiterstruktur und die Positionstitel sagen etwas aus. Was die Pfarrei feiert und welche Art von Beschwerden ernst genommen wird, vervollständigt das Bild. Und schließlich zeigt auch eine Analyse der Zeiteinteilung und des Energieaufwands des Pfarrers auf, was den Gläubigen und ihrem Pfarrer wichtig und wertvoll ist.

Eine ehrliche Beurteilung der wirklichen Werte einer Pfarrgemeinde könnte in etwa so aussehen:

1. Erhalt der Gebäude
2. Katechese für Kinder
3. Anschaffungen
4. Mindesterwartungen
5. Stabilität
6. Sorge für Mitglieder
7. Die Pfarrei als sozialer Klub

Die nächste Aufgabe besteht darin, auf einer Skala von eins bis zehn zu bewerten, wie ihre Pfarrgemeinde die zehn Werte umsetzt, die zu einer gesunden und wachsenden Gemeinde gehören (siehe Kapitel 5):

1. Die Priorität des Wochenendes
2. Gastfreundschaft
3. Erhebende Musik
4. Großartige Predigten
5. Tiefe Gemeinschaft
6. Klare Erwartungen
7. Verantwortlichkeiten, die den Fähigkeiten entsprechen
8. Bildung kleiner Gemeinschaften
9. Erfahrung des Heiligen Geistes
10. Eine gastfreundliche Gemeinde werden

Wenn eine Pfarrei jedes Jahr an einem dieser Werte arbeiten würde, dann würde sie anfangen, eine echte Veränderung zu erfahren, bei der sich die vier ersten Punkte entwickeln. Vergessen Sie nicht: Was bei den Werten zählt, ist, dass sie wirklich wertgeschätzt und nicht nur einfach verkündet werden. Das braucht eine echte Bekehrung des Herzens. Im Januar jedes Jahres kann ein Pastoralrat damit beginnen, eine Strategie zu entwickeln, um in einem bestimmten Wert zu wachsen und anzufangen, das im folgenden September umzusetzen. Die Durchführung beinhaltet einen Kommunikationsplan, von der Lehre und Predigt hin zu konkreten Veränderungen im Leben der Pfarrei. Der Mehrwert wächst ständig. Wie diese Werte in verschiedenen Umfeldern gelebt werden, mag unterschiedlich sein, aber was zählt, ist, dass diese Werte, wenn sie wirklich umgesetzt werden, die Gemeinde gesunden lassen. Gesundes wächst und trägt Früchte. Es mag dauern, aber wenn eine Gemeinde wirklich beginnt, einen Wertewandel zu erleben, dann wird sie beginnen, sich in Bewegung zu setzen und an Schwung zuzunehmen.

3. Analyse der fünf Systeme

Pastor Rick Warren von der Saddleback-Gemeinde spricht oft von den fünf Systemen des Gemeindelebens. Er hat sie auch die fünf Ziele des Neuen Testaments für die Kirche genannt. Wenn er dabei von Systemen spricht, dann vergleicht er die Kirche mit dem menschlichen Leib. Der menschliche Leib hat zehn Systeme: das Skelett-System, das Verdauungs-System, das Nerven-System, das Reproduktions-System und so weiter. Alle zehn Systeme müssen funktionieren, damit der Körper gesund ist. Wenn alle diese Systeme gut funktionieren, geht es dem Körper gut. Wenn auch nur eins davon nicht gut funktioniert, dann ist der Körper krank. Auch die Kirche hat Systeme und alle müssen gut funktionieren, damit sie als Ganzes gesund ist. Die fünf Systeme des kirchlichen Lebens sind Anbetung, Evangelisierung, Jüngerschaft, Gemeinschaft und

Dienst. Wie in jedem Körper, so können diese Systeme nicht isoliert voneinander existieren. Für die Gesundheit des Körpers ist das Funktionieren jedes einzelnen unverzichtbar. Wir müssen sehr gut verstehen, was zu jedem System gehört, denn sonst werden wir nicht merken, dass wir krank sind, und wir werden unsere Krankheit falsch diagnostizieren.

- **System 1: Anbetung/Verehrung Gottes**

Dieses System ist für uns als Katholiken selbstverständlich. Unsere wichtigste Form der Verehrung Gottes ist die Feier der Eucharistie. Anbetung kann aber auch in Form von Gebetstreffen und Lobpreiszeiten in kleinen Gruppen stattfinden.

- **System 2: Evangelisierung**

Das ist die Erstverkündigung oder das Kerygma: die Frohe Botschaft der Liebe Gottes, die sich in Jesus offenbart, und die Erlösung, die er uns durch sein Kreuz und seine Auferstehung schenkt. Sie wird denen verkündet, die Jesus nicht kennen. Evangelisierung führt Menschen zu einer Begegnung mit Jesus Christus und zu der Entscheidung, ihm zu vertrauen, ihm nachzufolgen und sein Jünger zu werden. Evangelisierung versucht jene, die auf diese Begegnung antworten, zu den Sakramenten der Taufe oder der Vergebung zu führen. Sie richtet sich an die, die außerhalb der Kirche stehen, kann sich aber auch an jene wenden, die in der Kirche sind, die von Jesus wissen, ihn aber nicht persönlich kennen.

- **System 3: Jüngerschaft**

Jüngerschaft ist der lebenslange Prozess des Wachsens, Reifens und Lernens, in den der Gläubige gerne eintritt, wenn er wirklich evangelisiert ist. Er beinhaltet auch Katechese, kann aber nicht darauf beschränkt werden. Dazu gehört, im Glauben, im Wissen, im Gebet und in der Erkenntnis der eigenen von Gott gegebenen Talente zu wachsen.

• System 4: Gemeinschaft

Gemeinschaft ist ein gutes Miteinander – im Neuen Testament *koinonia* genannt, das gemeinsame Leben. Es ist tiefe Gemeinschaft, in der man gekannt und geliebt wird, beim Namen genannt und im Ruf zur Heiligkeit unterstützt wird. Vielleicht gehört dazu auch das Miteinandersein, aber man kann es nicht darauf beschränken. Gemeinschaft gibt es dann, wenn Gläubige füreinander Verantwortung tragen.

• System 5: Dienst

Dienst heißt: anderen dienen. Dazu gehört der zentrale Dienst im Leben der Pfarrgemeinde, so dass diese funktionieren und ihre Mitglieder formen kann, aber in einer missionarischen Kultur bedeutet das auch immer, dass man hinausgeht und jenen dient, die nicht dazugehören. Das wahre Maß für lebendigen Dienst in einer Gemeinde ist nicht, wie viele Lektoren sie hat, sondern in welchem Ausmaß man dienend hinausgeht an die Ränder der Existenz, wie Kardinal Bergoglio das genannt hat. Er hat das sehr eindringlich in *Evangelii Gaudium* ausgedrückt: „Mir ist eine verbeulte Kirche, die verletzt und beschmutzt ist, weil sie auf die Straßen hinausgegangen ist, lieber, als eine Kirche, die aufgrund ihrer Verschlossenheit und ihrer Bequemlichkeit, sich an die eigenen Sicherheiten zu klammern, krank ist.“ (EG 49)

Diese fünf Systeme überschneiden sich und decken die gleichen Bereiche kirchlichen Lebens ab wie die zehn Werte. Den gesamten Gesundheitszustand einer Pfarrei durch eine ehrliche Bewertung der Gesundheit dieser Systeme zu analysieren, ist ein weiteres Mittel, um zu einem Punkt gelangen zu können, von dem aus eine Strategie für die Erneuerung der Pfarrei erarbeitet werden kann.

4. SSMB-Analyse

Wenn die Leitung der Pfarrgemeinde eine ehrliche Bewertung ihres Gesundheitszustandes gemacht hat, dann beginnt die echte Strategiearbeit. Wenn ein Gremium der Pfarrei dabei die zehn Werte zur Bemessung heranzieht, die fünf Systeme oder irgendwelche anderen Standards, dann ist ein einfacher zweiter Schritt, eine SSMB-Analyse (englisch: SWOT) durchzuführen. SSMB steht für Stärken, Schwächen, Möglichkeiten und Bedrohungen. Das kann ein anregender und spannender Prozess mit Ihrem Leitungsteam sein. Sie werden auf derzeitige Schwächen hinweisen, auf Möglichkeiten zu wachsen und auf das, was diese Dimension des Gemeindelebens bedroht. Es ist ein genialer Prozess, der das Leitungsteam mit allen Elementen ausstattet, die es braucht, um einen strategischen Plan zu entwickeln.

5. Der Fünfjahresplan

Strategisch werden bedeutet, einen Plan zu machen. Wenn wir einen Freund zum Kaffee treffen wollen, machen wir einen Plan. Wenn wir unsere Finanzen ordnen wollen, machen wir einen Plan. Wie kann es sein, dass wir selbstverständlich so viele Dinge in unserem Leben planen, aber wenn es um das Leben der Kirche geht, dann haben die meisten Pfarrgemeinden und manche Diözesen keinen Plan. Sie existieren buchstäblich von einem Moment zum anderen und reagieren mehr als sie agieren. Das ist natürlich symptomatisch für eine Erhaltungskultur. Aber wenn der Bus den Parkplatz verlassen und sein Ziel kennen soll, dann muss es einen Plan geben – es sei denn, der Plan ist, einfach einmal in irgendeine allgemeine Richtung loszufahren und zu hoffen, dass alles gut geht. Die meisten Organisationen planen nie über mehr als fünf Jahre hinaus, da sich während dieser Zeit so viel verändert, was man nicht voraussehen kann.

Die wichtigsten Eckpunkte in einem Fünfjahresplan sind bei sechs Monaten, einem Jahr und drei Jahren. Das sind Wendepunkte und können den Rahmen bilden, auf dem eine Pfarrei ihren Plan aufbaut. Wie detailliert die Strategie geplant wird, hängt von der Zusammensetzung des Rates und von der Größe der Pfarrei ab. In einer kleineren Pfarrei arbeitet der Pastoralrat eine detaillierte Strategie aus und ist vielleicht sogar in deren Durchführung eingebunden. In einer größeren Pfarrei macht der Rat einen groben Plan und überlässt die feine Strategie dem Pastoralteam und anderen Ausschüssen, all jenen also, die an der Basis des jeweiligen Bereiches im Gemeindeleben arbeiten.

In der Pfarrei St. Benedict haben wir von allen fünf Methoden, eine Strategie zu entwickeln, Gebrauch gemacht. Unser derzeitiger Plan hat sich daraus entwickelt, dass wir die Zukunftsvision nach den fünf Systemen des Gemeindelebens erarbeitet haben. Nachdem wir die SSMB-Analyse des Gesundheitszustands unserer Pfarrei auf der Grundlage der fünf Systeme durchgeführt hatten, baten wir unser Leitungsteam, daraus seinen Traum zu entwickeln, wo wir in fünf Jahren stehen würden. Wie würde es um Anbetung, Evangelisierung, Jüngerschaft, Gemeinschaft und Dienst in unserer Pfarrgemeinde im Jahr 2018 stehen? Nachdem wir die Antworten durchgearbeitet hatten, konnten wir fünf Visionserklärungen in jeweils einem Satz formulieren, die uns als Grundlage für einen Fünfjahresplan dienen sollten. Dieser Plan sollte eine Synthese von fünf individuellen Plänen sein, die jedem der fünf Systeme entsprechen. Jeder Plan enthielt eine Reihe von Zielen, die innerhalb einer gewissen Zeit erreicht werden sollten. Diese Ziele sollten genau, messbar, erreichbar, realistisch und terminiert sein. Als jeder Plan ausformuliert war, wurden sie zu einem zusammengefügt und alle Ziele wurden nach Prioritäten in einem Gesamt-Zeitplan aufgelistet.

Den Plan durchführen

Drei Frösche sitzen auf einem Baumstamm. Zwei entschließen sich hinunterzuspringen. Wie viele bleiben übrig?

Die Antwort auf dieses kleine Rätsel ist offensichtlich, oder? Drei bleiben übrig, denn sich zu entscheiden, etwas zu tun und es wirklich zu tun, ist nicht dasselbe. Wir alle haben das schon im eigenen Leben erfahren: Trotz unserer guten Absichten schaffen wir es nicht, es fehlt uns die Entschiedenheit. Leider werden in vielen Gemeinden unter großen Mühen und Opfern Pfarreipläne und diözesane Pläne aufgestellt. Sie werden hin und her gewälzt und veröffentlicht und landen dann in Regalen, oftmals ungelesen und innerhalb weniger Jahre vergessen. Dann kommt ein neuer Bischof oder Priester und wir fangen wieder von vorne an. Man kann das Zielschild am Bus befestigen, die Route planen und den Motor starten, aber irgendwann muss die Handbremse gelöst werden und der einfühlsame Tanz zwischen Bremse und Gaspedal beginnt.

Ohne Frage entspricht bei der Umsetzung des Plans der Pfarrer dem Bus-Fahrer. Es ist seine Aufgabe unter Beratung mit den Mitarbeitern und dem Pastoralrat zu wissen, wann er aufs Gas, wann er auf die Bremse treten und wann er um die Ecke biegen muss. Jede Entwicklung auf der Strecke nehmen die Passagiere wahr, und wenn der Bus stehen bleibt, entscheiden sich möglicherweise manche, dass es ihnen einfach reicht, und steigen aus. Andere Passagiere werden zusteigen.

Veränderungen innerhalb einer Organisation anzuleiten ist heute die wesentliche Aufgabe jedes Leiters. Veränderungen innerhalb einer Freiwilligen-Organisation anzuleiten ist die schwierigste Art von Leitung. Niemand ist gezwungen, in der Freiwilligen-Organisation mitzuwirken. Jeder kann jederzeit zusammenpacken und gehen. Wenn das feine Zusammenspiel von Gas- und Bremspedal nicht funktioniert, kann das dem Bus ernsthaften Schaden zufügen. Der Fahrer muss wissen, wann er langsam fährt und wann er beschleunigt, in dem Bewusstsein, dass der Bus etwas Zerbrechliches ist. Genau das ist der wahre Test für die Leitung.

Der Pfarrer wird möglicherweise am Ende der einsame Fahrer sein, wenn er aber ein gesundes und ausgewogenes Leitungsteam hat, in dem ein ehrlicher und offener Austausch gepflegt wird, dann wird er nicht einsam sein. Wenn er einen kompetenten und fähigen Mitarbeiterstab hat, der als Team gut zusammenarbeitet, und wenn man einander vertraut und füreinander sorgt, dann wird es dieses Team sein, das Verantwortung für die Ausarbeitung der Details übernehmen wird. Bei allem Vergnügen muss der Pfarrer nur dafür sorgen, dass das Team und das Leben der Pfarrgemeinde gesund bleiben.

Ganze Bände wurden über die Durchführung von Plänen von Männern und Frauen geschrieben, die sich besser auskennen, weiser und erfahrener sind als ich. Im Folgenden erzähle ich, wie ich mit vollem Einsatz versucht habe, unseren strategischen Plan umzusetzen.

• Wenig Kontrolle – viel Verantwortlichkeit

Im fünften Kapitel ging es um dieses Prinzip. In jeder Gemeinde, die größer ist als 800 Personen, müssen der Pfarrer und die Gläubigen nach diesem Prinzip vorgehen. Der Pfarrer muss delegieren und der Versuchung widerstehen, jede Kleinigkeit zu kontrollieren. Genau so müssen die Gläubigen die Vorstellung aufgeben, dass in einer Pfarrei jede Versammlung, jeder Dienst und sämtliche Aktivitäten nur dann ihre Gültigkeit haben, wenn der Priester präsent ist. Allein schon die Größe spricht dagegen, aber der praktische Aspekt ist nicht der einzige Grund dafür, dass der Pfarrer nur wenig Kontrolle über die einzelnen Dienste haben sollte. Das positive Prinzip der Subsidiarität kommt hier zum Tragen. Subsidiarität bedeutet, dass so weit wie möglich jene Entscheidungen, die die Gläubigen betreffen, auch von diesen getroffen werden sollten. So identifizieren sich die Gläubigen ganz mit ihrem jeweiligen Dienst. Wenn ein pastoraler Dienst nicht in Gefahr ist, aus dem Ruder zu laufen, dann muss der Pfarrer nicht in die Entscheidungen eingreifen. Er kann eine sanfte Führung geben und Ratschläge erteilen, aber er muss möglicherweise mit Entscheidungen leben, mit denen er nicht einverstanden ist. (Ich spreche hier natürlich von den Aspekten des Lebens der Pfarrgemeinde, bei denen es nicht um Fragen des Glaubens und der Moral geht.)

Bei manchen Diensten wird gerade die Subsidiarität den Pfarrer ins Zentrum des Entscheidungsfindungsprozesses stellen. Entscheidungen durch den Pastoralrat, das Finanzkomitee, das Stewardship-Team und so weiter sind viel näher an den lebensnotwendigen Organen einer Pfarrei, und deshalb sollte der Pfarrer dort eingebunden sein. Entscheidungen des Pastoralrats sind letztlich Entscheidungen, die der Pfarrer in enger Beratung mit seinem Rat trifft. Wenn allerdings eine ganze Gruppe kompetenter Laien, denen die Pfarrei am Herzen liegt und die sich mit der Vision identifiziert, gegen eine Vorgehensweise bei einer Pastoralratsbesprechung ist, dann muss ein Pfarrer so weise sein, zu erkennen, dass er vielleicht das Heft aus der Hand geben muss.

Die einzige Art und Weise, wie in einer Pfarrgemeinde mit wenig Kontrolle geführt werden kann, ohne dass alles zusammenbricht, ist, das Gegengewicht einer hohen Verantwortlichkeit zu etablieren. Aus jeder Gruppe muss regelmäßig an einen angestellten Mitarbeiter oder einen Dienstleiter berichtet werden, der wiederum dem Pfarrer berichtet. Zu der hohen Verantwortlichkeit gehört auch, dass man sich mit der Vision und Kultur der Pfarrei identifiziert. Wenn die einzelnen Gruppen und Dienste von kompetenten Gläubigen geleitet werden, die sich vollkommen darüber im Klaren sind, in welche Richtung die Pfarrgemeinde unterwegs ist, dann ist diese Kombination unschlagbar.

- **Abgeben können**

Wenig Kontrolle erfordert, dass man Laien in ihrem Dienst echte Verantwortung gibt. Wenn ein Pfarrer einem Gläubigen echte Verantwortung überträgt, dann muss er auch echte Autorität übertragen. Diese Autorität und Verantwortung werden zu einer Vervielfältigung der Dienste innerhalb einer Pfarrei führen. Immer mehr Gläubige werden sich ganz mit ihrer Aufgabe identifizieren und sie werden es nicht mehr für den Herrn Pfarrer tun. Das Abgeben-Können bezieht sich auf diese Bevollmächtigung. Der Entscheidungsprozess, die Berufung, die Zurüstung und Bevollmächtigung von Leitern ist für das Wachstum einer Pfarrgemeinde von lebenswichtiger Bedeutung. Das heißt, dass der Pfarrer prinzipiell immer jene Elemente seines Dienstes, die für seine Rolle als Priester und Pfarrer nicht wesentlich sind, an kompetente Gläubige abgeben muss. Jemand hat einmal gesagt, dass ein starker Leiter sich nicht dadurch auszeichnet, dass er oder sie viele Anhänger hat, sondern dass er oder sie viele Leiter hervorgebracht hat.

Dieses Prinzip betrifft nicht nur den Pfarrer, sondern alle angestellten Mitarbeiter und eigentlich alle Dienstleiter. Ich sage meinen Mitarbeitern immer, dass es nicht ihr Job ist, alle Arbeit selbst zu erledigen, sondern andere zu rufen und zu bevollmächtigen, sie zu machen. Unsere Mitarbeiter und Dienstleiter sollten Leiter von Leitern sein. Delegieren macht es möglich, dass eine Pfarrei wächst, und je mehr eine Pfarrei wächst, desto mehr werden der Pfarrer, die Mitarbeiter und die Dienstleiter delegieren müssen.

- **Leiterkonferenzen**

Ich habe bereits über die Rolle gesprochen, die solche Konferenzen dabei spielen, dass Gläubige sich ganz mit der formulierten Vision ihrer Pfarrei identifizieren. In jeder großen Pfarrei ist es entscheidend, in Leiter zu investieren. Leiter brauchen Bestätigung, Unterstützung, man muss ihnen zuhören und sie müssen bevollmächtigt und ermutigt werden. Deshalb versammeln wir alle Dienstleiter der Pfarrei und ihre Stellvertreter drei- bis viermal im Jahr zusammen mit dem Pastoralrat und dem Stewardship-Team zu einem Vormittag des Gebets und der Reflexion.

Diese Treffen bieten auch Gelegenheit, die Vision für die Pfarrei wieder einmal zu entfalten, Feedback zu erhalten, die Leiter untereinander ins Gespräch zu bringen und den einen oder anderen Aspekt von Leitung zu vermitteln. So zeigen wir den Dienstleitern zum Beispiel, wie sie ihre Dienste bewerten können, wie sie echte Leiter und nicht nur Koordinatoren sind, wie sie delegieren und selbst weniger die Arbeit monopolisieren können und wie sie einen neuen Leiter als Nachfolger aufbauen können. In St. Benedict sind wir zu dem Schluss gekommen, dass die Heranbildung neuer Leiter unsere dringlichste und wesentlichste Aufgabe ist. Alle Fäden unseres Strategieplans laufen in dieser Frage zusammen.

Leiterkonferenzen geben auch Gelegenheit, den Schwerpunkt auf echte Verantwortlichkeit zu legen. Wenn irgendeine Gruppe wenig Kontrolle durch den Pfarrer und seine Mitarbeiter wünscht, dann muss ihre Führung an der Leiterkonferenz teilnehmen. Die Termine für diese Konferenz werden ein Jahr vorher geplant, so dass die Leiter einen langen Vorlauf haben. Wir beenden diese Leiterkonferenzen immer mit einem Gebet um den Heiligen Geist und einer Zeit des Segnungsdienstes, legen unseren Leitern die Hände auf, so dass sie wieder mit dem Heiligen Geist erfüllt werden. Diese Veranstaltungen waren bisher ein bedeutender Faktor in dem Bemühen, den zerbrechlichen Bus zusammenzuhalten, damit er bei den Kurven und Kehren, beim Schlingern und Stoßen auf dem Weg zu unserem Ziel nicht auseinanderfällt.

- **Zusammensetzung der Teams**

Bettler haben keine Wahl, heißt es, und in vielen Pfarrgemeinden sitzt das tatsächlich fest in den Köpfen von Dienstgruppen und Teams. Ein Pfarrer hat Einfluss und muss bei der Bildung von bestimmten Teams eine direktere Rolle spielen und dabei die Gesundheit und Ausgeglichenheit in jedem Team in seiner Pfarrei fördern. Das erste Team, das ein Pfarrer hauptverantwortlich zusammenstellen muss, ist sein Mitarbeiterstab. Diese Aufgabe kann sonst niemand in der Pfarrei übernehmen. Er muss Charakter und Kompetenz seiner Mitarbeiter oder derer bewerten, die sich für eine solche Position bewerben. Von hoher Wichtigkeit ist es aber auch, dass diese Person in die Pfarrei und ihre Kultur passt und dass sie sich deren Vision zu eigen macht. Wenn es in dieser Hinsicht innerhalb des Mitarbeiterteams keine wirkliche Einigkeit gibt, dann ist die Wahrscheinlichkeit sehr gering, dass diese Pfarrei je von Spaltung frei sein wird und gesund ist. Dann wird sich kein Vertrauen zwischen den Mitarbeitern bilden, was zur Folge hat, dass auch die Pfarrgemeinde als Ganzes nicht wachsen kann. Ein Pfarrer, der einen Mitarbeiter, der spaltet oder sichtlich nicht engagiert ist, einfach übersieht, besiegelt sein eigenes Schicksal durch Tatenlosigkeit.

Andere Teams, denen der Pfarrer viel Beachtung schenken sollte, sind naturgemäß der Pastoralrat und das Finanzkomitee. Pfarrgemeinden haben viele verschiedene Auswahlverfahren für die Zusammensetzung des Pastoralrates. Welche auch immer das sind, man muss die ganze Gemeinde miteinbeziehen und ihr Gelegenheit geben, Namen zu nennen. Am Ende jedoch sollte niemand in diesem Pastoralrat sein, der nicht die Unterstützung des Pfarrers hat. Das heißt nicht, dass in dem Rat nur Ja-Sager sitzen sollen. Es ist gesund und von Vorteil, reife Gläubige zu haben, die so frei sind, mit dem Pfarrer von Zeit zu Zeit nicht derselben Meinung zu sein und keine Angst haben, das auch kundzutun.

Meinungsverschiedenheiten oder gesunder Konflikt dürfen jedoch nur im Kontext völliger Übereinstimmung mit der Vision für die Pfarrei und ihrer Kultur stattfinden. Eine der Bedingungen für eine Mitgliedschaft im Pastoralrat von St. Benedict ist, dass alle, die überlegen, dort mitzumachen, einen Alpha-Kurs besucht haben und eine gewisse Anzahl von Büchern und Artikeln gelesen haben müssen, die die Pfarrei beeinflusst und geformt haben.

Die gängige Meinung ist, dass der Rat für die Finanzen nur aus Bankern und Buchhaltern bestehen dürfe. Das kann zur Katastrophe führen. Es ist die Aufgabe des Pastoralrates, das zu erträumen, was getan werden könnte, und die des Finanzausschusses, das festzulegen, was getan werden kann. Aber wenn alle Mitglieder des Finanzausschusses Zahlenfreaks ohne pastorale Fantasie oder ohne Leidenschaft für Evangelisierung, Jüngerschaft und Mission sind, dann wird der missionarische Geist des Pastoralrates mit der Erhaltungskultur des Finanzkomitees in Konflikt geraten. Gesundes Halbwissen leidenschaftlicher, frommer Unternehmer kann ein gutes Gegengewicht zu den notwendigen Fähigkeiten der Finanziers in diesem Ausschuss bilden. In St. Benedict bitten wir alle Mitglieder des Finanzkomitees, ebenfalls an unseren Leiterkonferenzen teilzunehmen, so dass sie immer wieder über die Vision der Pfarrei nachdenken können.

- **Teamgesundheit**

Wenn eine Pfarrei eine Strategie ausführen und mithelfen soll, dass der Bus in Bewegung bleibt, dann ist der Mitarbeiterstab das wichtigste Team. Wenn eine Pfarrei kleiner ist, dann könnten im Mitarbeiterteam auch einige wichtige Gläubige sein, die ehrenamtlich mitarbeiten. So wie eine Pfarrei eine Kultur hat, von der 80% unter der Oberfläche liegt und unsichtbar ist, ist das auch ähnlich beim Mitarbeiterstab einer Pfarrei. Wenn das, was sich unter der Oberfläche befindet, übersehen wird, dann kann das zu einem Zusammenbruch im Team führen, den die ganze Pfarrei zu spüren bekommt. Denken Sie daran, es war jener Teil des Eisbergs unter Wasser, der die Titanic leckgeschlagen hat, und es war der Bruch in der Außenwand unter Wasser, der sie versenkt hat. Unsere Bemühungen beim Teamaufbau innerhalb der letzten Jahre haben uns zwangsläufig dazu geführt, der Bestimmung der Kultur, die wir als Mitarbeiter schaffen wollen, höchste Priorität zu geben. Der Ausbildungs-, Reflexions- und Diskussionsprozess hat dazu geführt, dass wir eine formelle Erklärung zum Mitarbeiterethos erarbeitet haben. Wir kommen monatlich darauf zurück, wenn wir sie zu Beginn unserer Strategie-Besprechungen lesen.

Pfarrgemeinde St. Benedict: Mitarbeiterethos – unsere Kultur der Zusammenarbeit

Wir schätzen einander und wachsen im gegenseitigen Vertrauen durch:

1. Sorge um das Wohlergehen der ganzen Person.
2. Bewusste Investition in zwischenmenschliche Beziehungen innerhalb des Büros.
3. Offene, ehrliche Kommunikation untereinander und bewussten Verzicht auf Geschwätz und Verleumdung.
4. Volles und aufmerksames Zuhören mit Ohren und Herz, um den anderen wirklich zu verstehen und nicht nur auf das zu reagieren, was gesagt wird.
5. Entscheidung für gesunde Konflikte anstatt Spannungen.

Wir schätzen hohe Qualität in den Diensten innerhalb der Pfarrgemeinde und befähigen Leiter durch:

1. Ein klares Leitbild für die Pfarrgemeinde, ein überzeugendes Punktesystem, um den Fortschritt zu verfolgen, und klare Arbeitsaufträge für jeden Mitarbeiter.
2. Die Übertragung an die Mitarbeiterschaft von Rollen und Zuständigkeiten, die a) wichtig sind, weil sie den Bedürfnissen und Möglichkeiten der Pfarrei entsprechen, und b) belebend sind, weil dadurch die Stärken und Leidenschaften der Leiter für die bestmöglichen Ergebnisse zum Einsatz kommen.
3. Eine Leiterschulung (mit Mittagessen) alle zwei Monate.
4. Das Feiern von Team- und Einzel-Siegen und die Anerkennung persönlicher Beiträge durch die Mitarbeiter.
5. Die Zusage an Mitarbeiter, einige Zeit für neue Projekte verwenden zu dürfen, die der Pfarrer gutgeheißen hat.

Wir schätzen die Arbeit, für die wir berufen sind und die wir durchführen, indem wir:

1. eine klare, in einem Satz zusammengefasste Tätigkeitsbeschreibung für jeden Mitarbeiter formulieren, die der Missionserklärung der Pfarrei entspricht und auf der jeweiligen Arbeitsbeschreibung aufbaut.
2. wachsen im Verständnis und in der Durchführung des neuen Besprechungsrhythmus.
3. jährlich eine gründliche Evaluierung der Dienste vornehmen, um sicherzustellen, dass sie immer noch mit der Mission und dem Ziel der Pfarrei übereinstimmen.
4. zwei Mal pro Jahr mit jedem Mitarbeiter und seinem direkten Vorgesetzten die jeweilige Leistung besprechen.
5. monatlich die Erklärung zum Mitarbeiterethos – unserer Kultur der Zusammenarbeit – lesen und uns neu dazu verpflichten (vor jeder Strategiediskussion).

Ein dickes Fell haben

In meinem Büro hängt eine Tafel mit der Aufschrift: „Veränderung ist gut, solange ich nichts anders machen muss." Das Verfassen von Visionserklärungen und strategische Planung werden manche neugierig machen, aber die meisten Passagiere merken die Abfahrt erst, wenn sich der Bus in Bewegung setzt, das heißt, wenn sich die Dinge zu verändern beginnen. Ein Leiter muss darauf vorbereitet sein, dass mit Beginn seiner Leitung auch Unannehmlichkeiten kommen.

Das ist so, weil Leitung per definitionem bedeutet, dass jemand Entscheidungen trifft, manchmal auch schwierige. Immer wenn in einer Organisation Entscheidungen getroffen werden, gibt es Meinungsverschiedenheiten und sogar noch mehr in einer kirchlichen Gemeinschaft. Wo es Unstimmigkeiten gibt, da gibt es Kritik. Leiten heißt, andere von einem Ort zum anderen zu bewegen. Bewegung heißt Veränderung und gegen Veränderung wird immer Widerstand geleistet und der Leiter wird immer von einigen kritisiert. Jedes Mal, wenn mich Kritik deprimiert oder schwer auf mir lastet, denke ich an den armen Mose und die endlosen Klagen, die er aushielt, während er versuchte, die Israeliten aus Ägypten ins Gelobte Land zu führen. Wenigstens habe ich Gott noch nie gebeten, mich umzubringen.

Konstruktive Kritik darüber, wie etwas gemacht wird, gibt es von denen aus der Pfarrgemeinde, die sich einbringen und für deren Ziele brennen. Sie ist sehr verschieden von einer Feindseligkeit, die zutiefst im Widerspruch gegen die Ziele der Pfarrei wurzelt. Der Pfarrer muss bei der ersten Art der Kritik sehr aufmerksam sein und gut hinhören. Er muss aber auch auf die zweite vorbereitet sein und sich dagegen wappnen. In Wahrheit sind jene, die „aktiv nicht-engagiert" sind, schwer zu überzeugen. Wenn sie überzeugt werden, dann geschieht das meist nicht durch denjenigen, der das Symbol und der Urheber des Wandels ist, dem sie so erbittert widerstehen, sondern durch jemand, dem sie nahestehen. Die weiseste Art auf diese zweite Art der Kritik zu reagieren ist es, sie zu ignorieren. Gallup sagt, dass es praktisch nichts bringt, viel Energie für Aktiv-Nicht-Engagierte zu verschwenden. Manche Passagiere werden sich zum Verlassen des Busses entscheiden, und während das einige friedlich tun, machen die anderen einen Lärm.

Die schmerzlichste Art von Lärm ist der anonyme Brief. Während meiner zwei ersten Jahre in St. Benedict habe ich ein- oder zweimal pro Woche einen anonymen Brief bekommen. Es gab Beschwerdebriefe an den Bischof und sogar an den Papst, in denen mein Predigtstil kritisiert wurde, die Geschwindigkeit, mit der ich in die Messe einziehe, meine Größe (oder das Gegenteil davon) und mein Favorit: ich sei ein *holy roller*, ein ekstatischer Pfingstler. Halleluja! Der Pfarrer, der leiten will, muss auf diese Art Angriffe vorbereitet sein.

Der heilige Paulus rät uns, dass wir „die Rüstung Gottes" anlegen und den „Schild des Glaubens" ergreifen sollen, damit wir damit „alle feurigen Geschosse des Bösen auslöschen" können (Eph 6,13.16). Der Leiter muss wissen, dass er, wenn er anfängt, im Bereich der Kirche zu leiten, es nicht mit einer menschlichen Realität zu tun hat, sondern mit einer geistlichen. Der Feind ist sehr froh, wenn die Kirche sich auf ihren Erhalt konzentriert und weiter im Schlamm versinkt. Wenn dem so ist, muss er keine Aufmerksamkeit mehr auf sie verwenden. Eine Kirche, die beginnt, sich auf ihre verlorene Identität zu besinnen, im Glauben Schritte nach außen zu tun und aus der Sicherheits- und Komfortzone der Erhaltung in ein Leben der Mission aufzubrechen, wird plötzlich zu einer Bedrohung.

Der schmerzlichste Aspekt der anonymen Briefe ist nicht all das Grausame, das darin oft gesagt wird, und die Tatsache, dass man nicht antworten kann oder dass der Schreiber vorgibt, für eine schweigende Mehrheit zu sprechen, sondern dass sich der Schreiber nicht getraut hat, seine Einwände der Leitung der Gemeinde vorzulegen, um sie in einer gesunden Art und Weise zu diskutieren. Nach meinem ersten Jahr in St. Benedict habe ich den Gläubigen mitgeteilt, dass ich keine nicht unterschriebenen Briefe mehr lesen würde. Ich habe ihnen auch gesagt, dass sie die Pflicht haben, mir zu widersprechen. Es sei ihnen nicht nur gestattet, eine andere Meinung als der Pfarrer zu haben und diese Meinung auch kundzutun, sondern sie seien dazu verpflichtet.

Ich spreche hier nicht über öffentlichen Widerspruch zur Lehre der Kirche, sondern über Meinungsverschiedenheiten über das, was wir tun und wie wir es tun. Ich bin der Erste, der zugibt, dass die einzige Sicherheit, die ich in Bezug auf die Veränderungen, die ich eingeführt habe, die ist, dass diese nicht schlechter sein können als das, was vorher war. Ich behaupte nicht, dass wir die besten Modelle haben oder dass wir sie perfektioniert haben. Ein Gemeindemitglied, das nicht derselben Meinung ist, hat vielleicht etwas Wertvolles zu sagen. Das ist vor allem dann der Fall, wenn es jemand ist, der sich in der Pfarrgemeinde einbringt, der alle Erwartungen wie das Mitfeiern der Gottesdienste, das Wachsen, das Miteinander, die Bereitschaft zu dienen und die Pfarrei finanziell zu unterstützen, erfüllt.

Die Vision ausweiten

„Es ist zu wenig, dass du mein Knecht bist, nur um die Stämme Jakobs wieder aufzurichten und die Verschonten Israels heimzuführen. Ich mache dich zum Licht für die Völker; damit mein Heil bis an das Ende der Erde reicht." (Jes 49,6)

Über die Identitätskrise Israels zu Lebzeiten Jesu haben wir im ersten Kapitel nachgedacht. Sie hatten ihre missionarische Identität vergessen, ein Licht für die Völker zu sein. Stattdessen hatten sie sich mit weniger zufriedengegeben – nur ihr Eigenes aufzurichten und wiederherzustellen. Wir haben festgestellt, dass genau diese Identitätskrise die Hauptursache für den schlechten Gesundheitszustand ist, an dem große Teile unserer Kirche in der westlichen Welt leiden. Wir haben unsere grundlegend missionarische Identität vergessen: Dass die Kirche nicht eine Mission *hat*, sondern eine Mission *ist*.

In den letzten Jahren hatte ich die Freude, viele Katholiken kennenzulernen, die sich nach der Wiederentdeckung der missionarischen Identität unserer Kirche sehnen. Sie sehnen sich danach und mühen sich darum. Oft habe ich mich jedoch selbst dabei ertappt, dass ich an die Worte von Jesaja denke, wenn das Gespräch mit missionarisch eingestellten Katholiken sich hauptsächlich darum zu drehen scheint, abgefallene Katholiken wieder zu gewinnen. Das ist ein riesiges Missionsgebiet, aber ich glaube wirklich, dass durch Jesaja das Wort des Herrn heute zu uns spricht und uns sagt, dass diese Vision zu eng ist. Der Herr möchte, dass seine Kirche weltweit und vor Ort ein Licht für die Völker sein soll.

Ich hörte einmal den amerikanischen Pastor Steven Furtick sagen, dass unsere Vision, wenn sie nicht so groß ist, dass sie uns richtig Angst macht, eine Beleidigung für Gott ist. Und Rick Warren sagte, dass, wenn unsere Vision nicht weit über das hinausgehe, was wir schaffen können, wir womöglich ungläubig seien. Der Glaube verlangt von uns, dass wir völlig auf Gott vertrauen. Meistens jedoch bleiben unsere pastoralen Pläne gänzlich im sicheren Bereich und in dem, was wir für möglich halten. Die Wahrheit ist, dass wir dazu überhaupt keinen Glauben brauchen: Wir vertrauen nur auf unsere eigenen Stärken und Ressourcen. In dieser Haltung sind wir wirklich ungläubig, denn um das zu erreichen, brauchen wir keinen Glauben.

Fazit

Am Ende dieses Buches möchte ich Sie als Leiter einladen, sich zu fragen, ob Ihre eigene Vision zu klein ist. Ist sie groß genug für Gott? Rick Warren sagte einmal in echter Demut: „Gott hat mich benutzt, Großes zu tun, weil ich das von ihm erwartete." Diese Erwartung wurzelt natürlich nicht in dem, wer wir sind, sondern wer Gott ist. Unsere Liebe Frau sagte: „Der Mächtige hat Großes an mir getan und sein Name ist heilig" (Lk 1,49). Glauben Sie, dass Gott Großes an Ihnen und durch Sie tun kann? Glauben Sie es, wenn Sie auf Ihre armseligen Brote und Fische starren und den Herrn in Ihrem Herzen sagen hören: „Gib ihnen zu essen", dass er das Wenige, das Sie haben, vervielfachen wird?

Ich bin jetzt seit siebzehn Jahren Priester. Meine Priesterausbildung begann vor 25 Jahren. Viel Wasser ist den Strom hinuntergelaufen, seit ich erstmals damit aufhörte, vor meinem starken und dringenden Gefühl, zum Priester berufen zu sein, wegzulaufen. Als ich aufhörte mich zu winden angesichts dieses Rufs des Herrn, konnte nur ein Wort beschreiben, wie sehr ich diesen Ruf fühlte. Es war eine Leidenschaft. Die Leidenschaft, etwas zu verändern. Die Leidenschaft, dass Menschen die Liebe Gottes in Jesus Christus so erfahren sollten wie ich. Eine tiefe Leidenschaft und Überzeugung, dass der Himmel wirklich auf die Erde herabkommen würde, wenn die Welt nur wüsste. Da war Feuer in meinem Inneren, ich erlebte einen Eifer, der mich verzehrte.

Dann studierte ich Theologie.

Verstehen Sie mich nicht falsch. Ich liebte das Theologiestudium und hatte wunderbare Professoren und Kommilitonen. Ich hatte eine exzellente theologische Ausbildung während meiner Jahre im Seminar. Aber meine Leidenschaft erlitt in jenen Jahren zwei Schläge. Die akademische Atmosphäre des Seminars führte mich nicht zu einer Theologie auf den Knien. Meine Liebe zur Heiligen Schrift wurde ausgehöhlt durch die universelle und übermäßige Anwendung historisch-kritischer Methoden. Mein Jesusbild wurde verbeult und verwirrt durch Christologien von unten, die einen Schatten auf alles Übernatürliche warfen und selbst nie an Höheres herankamen.

Der zweite Schlag für die Leidenschaft kam durch die Erfahrung meiner eigenen Zerbrochenheit und Sündhaftigkeit. Meine geistlichen Flitterwochen waren vorbei. Gebet ging nicht mehr wie von selbst, was ich vorher für normal hielt. Es war schwierig und oft trocken und schmerzhaft. Auch wenn es schwer zuzugeben war, begann ich zu erkennen, dass vieles an meiner früheren Leidenschaft nur kaum verhüllter Egoismus zu sein schien.

Ein paar Monate, bevor ich zum Diakon geweiht wurde, betete ich eines Nachts in einer Kapelle im Dunkeln. Ich war allein und lag am Boden vor dem Herrn im Allerheiligsten, als ich plötzlich etwas erlebte, das mir große Angst machte. Mir lief die Zeit davon! Vor sechs Jahren, hatte ich meinen Ausbildungsweg zum Priester begonnen. Das ging nicht ohne Pannen und Abwege. Dennoch war ich immer sehr zuversichtlich gewesen, dass der Herr mich, wenn meine Ausbildung im Seminar vorbei war, perfekt gemacht haben würde oder zumindest, dass die ärgsten Fehler beseitigt seien.

Als ich dort im Dunkeln lag, fühlte ich zweierlei. Zum einen war ich nicht vollkommener geworden, sondern befand mich in einem schlechteren Zustand als am Anfang. Ich fühlte mich weiter weg von dieser schwer fassbaren Vollkommenheit und weniger heilig als zu Beginn meines Weges. Ich hatte mit Überzeugung begonnen und mit der Leidenschaft, die Welt für Jesus zu verändern. Nach meinem ersten Jahr der Theologie dachte ich noch, ich könne etwas für mein Bistum bewirken. Nach meinem Pastoraljahr dachte ich, ich könne vielleicht eine Pfarrgemeinde verändern. Jetzt sollte ich geweiht werden und begriff, ich konnte nicht einmal mich selbst ändern! Dann jedoch hatte ich auch die tiefe Überzeugung, dass Gottes Berufung noch da war – nicht trotz meiner Schwäche, sondern gerade wegen ihr.

Jeder, der je geweiht worden ist, wurde einmal gefragt: „Was war der unvergesslichste Augenblick in der Weiheliturgie?“ Ich kenne meine Antwort. Ich werde sie nie vergessen. Es war nach der Handauflegung und dem Weihegebet. Mir war gerade von einem Priester, den ich liebte und bewunderte, die Kleidung angelegt worden. Alles saß, ich wandte mich zum Altar mit einem überwältigenden Gefühl der Bestimmung, das sich nur so zusammenfassen lässt: „Tun wir's. Gehen wir an die Arbeit.“ Noch siebzehn Jahre später erinnere ich mich, wie sich dieser Augenblick anfühlte.

In den Monaten danach eilte ich von der Weihe ins Pfarrleben, wo ich schnell lernte, keine Wellen zu schlagen, nichts über den Haufen zu rennen und keinen Staub aufzuwirbeln. Es war, als sei ich mit Tempo 100 in eine Steinmauer gerast. Die Leidenschaft und der Eifer, die mich in und durch das Seminar getragen hatten, hatten sich nie vorstellen können, dass die Kultur der Bequemlichkeit, Mittelmäßigkeit und des Minimalismus so entschlossen und widerstandsfähig sein könnten. Angesichts dieser Tatsache war es nur zu leicht, die Vision aus den Augen zu verlieren, die Gott mir gegeben hatte, als er mich anfangs berief. Das Feuer in mir war am Erlöschen. Der Geist, der mich beseelte, verflüchtigte sich und ausgetrocknete Gebeine kamen unter meinen priesterlichen Gewändern zum Vorschein.

„Menschensohn, können diese Gebeine wieder lebendig werden?“ – „Herr und Gott, das weißt nur du.“ (Ez 37,3)

Und Gott weiß es in der Tat! Ausgetrocknete Gebeine können wieder lebendig werden, weil es der Wunsch des Herrn ist, neues Leben in seine Menschen, in seine Kirche zu hauchen! Nur einer kann uns dieses Feuer zurückgeben: der Eine, der in Feuerzungen am Pfingsttag herabkam. Nur wenn wir erleben, wie absolut ausgetrocknet unsere Knochen sein können, können wir uns ganz dem Geist Gottes ergeben, der zu unserem Geist spricht, dass wir rufen: „Abba, Vater!“ (Röm 8,15). Nicht wir ändern irgendetwas – ob die Welt, unser Bistum, unsere Pfarrei oder auch nur uns selbst. Es ist Gottes Geist, der das Antlitz der Erde erneuert, der die Kirche gebar und sie immer wieder neu hervorbringt. Es ist der Heilige Geist Gottes, der uns unsere wahre Identität als missionarische Kirche voll annehmen lässt. Es ist Gottes Geist, der in einem neuen Pfingsten ausgegossen wird, der uns die Fähigkeit gibt, eine Neuevangelisierung zu bewirken.

Ich denke an meine jugendliche Sehnsucht zurück, Gott werde mich gebrauchen, um die Welt zu verändern, und stelle fest, dass das keine Narretei war. Es ist ein wiederkehrendes Thema in der Heiligen Schrift, dass Gott das erwählt, was töricht und schwach ist, um die Weisen zu beschämen (1 Kor 1,27), dass Gott jeden von uns geradezu anschreit: „Ich will etwas bewirken in dir und durch dich. Deine Vision ist zu klein. Sie ist einfach zu klein ...“

Darum frage ich Dich, mein Bruder, meine Schwester, was auch immer Dein Dienst ist, wo Du auch leitest, wie kann die Vision Deines Dienstes erweitert werden? Siehst Du ein, dass Du schwach und töricht bist? Dann bist Du bereit, von Gott gebraucht zu werden. Lässt Dich die Vision dessen, was Gott durch Dich tun kann, erzittern? Ist sie wirklich groß genug für Gott? Wenn Du einen Dienst in Deiner Pfarrei leitest, wie kannst Du Einfluss auf die ganze Pfarrei nehmen? Wenn Du eine Pfarrei leitest, wie auf Dein Bistum? Wenn Du in der Diözesanleitung arbeitest, wie auf Deine Region, Deinen Bezirk, Dein Land? Könnte Gott durch Dich nicht vielleicht Einfluss nehmen auf ein ganzes Volk oder sogar die Welt?

Jesus verhieß seinen Aposteln: „Aber ihr werdet die Kraft des Heiligen Geistes empfangen, der auf euch herabkommen wird; und ihr werdet meine Zeugen sein in Jerusalem und in ganz Judäa und Samarien und bis an die Grenzen der Erde" (Apg 1,8). Das ist Gottes Auftrag für jeden Einzelnen von uns. Er ist nicht gebunden an die Weihe, sondern an unsere grundlegende Identität in Christus als getaufte Gläubige. Unsere Berufung ist nicht nur, Auswirkung zu haben auf unsere unmittelbare Pfarrgemeinde. Das ist „Jerusalem". Es geht nicht nur darum, Auswirkung zu haben auf unsere Region oder Provinz. Das ist „Judäa". Es geht sogar nicht nur darum, Auswirkung zu haben auf unser Land, „Samarien", sondern wir sollen „bis an die Grenzen der Erde" gehen.

Jesus versprach, wir würden Kraft empfangen, wenn der Heilige Geist kommt. Diese Kraft muss erbetet werden – vom selben Geist, der uns erinnert, dass wir selbst die Mission Christi sind, dem Geist, der unser Leben revolutioniert, sogar im Tal der trockenen Gebeine. Was für ein Augenblick! Was für eine Zeit! Was für ein Vorrecht, eine Rolle zu spielen bei der Erneuerung der Kirche Gottes!

Gott weiß es! Gott weiß, dass diese Knochen, diese Gebeine neu leben können. Halleluja!

Weißt Du es?

Die Strategie

Menschen mit unserem faszinierenden Gott in Berührung zu bringen und sie mit ihm bekannt zu machen – hinein in eine persönliche Beziehung: Das ist, was uns bewegt und was uns jeden Tag bei unserer Arbeit neu antreibt.

Wir sind ein katholischer Verlag mit einem Schwerpunkt auf der Glaubensweitergabe. Von wertvollen Kinderbüchern zu diesem Thema über eine umfassende Auswahl praxiserprobter Glaubenskursmaterialien für katholische Pfarreien finden Sie bei uns auch ein breites Sortiment spannender Titel für alle Christen, die wirkliche Schätze entdecken wollen und die bereit sind, sich zurüsten zu lassen für das Große, das Gott mit ihnen noch vorhat.